JN319158

NF
〈NF466〉

世界しあわせ紀行

エリック・ワイナー
関根光宏訳

HAYAKAWA NONFICTION

早川書房

7803

日本語版翻訳権独占
早　川　書　房

©2016 Hayakawa Publishing, Inc.

THE GEOGRAPHY OF BLISS

One Grump's Search for the Happiest Places in the World

by

Eric Weiner

Copyright © 2008 by
Eric Weiner
All rights reserved.

Translated by
Mitsuhiro Sekine
Published 2016 in Japan by
HAYAKAWA PUBLISHING, INC.
This book is published in Japan by
arrangement with
GRAND CENTRAL PUBLISHING, New York, New York, USA
through THE ENGLISH AGENCY (JAPAN) LTD.

挿画／オグニ舞

シャロンへ

戦争の騒ぎや戦争の噂が絶えない昨今、安心して暮らせる平和な場所を夢想したことはないだろうか。生きることが闘いではなく、永遠の喜びであるような場所はないだろうか。

——映画『失はれた地平線』（フランク・キャプラ監督、一九三七年）

目次

世界しあわせ紀行

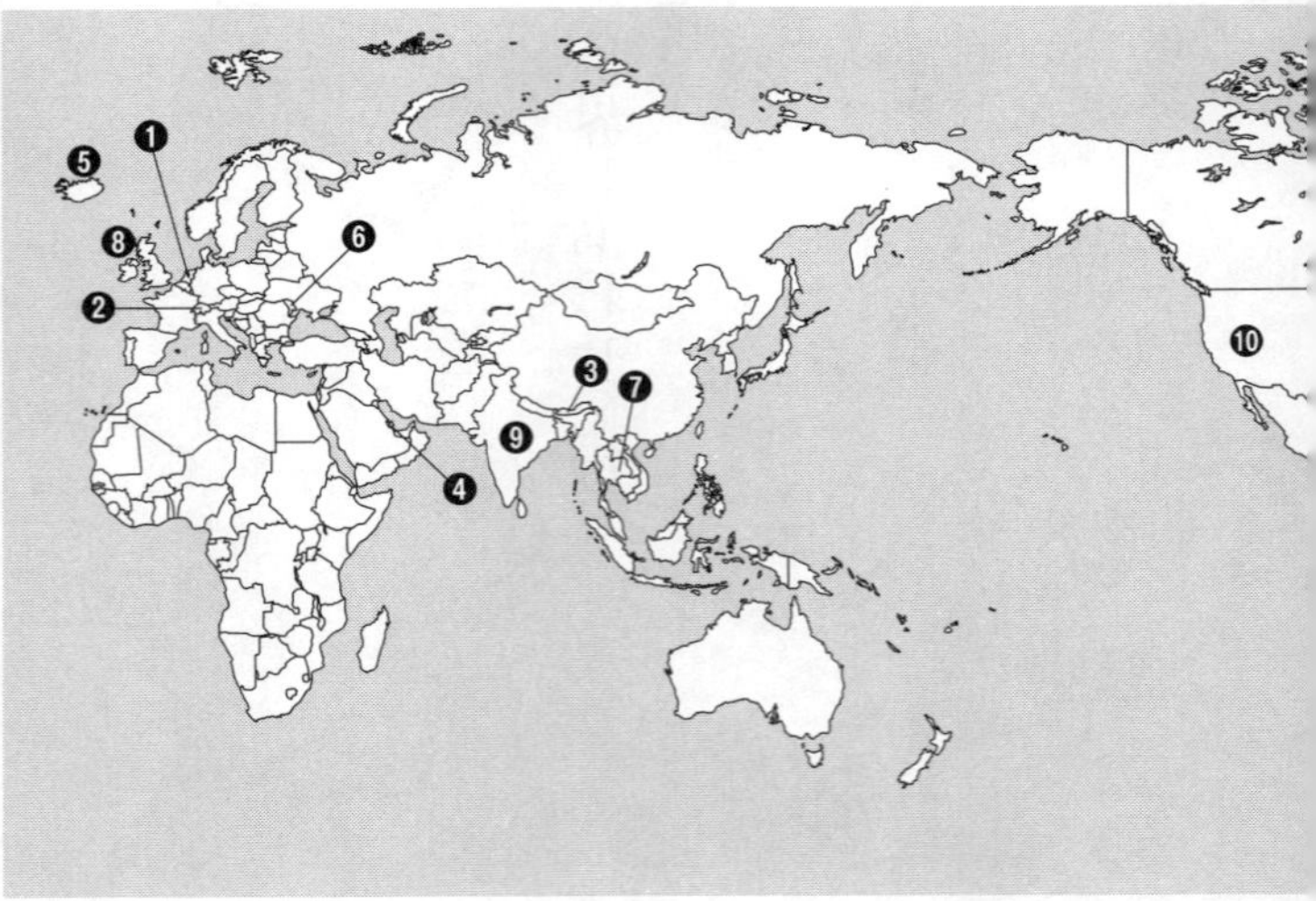

『世界しあわせ紀行』訪問国

❶オランダ

❷スイス

❸ブータン

❹カタール

❺アイスランド

❻モルドバ

❼タイ

❽イギリス

❾インド

❿アメリカ

はじめに

荷物をまとめ、旅に出る準備は整った。いつでも冒険の旅に出かけられる。そして夏の終わりのある日の午後、あまり乗り気でない友人のドゥルーを無理に誘って、私は未知の世界への冒険に出発した。旅の途中、どこかで幸せを見つけられるのではないかという思いを胸に。以前から幸福というのはすぐ近くにあるものだと思っていた。必要なのは、それがどこにあるかを見つけることなのだ。

出発してまもなくすると、ドゥルーは不安そうなようすを見せ始めた。やっぱり引き返そうと言うドゥルーに対して、私はこのまま旅を続けようと説得を試みる。行く手に何が待ち受けているのか、好奇心でいっぱいだったからだ。危険な出来事かもしれないし、不思議な出来事かもしれない。それをしっかり見届ける必要があった。もしも当時、メリーランド州ボルティモア郡の警察署が、歩道は五歳児が遊ぶ場所ではないと決めていなければ（当時は勝手にそう思い込んでいた）、どこにでも行きたいところに行けたはずだと、いまだに確信している。

人生のあるときから急に旅に夢中になる人もいれば、根っからの旅好きもいる。ドゥルーとの探検の旅が失敗に終わって以降、旅の虫は長いあいだ心の中でじっとしていた。ところが大学を卒業すると、その虫が急に動き出した。世界じゅうを旅して回りたいという思いが募り、いてもたってもいられなくなってしまったのだ。しかも、できれば他人のお金で旅に出たい。でもどうしたらそれが実現するのか。私には自分を売り込む能力は皆無に近かった。持ち合わせていたのは、中途半端な道徳観と根暗な性格だけだ。そこで私はジャーナリストになろうと決心した。

その後それが実現し、ＮＰＲ（全米公共ラジオ）の海外特派員としてイラクやアフガニスタン、インドネシアなどに派遣されるようになる。どれも不幸な国ばかりだ。ＮＰＲへの就職は、ある意味で完璧に理にかなっていた。無意識のうちに私は、「自分が知っていることについて書く」という文章術の第一原則に従っていたのである。取材ノートを片手にテープレコーダーを肩からぶらさげ、憂鬱で不幸な人々の物語を取材するために、世界じゅうをあちこち歩き回る日々が続いた。特別不幸な土地で暮らしている不幸な人たちというのは、良質の物語を生み出す。彼らは心の琴線にふれる悲しい物語を秘めている。そして同時に、惨めな境遇におかれてもいる。

私は次第に、誰でも知っている不幸な国ではなく、あまり知られていない幸福な国を探しながら、一年ぐらい旅をしてみたらどうかと考えるようになっていた。幸せになるために欠かせないものが一つ以上存在する国。それはたとえば、お金、娯楽、精神的満足感、家族、あるいはハシシュ（大麻樹脂）だったりする。世界じゅうには、「もしも」が実現して、それが日常的光景になっている国がいくつもある。もしも税金を払わなくてもいいような裕福な国で暮らしていたら。もしも何度でも失敗が許されるような国に暮らしていたら。もしも年に七回も選挙で投票できるような民主的な国に暮らしていたら。もしも物事を深刻に考えることが良くないとされている国に暮らしていたら……。そうしたら、幸せになれるだろうか。

　私が知りたいのはまさにそういうことだった。この明らかに無謀な実験の成果が本書である。

　私が生まれたのは一九六三年。スマイリー・フェイスが誕生したのと同じ年だ。マサチューセッツ州ウースター在住のグラフィック・デザイナー、ハーヴェイ・ボールが生み出したスマイリー・フェイスは、もともとは地元の保険会社のトレードマークとして考案された。ところがその後、非常にアメリカ的な、現実感に乏しい幸福のシンボルとなって世界じゅうに広まった。

　ハーヴェイ・ボールが生み出したスマイリー・フェイスは、私にはまるでぴんとこなかった。私はもとより幸せな人間ではない。この世に生を受けて以来、ずっとそう感じていた。子供のころ、『クマのプーさん』の中で最も好きだったのはイーヨー（年寄りの灰色のロバ、森の中に一人ですむひねくれ者）。

人類の歴史が始まって以来、かりにどの時代に生まれていたとしても、私はいたって平凡な人間として一生をすごしていたにちがいない。歴史を振り返ってみると、幸せというのは善良な人や、ごく少数の幸運な人にだけ許された特別なものだった。しかし現在では、幸せは誰でも得られるものだと考えられている。そして誰もがそれを求めている。そのため私も含めて実に多くの人が、すこぶる現代的な病に冒されている。歴史学者のダリン・マクマホンが「幸福でないことの不幸」と名付けた病である。この病は、まったくもって愉快なものではない。

多くの人と同じように、私もこの悩みと長年付き合ってきた。自己啓発《セルフ・ヘルプ》に関する本を手当たり次第に読みあさり、自宅の本棚はその手の本で埋め尽くされている。いまではそれは、長いあいだ不安や恐怖と戦ってきたことを示すモニュメントと化している。これらの本によると、幸せは自分の心の奥深くに存在している。もしも私が幸せでないと感じているのなら、自分の心の中をもっと深く掘り進める必要があるという。

この考え方は、自己啓発の世界では自明の理だとされている。ところがこれには問題点が一つある。それはこの考えが真実ではないことだ。幸福は私たちの内部にあるのではなく、外側にある。もっと正確に言えば、内側と外側の境界線は、私たちが考えているほど明確ではない。

イギリス生まれの思想家アラン・ワッツは、東洋哲学についてのすばらしい講演の中で、次のようなアナロジーを用いている。「ここに円を描いてみましょう。これは何かと問いか

ける と、多くの人は円か円盤、もしくは球だと答えるはずです。壁に開いた穴だと答える人はほとんどいません。なぜなら、物事を外側から考える人よりも、内側から考え始める人のほうが多いからです。しかし実際には、『外』と『内』は互いに補完関係にあります。『外』がなければ『内』も存在しえないからです」

つまり、自分とは何かを考えるときには、自分が今どこにいるかが非常に重要な意味をもつことになる。

私が言うところの「どこ」という単語には、物理的環境だけでなく、文化的環境も含まれる。文化というのは海のようなものだ。それはあまりに広大で、すべてを呑み込んでしまう。そのため、外に出るまでそれが存在することすら気づかない。文化は私たちが考えている以上に重要な意味をもっている。

言葉を介して話したり考えたりするとき、人は無意識のうちに地理的環境と幸福を結びつけて考える。幸せや充足感について語るとき、人は皆、それが地図上に存在するかのように語る。適切な地図と目的地に到達する能力さえあれば誰でもたどり着けるような、実在する場所のように語るのである。たとえば、カリブ海の島にバカンスに出かけたとする。そのとき、「ここで暮らしたら幸せだろうな」と思う人であれば、私の言わんとすることが理解できるのではないかと思う。

もちろんその裏には「楽園」というあいまいな概念が潜んでいる。この言葉は古くから人を魅了してきた。たとえばプラトンは、地中海の温暖な海域に「至福の島々」を思い描いた。

また、一八世紀に入るまで、聖書に描かれた「エデンの園」という楽園は実在する場所だと信じられていた。それは実際に地図にも描かれている。皮肉にも「エデンの園」は、ティグリス川とユーフラテス川の合流点、すなわち現在のイラクにあたる場所に位置している。

ヨーロッパの探検家は、楽園を探す旅に出かけるにあたって、イエスが話したとされるアラム語を学んだ。それに対して私は、旅に出る前にアラム語とは別の難しい言語を学ぶことにした。近年盛んになりつつある幸福学の最前線で使われている専門用語である。たとえば「ポジティブ感情（positive affect）」や「快楽的適応（hedonic adaptation）」といった用語がそれにあたる。そして聖書ではなく、『ロンリー・プラネット』の旅行ガイドブックを何冊か持っていくことにした。こうして私は、「重要なのは目的地に到達することではなく、新しいものの見方を獲得することだ」というヘンリー・ミラーの言葉を胸に刻みつつ、楽園探しの旅に出かけることにしたのである。

マイアミ特有の蒸し暑いある日のこと（なかにはマイアミこそが楽園だと考えている人もいる）、旅行かばんに荷物を詰め込み、自宅を後にする。五歳のときに一念発起して旅立った冒険旅行と同じぐらい愚かな旅になるだろう。この旅が骨折り損に終わるかもしれないことは、よくわかっている。アメリカの著述家で哲学者のエリック・ホッファーが言うように、「幸福の探求は不幸の主たる原因の一つ」なのである。たしかにそうかもしれない。でも、私はすでに不幸だ。失うものは何もない。

1章　オランダ——幸せは数値

他人が楽しそうにしている姿を目にすると、見ているほうも楽しい気分になる。これは人間の本性の一つだと言える。ポルノグラフィーやカフェが人気を博すのはそのためだ。アメリカ人は前者に長じ、ヨーロッパ人は後者にたけている。カフェでは、食べ物とコーヒーはあまり重要な要素ではない。以前、イスラエルのテルアビブにあるカフェの話を聞いたことがある。そこは食べ物と飲み物のメニューがあるふつうのカフェなのだが、何も盛られていない空っぽの皿とカップを客に出して、その代金を受け取っているという。

　カフェというのは劇場だ。カフェの客は、観客でもあり出演者でもある。ロッテルダムの中心街にあるホテルに宿を取った私は、すぐ近くに雰囲気の良いカフェを見つけた。広々として、いかにも居心地の良さそうなカフェだ。高級感があって、同時にアンティークな雰囲気も漂わせている。趣のある木製の床は何年も磨かれていないように見える。時間をかけてゆっくりビールを楽しめるような、落ち着いた空間が目の前に広がっている。このカフェにやって来る客の多くは、実際にそうやってすごしているのではないかと思えてくる。

店内では、ほとんどの客がタバコか葉巻をくゆらせている。私もそれにならって小ぶりの葉巻に火をつける。こころなしか時間の流れがゆるやかに感じる。しばらくすると、店内の細部に目がいくようになってきた。女性が一人、スツールに足を組んで座っている。誰かが近くを通るたびに、そのすらっとした足が上下に揺れる。まるで跳ね橋のようだ。

トラピストビールなるものを注文してみると、常温のビールが運ばれてきた。冷たくないビールは好みではないが、このビールは気に入った。あちこちからオランダ語で楽しげに話す声が聞こえてくる。不思議なことに、オランダ語がなんとなく親しげな音に聞こえる。しばらくしてその理由に思い当たった。オランダ語の発音は、英語の会話を逆向きに再生したときの音声と実によく似ているからだ。なぜそれに気づいたかというと、NPRに勤めていたとき、逆向きに再生した英語を日常的に聞いていたからだ。今のようにデジタル化が進む以前、番組の編集にはテレビほどの大きさのオープンリール式テープレコーダーが使われていた。そのため、作業中に頻繁にテープを巻き戻す必要があった。もしもいま、このカフェで誰かが話しているオランダ語を録音して、それを逆再生してみたら、はたして英語のように聞こえるだろうか。そんなことを考えながら、葉巻を片手にビールを飲み続ける。

すでにお気づきのように、私は時間をもてあましている人間だ。時間なら有り余るほどある。でも、それはヨーロッパのカフェに共通している。カフェはただひたすら時をすごす場所であり、しかも罪悪感とは無縁の空間だ。偉大な哲学者はヨーロッパ出身者が多い。彼らは日がな一日カフェですごし、実存主義のような独創的な哲学的発想が頭に浮かぶまでひたすら思索にふける。私がロッテルダムにやって来たのは、新しい哲学の学派を生み出すためではない。フランス風に言えば、「幸福の追求（la chasse au bonheur）」のため、つまり幸せを探すためにやって来たのである。

オランダに来た第一の目的は、幸福学研究の権威として知られるルート・フェーンホーヴェン教授に会うことだった。フェーンホーヴェン教授は「世界幸福データベース（World Database of Happiness、略してWDH）」なるものを運営している。冗談半分で運営しているわけではない。何が人を幸福にし、何が人を不幸にするのか、教授はそのデータを大まじめに収集している。なかでも、私がとくに興味をもったのは、世界で最も幸せな場所を探す研究である。もしもこの世に「幸福の地図」が存在するとしたら、フェーンホーヴェン教授はそれについて何か知っているにちがいない。

もう少しゆっくりしたいと思いながらもカフェを出て、夕食をとるためにホテルに戻ることにする。ロッテルダムはあまり美しい町とは言えない。なんとなく陰気で、どんよりとした雰囲気が漂っている。名所旧跡のたぐいもほとんどない。しかし、生粋のオランダ人と移民（その多くはイスラム教徒）が暮らすこの町では、両者の対比が織りなす興味深い光景が見られる。たとえばパキスタン・イスラミック・センターからほど近いところに、「クレオパトラ・セックス・ショップ」という店がある。そのショーウインドーには、驚くほど精巧に作られた大きなディルドー（性具としての人工ペニス）が飾られている。町を歩いていると、マリファナ（大麻）のかぐわしい香りが漂ってきたりもする。マリファナの副流煙の香りは、オランダ人の寛容性を象徴している。さらにもう少し歩いていくと、はしごに登って、商店の店先に大きな黄色い木靴を吊している人がいる。そのすぐ下では、中東の男が二人、ほほを寄せ合って挨拶を交わしている。彼らがどこの国からやって来た人たちなのか、正確にはわからない。でも、この町で暮らす移民の中には、アルコールの摂取が禁じられていたり、女性が頭から足まで体を布ですっぽり覆ったりしているような国からやって来た人たちが含まれている。彼らの第二の故郷となったオランダでは、マリファナは合法であり、売春も禁じられていない。この町には、大麻の香りとともにどことなく緊張感が漂っている。

ホテルのレストランは、こぢんまりとして居心地のよい空間だった。オランダ語が心地よく響いている。まずはアスパラガスのスープを注文する。なかなかおいしいスープだ。しばらくして食器を下げに来たウエーターが、私に向かって「インターコース（肉体関係）はいかがですか？」と聞いてきた。

「え？」

「インターコースはいかがでしょうか？　きっとお気に召すと思います」

オランダ人というのはなんて寛大なのだろう！　ところがすぐに、彼が言いたいのは別のことなのだと気づいた。「インターコース」ではなく「インター・コース」、つまり「コース料理のあいだ」に何か別の一品はどうかと聞いているのだ。

「それもいいかもしれない」意味がわかった私は、ほっとしてそう答えた。

ホテル・ファン・ヴォルスムのウエーターに勧められるがままに注文した「インター・コース」をつまみながら、ビールを片手にぼんやりと時をすごす。しばらくするとサーモンのグリルが運ばれてきた。ということは、私の「インター・コース」は終わったのだ。

翌朝、地下鉄に乗って目的の場所に向かう。向かうところは「世界幸福データベース」が設置された大学のキャンパス。「幸福」と「データベース」という単語は、ふだんは私の頭の中では結びつかない。しかしWDHは別だ。ヴァチカン、メッカ、エルサレム、ラサなど、あらゆる宗教の聖地に対する非宗教的な立場からの答えがWDHなのである。コンピュータのマウスをクリックすれば、幸せの秘密に簡単にアクセスできる。それは砂漠に埋もれた遠い昔の天啓ではなく現代科学にもとづいていて、羊皮紙ではなくハードディスクに記録されている。そして、アラム語ではなく二進符号《バイナリーコード》で書かれている。

地下鉄を降りて少し歩き、大学の建物が見えてくると、私はとたんに失望感を覚えた。WDHが設置された大学のキャンパスは、幸福に関する知識が集められた研究施設というより、郊外にある事務所用ビル群《オフィスパーク》のように見える。しかし、私はすぐにその考えを頭の中から追い払うことにした。自分はいったい何を期待しているのだろう。オズの魔法使いだろうか。『チャーリーとチョコレート工場の秘密』に登場するウィリー・ウォンカやウンパ・ルンパだろうか。彼らが目の前にあらわれて、「見つけたぞ、見つけたぞ、とうとう幸せの秘密を見つけたぞ」と叫びながら、走り回るのを期待しているのだろうか。いや、そうではない。

でも、多少の期待を抱いてやって来たのは確かだ。単なるデータではなく、少しでも幸せを感じられる何かを求めてこの地にやって来た。

これといって特徴のない廊下を進み、ごくふつうのドアをノックする。すると、オランダ訛りで「どうぞ」という声が聞こえてきた。この人物こそが幸福研究の第一人者、ルート・フェーンホーヴェン教授である。年のころはおそらく六〇代前半。身なりもきちんと整っている。白髪交じりの顎ひげに、輝くような目が印象的だ。黒ずくめの服装がおしゃれな印象を与えている。服装が黒っぽいからといって、陰気な感じはしない。以前にどこかで会ったことがあるように感じるのは、アメリカの俳優でコメディアンのロビン・ウィリアムズに顔立ちが似ているからだ。エネルギッシュな雰囲気と、いたずらっぽい笑顔もそっくりだ。元気よく椅子から立ち上がった教授は、握手すると名刺を差し出した。そこには「幸福学教授ルート・フェーンホーヴェン」と印字されている。

一見したところ、教授の研究室はとくに変わったようすは見られない。本や書類があちこちに積まれた室内は、雑然としているわけでもなければ、整理整頓されているわけでもない。スマイリー・フェイスのキャラクターグッズも見当たらない。フェーンホーヴェン教授はすぐに緑茶をいれてくれた。そして自分からは何も話し出さず、私が話しかけるのを待っているようすだった。

何から話せばいいのだろうか。私はジャーナリストとして、これまで何百人もの人にインタビューを重ねてきた。王様、大統領、首相……。ヒズボラのような過激な組織のトップにも会ったことがある。ところが、ロビン・ウィリアムズ似の穏和なオランダ人教授を前にして、うまく言葉が出てこない。日ごろから心の平和を心底願っている私は、教授に向かってこう叫びたい気持ちでいっぱいだった。「フェーンホーヴェン博士、あなたは生涯をかけて幸福について研究しています。どうかその成果を教えてください。幸せになる秘訣を教えてください！」

でも、それを口には出さなかった。仕事柄、つねに取材対象から一定の距離を保つ癖がついているからだ。取材先では自分を過度にさらけ出すのは避けたほうがいいことを、経験的によく知っている。まるで非番の刑事のようだ。彼らは家族みんなで食事に出かけたときも、どこかに狙撃手がいるのではないかとつねに警戒を怠らないのである。

そこで私は、長年の思いをすぐに相手に伝えるのではなく、ジャーナリストや女性が取材相手や異性をその気にさせたいときに使うテクニックを使ってみることにした。「まずは、ご自身の話を聞かせてください。幸福学の研究を始めたきっかけは何だったのでしょうか？」

椅子に座ったフェーンホーヴェン教授は、快く私の質問に答えてくれた。学生時代を送ったのは一九六〇年代。同級生の多くがマリファナを吸い、チェ・ゲバラのTシャツを着ているような時代だった。誰もが、社会をよくするにはどうしたらよいかと議論を交わしていた。フェーンホーヴェン青年は、周囲の学生と同じようにマリファナは吸っていたものの、チェ

・ゲバラのTシャツを着ることはなかった。「良い社会」とされた東欧圏の国々に対しては、物足りないものを感じていた。そして、社会を制度によって評価するのではなく、結果によって評価してみてはどうかと考え始めていた。人々が幸福を実感しながら暮らしているかどうかという点を基準にして、社会を評価しようと考えたのである。学生時代のヒーローは、チェ・ゲバラではなく、一九世紀イギリスの法学者で思想家のジェレミー・ベンサム。ベンサムは「最大多数の最大幸福」を原理とする功利主義を唱えた人物だ。もしも当時、ベンサムのTシャツが売られていたとしたら、フェーンホーヴェン青年は喜んでそれを着ていたにちがいない。

学生時代の専攻は社会学。当時の社会学は、病んだ社会や機能不全に陥った社会を研究する学問にすぎなかった。社会学と姉妹関係にある心理学は、病んだ心の研究を主な研究分野としていた。しかし、フェーンホーヴェン青年は幸せに暮らせる国や、健全な心に興味をもっていた。ある日のこと、少し気後れしながらも、意を決して指導教官の研究室をノックする。幸福について研究する許可をもらうのが目的だった。ところが、学会でそれなりの地位を築いている指導教官は、きっぱりとこう言った。「だめだ。今後二度とそんなことを口にしないように」当時はまだ、幸福の研究というのは学問の対象として認められていなかった。しかたなく研究室を後にしたものの、実を言うとフェーンホーヴェン青年は、内心では満足感を抱いていた。指導教官には拒否されたものの、幸福の研究に対して自分なりに手応えを感じていたからだった。オランダの若き大学院生はまだ知るよしもなかったが、そのころはちょうど、社会科学の世界で新しい学問が誕生しつつある時期であり、それが幸福学だった。フェーンホーヴェン教授は現在、幸福研究の第一人者として知られている。幸福についての研究論文も次々に発表され、研究会が開かれたり、『幸福学研究』という学術誌が発行されたりもしている（フェーンホーヴェン教授自身が編集主幹を務めている）。カリフォルニアにあるクレアモント大学院大学では、幸福を研究テーマとしてポジティブ心理学の修士号や博士号を取得することができる。

フェーンホーヴェン教授の同僚の中には、大学院生時代の指導教官の助言がいまでも正しいと信じている研究者がいる。つまり、幸福研究は的外れで、ばかげた研究だというのである。しかし、そうした同僚もフェーンホーヴェン教授の存在を無視できない。実際に着実に業績を残し、執筆した論文がほかの研究者によって引用されているからだ。それはすなわち、フェーンホーヴェン教授の研究の重要性が、学問の世界で認められていることを意味する。

もちろん、幸福について深く考えることは、今に始まったことではない。古代ギリシアやローマの時代から、アリストテレス、プラトン、エピクロスなど、多くの哲学者がこの永遠の問題と取り組んできた。善良な生活や幸福な生活とは何か。快楽と幸福は同じなのか、違うのか。いつになったら屋内型のトイレができるのか……。

ギリシア人やローマ人だけではない。後に数多くの哲学者が気の遠くなるような時間をカフェですごし、人生の難問について哲学的思索を繰り返してきた。カント、ショーペンハウアー、ミル、ニーチェ、さらにはアメリカのコメディアンで脚本家のラリー・デイヴィッドにいたるまで。彼らは皆、幸福について一家言をもっている。

宗教の存在も忘れてはならない。人を幸せに導くのは、宗教の大きな役割だと言える。どの宗教も信者に対して幸福への道を説く。現世の幸福を説く場合もあれば、来世の場合もある。服従、瞑想、献身を通して、あるいはユダヤ教徒やカトリック教徒であれば罪を通して、幸福が説かれる。

これらはすべて人類の役に立ってきた。しかし宗教は科学とは違う。宗教はあくまでも幸福についての一つの考え方にすぎない。非常に深い見解であることは間違いないが、それ以上ではない。現代社会では、物事に対する単なる見解は、自分自身の意見を別にすれば、あまり重視されない（ときには自分の意見でさえも重視されないことがある）。現代人が重視するのは自然科学《ハードサイエンス》であり、それに次いで社会科学《ソフトサイエンス》である。誰もが学問的研究の成果に興味をもっている。ニュースキャスターなら、視聴者の興味をよく引くフレーズがどんなものかよく知っている。「最新の研究によって……が明らかになりました」というのがそれだ。どんな言葉がはさまるのか、それはあまり重要ではない。たとえば「最新の研究によって赤ワインが健康に良い（あるいは悪い）ことが明らかになりました」とか、「最新の研究によって宿題が脳の働きを鈍らせる（もしくは活性化させる）ことがわかりました」等々。自分の癖を正当化するような研究には、とくに大きな関心が集まる。「最新の研究によって、頭が切れる人ほど机の上を散らかしていることが明らかになりました」、「最新の研究によって、胃腸内に適度にガスがたまりやすい人ほど長生きすることがわかりました」などという研究発表がそれにあたる。

幸福について研究するには、それを語るための語彙、つまり専門用語が必要になる。「幸福（happiness）」という単語では役に立たない。誰でも知っているような単語は、意味が漠然としすぎている。そのため社会科学者は新しい用語を生み出した。たとえば「主観的幸福感（subjective well-being）」などは専門用語として完璧だ。複数の単語が組み合わされていて、素人にはわかりにくい。頭文字をとって「ＳＷＢ」と略せば、ますますなんのことだかわからなくなる。幸福研究の最新の研究成果について知りたいときは、「幸福」や「幸せ」ではなく、グーグルの検索窓に「ＳＷＢ」と打ち込む必要がある。こうして数多くの専門用語が作られた。たとえば「ポジティブ感情（positive affect）」は、物事が快いと感じるときの心の状態をあらわし、「ネガティブ感情（negative affect）」は、逆に物事が不快だと感じるときの心の状態をあらわしている。

専門用語に続いて必要になるのは、研究データ、すなわち数値である。数値に置き換えられないとしたら、科学とは言えない。できれば小数点以下にたくさん数字が並んでいるほうがいい。では科学者はどのようにして数値を得るのだろうか。そのためには測定する必要がある。

ところが、ここで大きな問題にぶつかる。いったいどうやって幸福を測ればよいのだろうか。幸せというのは感じ方であり、気分であり、人生観であり、それを測定するのは困難だ。

あるいはもしかしたら、それは可能なのだろうか。アイオワ大学の神経科学者は、良い気分や悪い気分と関係する脳の部位を特定することに成功した。アルバイトで雇った学生をMRI（磁気共鳴画像）装置にかけ、一連の写真を見せる。田園風景やイルカが泳ぐ姿など、見ていて心地よいと思われる写真を見せると、前頭前野の一部が活性化する。油まみれの鳥や、顔を撃たれて戦死した兵士など、不快感を覚えると思われる写真を見せると、大脳のより古い部分に反応が出る。言い換えれば、幸福は人類が進化の最後に獲得した領域と関係している。このことは興味深い疑問を生む。進化という視点から見た場合、私たち人間は、全体的に幸福に向かっているのだろうか。

幸福感を測定するために、研究者は別の方法も試みている。ストレスホルモンの分泌、心臓の動き、さらには「フェイシャル・コーディング（顔表情の符号化）」と呼ばれる方法（たとえば笑う回数の記録）などである。こうした研究は、どれも大きな可能性を秘めている。将来的には、医者が患者の体温を測るように、科学者が「個人の幸福度」を測定できる日がやって来るかもしれない。

しかし現時点では、幸福度を測るためにかなり旧式な方法が使われている。それは誰もが思いつくような、非常にわかりやすい方法だ。研究者が対象者に対して直接、あなたはどのくらい幸せですかと質問しているのである。「総合的に判断して、あなたは現在どのくらい幸福に感じていますか？」過去四〇～五〇年にわたって、幸福学研究者は世界じゅうでこの質問を繰り返してきた。

ルート・フェーンホーヴェン教授や共同研究者によると、その答えは非常に正確だという。「病気をしても自分では気づかない人もいます。ところが、幸せな人は必ず気づいています。つまり、幸せな人は自分が幸せであることがわかっているのです」と教授は言う。

たしかに教授の言うとおりかもしれない。しかし、自分勝手な思い込みという可能性も否定できない。私たちは本当に自分の幸福度を自分で判定できるのだろうか。たとえば私は、一七歳のころ、心から幸せだと感じていた。すべてに満足し、心配事もまったくなかった。いま振り返ってみると、当時は単にドラッグでハイになっていただけだった。ビールの影響もかなりあったと思う。

幸福にいたる道には別の障害物もある。何を幸せだと感じるかは、人それぞれ異なっている。本書を読んでいる読者の一人ひとりが考える幸せは、私の考えと異なっている可能性が多分にある。私が気に入っている幸福の定義は、ノア・ウェブスターという名の、不幸な辞書編集者の手によるものだ。一八二五年にアメリカ版英語辞典を編纂したウェブスターは、幸福を次のように定義した。「楽しいことを経験したときに生じる心地よい気持ち」この定義がすべてを物語っている。「心地よい気持ち」ということは、幸せは感情なのである。快楽主義者ならこの定義に賛成するだろう。「楽しいことを経験」するということは、単なる動物的行為を超えた喜びを意味する。思うにウェブスターは、「good（楽しいこと）」という単語を、「Good」と大文字で書き始めるべきだった（最初の文字を大文字にすると、「善・美徳」という意味になる）。人は正当な理由のもとで心地よく感じたいと思っている。アリストテレスもこの考えに賛同してくれるにちがいない。「幸福は人間の魂の善なる活動だ」とアリストテレスは述べている。すなわち、良く生きることが幸せな生活だということになる。

人間という生き物は、過去五分間を生きている。たとえばある研究によると、幸せについて質問されたとき、数分前に路上で一〇セント硬貨を拾った人は、何も拾わなかった人と比べて、自分の人生に対する満足度が高いと答える傾向があるという。人間のこの気まぐれな心理を、研究者はESM（経験抽出法）という手法を使って解明しようと試みた。パーム・パイロットのような手のひらサイズの小型情報端末を片手に、「あなたはいま幸せですか？」などと質問し、その結果をその場で端末に入力していく。しかし、ここでハイゼンベルクの不確定性原理に関連する問題が出てくる。観察（質問）する行為が観察対象に変化を与えてしまうのである。たとえばこの場合、情報端末から発せられるピーッという音が、質問を受ける人の幸福度になんらかの影響を与えてしまう可能性がある。

たいていの人は、外の世界に対して幸せそうな顔を向けていたいと考えている。幸福度の調査をする際、調査票を郵便で送る場合と比べて、実際に対面形式で質問した場合のほうが、つねに高い幸福度を示す傾向があるのはそのためだ。また、質問者が調査対象と反対の性（男性の場合は女性、女性の場合は男性）の場合も、幸福度が高まる傾向がある。人間は幸福がセクシーなものだと本能的に気づいているようだ。

ところが幸福学研究者は、すぐさま自分の研究を擁護する。第一に、質問に対する答えは時間がたっても終始一貫している。また、調査対象の友人や親族に確認するなどして、質問の答えが正しいかどうか裏付けを取っている。たとえば友人や親族に、「あなたから見てジョーは幸せに見えますか？」と質問してみる。それによると、こうした外部の人による評価は、調査対象となった人が実際に感じている幸福感と合致する傾向があることがわかっている。さらには知能指数（IQ）を測定したり、人種差別のような問題に対してどのように考えているかを調べたりもする。これらも幸福感と同様に個人差がある。ならば幸福感についても同じように考えてもよいのではないか。あるいは、幸福学の重鎮ミハイ・チクセントミハイが述べているように、「ある人が自分は『かなり幸せだ』と言うとき、その発言を無視したり、反対の意味に解釈したりする権利は誰にもない」。

幸福学の研究成果がそれなりに正確なものだと仮定すると、そこから何が見えてくるだろうか。どんな人が幸せなのか。自分が幸せになるためにはどうしたらよいのか。ここでルート・フェーンホーヴェン教授と彼が運営するデータベースの出番となる。

フェーンホーヴェン教授は、私をキャンパス内の別の部屋に案内してくれた。教授の研究室と同じく、これといって特徴のない部屋だ。一〇台弱のコンピュータが設置されていて、それぞれのコンピュータの前でスタッフが作業している（その多くはWDHにボランティアとして参加している人たちだという）。スタッフは皆、とくに幸せそうには見えなかったが、その点については深く考えないことにした。体重の増えすぎた医者でも、運動や食事に関して適切なアドバイスができるのだから。

部屋に入った私は、一瞬、立ち止まって考えた。私の目の前にあるコンピュータには、幸福に関する人類の知識が蓄積されている。過去数十年にわたって幸福研究を事実上無視してきた社会科学者たちは、その埋め合わせをすべく、いまでは必死になって論文を書いている。言うなれば、幸福が悲哀を生み出している。

幸福学の研究成果は、すんなりと理解できる場合もあれば、にわかに信じがたい場合もある。期待どおりの結果もあれば、意外な結果もある。多くの場合、何世紀も前の偉大な思索家たちが唱えた説を実証するような結果になっている。まるで古代ギリシア人が、自分の学説の有効性をぜひ確認してほしいと申し出ているかのようだ。そうした研究成果の一部を思いつくままに列挙してみよう。

外向的な人は、内向的な人よりも幸せに感じている。楽観的な人は悲観的な人よりも幸福感が強い。既婚者は未婚者よりも幸福に感じている（ただし、子供がいない夫婦よりも子供がいる夫婦のほうが幸せというわけではない）。共和党支持者は民主党支持者よりも幸福度が高い。礼拝に参加する人は、参加しない人よりも幸福感を抱いている。大学を卒業した人は、そうでない人よりも幸福度が高い（ただし大学院修了者は大学卒業者よりも幸福度が低い）。性生活に積極的な人は、そうでない人よりも幸福に感じている。女性は男性よりも感情の幅が広いが、女性と男性で幸福感の強さに差はない。浮気をすると幸福感が得られるが、配偶者が浮気に気づいて去っていってしまうときに感じる虚しさ以上の幸福感を得ることはない。最も幸福を感じられない時間は通勤中である。忙しい人は、何もすることがない人よりも幸福度が高い。裕福な人は貧乏な人よりも幸せだと感じているものの、その差はわずかである……。

　さて、このような研究成果を前にして、私たちはどうすべきなのだろうか。結婚はするけれど、子供はつくらないほうがいいのか。毎週かならず教会に通うべきなのか。大学院を今すぐ退学すべきなのか。しかしそんなに急いで決断する必要はない。社会科学者は「逆の因果関係（reverse causality）」と呼ばれる問題を解決しようと、日々研究を重ねている。簡単に言えば、ニワトリが先かタマゴが先かという問題である。たとえば、健康な人は不健康な人よりも幸福度が高いという研究結果がある。ところがもしかしたら、幸せな人ほど健康になる傾向があるのではないか。別の例で言うと、未婚者よりも既婚者のほうが幸せだという調査結果があるが、もしかしたら、もともと幸福感が強い人のほうが結婚する傾向が高いのではないか。その答えを出すのは簡単ではない。「逆の因果関係」は、多くの研究プロジェクトに悪さをするいたずらっ子のようなものなのだ。

　しかし、私が知りたいのは、誰が幸福なのかという点ではない。本当に知りたいのは、どこが幸福なのかという点だ。あわせてその理由も知りたい。それについて質問してみると、フェーンホーヴェン教授はため息をつきながら二杯目のお茶を注いだ。どうやら簡単に答えられる質問ではないようだ。はたして私たちは、どの国が幸せで、どこの国の人がより強い幸福感を抱いているかを、知ることはできるのだろうか。世界一幸せな場所を探すという私の目的は、もしかしたらこの旅が始まる前に、すでに実現不可能だとわかっていたことなのかもしれない。

どんな文化にも「幸せ」を意味する単語がある。ときにはいくつもの単語が存在する場合もある。では、英語の「ハピネス（happiness）」は、フランス語の「ボヌール（bonheur）」やスペイン語の「フェリシダード（felicidad）」、アラビア語の「サハーダ（sahaada）」と同じことを意味しているのだろうか。言い換えれば、幸せは翻訳可能なのだろうか。その答えが「イエス」であることを示す証拠がある。スイスでおこなわれた調査では、主要三言語（フランス語・ドイツ語・イタリア語）のいずれの言語で調査した場合でも、幸福度の度合いに差が認められなかったのである。

どの文化も、幸福に価値をおいている。しかし何を重視するかは文化によって異なる。東アジアの国々は調和を重んじ、個人的な満足感を得るよりも社会的な責任を果たすことを優先する。おそらく偶然ではないと思うが、これらの国々は幸福度が低い。東アジアの国々におけるこうした傾向は、「幸福度のギャップ（happiness gap）」と呼ばれている（この言葉を耳にすると、いつも「中国のグランドキャニオン」のようなものを想像してしまう）。そのほかにも「社会的望ましさによるバイアス（social desirability bias）」と呼ばれる概念がある。幸福度の調査がおこなわれる際、人々は本心から答えるのではなく、各人が所属する社会で望ましいとされる答えを選ぶ傾向がある。たとえば、控えめな性格で知られる日本人は「出る杭《くい》」になることを恐れる。そして、裕福であるにもかかわらず幸福度はあまり高くない。私はかつて日本で何年も暮らしていたことがある。日本の女性は笑うときに手で口元を隠す人が多い。それを見るたびに、声をあげて笑うのがそんなに恥ずかしいことなのかと不思議に思ったものだ。

一方、アメリカ人の場合は、服の上に幸福感をまとっているという表現が最も近いかもしれない。どちらかと言うとアメリカ人は、満足度を誇張するきらいがある。アメリカ在住のポーランド人が、作家のローラ・クロス・ソコールに次のように語っている。「アメリカ人が『すごい（great）』と言うとき、それは『良い（good）』ことを意味し、『良い（good）』と言うときは『大丈夫（okay）』なことを意味する。アメリカ人が『大丈夫（okay）』と言うとき、それは『よくない（bad）』ことを意味している」

これでは話がますますややこしくなる。本当に幸福の地図が存在するとしても、どうやら簡単には解読できそうにない。たとえて言えば、自動車のダッシュボードの中にしまわれている、しわくちゃの地図のようなものなのかもしれない。それでも私は、あきらめずに先に進むことにした。国ごとの幸福度の濃淡をはっきりと見分けるのは、たしかに難しいかもしれない。しかし、幸福な国をいくつかリストアップするような作業なら、間違いなくできるだろうと思ったからだ。

フェーンホーヴェン教授は、私が自由にデータベースを閲覧できるように取り計らってくれた。しかし、実際にデータベースにアクセスする前に、彼は私に対してこう警告した。

「閲覧して得られた答えに、あなたは満足できないかもしれません」

「どういう意味でしょう？」

するとと彼は、次のように説明してくれた。幸せな国は自分が予想している国と必ずしも一致するわけではない。幸福度の高い国の中には、同質性の高い国がある（たとえばアイスランドやデンマーク）。このことは、多様性の中に強さと幸福があるのだというアメリカ的な考え方を打ち砕く。最近発表したある研究によって、フェーンホーヴェン教授は他の社会学者から不評を買ってしまったという。所得分布を使って幸福度を予測することはできないというのが、その研究発表の要点だった。富裕層と貧困層のあいだのギャップが大きい国は、富が公平に分配されている国と比較しても、幸福度が低いわけではない。ときとしてギャップが大きい国のほうが、幸福度が高い場合がある。

「私の同僚の社会学者たちは、この研究結果を聞いて不満げなようすでした」と教授は言う。「私が所属する社会学部では、不平等の問題は非常に重要な研究テーマになっています。社会学はこの問題をこれまでずっと議論しつづけてきたのです」

ひとまずフェーンホーヴェン教授のアドバイスを素直に聞いておくことにした。しかし、それと同時に、おそらく教授は、私がこれから遭遇するかもしれない危険を誇張しているにちがいないとも思った。ところが、それは見当違いだった。世界一幸せな国を探す行為は、人を不幸にする可能性がある。あるいは少なくとも、深刻な頭痛をもたらす行為だとわかったのだ。実際にコンピュータのマウスをクリックするたびに、不可解な事例や、明らかに矛盾しているような事例に出くわすことになった。たとえば、幸福だとされている国ほど自殺率が高い。礼拝に通う人は通わない人よりも幸せだとされているが、幸福な国ほど宗教とは縁遠い。世界で最も豊かな大国であるアメリカは、けっして幸福大国ではない。アメリカよりも幸せな国がたくさんある……等々。

ロッテルダムに滞在しているあいだは、楽しい日課を繰り返す日々が続いた。ホテルで朝食をとり（ときどき「インター・コース」も楽しみながら）、地下鉄に乗ってWDHに向かう。論文や各種のデータに目を通して、とらえどころのない幸福の地図を探す。夕方になると、行きつけのカフェに出かけ（結局、カフェの名前は最後まで覚えられなかった）、生ぬるいビールを飲みながら葉巻をくゆらせる。そして、幸福とは何かについてあれこれ思索にふける。ロッテルダムでの毎日は、静かにものを考え、適度に酒に酔う日々であり、具体的な行動という点ではあまり多くのことをしたわけではない。別の言い方をすれば、実にヨーロッパ的な日常を送っていたと言える。どうやら私も、気がつけばこの土地で暮らす人々と同じような日常を送るようになっていた。

なんとはなしに、幸福のはしごの最下部から調べ始めて、そのはしごを徐々に上にのぼっていったらどうかと考え始めていた。世界で最も不幸な国はどこなのだろうか。すると予想どおり、アフリカの多くの国がこのカテゴリーに分類できることがわかった。幸福の井戸の底に位置するのは、タンザニア、ルワンダ、ジンバブエ。いくつかの国（たとえばガーナ）は、なんとか中レベルの幸福度を維持している。アフリカの国々が底辺に位置する理由は、明らかなように思える。極端な貧困は幸福の助けにならない。純真無垢な「高貴な野蛮人《ノーブル・サヴィッジ》」

という幸福神話は、まさに神話にすぎない。日々の生活に必要な最低限のものがなければ、幸せになれる可能性は低い。

興味深いのは、幸福の底辺に位置する国々が一カ所にかたまっている地域が、アフリカ以外にもある点だ。それは旧ソビエト連邦を構成していた共和国である（ベラルーシ、モルドバ、ウクライナ、ウズベキスタン、そのほか一〇カ国あまり）。

独裁政権の国よりも民主制の国のほうが幸せなのかというと、必ずしもそうとは言えない。旧ソ連邦を構成していた共和国の多くは、疑似民主制を採用している。これらの国々では、ソ連邦時代よりも現在のほうが間違いなく自由度が高い。しかし、ソ連邦の崩壊以降、幸福度はむしろ低下している。民主制と幸福度の関係について長年研究を続けてきたミシガン大学のロン・イングルハート教授は、因果関係が逆だと考えている。民主制が幸福度を高めるわけではなく、幸福な国は民主制を採用する傾向が強い。イングルハート教授の説は、イラクのような国にとってはあまり良い知らせとは言えないようだ。

太陽光がさんさんと降りそそぐ暖かい国の場合はどうだろうか。熱帯の楽園に行けば幸せを感じられると考えている人は多い。だから皆、わざわざ高いお金を払ってバカンスに出かける。ところが、そうした国々は幸福度があまり高くないことが明らかになっている。フィジー、タヒチ、バハマといった国は、幸福度で言うと中レベルに位置する。幸せな国は気候が温和な場合が多い。そして最も幸せだとされている国は、気温が非常に低い場所に位置している場合がある（たとえばアイスランドがそうだ）。

驚くことに、地球上で暮らす人の大部分は自分が幸せだと考えている。ほとんどの国が、一〇段階評価（一〇が最高）で五から八ぐらいの幸福度を示している。例外はほとんどない。不機嫌なモルドバ人の幸福度はつねに約四・五。一九六二年のある時期、ドミニカ共和国の人たちが示した幸福度は一・六だった。これは調査が開始されて以来、最低の幸福度だ。しかし先ほども言ったように、例外的な国はごくまれにしかない。世界じゅうのほとんどの国は幸せな国なのである。

これがなぜ驚くに値することなのか。その原因は次の二つの集団に属する人たちにあるのではないかと、私は考えている。それはジャーナリストと哲学者である。私もその一員であるマスメディアは、悪いニュースを配信するのが役目になっている。戦争、飢饉、ハリウッドスターの破局……。世界じゅうで日々生じている不幸な出来事を軽視するつもりは毛頭ない（実際に私はそれを報道することで暮らしを立ててきた）が、われわれジャーナリストは偏った報道をする。

しかし、もっと罪深いのはヨーロッパの悩み多き哲学者たちだ。彼らはいつも暗色の服に身を包み、ひっきりなしにタバコを吸い、デートする相手も見つからない。そのため彼らは、一人でカフェに行く。そこで森羅万象に思いをはせ、そしてなんと、世界が不幸な場所だと結論づけるのである（！）。たしかに、もしもあなたが独りぼっちで、なおかつ物事を考え込む性格で、青白い顔をした白人青年だったとしたら、そういう結論になるだろう。たとえば一八世紀のハイデルベルクで暮らしていた幸せな人というのは、自分の幸せを維持するのに精いっぱいだった。卒業するために「哲学入門」の単位を取らなければならないインディアナ大学の学生を苦しめるような、長ったらしい哲学書を書く暇などなかったのである。

なかでも最悪なのはフロイトだ。哲学が専門というわけではなかったものの、幸福に対する考え方の基礎を築いた人物だ。フロイトはかつて、「人間が幸福になるべきことは、天地創造の計画には含まれていなかった」と述べている。これは驚くべき発言だ。とくに、今日の精神医療システムの基礎を築く学説を生み出した学者の口から出た言葉であることを考えると、なおさらその感が強い。もしも二〇世紀初頭のウィーンの医者が、「人間が健康な身体をもつべきことは、天地創造の計画に含まれていない」と発言したとする。そんなことをしたら、その医者は捕らえられて刑務所に入れられるか、あるいは少なくとも医師免許を剝奪されることになっていただろう。その医者の考えをもとに、医療システムを構築するようなことはありえない。ところが私たちは、実際にフロイトの考えをもとに医療システムを確立したのである。

話を元に戻そう。大部分の人が幸せに感じているというのは、はたして本当だろうか。私にはそうは思えない。自分自身のことを考えてみると、私はそれほど幸せな人間ではない。フェーンホーヴェン教授の幸福データベースに当てはめると、一〇段階評価でせいぜい六ぐらいのものだと思う。だとすると私は、アメリカ人の平均よりも幸福度がかなり低いということになる。WDHのデータに照らし合わせると、私の幸福度はクロアチア人と同じレベルに位置する。

ほとんどの人が適度に幸せを感じているという説に対して、ポーランド生まれの言語学者で、私と同じくひねくれ者のアンナ・ヴィエルジュビツカは、次のような質問を投げかけている。「『ほとんどの人』というのは、具体的に誰のことをさすのでしょう?」

いったい誰をさしているのだろうか。それを考えると頭が痛くなってくる。もしかしたら、幸せな国を探す旅は、まったくの無駄足なのかもしれない。そんなことをあれこれ考えているうちに、つねに高い幸福度を維持している国があることに気づいた。最上位ではないものの、かぎりなくそれに近い国。偶然ながら、それは今まさに自分が滞在している国、オランダだった。

いつものようにカフェに行き、ビールを飲みながらオランダ人の幸福について考える。特筆すべきことがないように思えるオランダという国が、なぜこれほど幸福度が高いのだろうか。第一に、オランダ人はヨーロッパ人である。ということは、彼らは健康保険の心配をしたり、仕事をなくす心配をしたりする必要がない。何かあれば国が面倒をみてくれる。毎年、長い休暇《バカンス》もとれるし、ヨーロッパ人だというだけで、アメリカ人に対してなんとなく優越感に浸ることもできる。自分がほかの人よりすぐれていると感じることが、幸福につながるのだろうか。トラピストビールを飲みながらそんなふうに考えてみたが、どうやらそれは違うようだ。何か別の理由があるはずだ。

では、寛容性だろうか。オランダは個人的自由を重んじる国として知られている。大人は町から離れ、一〇代の若者たちが町中を自由に闊歩する。週末だけの話ではなく、いつもそんな状態が続いている。

オランダ人は何に対しても（狭量な考えに対してさえも）寛容な態度を示す。過去数十年にわたって、オランダは世界じゅうから快く移民を受け入れてきた。その中には、宗教的自由や女性にまつわる問題（働いたり、運転したり、顔を見せたりすることなど）に寛容でない国からの移民も含まれている。イスラム過激派の青年によって映画監督のテオ・ファン・ゴッホが殺害された事件に象徴されるように、オランダ人の寛容性は代償をともなう。しかし、フェーンホーヴェン教授の研究によると、寛容な心をもつ人は幸福度が高い傾向を示すことが判明している。

オランダ人の寛容性は、日常的にどのようなかたちであらわれているのだろうか。すぐに思い浮かぶのは、ドラッグ、売春、自転車の三つ。オランダでは、これらが法的に認められたり優遇されたりしている。きちんと安全対策を講じれば、いずれも幸福感を高めるのに役立つ。たとえば、自転車に乗るときにはヘルメットをかぶればよい。

オランダ人の幸福の秘密を探るため、この三つのうちの一つを詳しく検討してみる必要があると思った。さて、どれを選ぶべきか。間違いなく一考の価値があるのは自転車だろう。オランダ人は自転車を愛している。しかし、自転車に乗るには外はあまりに寒すぎる。では売春はどうか。通常は屋内でおこなわれる行為なので、屋外の気温の低さを気にする必要はない。しかも満たされた気分になることは間違いない。でも、私には妻がいる。彼女は今回の調査をある程度応援してくれている。。オランダで買春行為に走ることは、「ある程度」

を超える気がする。

　ということは、残るはドラッグということになる。オランダではソフトドラッグ、すなわちマリファナ（大麻）とハシシュ（大麻樹脂）は法的に容認されている。どちらもコーヒーショップに行けば手にはいる。「コーヒーショップ」と呼ばれているものの、実際には喫茶店ではなく、大麻販売店を意味している。「大麻販売店」と呼ぶより「コーヒーショップ」と呼んだほうが明らかに聞こえがいい。

　さて、どのコーヒーショップを選ぶべきか。あまりにもコーヒーショップだらけなので、どの店を選んだらよいのか迷ってしまう。ロッテルダムでは、商店の三軒に一軒が「コーヒーショップ」のような印象を受ける。とりあえず「スカイ・ハイ」という店名が目についた。ストレートな店名だ。空に昇るほどハイになれるなんて……。他の店はどこも妙にしゃれた名前がついていて、なんとなく敷居が高い。私は大学三年生以降、ドラッグでハイになったことがない。つねづね、人前で笑いものになるのはできれば避けたいと思っている。「スカイ・ハイ」の次に目についたのは「アルファ・ブロンディー」という店。「最高のブロンド女」とはよく名付けたものだ。おまけにこの店は窓が大きく開いていて、換気も問題なさそうだ。店先の呼び鈴を押して、狭い階段を上がっていくことにした。店内にはテーブルサッカーのゲーム盤が設置され、冷蔵庫にはファンタとコーラが冷えている。スニッカーズのチョコレート・バーとM&M'sのチョコレートもあるが、あまり売れているようには見えない。実際にコーヒーをいれるためのコーヒーメーカーがあるのには驚いたが、何カ月も使われていないように見える。きっと店を飾る小道具のようなものなのだろう。

店内には、けっして品がいいとは言えない一九七〇年代の音楽が大音量で流れている。壁には絵の得意な小学六年生が描いたような絵が見える。手前のほうに木に衝突した車が描かれ、タイヤ跡が地平線に向かって伸びている。その下にはこんな一文がある――「ドラッグでいかれた心にしか見えない道がある」。はたしてこれは、危ない道を警告しているのだろうか、それともその道を行くように勧めているのだろうか。

私以外の客は皆、常連客のようだ。店内を見回したとたん、ニュージャージーの大学寮を思い出した。冷静になろう、雰囲気になじもうと思っても、まったく思いどおりにいかない。

オリーブ色の肌をした男がやって来て、片言の英語でメニューを説明する。今日はタイ産のマリファナがあるという。まるで「本日のスープ」を説明するかのような口調だ。ほかにもモロッコ産とアフガニスタン産のハシシュもあるらしい。

さて、どうしたものか。しかたなく私は、レストランでメニューを見てもよくわからないときに使う方法を試してみることにした。おすすめは何かと尋ねてみたのである。

「ストロングとマイルドと、どちらがいいですか?」と店員が聞いてくる。

「マイルドなのがいい」

「それなら間違いなくモロッコ産がおすすめですね」

店員に五ユーロ(約五〇〇円)を手渡すと、切手ほどの大きさの茶色い物体が入ったビニール袋を手渡された。

さて、これをどうしたものか。

一瞬、学生時代のルームメート、ラスティー・フィッシュキンドに電話してみたい誘惑に駆られた。ラスティーなら、こんなときどうすればいいか知っているはずだ。彼はいつも冷静だった。まるでチェロ奏者のヨー・ヨー・マがチェロを扱うように、マリファナ用のパイプを器用に使いこなしていた。ラスティーは現在、企業内弁護士として活躍している。郊外に家を建て、四人も子供がいる。でも彼なら、私がいま手にしているモロッコ産のハシシュをどうすればいいか、教えてくれるだろう。

まるでタイミングを見計らったかのように、リンダ・ロンシュタットの歌声が聞こえてきた。「あなたは役立たず、あなたは役立たず、あなたは役立たず……」

ハシシュをそのまま口に含み、それをペプシで胃の中に流し込もうかと考えたが、すぐに思い直した。しかたなくハシシュを手に持ち、できるだけ途方に暮れているようなふりをしてみることにした。しばらくすると、ひげをたくわえてレザージャケットを着た男が隣にやって来て、私に同情のそぶりを示してくれた。彼はひと言も言葉を発しないまま、私の手からハシシュを取り上げると、まるでフェタチーズのように細かく砕き始めた。慣れた手つきでハシシュを粉々に砕き、それをタバコの葉と混ぜて、目の前でハシシュ入りのタバコを巻いてくれた。

彼にお礼を言い、すぐに火をつけてみる。

ハシシュを吸ってみてわかったことは、第一に、モロッコ産のハシシュはおすすめだということ。煙をスムーズに吸い込むことができる。第二に、よくない行為をすることによって得られる快感の少なくとも半分は、行為そのものから得られる快感というよりも、悪いことをしているという感覚がもとになっているということ。つまり、ロッテルダムで合法的にハシシュを吸うことによって得られる快感は、ラスティーといっしょにアメリカの大学寮で隠れて大麻を吸ったときの快感には、まったくもって及ばないということだ。

それでも私は気分がよかった。不快な感じはまったくない。モロッコ産ハシシュの成分が大脳皮質に到達すると、いろいろな考えが頭をよぎるようになった。ずっとこのままの状態でいたら、いったいどうなるのだろうか。ずっと幸せな気分でいられるのだろうか。世界一幸せな場所は、ロッテルダムのアルファ・ブロンディー・コーヒーショップかもしれない。幸福を追求する私の旅はここで終わるかもしれない……。

アメリカの政治哲学者ロバート・ノージックが、この点について言及している。ただしアルファ・ブロンディー・コーヒーショップの話でもなければ、モロッコ産のハシシュの話でもない(もしかしたらノージックはこの店を訪れたかもしれないし、彼も同じものを吸ったかもしれないが)。ノージックは、快楽と幸福の関係について長年にわたって深い思索を続けた人物であり、「経験機械(Experience Machine)」という思考実験を考え出した人物でもある。

才能ある神経心理学者が、人の脳を刺激して、満足感や快感を人為的に作り出す方法を開発したと想像してみる。一〇〇パーセント安全な方法であり、脳や身体に悪影響を及ぼす可能性はまったくない。その機械をつなぐと、人生の残りの時間をつねに満たされた気分で生きることができる。もしもそんな方法があったら、あなたはこの「経験機械」を使ってみたいと思うだろうか。

ノージックによると、もしも使いたいと思わないのなら、あなたは満足感や快感に勝るものがあると証明したことになる。幸せにはなりたいが、ただそれだけを経験したいわけではない。おそらく私たちは、不幸を経験したいとさえ思っている。あるいは少なくとも、幸福を真に感じるために不幸になる余地も残しておきたいと思っている。

残念なことに、私はノージックの考えに賛成だ。「経験機械」を使ってみたいとは思わない。それゆえ私は、アルファ・ブロンディー・コーヒーショップの近くに引っ越してきたいとも思わない。残念ながら。モロッコ産のハシシュはスムーズで吸いやすいと言ったのは確かではあるけれど……。

翌朝、モロッコ産ハシシュの効き目がすっかり抜け、日課となったＷＤＨに向かう。さっそくフェーンホーヴェン教授に、昨夜のちょっとした試みについて話してみる。もちろん彼は静かに私の話に耳を傾けてくれた。実際、はじめて教授に会ったとき、売春や麻薬など、オランダで許されていることの多くは、アメリカだとすぐに逮捕されてしまう行為だと教授に伝えていた。そのとき彼は、「それは承知しています。どうぞ楽しんでください」と、いたずらっぽく笑っていた。

　幸福データベースは古くからの問題になんらかの答えを出してくれるかもしれないと、フェーンホーヴェン教授は語る。その問題とは、快楽は幸福と同じなのかという問題だ。データベースを検索してみると、フェーンホーヴェン教授自身が書いた論文がヒットした。論文のタイトルは「快楽主義と幸福」。まずはその概要を読んでみる。

「幸福と興奮性飲食物の消費の関係を図であらわすと、逆U字曲線になる。大酒飲みの場合、楽しみを奪われると、適度にお酒をたしなむ人よりも幸福感が減じる」言い換えると、古代ギリシア人が数千年前に忠告しているように、何事もほどほどがよいということになる。さらに論文を読み進めると、次の一文を見つけた。「いくつかの研究によると、セックスに対する柔軟な態度と個人的な幸福感のあいだには、積極的な相関関係が認められる」おそらくここで言う、寛容性があって幸せな人というのは、定期的に教会に通う人とは別の人なのだ。驚くべきことではないが、一九九五年に発表された研究によると、ハードドラッグ（ヘロイン、モルヒネなど習慣性の強い麻薬）の使用は、時間の経過とともに幸福感を減じる傾向があるという。では、たとえばモロッコ産ハシシュのようなソフトドラッグの場合はどうなのだろうか。検索してみても、それに関する論文はほとんど見つからなかった。

　すばらしいではないか。コンピュータのモニタから目を離しながら、そんな思いが頭をよぎった。昨夜、アルファ・ブロンディー・コーヒーショップで、私はひそかに最先端の幸福研究をおこなっていたのである。

ロッテルダムの最後の日になった。この町はあまり記憶に残りそうな町ではない。それでもいつの日か、この町を懐かしく思う日がくるだろう。フェーンホーヴェン教授にお別れの挨拶をしなければならない。別れの挨拶は苦手だ。データベースの閲覧をはじめとして、いろいろとお世話になったお礼を告げる。それから急に思いついて、私はドアの前で立ち止まってこう言った。「幸福学を専門に研究するのは、さぞや楽しいことでしょう」

フェーンホーヴェン教授は私の言葉に困惑しているようすだった。「どういう意味でしょう？」

「教授はきっと、人類の幸福に対する能力を確信しているにちがいありません」

「実を言うと、そうではありません」

「でも、長年にわたって幸福の研究をされてきました」

「たしかにそうです。しかし私は、人が幸せだろうがそうでなかろうが、関心がありません。幸福感に差があるかぎり、データを処理して研究が可能ですから」

教授の言葉にびっくりして、私はしばらくその場に立ちすくんでしまった。私と同行の旅人、幸福を探求する同志だと思っていたフェーンホーヴェン教授は、実は幸せを探そうとしているわけではないことに気づいた。別の言い方をすれば、フェーンホーヴェン教授は「幸福ゲーム」の競技者《プレーヤー》ではない。彼はあくまで審判員《レフェリー》であり、記録係なのである。優秀な審判員なら誰でもそうであるように、誰がゲームに勝つかという点は、教授にとっては少しも重要ではない。競技者が満足感を得ようが失望しようが、どちらでも同じことなのだ。勝者がいることさえわかっていれば、それで十分なのである。

幸福学という新しい学問を冷静に研究する際に肝心な点は、まさにここにあるのだと思う。フェーンホーヴェン教授をはじめとする幸福学の研究者は、自分たちの研究が学問の世界で正当に評価されることを切に願っている。単なる「ニューエイジの新しもの好き」だと思われて、切り捨てられてしまわないように望んでいる。いまのところ彼らの試みは成功している。しかし、そのために犠牲になっていることもあるのではないか。幸福学研究者のあいだでは、幸せは統計的データの一つにすぎない。コンピュータを使って切り刻まれ、解析され、最終的には表計算ソフトに数値として入力される。コンピュータの画面上に表示されるデータとしての幸福。私には、これ以上に幸福と縁遠いものは思いつかない。

旅の最初にWDHを訪問したのは正解だった。でも、それだけではまだ不十分だということもわかった。八〇〇〇もの研究事例や論文にあたってみたものの、非常に優れた詩が見事に朗読されたときに感じる喜びや、ポップコーン（できればバター抜きのもの）を片手にすばらしい映画を観たときに感じるような幸福感についての記述は、どこにも見当たらなかった。データベースからは、目に見えない家族の絆についても、何も情報が得られなかった。物事には測定できるものとそうでないものがある。

そんなわけで私は、ルート・フェーンホーヴェン教授のデータベースや、自分の直感を頼りに、自分なりの幸福の地図《ロードマップ》を作ることに決めた。その道路地図を頼りに旅を続けることにしよう。金持ちだろうが貧乏だろうが関係ない。暑かろうが寒かろうが、民主制だろうが独裁制だろうが関係ない。自分の直感を頼りに、幸せの匂いのする方向に向かって進んでいくことにしよう。

その自前の地図を手に、ロッテルダム・セントラル駅から列車に乗り込む。しばらくしてオランダの田園風景が見えてくると、ふと予想外の安心感を覚えた。自由と言ってもいいかもしれない。いったい何から自由になったのだろうか。考えてもよくわからない。ロッテルダムを訪れたのは正解だった。おいしいビールを飲み、質のいいハシシュを吸い、おまけに幸せについていくばくかの知識も得ることができた。

そうこうするうちに、ふと答えが頭に浮かぶ。自由からの……自由。寛容性があるというのはすばらしいことだが、それは無関心に変わりやすい。そんなのはいやだ。それに、毎日焦げ茶色の粉末とばかり付き合っていたら、どうなってしまうかわからない。私は弱い人間だ。いつやめたらいいのか、その限度がわからない。もしも私がオランダに移住したら、その何カ月か後には、モロッコ産ハシシュの煙に包まれた、両腕に娼婦を抱えた日々を送ることになりかねない。

オランダ式のやり方は、どうやら私の肌に合わないようだ。これから旅する国では、私にぴったりの方法が見つかるはずだ。次の目的地では、列車は時間どおりに動き、道路はきれいに清掃されている。しかも適度な寛容性がある。私はオランダを後にして、スイスに向かう列車に揺られている。

2章 スイス——幸せは退屈

人生ではじめて出会ったスイス人は、私をひどく怒らせた。あなたが考えていることはよくわかる。スイス人だって？　礼儀正しくて、中立で、いつも折りたたみ式のアーミーナイフを携帯して、腕時計を身につけ、チョコレートを食べているスイス人のこと？　そのとおり、まさしくそのスイス人である。

一九八〇年代の後半に、私はタンザニアに滞在していた。ガールフレンドとサファリの旅に出かけようと、格安ツアーに申し込みを済ませ、いざ出発の日がやってきた。参加者は私たちの他に四人。のんきなノルウェー人の二人組と、無口なスイス人のカップルだった。

運転手は「グッドラック（幸運）」と名乗るタンザニア人。幸先のいい名前だ。この名前が事実をあらわしているのではなく、願望をあらわしているとわかったのは、後になってからのことだった。それを知ったときにはもう手遅れで、事態はひどく悪い方向に進み始めていた。事の発端となったのは石だ。トラックが跳ね上げた石が私たちの車にぶつかり、フロントガラスが粉々に砕け散ってしまった。けが人はいなかったものの、その日から三日間、村という村で車を止め、代わりのフロントガラスを探し求める事態におちいった（でも結局は無駄足だった）。そうこうするうちに、雨季でもないのに突然雨が降り出した。ガールフレンドと二人でなんとかテントを組み立てたのもつかの間、数分もたたないうちにテントは壊れてしまい、ずぶ濡れになったうえに泥まみれで、なんとも惨めな気分になった。ノルウェー人のテントもかろうじて持ちこたえているような状況だった。

スイス人カップルはどうだったかというと、彼らのテントはフラードーム型で、マッターホルンのようにどっしりとしていた。土砂降りの雨や強風をものともせず、二人を風雨から守る役目を完璧にはたしている。彼らはその中で温かいココアをすすっていたにちがいない。こんちくしょう、とそのとき私は思った。有能で手際のいい、いまいましいスイス人め！

ロッテルダム発の列車がドイツを通過してスイスに入ると、そのときの記憶が生々しくよみがえってきた。私はいま、理由があってスイスにいる。そしてその理由は復讐とは関係ない（本当だ）。ここにやって来たのは、ルート・フェーンホーヴェン教授の手になる幸福のピラミッドの頂点に近い位置を、スイス人が占めているとわかったからだ。幸福の地図の一等地を占領するスイス人。幸せな、幸せな、スイス人め！

私が乗っている列車は、一八分遅れて国境の都市バーゼルに到着した。ここでジュネーブ行きの列車に乗り継ぐことになっている。ところがこのわずかな遅れが混乱を招いた。私も含めた乗客は皆、遅れて到着したドイツの列車から先を争って降車し、定刻ぴったりに発車するスイスの列車に乗り遅れまいと走った。息を切らして階段を上りながら、なんと驚くべきことだろうと思った。ドイツ人をだらしない民族だと思わせられるのは、スイス人以外には考えられない。

スイス人に対するステレオタイプな見方は間違っていなかった。スイス人は優秀で時間にも正確だ。裕福だし失業者もほとんどいない。空気もきれいだし、市街地にはごみ一つ落ちていない。それにチョコレートの存在も忘れられない。なによりおいしいし、どこにでも売っている。ではスイス人は幸せなのだろうか。アフリカでみごとにテントを設営したスイス人カップルの顔からは、喜びの色が感じられなかった。そのとき感じたのは、ほんのわずかな気取りの混じった、静かな満足感だけだった。

この謎を解くために、ここでふたたび、今はなき不幸な白人の哲学者に助言を求める必要がある。アルトゥール・ショーペンハウアーほど不幸な人はいない。彼が信じていたように、幸福が不幸の欠如を意味するとしたら、スイス人には幸せになる正当な理由がある。でも、もしも幸福がそれ以上のものだとしたら（幸福が喜びの要素《ダーク》を必要とするのであれば）、スイス人の幸福はリンツ社のチョコレートのように深遠な謎のままだ。

幸福度の調査結果で、スイス人がイタリア人やフランス人より上位にいるのはなぜだろうか。イタリアとフランスは生きる喜び《ジョワ・ド・ヴィーヴル》にあふれているというのに。しかも生きる喜び《ジョワ・ド・ヴィーヴル》を創案したのはフランス人だというのに。

ジュネーブ在住の友人、スーザンのアパートメントにタクシーで到着したとき、こうしたことが私の頭の中を駆け巡っていた。ニューヨーク出身のスーザンは文筆業で生計を立てている。彼女は英語だけでなくフランス語でも自分の考えを率直に話す。その率直さは、スイス人の他人行儀な性格としょっちゅう衝突する。「スイス人は文化的に活気がなく、情報を出し惜しみする」と、スーザンは不満を言う。たとえその情報が「列車が発車します」とか、「あなたの服が燃えていますよ」といった重要な情報であっても、スイス人は何も言おうとしない。スイス人に向かって率直に話をすると、侮辱したと思われるかもしれない。相手の無知を指摘することになる可能性があるからだ。

ニューヨーク式の挑発的なやり方のせいで、スーザンはジュネーブに駐在する各国の外交団（世界じゅうで生じる問題を四六時中心配している数千人の善良な男女）から、つねに好感を持たれているわけではない。彼らは身なりをきちんと整えて、可能なかぎりランチを共にしながら、世の中の問題に気をもむ。ただし、究極の心配が必要な場合は場所を会議場に変える。ヨーロッパの人間は会議が大好きだ。三人集まれば会議が始まる可能性がきわめて高い。必要なのは小さな名札と、大量のペリエ（ミネラル・ウォーター）である。

ジュネーブは住むには最高の場所だと言われている。ところが、実際に訪れてみたいと考える人はあまりいない。それはもっともなことだ。スイス人はジュネーブを退屈な都市だと考えている。スイス人がある場所を退屈だとみなしたら、そこは本当に退屈なのだ。でも私にはそんなふうには思えなかった。スーザンが暮らすアパートメントは、狭い路地を見渡せる場所にある。ジュネーブはヨーロッパの大半の都市と同様に「人間的尺度《ヒューマンスケール》」にもとづいて建設されている。そのため町全体に奥行きが感じられる。

スーザンでさえ、すべてに否定的なわけではない。彼女はここでの生活にいくつかの魅力を見いだしている。たとえばスイス人らしい親切心。バスに乗ると、髪をモヒカン刈りにしてコンバットブーツをはいた、いかにも問題を起こしそうな一〇代の青年が、あたりまえのように年配の女性に席を譲る。「ニューヨークなら誰も譲ろうとしないわ」と、スーザンは驚きの色を見せる。

まずは荷物をほどく。もちろん、自前のスイス・アーミーナイフも持ってきた。私が持っているのは古い型のものだ（最近ではフラッシュメモリを内蔵したものまである）。このナイフが好きで、どこに行くにも持っていく。スイス軍のナイフのように、世界じゅうのすべての国の軍隊が、それぞれ何か一つずつでも世界に誇れるものを持っていればいいのにといつも思う。私が知るかぎり、スイス・アーミーナイフを使って戦争がおこなわれたことはない。世の中にナイフが増えすぎて、その問題を議論するために国際会議が開かれたこともない。

ヨーロッパの中でもスイスは春の訪れが遅い。人々はそのぶん春を存分に楽しもうとする。少しでも暖かくなってくると服を脱ぎ始め、レマン湖の周辺はスピード社の水着を着た人でいっぱいになる。天気がよかったので、スーザンと二人で分別あるヨーロッパ人にふさわしい行動をとることにした。カフェに向かったのである。

スーザンはあらかじめ、私のために何人かのスイス人と会う手配をしてくれていた。私たちはヨーロッパの人たちがよくやるように、これから何ヵ月もここに滞在するような気分でカフェの大きなテーブルに陣取った。そしてビールを注文し、タバコに火をつけ、初対面の人と頰にキスをしながら挨拶を交わしあった。

経歴も職業も異なったバラエティーに富んだ面々が集まっていた。まずは裕福な銀行家のトニー。彼は自分のことを「文化的にはイギリス人だが、地理的にはスイス人」だと説明する。いったいどういう意味だろうと思ったものの、それを口には出さなかった。トニーの基準からすると、私も地理的にはスイス人になる。地理的に言って現在スイスにいるのは間違いないのだから。その隣にいるのは、ふさふさの髪と自信ありげな表情が特徴的な医師のディーター。地理的に言っても、その他のすべての点から言っても、彼はれっきとしたスイス人だ。その隣には妻のケイトリンが座っている。アメリカ出身のケイトリンは、スイスで暮らし始めて一〇年になるという。それ以前はハリウッドで映画関係のエージェントとして働いていた。ブラックベリーの携帯電話をつねに手に持ち、会話が途切れるたびに親指で神経質にそれをいじっている。

幸福について調べるためにスイスに来たのだと話すと、誰もが驚いた表情をみせる。スイス人が幸せだって？　何かの間違いじゃないかい？　「いや、間違いではないんだ」と私は強調する。ロビン・ウィリアムズ似のオランダ人がそう言ったのだから。彼はそれを裏付ける論文も書いている。私はその場で簡単な世論調査をおこなうことにした。総合的に考えて、あなたは現在どのくらい幸せですかと聞いてみる。すると一〇段階評価で「九」が一人、

「八」が一人、「七」が一人という結果が出た。「七」だと答えたのはアメリカ人のケイトリン。私以外の全員が驚いたような顔をしている。「うーむ、どうやらわれわれは実際に幸せなようだ。意外な結果だ」とでも言いたげだった。

「さて、スイス人が実際に幸せだと確定したからには、スイス人が幸せな理由は何なのでしょう?」と尋ねてみる。

「清潔さかな」とディーターが答える。「スイスの公衆トイレを使ったことがあるかい? とても清潔だよ」私は彼が冗談を言っているのだと思った。でもすぐにその可能性を除外した。スイス人は冗談など言わない。彼らはどんな場面でも絶対に冗談など言わない。

ディーターの言っていることは正しい。スイスのトイレは本当に清潔だ。ルート・フェーンホーヴェン教授や同僚の研究者は、国民の幸福とその国のトイレの清潔度の関係を研究したことがあるだろうか。その結果はきっと意義あるものになるはずだ。

スイスではトイレが清潔なだけでなく、あらゆるものが清潔だ。ある国では水道水を飲めば自殺行為になる。スイスでは水道水を飲むのがおしゃれなことだとされている。実際、チューリヒの行政機関は、水道水の水質を旅行者に自慢してさえいる。

スイスの道路には穴などが開いていることはありえない。すべてが完璧に機能している。スイスは高度に機能的な社会なのだ。それは喜びの源泉でもなければ、幸福の源泉ですらないかもしれないが、少なくとも不幸になる原因の多くを取り除いている。

豊かで、清潔で、安定した社会としてのスイスの印象は非常に魅力的だ。他の国々は、自国をそれぞれの地域のスイスだと形容することがある。シンガポールはアジアのスイスであり、コスタリカは中米のスイス。そして私はいま、ヨーロッパのスイスと呼ぶにふさわしい場所にいる。正真正銘のスイスである。

しかし、ときには正真正銘のスイスでさえ、自らの期待を裏切ることがある。スイスでもときどき、物事があまりうまく機能しないことがあるらしい。ディーターによると、「スイスでは、もしも列車が二〇分遅れたら、人々はとても不安になる」。実際に数年前、鉄道システム全体が一八時間ほどダウンし、国民を深刻な不安に陥れたという。

「では、清潔なトイレと時間どおりに運行する鉄道以外に、幸せの理由といえるものがあるでしょうか？」

「嫉妬心だね」とディーターが答える。

「それが幸せの理由なんですか？」

そうではない、と彼は説明を始める。スイス人は他人の嫉妬を買わないためならどんな努力もいとわないから幸せなのだ。スイス人は幸福の最大の敵が嫉妬だということを本能的に知っている。それを押し殺すためなら何でもする。「われわれスイス人は……」と、ディーターはビールを一口飲んで言う。「自分にスポットライトが当たらないように最大限の注意を払う。さもないと撃たれてしまうかもしれないからね」

スイス人はお金について話すのをひどく嫌う。自分の収入を明らかにするぐらいなら、自分の性病について話すほうがまだましだと考えている。スイス滞在中、「m」で始まる単語

(すなわち「マネー」)を直接口に出すことすらできないスイス人に何人か出会った。彼らは自分がお金について言及していることを示すために、「マネー」という単語を使う代わりに、指をすり合わせてお札を数えるしぐさを使っていた。私は最初、それをとても不思議に思った。スイスの経済は銀行業で成り立っているというのに、なぜ「マネー」という単語を使わないのだろう。でも、なによりもお金が嫉妬を引き起こすことを、スイス人はよくわかっているのである。

アメリカ人のやり方はこうだ。お金を手に入れたら、それを見せびらかす。一方、スイス人はというと、お金を手に入れたらすぐに隠す。あるスイス人いわく、「金持ちになっても、スイス人は金持ちらしい服を着ることもなければ、金持ちらしくふるまうこともない。もちろん、自宅のマンションには何千ドルもするエスプレッソマシンがあるかもしれないけれど」。

なぜそうなのかと、ディーターに尋ねてみた。

裕福なスイス人は自分のお金を見せびらかしたりしない、と彼は言う。なぜなら、そうする必要がないから。その人が裕福なことは誰もが知っている。スイス人は隣近所のことなら何でも知っている。それどころか、もしも裕福な人が突然お金を見せびらかし始めたら(たとえば新車を買うなどして)、周囲の人は何かがおかしいと考える。そして、その人がなんらかの金銭的問題に直面していることにうすうす気づくのである。

アメリカでは「負け犬」になるのが最悪のことだと考えられている。スイスでは派手な勝者、つまりにわか成金《ヌーボー・リーシュ》がそれにあたる。あるスイス人は、新興の金持ちについて「実にひどいものだ」と話していた。そのときの彼の口調は、まるで何か恐ろしい病気について話しているかのようだった。

哲学者のマルティン・ハイデッガーはかつて、退屈を「無関心がわれわれに吹きかけてくる大あくび」だと定義した。スイスではその大あくびが蔓延し、空気中に漂っている。フランス人がワインのために注いできた情熱や、ドイツ人がビールのために注いできた情熱を、スイス人は退屈のために注いでいる。スイス人は退屈を究め、それを大量生産している。

スイス人は人生を希釈しながら生きている。彼らは音楽に合わせてハミングする。それに満足して、特定の音階よりも下には行かず、最高の音階に達することもない。スイス人が何かを「すごい」とか「すばらしい」という言葉で表現することはまずない。ただ「悪くない《セ・パ・マル》」と言うだけだ。それが幸福の秘訣なのだろうか。「悪くない《セ・パ・マル》」人生を送れば幸せになれるのだろうか。あるいはスイス人は、人生の多くの面を本当は「すごい」と思っていながら、そのような誇張した表現が自らの経験を薄めてしまうと、無意識のうちにわかっているのかもしれない。何かを「すごい」という言葉で形容したとたん、それは「すごい」ことではなくなってしまうのだ。

幸福学の研究者は、統計的に見て、スイス人があることをよく理解していることを突き止めた。それは何かというと、極端に良い時と悪い時のあいだを絶えず揺れ動くよりも、その中間で生きたほうがよいということだ。

スイスの「退屈」に関しては、イギリス出身の歴史学者ジョナサン・スタインバーグ以上に理解している人物はいないかもしれない。スタインバーグは生涯をスイス研究に費やしてきた歴史学者だ。ある日のこと、この授業ではスイスの内戦（一八四七年の分離同盟戦争）について検討しますと発表したところ、学生の半数は席を立って教室から出て行ってしまったという。スタインバーグは、「スイスでは内戦でさえ退屈なものなのだ」という、やりきれない結論に達したと語っている。

退屈なだけではない。スイス人はユーモアに欠けるところがある。でもそれは私の勘違いかもしれない。もしかしたら、スイス人のユーモアはふつうとはまったく異なる周波数で発せられていて、私のような非スイス人の耳では検出不可能なだけなのかもしれない。角《かど》が立たないように注意しながら、「スイス人にはユーモアのセンスがないというのは本当でしょうか？」とディーターに聞いてみた。

すると彼は、「ユーモアのセンスとはどういうものなのか、それを定義しないことにはなんとも言えない」と即座に答え、その話題を封印してしまった。

スイス人のユーモアのなさには、長くて深い歴史がある。ある研究者によると、一七世紀のバーゼルでは、公共の場での笑いを禁止する法律が発せられていたという。もちろん、そのような法律は現在は存在しない。そんなものは必要がないからだ。スイスでは、生活のさまざまな側面と同じように、ユーモアは自主規制されている。

オランダ人がマリファナと売春を好むのと同じくらい、スイス人は規則を好む。スイスの多くの地域では、日曜日に芝を刈ることも、カーペットを干すこともできない。曜日に関係なく、洗濯物をバルコニーに干してもいけない。午後一〇時以降にトイレの水を流してもいけない。

私が出会ったスイス在住のイギリス人女性は、スイスの規則を繰り返し破ってきた。たとえば遅番の仕事から帰宅して、数杯のビールと笑い声を同僚と共有したときのこと。とくに大きな音を立てて騒いだわけではなく、仕事の疲れを癒やすために少々息抜きをしただけだった。すると翌日、自宅のドアにメモが貼り付けられているのを発見した。そのメモには「お願いですから、夜の一二時以降は笑い声を上げないでください」と書かれていたという。

スイスで自家用車を汚れたままにしておくと、「車を洗ってください」と書かれたメモを貼り付けられる。アメリカ人が走り書きしそうな「私を洗って」という気の利いたメッセージとは明らかに異なっている。皮肉を皮肉だと検知する能力に欠けるスイス人が何か発言する場合、それは額面どおりのことを意味している。ごみを不適切に出すと、おせっかいな近所の人がそのごみ袋を見つけて、そっけないメモを付けてわざわざ玄関前に持ってきてくれる。この国は過保護な国ではない。超過保護な国なのである。

スイスではあらゆるものが統制されている。社会的混乱でさえも例外ではない。年に一度のメーデーの日になると、無法者《アナーキスト》があちこちでショーウインドーを割るのだが、それは毎年、決まった時刻に決行される。あるスイス人が、めったにないユーモアを発揮して皮肉を言っていた。「ええ、わが国でも社会的混乱が生じるときがあります。いつも決まって午後のことですけれど」

これまでにわかったことを整理してみよう。スイス人はユーモアがなく、非常に保守的なところがある。通常はすべてがうまく機能していて、嫉妬心は押さえ込まれている(一定の犠牲を払いながら)。スイス人はつねに誰かに見られ、監視され、判断されている。では、いったい幸せはどこにあるのだろうか。

「その答えは簡単だ」とディーターが言う。「自然、だよ。われわれスイス人は、自然と非常に深い結びつきを持っている」これを聞いて驚いた。彼の意見そのものに驚いたわけではない。環境保護活動家が同じような意見を述べるのを聞いたことがあるし、私自身もときどきそうした表現を使うことがある。でも、それがディーターの口から出てきたから驚いたのだ。ディーターは見た目どおりの洗練された都市生活者で、何かの活動家というわけではない。

でも、ディーターの指摘は正しい。スイス人は、たとえどれほど国際人《コスモポリタン》で、自然環境から切り離されているように見えても、土地への愛着を失わない。スイスでは億万長者でさえ、内心では自分を山の民だと思っている。

「アルプス山脈に行かずにスイス人を理解することはできない」とディーターが言う。だから私も行ってみることにした。

スーザンと二人で、アルプスの登山基地になっているツェルマットに到着した。いかにも観光地といった風情だ。日本語その他、四つの言語で録音された歓迎の挨拶が私たちを出迎える。ガソリン車の通行が禁止されているため、小型の電気自動車が走り回っている。愛するアルプスの環境を守るために、スイス人が喜んで受け入れた規制である。

ロープウェイに乗って、有名なマッターホルンに隣接する山の頂上まで行ってみることにした。まだスキー・シーズン中なので、私たち以外は皆、おしゃれなスキーウエアで着飾っている。ほとんどが金持ちの年配者だ。

ロープウェイに乗っているあいだに気づいたのは、ここでは光がすばらしい表情を見せるということだった。山々の頂から太陽が顔を出したり隠れたりすると、色調や明度が絶えず変化する。一九世紀のイタリア人画家ジョヴァンニ・セガンティーニは、かつて次のように語っている。平地の住民はくたびれた酔っ払いの太陽しか知らないが、山で暮らす人々は、昇っては沈む太陽を金色の火の玉だと考えている。それは喜びとエネルギーに満ちあふれている。

そんなことを考えているうちに、頂上に到着した。標高は約三八八三メートル。案内板には「ロープウェイで到達できるヨーロッパ最高地点」と書かれている。この一文を読んで、私たちの冒険心は心なしかしぼんでしまった。ちらほら雪が舞い、木製の磔刑像が立っているのが見える。スイスのような非宗教的な国に、このような像があるのは少し奇妙な感じがした。像の足元には次のような一文が刻まれている。「もっと人間らしくなりなさい」

これを見たとたん、心が安らいだ気分になった。日常生活でこんな気分になったことがないので、最初はかなりびっくりした。安らぎの感覚というものがどんなものなのか、私にはよくわからない。でも、そうした感覚があるのは否定できない。私はこのとき、とても安らかな気分を感じていた。

博物学者《ナチュラリスト》のE・O・ウィルソンは、私が体験したこの感覚（暖かくてぼんやりとした感覚）を「バイオフィリア」と名付けた。ウィルソンはそれを、「人間が先天的に他の生命に対して抱く親密な感情」だと定義している。ウィルソンによると、人と自然との結びつきは、進化の過程に深く根ざしているという。その結びつきは必ずしも肯定的なものではない。たとえばヘビを例にして考えてみよう。現代社会では、ヘビにかまれて死ぬ可能性どころか、ヘビに出くわす可能性さえほとんどない。ところがある研究によると、人間はいまでもヘビを恐れている。しかも自動車事故や殺人など、命を落とす可能性がより高いものよりも、ヘビを恐れる気持ちのほうが強い。ヘビに対する恐怖心は、人間の脳の奥深くに刻み込まれている。ロングアイランドの高速道路を運転するときに抱く恐怖心は、ごく最近の話なのである。

逆に言えば、ウィルソンが提唱する「バイオフィリア仮説」は、私たちが自然環境に安心感を覚える理由をも説明している。その理由は私たちの遺伝子の中にある。動物園に行く人と、スポーツイベントに参加する人の数を比べてみると、動物園に行く人のほうが多いのはそのためだ。

一九八四年、アメリカの心理学者ロジャー・ウルリッヒは、ペンシルヴェニア病院で胆のう摘出手術を受けた直後の入院患者に対して聞き取り調査をおこなった。患者は二つのグループに大別される。手術後、窓の外に落葉樹が見える病室に戻った患者と、レンガ塀しか見えない病室に戻った患者である。ウルリッヒは次のように報告している。「自然の景色が見える病室にいた患者は、術後から退院までの日数が短く、看護日誌に否定的な意見が書き込まれることも少なかった。同時に、投薬を必要とする頭痛や吐き気のような、軽度の術後合併症の発症率も低かった。一方、窓の外にレンガ塀しか見えない病室にいる患者は、強い鎮痛剤を要求する頻度が高かった」

あまり知られていないこの調査から得られることは多い。自然への接近は暖かくてぼんやりとした感覚を与えるだけではなく、目に見えるかたちで人間の生理機能に作用する。自然に触れることが人を幸せにすると結論づけるのは、それほど短絡的な発想ではないように思う。実用的なオフィスビルの大半が、（幸せな労働者は生産的な労働者にちがいないと信じて）公園や中庭を備えているのはそのためだ。

バイオフィリア仮説は、よくあるバークレー的、アル・ゴア的、「ホウレン草を食べなさい」的な環境保護主義とは違う。バイオフィリア仮説は私たちの責任感に直接訴えかけるのではなく、もっと根源的で、普遍的な部分、つまり人間の利己主義的な性向に訴えかける。要するにそれは、環境を保護しなさい、そうすれば自然があなたを幸せにしてくれますよ、ということを意味している。独立宣言に「幸福（happiness）」という単語が含まれているアメリカのような国では、環境保護主義者たちが、ずっと昔にバイオフィリアを理解していたのではないだろうか。

私はたった今、確実にバイオフィリアを理解した。自分がまるで、眼下に見える谷の上に浮かんでいるような気がする。すぐ下にある看板には「神の御業は偉大なり」と書かれている。それを見て、私は黙ってうなずいた。頭が軽くなった感じがして、鳥のさえずるような音が聞こえてくる。私はいま超自然的な体験をしているのかもしれない。

いや、そうではなかった。スーザンの携帯電話のメール着信音だ。ロープウェイで登っていけるヨーロッパの最高地点には、携帯電話の電波も届いていた。私の至福の瞬間は、七月の雪のように消え去った。

ツェルマットに戻り、山頂で自分の身に起きたことをあらためて考えてみる。一つの合理的な説明は、低酸素症、つまり酸素不足だ。低酸素症は多くの症状を引き起こすが（最悪の場合は死をもたらす）、一般的な症状の一つが多幸感《ユーフォリア》である。

どうやらそれは空腹感ももたらすらしい。スーザンがフォンデュを食べようと提案する。「フォンデュ」という単語を聞いたり、多少なりとも考えたりするのは一九七八年以来だ。母親が買ってきたフォンデュ用の道具が、ダイニングルームに置かれていたのを今でも鮮明に思い出す。淡いオレンジ色で、小さなフォークがずれないように溝がついていた。わが家のダイニングルームに博物館の陳列品よろしく鎮座していたものの、それが実際に使われているのを見た記憶はない。

スーザンが注文してくれたフォンデュが、大きなボールでテーブルに運ばれてきた（残念ながらオレンジ色の器ではなかった）。何度かおかわりをしたものの、食べ終わると多幸感《ユーフォリア》は消え去った。でも、実にスイスらしいと思う。満足感がある。味はとくにおいしくもまずくもなく、中間的だ。スイスの中立性はここから来ているのかもしれない。それは深い道徳観にではなく、もっと実際的な理由にもとづいているのかもしれない。スイスはフォンデュと戦争に関しては中立的なのだ。

ジュネーブに戻ると、スーザンがスイス人の青年ジャリルを紹介してくれた。ふだんはバンド活動をしているという。ワインを注文してまずは乾杯する。彼の英語は少々心もとなく、ミネソタ出身のアンナという混じり気のない金髪のガールフレンドが通訳してくれる。見たところ、アンナはしらふのときは優しいものの、酒を飲むと意地悪な感情が表にあらわれてくるようだ。それもかなりの頻度であらわれる。

「スイス人が幸せなのはなぜだと思う？」とジャリルに尋ねてみる。

「いつでも自殺できると知ってるからさ」と、ジャリルは笑いながら答える。しかし彼は冗談で言っているわけではなかった。スイスは世界じゅうでどこよりも進歩的な安楽死法を持つ国として知られている。わざわざ死ぬために、ヨーロッパ中からこの国に人が集まってくる。

その奇妙さについてじっくり考えてみることにした。スイスでは午後一〇時以降にトイレの水を流すのも、日曜日に芝を刈るのも禁じられている。ところが自殺するのは完全に合法なのである。

幸福の調査のためにスイスに行くつもりだと友人たちに伝えたとき、なかにはこう聞いてくる友人もいた。「スイスって自殺率が高いんじゃないの?」そのとおり、スイスの自殺率は世界有数だ。これではまったく筋が通らない。なぜ幸せな国で自殺率が高いのだろう。実を言うとそれは簡単に説明できる。なによりも、統計を調べてみると自殺件数そのものはいまだに少ない。したがって自殺率は幸福度の調査にあまり影響を及ぼしていない。研究者が自殺を考えている人物にインタビューする確率はきわめて低いからだ。しかし、もう一つ別の理由がある。自殺を思いとどまらせる要因と、人を幸せにする要因は別の問題なのである。たとえば、ローマ・カトリックの国では、自殺が禁じられているために自殺率がきわめて低い傾向がある。しかしそれは、それらの国が幸福だということを意味しているわけではない。良い政府、やりがいのある仕事、家族の強い絆、これらはすべて幸せの主要な成因となる。しかし、もしも不幸で、心底失望していたら、そのうちのどれも自殺を防ぐことはできない。おそらく問題なのは、幸せそうな人に囲まれていると、ときに非常に惨めな気分になりうるという点だろう。スイスの著名な作家フランツ・ホーラーが私にこう語ってくれた。「自分が幸せでないとき、人はこう思う。こんなに美しくて、こんなに機能的な国で、どうして幸せじゃないんだ。自分のどこが悪いんだ、とね」

世界じゅうどこの国に行っても、初対面の人に最初に尋ねる質問がある。その質問をすれば、その人物についての重要な情報が得られる。アメリカでは「お仕事は何をなさっていますか？」。イギリスでは「どちらの学校に行かれましたか？」。スイスでは「ご出身はどちらですか？」。それさえわかっていれば何事も円滑に進む。

スイス人は土地に深く根を下ろしている。彼らのパスポートには、先祖代々の出身地が記載されている。いま暮らしている町ではなく、ルーツを示す町。彼らはおそらくその町で生まれたわけではない。そこを訪れたことすらないかもしれない。しかしそこが彼らの故郷なのである。スイス人は国を離れたときだけスイス人になると言われている。国を離れないかぎり、彼らはジュネーブ人であり、チューリヒ人であり、あるいはその他のどこかの町の人だと認識される。

「ホームシック」という概念を生み出したのがスイス人だったのも納得できる。スイス人は当初、それを「郷愁（heimweh）」と呼んでいた。故郷や家族から離れている人が、それらを恋しく思う精神状態のことである。

ここでふとした疑問がわいてくる。幸福というのは、政治と同じように地元（土地）に密着したものなのだろうか。私にはよくわからない。でも、地元にこだわることによって、スイス人が精神的安心感を得ているのはたしかなようだ。ところが、地元への過剰な愛着にはマイナス面もある。ジョナサン・スタインバーグが述べたように、「隣で何が起きているのか、まったく無関心」なのである。これは四つの公式言語を持つ国では驚くことではない。

あるスイス人の友人が私に語ったように、「われわれスイス人は、互いをよく理解していないからこそ、うまく付き合っていける」。

たしかにそうかもしれない。でも彼らは互いを信用している。私の場合も、クレジットカードの番号を教えなくても、ホテルの部屋を予約することができた。前払いせずに車にガソリンを入れることもできる。スイスでは、多くのことが自己申告という考えのもとで機能している。アルプスの山々に点在する休憩小屋もそうだ。小屋にはあらかじめ食べ物が置かれている。そして食べた分だけお金を置いておけばいいことになっている。

カナダの経済学者ジョン・ヘリウェルは、長年にわたって信頼と幸福の関係について研究し、この二つが切り離せないものであることを明らかにした。「つながりのある人を信頼できなければ、適切につながっていると感じることはできない。人とのつながりは信頼を生み出し、信頼はつながりを支える。これは双方向の流れであり、どちらも重要だ」

あるいは、「概して人は信頼しうる」という主張について考えてみよう。ある研究によると、この考えに賛成する人は、反対する人よりも幸福度が高いことがわかっている。近所に住む人を信頼することはとくに重要だ。近所の人をよく知っているだけで、自分の生活の質に大きな変化がもたらされる。ある調査によると、一定の区域内における犯罪発生率に影響を及ぼす要因の中でも最大の違いをもたらすのは、警察官による巡回の回数などではなく、自宅から徒歩一五分圏内に住んでいる人を何人知っているかという点なのだという。

私はすっかり夢中になっていた。その相手は女性でもなければ、人ですらない。スイスの鉄道網である。これがまた実にすばらしい。車内はすこぶる静かで、車両を仕切るガラスの自動ドアが優美に開閉するようすも、うっとりするほどだ。いれたてのコーヒーや焼きたてのクロワッサンを運ぶ制服姿の乗務員。本物の磁器の皿でおいしい食事が食べられる食堂車。トイレ内の木の内装や、革張りの座席。列車を降りる際には、小さな乗降階段が奇跡のように足元にあらわれる。永遠にスイスの列車に乗っていたいとさえ思う。ジュネーブやバーゼル、チューリヒ、その他の駅を往復しながら……。その他というのは、どこでもいい。スイスの鉄道に乗ってさえいれば、私は永遠に幸せでいられるような気がする。

でも、永遠に乗っているわけにもいかなかった。ベルンに到着すると、ひとまずそこで下車する。スイスの首都ベルンは静かな町だ。アメリカ人のアンナが、この町はとても古風な感じがして、おもしろいと話していた。実際、古風すぎるような気がしないでもない。そんなことを考えながら古い城壁に囲まれた町を歩いていると、壁に落書きを見つけた。「お巡りはくたばっちまえ」この落書きは古風とはいえない。ここがスイスでなければ、この落書きを不快で嫌なものだと感じたことだろう。ところがスイスでは、こんな落書きさえも、人が生きている証拠だと思えてくる。

まずはスイス連邦議会議事堂を訪れてみた。堂々として装飾的ながら、同時に控えめな印象も受ける建物だ。どの国に行っても、その国がどのような国なのかを適切に物語るモニュメントがある。たとえば硫黄島で星条旗をかかげる六人の海兵隊員のブロンズ像や、ロンドンのトラファルガー広場に設置された威厳あるネルソン提督の像。スイスの連邦議会議事堂には、ニクラウス・フォン・フリューという名で知られる修道士の彫像が設置されている。手のひらを下にして片方の腕を伸ばし、こう言っているかのようだ。「みなさん落ち着いて。この問題を合理的に考えましょう」なんともスイスらしい。

アルベルト・アインシュタインも、かつてベルンで暮らしていたことがある。ここは彼が「人生で最良の名案」を思いついた都市として知られている。その名案は特殊相対性理論につながる新発見だった。それを思いついた場所は、ベルンの目抜き通りにある質素なアパートメントの一室。いまでは小さな博物館になっている。アインシュタインが暮らしていた当時のようすが復元され、さまざまなものが展示されている。ソファや木製の椅子、一八九三年のラベルが貼られたワインのボトル、息子のハンスが使った乳母車、特許局の審査技官として仕事場に着ていったスーツ。若いころの白黒写真も何枚か展示されている。まだ髪をぼさぼさに伸ばす前の写真で、家族といっしょにポーズをとっている。妻と息子はカメラのレンズを見据えているのに対して、アインシュタインはどの写真でも遠くを見つめている。エネルギーと質量について思いをめぐらしていたのかもしれない。あるいは、こんなふうに考えていたのかもしれない――「この結婚から逃げ出さなくては」。後にアインシュタインは、実際にそれを実行した。

両開きのフランス窓を開けて、表通りを見下ろしてみる。数台の車を除くと、その景色は一九〇五年からほとんど変わっていないように思える。何秒間か目を閉じ、ふたたび目を開ける。もしかしたら時間をさかのぼれるのではないかと半ば信じながら……。なにしろアインシュタインは、そういうことが理論的に可能だと証明した人物なのだから。

アインシュタインの部屋の一つ上の階の部屋で暮らしている人がいる。聞けばグラフィック・デザイナーだという。アインシュタインが暮らしていたのと同じ建物で暮らすというのは、どんな気分なのだろう。最初はそれが実にすばらしいことだと思った。想像しただけでわくわくしてくる。でも、実際には相当なプレッシャーだろう。アインシュタインが使ったのとまったく同じ階段を上り下りするたびに、自分には「$E = mc^2$」のような式を思いつくことができないと思い知らされて、がっかりするにちがいない。どうやら私にはここで暮らすのは無理そうだ。

私と同じように、アインシュタインはベルンを快適ながら退屈な町だと感じていた。もしもスイス人がユーモアを解する人たちだったら、アインシュタインは空想にふけることもなかったかもしれない。そして特殊相対性理論も生まれていなかったかもしれない。言い換えれば、退屈にも利点があるのかもしれない。

イギリスの哲学者バートランド・ラッセルもそう考えていた。「ある程度の退屈は……幸せな人生に不可欠だ」とラッセルは書いている。おそらく私は、スイス人に対する見方を誤っていたのだ。もしかしたら彼らは、退屈と幸福について、他の国の人が気づいていない何かを知っているのかもしれない。

我慢と退屈は密接な関係がある。退屈というのは、何かをしたくて仕方がない状態をいう。

世の中の物事が気に入らず、おもしろくないと感じたとき、人は自分が退屈していることを確信する（退屈かどうかは自分自身で判断する）。

ラッセルはこの点について次のように述べている。「退屈に耐えられない世代は、平凡でつまらない世代になるだろう。彼らは自然の緩やかな変化から完全に切り離された世代であり、まるで花瓶に活けられた花のように、生命力が心の中で徐々にしなびていく世代である」

スイス人は実際には退屈してはいないのではないだろうか。私はそんなふうに考え始めていた。はたから見ると退屈に見えるだけなのかもしれない。

私はふたたび、お気に入りのものとランデブーを楽しむ機会をもった。鉄道の旅である。次の目的地となるチューリヒは、ジュネーブがスラムに見えるほど清潔な都市だ。まずはホテルにチェックインを済ませ、しばし時間をつぶすことにする。電車に乗って近くの丘の上まで行ってみた。チューリヒの公共交通機関はすべて自己申告制だ。ただし、ひそかに監視員も同乗していて、無賃乗車を取り締まっている。信頼もするが確認もする。私が乗っていた車両では中年の男が尋問を受けていた。明らかに言い逃れをしようとしている。顔色が青ざめているのは、恐怖ではなく恥ずかしさのためだ。無賃乗車を思いとどまらせるのは罰金ではなく、公の場で恥をかくことなのだということがよくわかる出来事だった。

しばらくすると丘の上の駅に到着した。眼下にチューリヒの町が広がっている。まるでルネサンス時代の絵の中に入り込んだかのようだ。ここにいるとなんだか安心した気分になる。人間が小高い場所を好む理由がなんとなく理解できる。おそらくその起源は、人類がまだ木の上で暮らすチンパンジーだったころまでさかのぼる。見晴らしのよい高台にいれば、潜在的な危険を察知できる。危険なものが近くに見つからなければ、安心して暮らすことができる。

天気はすばらしかった。空は青く、空気はどこまでも澄み切っている。大勢の人がお弁当を持参して即席のピクニックに興じている。公園のベンチには年老いた夫婦がいる。夫はイタリア製とおぼしきハンチング帽をかぶり、身動きせずに座っている。その近くには二匹の犬を散歩させている女性が一人。犬たちは互いにじゃれ合いながら笑っている（本当だ）。どちらの犬もリードにつながれていないのに逃げ出す気配はない。彼らはスイスの犬なのだ。

目に入るものすべてがすばらしい。でもそろそろ出発する時間だ。それが私のいつものやりかただ。ふつうはそう思ったら躊躇せず実行する。しかしこのときだけは出発を思いとどまった。何が何でも行かなければならない理由はない。春のスイス、しかも晴天の午後三時。人に会う予定もなければ、どこかに行く予定もない。

イスラエル生まれのイギリスの経済史学者アヴナー・オッファーは、「豊かさは我慢の欠如を生み、我慢の欠如は幸福を阻害する」と書いている。オッファーのこの発言は正しい。忍耐力のない貧しい人というのはあまり見かけない（彼らは他の理由で不幸なのだが、その点についてはのちほど触れる）。少しずつわかってきたぞ。スイス人は裕福で、しかも我慢強い。めったにない組み合わせだ。彼らはマイペースで暮らす方法を知っている。実際、スイスに来て二週間が経過しても、腕時計（完璧に正確な時を刻む金メッキのスイス製腕時計）を見て、「もう行かなくては」とか、「そろそろ仕事に戻ったほうがよさそうだ」などと言う人には出会わなかった。逆に、時計をちらちら見ているのは、怠け者の物書きである私のほうなのだ。五〇ドルで買ったセイコーの腕時計をしきりに盗み見しているのは、ほかならぬ私である。

スイス人から幸福についての意見を募るために、友人の助けを借りてインターネット上にブログを立ち上げてみた。すると、その中の書き込みの一つが私の目をくぎづけにした。いまだにその瞬間を覚えている。

「幸福というのは、おそらくこういうものだと思う。自分がどこか他の場所にいるべきだとか、他のことをすべきだとか、他の何者かになるべきだとか、そういうふうに思わずにいられること。たぶんスイスの現状が……単にそういう状態に『なる』こと、つまり『幸せになる』ことを容易にしている」

そんなわけで、私は丘の頂上にすでに二〇分あまりも座っていた。そのあいだずっと、そわそわしていた。耐えがたい苦行だと感じたものの、正気を失わずにそうしていられたのは小さな進歩だと思う。

自分がいかに非スイス的であるかが、だんだんわかってきた。しかも実に多くの点でそうなのだ。規則が嫌いだし、きれい好きでもない。気分がすぐに変わりやすく、資産もない。手持ちの財産といえば、財布の中にある一九八一年発行のしわくちゃの一〇ドル札だけ。私とスイス人の唯一の共通点は、チョコレートが好きなこと。これは無視できない共通点だ。スイス人は大量のチョコレートを消費するし、チョコレートが人を幸せにするという確かな証拠もある。

チョコレートと幸福の関連を調べるために、チョコレート店に行ってみる。店内に入ると、まるで美術館にでもいるような気分になる。食べられる美術館だ。稀少で高価な宝石を扱うように、店員がトリュフをトングで持ち上げている。ありとあらゆる種類のチョコレートが壁一面に並んでいる。コロンビア産、エクアドル産、マダガスカル産のカカオ豆でつくられたチョコレート。オレンジやラズベリー、ピスタチオやレーズン、コニャックやラム酒、あるいはピュアモルト・ウイスキーで風味付けされたチョコレート。まるで駄菓子屋《キャンディストア》にいる子供のような気分でそれらを一つずつ購入して、ホテルの部屋に戻る。鍵をかけ、ベッドの上に今日の収穫を広げてみる。まずはマダガスカル産のカカオ豆を使ったチョコレートにかじりつく。なんともおいしい。そもそも、まずいスイス・チョコレートなどこの世には存在しない。

ただし、単なる楽しみのためにチョコレートを買ったわけではない。調査のためだ。チョコレートから気分をよくする化学物質を抽出することに科学者が成功している。実際には何種類かの化学物質がそれに関係している。トリプトファンは脳が神経伝達物質のセロトニンを作るときに使われる。多量のセロトニンは気分の高揚や恍惚感を生み出す。アナンダミドと呼ばれる神経伝達物質は、マリファナの有効成分であるTHC（テトラヒドロカンナビノール）と同じ脳領域に作用する。ただし、チョコレートがマリファナの代わりになるという説は単なる仮説にすぎない。BBCの報道によると、「マリファナと同じ効果を得るためには、数キログラムのチョコレートを食べる必要がある」と専門家は推測している。数キロとはこれまたずいぶんな量だと思いながら、目の前に広げられたチョコレートを忙しく口に運んだ。

幸福と選択との関係は複雑だ。しかも、スイスほどその関係が複雑な国はない。選択する行為というのは、望ましいこと、人を幸せにすることだと考えられている。通常、その考えは正しいと言えるが、つねに正しいわけではない。バリー・シュワルツが『なぜ選ぶたびに後悔するのか』（武田ランダムハウスジャパン）という著書の中で指摘しているように、選択肢があまりにも多すぎる場合がある。過剰な選択肢（とくに無意味なもの）に直面すると、人は混乱し、圧倒され、幸せを感じられなくなる。

一方、スイス人には地球上のどの国の人々よりも多くの選択肢がある。それもチョコレートに限った話ではない。スイスは直接民主制をとっているため、国民は大小さまざまな問題について頻繁に投票をおこなう。国連に加盟するべきか否か。アブサンを禁止するべきか否か。スイス人は平均すると年に六回から七回投票する。何であれ、やってみる価値のあることは、真剣にやってみる価値があるとスイス人は信じている。投票に関してもそうだ。ときには自らの増税に賛成の票を投じることもある。アメリカの有権者がそんなことをする姿は想像できない。

直接民主制は完璧ではない。国民のための民主制であるにもかかわらず、ときに国民はまったくの愚か者になりうる。たとえばスイスでは、一九七一年まで女性に参政権がなかった（ある州では一九九一年まで女性の参政権が認められていなかった）。

にもかかわらず、カナダの幸福学者ジョン・ヘリウェルなどは、政府の質は、ある国が別の国よりも幸せな理由を示す最も重要な変数だと主張している。また、スイスの経済学者ブルーノ・フライは、スイス国内の二六の州で民主制と幸福の関係について調査した。すると住民投票の回数が最も多い州、つまり最も民主的な州が、どこよりも幸福度が高いという結果が出た。その州では投票権を持たない外国人でさえ幸福度が高いという（外国人の幸福度は高いが、有権者には劣る）。

なるほど、どうやらスイス人は何事も自分たちで選択するのが好きらしい。では、ペンシルヴェニア大学の心理学者ポール・ロジンによる、ちょっとした独創的実験の結果をどう説明したらよいだろうか。彼は六カ国（アメリカ、イギリス、フランス、ドイツ、イタリア、スイス）の幅広い階層の人々に対して、ある簡単な質問をした。「アイスクリームを食べたいときに、二つのアイスクリーム店のどちらかを選べるとする。一つの店には一〇種類のアイスクリームがあり、もう一つの店には五〇種類のアイスクリームがある。あなたはどちらの店を選びますか？」

その結果、五〇種類のアイスクリームを出す店を選んだ人が多数派を占めたのはアメリカだけだった（五六パーセント）。スイスはまったく逆で、選択肢が多い店を選んだのは二八パーセントにすぎなかった。選択が幸福に置き換わるのは、重要な事柄を選択するときだけのようだ。投票は重要だし、アイスクリームもしかり。しかし、五〇種類というのは重要な要素ではない。

ふたたび列車に乗る。今回の目的地はサンテュルサンヌ。この町は「ミドルエージの町」と呼ばれている。はじめてそれを聞いたとき、赤いスポーツカーに乗った、頭の薄くなった太り気味の男が、町中にあふれているようすを想像してしまった。実は、電話でそれを教えてくれたスイス人は、「中年（middle-aged）」ではなく「中世（Middle Ages）」から続く町という意味でそう言ったのだった。

彼の名前はアンドレアス・グロス。彼こそ私が会ってみるべき人物だと、出会った人が口をそろえて助言してくれた人物だ。グロスはスイス連邦議会の議員を務めている。直接民主制の熱心な支持者であり、その利点を説くために世界じゅうを飛び回っている。しかし彼を有名にしたのは、一九八九年に発議した国民投票だった。グロスはスイス軍を廃止し、国内から軍隊をなくしたいと考えていた。この提案はごく少数の票しか得られないだろうと誰もが思っていた。ところが、最終的に三五パーセントもの人が賛成票を投じたのである。スイス人はその結果に衝撃を受けた。グロスの発議によって法律が変わり、現在、スイス軍は一九八九年の半分の規模に縮小されている。

そろそろ食堂車に行く時間のようだ。この列車はアメリカの鉄道会社アムトラックとは違って、メニューが四つの言語で記されている。新鮮なマッシュルームを添えたペンネや、新鮮なアスパラガスを添えたリゾット……。天国にいるような気分だ。

列車はスイスのドイツ語圏とフランス語圏をへだてる言葉の境界線を越えた。私はといえば、あいかわらず言葉の不自由な原始人のまま。「わたし、コーヒー、ほしい。あなた、もってる？」スイスではどんなことも、少なくとも三つの言語に翻訳される。しかもあちこちに標識や案内板がある。たとえば「危険、線路内に立ち入り禁止」。これも三つの言語で書かれている。言葉のピラミッドの底辺にある英語の表記にたどり着くころには、感電死してしまいそうだ。

サンテュルサンヌに到着すると、アンドレアス・グロスが私を出迎えてくれた。ジーンズをはいて、縮れたごま塩の髭をはやし、その表情からは決断力を内に秘めているのが感じられる。著名な国会議員というよりも、年をとったヒッピーのようにも見える。二人で彼の研究所に向かった。古い家を改装して研究所として使っているのだという。

アンドレアスがエスプレッソをいれてくれる（エスプレッソはイタリアによる幸せへの貢献だ）。座って話を始めると、アンドレアスが幸福に関する問題全般にあまり興味がないことがすぐに明らかになった。彼にとっては真剣に考えるべき問題ではないようだ。直接民主制や、連邦議会の本会議、つまりスイスのまじめな問題について話したがっている。アンドレアスはジャン・ジャック・ルソーを引用しながらこういった。「私はスイス人に、自分たちが考えている以上にスイス人らしくなってほしいと考えています」私には彼が何を言っているのかさっぱりわからなかった。

アンドレアスによると、スイスでは環境保護に熱心なあまり、アルプス山脈の地下に大きなトンネルを掘る工事に二〇〇億ドルを投じる計画が立てられているという。国境を越えるトラックは列車に載せられて山々の下を通ることになる。「人権は戦争の産物です。人類の偉大な進歩はすべて戦争によって生まれたのです」実はスイス人は一八四八年から戦争をしていない。

「では、スイス人はもっと多くの戦争をする必要がありそうですね」

「いや、それは違います」アンドレアスは私がまじめな顔で言ったユーモアに気づかずに答える。「人権擁護のためには、他の方法を探す必要があります」

少しのあいだ、ポストモダニズムや、民主制や、永世中立について議論し、それから話が一回りして、私がスイスに入国して間もないころの話に戻った。清潔なトイレの話だ。ディーターと同じく、アンドレアスも清潔なトイレが大のお気に入りのようだ。「どんなに小さな駅にも清潔なトイレがあります」と誇らしげに語る。

アンドレアスが駅まで車で送ってくれるあいだも議論は続き、駅には予定より早く到着した。外はあいにくの雨だが、空気がさわやかな香りを放っている。アンドレアスの車（スウェーデン製のサーブという車）の中で、そのまましばらく話をした。彼は昔、アメリカ人の年老いた活動家に会ったときの話をしてくれた。その人物は歴戦のつわもので、一九六〇年代を生き抜き、その後ニカラグアに渡ってサンディニスタ民族解放戦線で抵抗運動に参加したという。

そのアメリカ人はアンドレアスの理想主義に感銘を受け、アメリカの若者は反抗する活気を失ってしまったと不満を述べた。そして誰がどうしようと、アメリカに変化がもたらされることはないだろうと話していたという。

「比例代表制のために戦わないのですか」と、アンドレアスは尋ねてみた。

「そんな手続き上のことにかかわっている時間はない」歴戦の勇士は嚙みつくように言った。「では、あなたはさらに二〇年間、コンクリートに自分の頭を打ち付けていたいのですね？」アンドレアスは言い返した。

アンドレアスにとって、問題なのは頭を打ち付けることではなく、コンクリートそのものだった。まずは制度を変えなければならない。退屈なことを一つ一つ克服していくことが必要だとアンドレアスは信じている。いかにもスイス人らしい考え方だ。派手なやり方ではないが、十分に効力を発揮する。そのためには、忍耐と、退屈に対する高度な耐性が必要になる。スイス人は確実にその両方を備えている。

別れ際にアンドレアス・グロスをもう一度よく観察してみる。彼がアメリカで暮らしていたら、バークレーのコーヒーハウスにいそうな、いつも怒っているだけで自発性のない、おしゃべり男になっていたことだろう。しかし、ここスイスでは、スイス軍を廃止に追い込みかけた著名な議員である。この事実は、実はスイス人が思ったほど退屈ではないということを証明する証拠の一つだと言える。

スイスから出国する日、再度列車に乗り込んだ瞬間、不意に悲しい気分に襲われた。私はいずれ、この国を懐かしく思うだろう。スイス人はもはや、私を猛烈に怒らせたりはしない。

しかし、彼らは幸せなのだろうか。どちらかというと、幸せというよりも、満足していると言ったほうがよさそうだ。いや、満足というのもあまり正確な言い方ではない。言葉で表現するのは難しい。言葉というのは、楽しい心の状態よりも、楽しくない心の状態を言い表す単語のほうがはるかに多い（これは英語に限らずどの言語でも同じだ）。不幸なときは、レストランのビュッフェを食べるときのように言葉の選択肢が多い。落ち込んでいる、憂鬱だ、惨めだ、不機嫌だ、気分が暗い、がっかりだ、残念だ、絶望的だ、気が重い、元気が出ない、悲しい……。一方、幸せなときに使う単語は、ピザハットのサラダバー並みに選択肢が限られる。嬉しい、とても嬉しい、幸せ。これらの単語だけでは、幸せの微妙なニュアンスの違いを表現しきれない。

スイス人の幸福を言い表すには、新しい単語が必要になる。単なる「満足（contentment）」以上で、一〇〇パーセントの「喜び（joy）」以下の言葉はないものか。この二つの単語を組み合わせた「コンジョイメント（conjoyment）」というのはどうだろう。そうだ、それがぴったりだ。スイス人の幸せは、純粋な「コンジョイメント」なのである。この単語は、楽しいと同時に冷静でもあるような状況をすべて表現できる。「楽しい」を連発するとき、人は躁状態にある。喜びには熱狂的な性質、つまりパニックの兆候が含まれている。そして、人はその瞬間が突然終わってしまうことを恐れている。一方で地に足のついた喜びもある。超自然的な至福の瞬間のことではない。もっと控えめで、スイス的な喜びの瞬間である。

　私たちが「コンジョイメント」を経験するのは、日常生活のちょっとした瞬間だ。たとえば掃除機をかけているときや、ごみ出しをしているとき。あるいは何年かぶりにボブ・ディランの古い曲をCDで聴いているとき。まさにそんなときに「コンジョイメント」を経験する。スイス人は幸せではないかもしれない。しかし彼らは「コンジョイ」する方法を知っている。

3章 ブータン——幸せは国是

何もかもが不思議なために、不思議を不思議と思えなくなってきたようだと、コンウェイは感じ始めていた。
（ジェームズ・ヒルトン『失われた地平線』）

高度一万一〇〇〇メートル、エアバスはヒマラヤ上空を飛んでいる。機内灯が柔らかな明かりを放ち、軽やかな身のこなしの客室乗務員が、一人ひとりに目配りしながら通路を行き交う。

私はといえば、さきほどから窓の外を眺めている。旅慣れた知人が、通路側の座席はつまらないと忠告してくれたからだ。でも今回は違ったようだ。

しばらくのあいだ、窓の外には分厚い雲のじゅうたん以外、何も見えなかった。人のうんちく話なんかあてにならないと思い始めたころ、突然、雲が晴れて山並みが姿をあらわした。引き寄せられてしまいそうな山々の連なり。ヒマラヤに比べたら、それ以外の山はどれもウサギの丘のように思えてくる。

まわりの乗客も窓のほうに首をのばして、カメラを手に歓声を上げ始めた。しかし私の思いは別の時空に飛んでいる。別の時代の、別の飛行機。時は一九三三年、かなり旧式のプロペラ機に乗って、同じヒマラヤ山脈の上空を飛んでいる。いま飛んでいる場所からさほど遠くはないものの、機内は寒く、座席は硬い。客室乗務員は一人も見当たらない。乗っているのはイギリス人が三人とアメリカ人が一人だけ。エンジン音がやかましくて、大声をあげないと話が通じない。この四人の声色には、明らかに何かにおびえたようすがにじみ出ている。拳銃を手にしたパイロットが航路を勝手に変更し、どこともしれない目的地をめざしているからだ。飛行機は乗っ取られてしまった。

やがてその目的地は、壮麗なる静けさにつつまれた、驚くべき場所だということが判明する。未来永劫にわたる平安の地。僧は瞑想し、詩人は物思いにふけり、誰もが満ち足りて信じられないほど長生きしている。文明社会から遠く離れ、外部の脅威とは無縁で、安らぎに包まれた土地。

そこはチベットの奥地にある秘境、シャングリラ。四人の乗客というのは、ジェームズ・ヒルトンの小説『失われた地平線』（河出文庫など）の登場人物である。もちろん、シャングリラは架空の楽園にすぎない。作者のヒルトンは、下調べのために大英博物館に行った以外、どこにも足を運んでいない。しかしこの小説で描かれているシャングリラは実にリアルだ。静穏さと知的な活気が同居する楽園。誰もがこんな楽園で暮らしたいと思うにちがいない。精神的にも肉体的にも幸福感に包まれながら、二五〇歳まで長生きする楽園……。

一九三〇年代に書かれ、映画にもなった『失われた地平線』は、第一次世界大戦による混迷の淵にあえぎながら、大恐慌に見舞われ、次の世界戦争の影におびえるアメリカ人の心を強くとらえた。フランクリン・D・ルーズヴェルトも大統領別荘を「シャングリラ」と名付けた（後に「キャンプ・デイヴィッド」と改名された）。高級ホテルも安宿も、各地のホテルはユートピアを思わせる響きにあやかろうと、こぞって「シャングリラ」を名乗るようになった。

シャングリラには、古くから考えられていた理想郷のあらゆる要素が含まれている。第一に、簡単にたどり着くことができない。タクシーで手軽に行けるような場所は理想郷の名にふさわしくない。さらには、俗世間と理想郷のあいだに明確な境界線がある。ごく限られた人だけが運良くそれを越えられる。理想郷とは、言ってみればエリートの社交クラブのようなものだ。たとえば飛行機のビジネスクラスには、慎ましさとは無縁の快適さがあふれている。一方、お金に縁のない乗客はエコノミークラスを利用する。ゴムのような鶏肉をかみしめながら、ポケットを探って釣り銭が出ないように小銭をかき集め、ウォッカの小瓶を手にしてひとときの酔いを楽しむ。ビジネスクラスの乗客がエコノミークラスの乗客を目にしなくて済むのは、カーテンで仕切られているからだ。しかしカーテンの向こう側にいることはわかっている。両者には天地ほどの開きがある。

シャングリラの謎の大僧正《ハイ・ラマ》はこう宣言する。「われわれは荒れた海で孤軍奮闘する救命ボートのようなものだ。たまたま生存者を何人か救助できたとしても、遭難者がわれ先にと群がってこようものなら、ひとたまりもなく沈んでしまう」飛行機で言えば、仕切りのカーテンがなくなり、エコノミークラスの乗客が大挙してビジネスクラスに殺到するような状況だ。

七〇年以上も前に創作されたものとはいえ、ジェームズ・ヒルトンのシャングリラは、非常に今日的な理想郷だと言える。積み上げられた東洋の叡智がそこにある。しかし同時に、西洋式の給排水設備も完備している（バスタブはオハイオ州アクロン製だ）。もちろん、革装の古典全集が似つかわしい書斎もある。快適な宿泊施設や、豊富で美味な食料……。言うなればシャングリラは、快適な冒険の目的地、手軽な理想郷である。

もっとも、そこが理想郷だということは、すぐにわかるわけではない。理想郷だと判明するには時間がかかる。『失われた地平線』では、拉致された外国人の多くは逃亡を試みる。彼らはシャングリラから「文明世界」に戻りたくてしかたがない。当然、ラマ僧の釈明には疑いをもつ。悪天候のせいだと説明されても、すんなりと納得できない。しかしグループの異端児でイギリス人外交官のコンウェイは、シャングリラに魅了されて、そこにとどまる道を選択する。はじめて『失われた地平線』を読んだとき、コンウェイという人物の心の中が手に取るように理解できた。できることなら何もかも投げ出して、彼に代わってシャングリラにとどまりたいとさえ思った。

おりにふれて、『失われた地平線』が私の心に語りかけてくる。しかし長いあいだそれに応えることができないでいた。状況が変わったのは、ブータンの話を耳にしたからだった。一九九〇年代前半、私はNPRの特派員としてインドに派遣されていた。NPRネットワーク初のインド特派員だった。インドではときどき、サルがアパート内に迷い込んでくる。蛇遣《つか》いもよく目にした。インドでの生活は楽しい思い出にあふれている。

私が担当する地域にはブータンも含まれていた。幸運としか言いようがない。夢にまで見たシャングリラに最も近い国がそこにある。天を突くような切り立った山々に囲まれたブータンには、理想郷に欠かせない特別な要素が数多く見られる。たとえば、慈愛あふれる国王(四人の妻は全員が姉妹だ)、ラマ僧、秘術の使い手。そして国家としての政策の要が「国民総幸福量(GNH)」である。

ワシントンDCの上司は、ブータンに入れ込む私の気持ちを理解してくれなかった。おまえはどこへ行きたいって言うんだ？　いくらかかると思ってる？　誰がそんなちっぽけなヒマラヤの国に興味を示すものか。一夫多妻の国王がいて、幸福量とかなんとか、おかしなことを主張している国なんかに。

それから数年がたった。私は次の赴任先であるエルサレムに移り、続いて東京に転勤した。そのあいだずっと、ブータンへの思いは消えることがなかった。まだ見ぬ国は片思いの恋人のようなものだ。実はたいした国じゃないさと、自分を無理やり納得させて、ブータンのことなど忘れようとしても、心のうずきはいつまでたっても消えない。

「はじめてですか？」

不意を突かれ、思わず声がした方向に目を向ける。「え？」

「ブータンははじめてですか？」

エアバスの隣の席に座るブータン人のビジネスマンだ。茶色いスエードのジャケットを着て、私の目をじっと見つめている。

「ええ、これがはじめてです」

「絶好のタイミングですね」と彼は言う。「ツェチュ祭に間に合います。大きなお祭りです。ごらんになったら、きっとびっくりしますよ」

エアバスが急降下する。どうやら着陸態勢に入ったようだ。スピーカーから機長の声が聞こえてくる。順調な飛行なのでご安心を、という例の調子だ。パイロットは訓練中に必ずこの口調を学ばなければならない。

「パロ空港にはじめてお越しのお客さまにお知らせします。当機はこれまで皆さまがご経験されたことがないほど山に接近しますが、通常の飛行ルートですのでどうかご安心くださ い」

まさにそのとおり。エアバスは大きく機体を傾け、最初は右へ、次は左へ、そしてふたたび右へと、旋回するたびに巨大な山が間近に迫る。手を伸ばせば届きそうだ。やがて山頂は遠のき、エアバスは急に高度を下げる。そしてついに、車輪をきしませながら滑走路に着陸した。客室乗務員がドアを開く。外はさわやかな空気で、空は濃い青色に染まっている。

どんな国でも、到着時はたいてい不安になる。慣れない土地で緊張感を和らげることができるのは、どこに行っても世界共通の「空港世界《エアポートワールド》」があるからだ。しかし、ブータンには「空港世界」は存在しない。飛行場と呼べるものはある。山小屋のようなターミナル・ビルには、木彫のほかに、濃い赤と青の渦巻き模様の装飾が施され、空港というよりも仏教寺院のように見える。

ブータンに入国する旅行者にはすべてガイドが付く。ガイドの報酬はブータンの旅行会社に支払う一日二〇〇ドルの滞在費の中に含まれている。近隣のネパールでよく見かけるような髪の長いバックパッカーが、そのまま流れ込んでくるのを防ごうという国の方針もあるようだ。私は少し不安に駆られた。サダム・フセインの時代にイラクを取材していたときのガイドは、護衛《マインダー》と呼ばれていた。脂ぎった髪に、場違いなスーツを着込んだ男たちで、表向きは外国人ジャーナリストの「手助け」をするのが任務だった。言うまでもなくその実態は、サダム・フセインの秘密警察ムハバラートの任務の一環だった。つまり、私たちは見張られていたのである。それは誰もが知っている事実だった。もちろん私たちも例外ではない。たがいに暗黙の了解のもとで行動を共にしていた。

パロ空港の外で私を待ち受けている若者は、どう見てもスパイには見えない。ブータンのボーイスカウトといったところだ（この国に実際にボーイスカウトがあるかどうかは知らない）。オリーブ色の肌に、洗ったばかりのようなつややかな顔。濃い茶色の「ゴ」を身にまとっている。ゴというのはブータンの男性が着用する民族衣装で、どことなく西洋のバスローブに似ている。ただしずっしりと重く、大きなポケットがいくつも付いている。ブータンの男たちはゴからいろいろなものを取り出すことで有名だ。コップや携帯電話、ときには小さな動物まで入っていることさえある。いざというときには、毛布やカーテンの役目を果たすこともある。何かと役に立つのはよいことだ。ちなみにブータンの男性は皆、仕事着としてゴを着ることが義務づけられている。ブータンは世界で唯一、男性の服装規定がある国として知られている。

「ようこそブータンにおいでになりました」ゴを着た若者が、白いスカーフを私の首に巻いてくれる。私はタシですと名乗りながら、握手の手を伸ばす。その握手は、どの国で経験した握手とも違っていた。両方の手で私の片方の手を包み込むようにして、お辞儀するときの半分ぐらいまで頭を下げる。とてもゆったりとして、落ち着いた仕草だ。はじめはちょっと嫌な感じがした。タシ、私はただ、君と握手をしているだけだ。特別うまくやっていこうなどと思ってはいない。ブータン流の握手の良さがわかるようになったのは、入国してしばらくたってからのことだった。彼らは何をするときも（たとえば道路を横断するときも、皿を洗うときも）、とてもゆったりとした動作で、心を込めておこなう。

現代社会では「心づくし《アテンション》」という言葉が軽視されている。「愛」や「幸せ」、「生産性」などという言葉が大手をふるっているのに対して、「心づくし」のことはすっかり忘れられている。たしかに現代社会は忙しすぎる。でも、心を込めて何かをすることを忘れたら、人生なんて空っぽで、意味がなくなってしまうように思う。

この原稿を打ち込んでいる私の足元で、二歳になる娘がだだをこねている。どうしたというのだろう。父親としての愛情不足だろうか。当たらずと言えども遠からず。しかし娘が本当に求めているのは、父親の「心づくし」だ。彼女は心を込めて正面から向き合ってほしいと思っている。子供は偽りの心を見分ける天才だ。愛と心づくしは、同じことを意味しているのかもしれない。人は他者なくして生きることはできない。イギリスの経済史学者アヴナー・オッファーは、「心づくし」を「幸福度を測る世界通貨」だと定義している。つまり、心をつくすことができる人は、幸せな人だということになる。

タシが私の荷物を車に積み込んでくれる。ブータンの道路事情からして、車はトヨタのランドクルーザーのような頑丈な車かと思っていた。ところが、たしかにトヨタ製ではあったものの、ランドクルーザーではなかった。私はそそくさと一九九三年型のおんぼろカローラに乗り込む。時刻は朝の八時。昨夜は夜通しのフライトで一睡もできなかった。

「どちらに向かいましょう?」

「とにかくコーヒーが飲めるところに行きたい」

小さなカフェまで車を走らせる。ただし、ここをカフェと呼ぶには勇気がいる。コンクリートの建物に、木製のテーブルと椅子。出てくるのはインスタントコーヒーのみ。コーヒー好きとしては不満が募るが、文句を言わずに黙って飲むことにした。

タシはとても感じのよい青年で、人が喜ぶ姿を見るのが好きなようだ。タシは物事を簡単明瞭に伝えるこつを完璧に心得ている。彼が「さあ、着きました」と言えばもう目的地だし、

「雨です」と言えばまもなく全身びしょ濡れになる。

タシの身のこなしは、一つひとつが礼儀正しく、一八世紀の貴族を思わせる。私が車を降りるまでドアを開けて待っているし、かばんも運んでくれる。ロサンゼルスの町中をカーチェイスしながら走り抜ける改造車同士のように、ぴったりとそばについて離れない。私を持ち運べるなら、きっとそうしてくれたはずだ。

タシはこういった配慮を、けっして卑屈になることなく、品位ある身のこなしでおこなう。ブータンは植民地になったことも、征服されたこともない。ブータン人が歓待してくれるのは真率な心からであり、周辺諸国で横行しているような理由のない服従や、露骨な媚びへつらいとはまったく無縁だ。

タシが話す英語は、荒削りで少々奇妙なところがある。アクセントが重々しいだけでなく、言葉の使い方に問題があるようだ。たとえば、「ベスティージャルの食事は、お持ち帰りになりますか？」などと言う。最初は何を言っているのか理解できなかった。おそらくブータンの料理名か何かだろうと思っていた。ベスティージャル（vestigial）は「名残」や「おもかげ」を意味するベスティージ（vestige）の形容詞形だ。食べ残しに対してふつうはこの単語は使わないと教えてあげたものの、それでもタシはそれを使い続ける。最後はあきらめて訂正するのをやめた。

「わかったよ、タシ。これからティンプーに行こう」ティンプーはブータンの首都であり、当面はそこを拠点にするつもりでいた。

「ティンプーには行くことができません」

「どうして?」

「道路が閉鎖されています」

「いつまで閉鎖されているの?」

「しばらくのあいだ《フォア・サムタイム》です」

「しばらくのあいだ」というフレーズは、南アジア周辺地域で最も聞きたくない言葉だ。

「しばらくのあいだ」に運命は浮沈し、「しばらくのあいだ」に帝国は盛衰を繰り返す。

「しばらくのあいだ」がやっかいなのは、それが五分のこともあれば、五日や五年になることもあるからだ。しばらくのあいだ待ち続ける対象が何であるかは問題ではない（たとえばムンバイ行きの次のバスの時刻であろうと、腎臓移植を受ける時期であろうと）。「しばらくのあいだ」は、過ぎてみないことには、それがいつまでなのかわからない。結局のところ、その時がこないこともある。

「別のルートはないのかい?」助け船のつもりでタシに尋ねてみる。タシと運転手は、何をバカなことをと思ったらしい。吹き出しながら膝を打っている。別のルートですか、ハ、ハ、ハ、ハ……。

別の道などもちろんない。そもそも、ブータンには道路がほとんど存在しないのである。ブータン人が気前よく「国道」と名付けているのが唯一の道路であり、しかも車が一台通るのがやっとの道幅しかない。「道路」と呼ぶにはお粗末すぎる。

そんなわけで、私たちはそのまま待つことになった。まあいいさ、と私は思う。仏陀の心境だ。この高度では息をするにも時間がかかる。簡単なことではない。自分がいまどこにいるかをあらためて実感する。

私はなぜ、ブータンにいるのだろうか。ブータンはなぜ、私の幸せの地図にぴったりなのだろうか。そうだ、ブータンはヒルトンが描いたシャングリラによく似ている。少なくとも表面上は。このうえなく魅力的な国で、国歌にも「幸福」という言葉が使われている。「仏陀の教えが花開くとき、平和と幸福の光が国民の上に輝かんことを……」また、ブータンの国家としての理念は、「国民総幸福量（GNH）」の増加である。国民総幸福量という考え方は、国家の発展をバランスシート（貸借対照表）ではなく、国民の幸福度（あるいは不幸度）で測ろうというものだ。お金や満足感、国民に対する政府の責務をどのようにとらえるのか、その根本的な転換を迫る考え方だと言える。

私はこの考え方に疑問を抱いている。ある識者が語るように、ブータンは本当に「人間性向上の実験場」なのだろうか。あるいは単に、もう一つの「肥溜め《シットホール》」にすぎないのだろうか（この言い回しは、特派員仲間のあいだで使われている品位のない隠語で、政治が腐敗し、道路整備が遅れ、インスタントでしかコーヒーが飲めない国々をあげつらうときに使われる）。

その答えはまだわからない。でも、コンウェイの言葉に慰めを見いだせる。シャングリラに取り残された高慢な仲間をなだめるために、彼はこう言う。「われわれはいま、ここにいる。なぜここにいるのか？　いるから、いるんだ。そう考えれば気も静まる」

しばらくのあいだ待ってみたところ、ティンプーへの道が復旧したというので、ふたたびトヨタ車に乗り込む。ブータンでのドライブは、柔《やわ》な人間には向いていないことがすぐにわかった。急カーブ、ガードレールなしの断崖絶壁のような急斜面、生まれ変わりを固く信じる運転手。これらが揃ってしまえば、神経にこたえないわけはない。不信心者はブータンの道路には向かない。

幸いなことに私はほとんど寝ていて、目が覚めたときには、エンジンがブスブスと音を立てて急な坂道を登っているところだった。学校帰りの子供たちが、笑いながら道の両側に分かれる。私が乗っているカローラは、さながら紅海を渡るモーセだ。子供たちは怒ったり嫌な顔をしたりはしていない。しばらく行くと別のものが視界に入ってくる。広告の看板でもネオンサインでもない。ブータンで広告看板を見かけるのはめずらしいし、数年前までネオンサインは禁止されていた。ところが、手書きの看板が二本の支柱に支えられて道路脇に立っている。

最後の木が切られ
最後の川が干上がって
最後の魚が捕まったとき
そのときはじめて、人はお金が食べられないことを知るカローラが丘の上のゲストハウスにたどり着くまで、私はこの言葉の意味を考えていた。ゲストハウスでは、従業員が皆、私を王室の一員のように出迎えてくれる。首には白いスカーフがもう一枚巻かれ、二階の部屋に通される。サンゲという名のきりっとした女主人が、この部屋にリチャード・ギアが泊まったことがあると教えてくれた。「はっきり覚えていますと彼女は言う。「リチャードが何と言ってくれたか、おわかりになりますでしょうか？この部屋からは一〇〇万ドルの景色が見えると言ってくれたのです」

たしかに眺めはすばらしい。白や緑の屋根をふいた家々が建ち並ぶティンプーの町並みを一望でき、ヒマラヤの山々や、うっすらと雲に隠れた地平線も見える。しかし、よその国ならいざ知らず、ブータンでは「一〇〇万ドルの景色」という形容には違和感がある。なにしろ、お金という価値に異議を唱えている国なのだから。

全身に疲れを感じ、ベッドに倒れ込む。目をつぶって、あのリチャード・ギアがこのベッドに横たわったようすを想像してみる。でも、なんだか気分がよくないので、代わりに野球について考えることにする。リチャード・ギアが悪いわけではないし、彼にけんかを売るつもりも毛頭ない。実を言うと、リチャード・ギアがもっといい役者だったら、私は妻と結婚していなかったかもしれない。グリニッジ・ヴィレッジでリチャード・ギアの映画を観たのが、今の妻とのはじめてのデートだった。『心のままに』という題名のおそろしい駄作で、その夜はずっと、二人で映画の欠点を細部まで分析しながらすごした。その結果が、現在まで続く深い絆というわけだ。だから、もしも機会があればリチャードに伝えたい。ありがとう、リチャード、あなたのおかげです。

眠りが浅く、夢見もよくなかった。標高が高いせいかもしれない。翌朝、遠くから聞こえてくる騒ぎで目が覚めた。暴動でも起こったのだろうか、あるいはクーデターか。

「違いますよ。おそらく弓術の試合です」トーストと卵の朝食を食べている私に、サンゲが教えてくれる。弓術はブータンの国技だ。試合会場は熱狂と歓声に包まれる。ブータン人は祈りを捧げるときは静かだが、それ以外はなにかにつけて騒がしい。

タシが迎えにくるまで、少し時間をつぶす必要がある。そのあいだ何をしてすごすか、私には考えがあった。つい最近までのブータンでは思いもよらなかったことを体験してみたいと考えていた。それはテレビである。ブータンでテレビ放送が始まったのは一九九九年。これは世界で最も遅い。その後、（賛否両論あるものの）テレビは暮らしの必需品として急速に普及した。ブータンのティーンエージャーのあいだでは、なぜかアメリカのプロレス番組が人気を呼んだ。すると政府は、プロレスの放送を禁止するよう通達した。テレビ局はその通達に素直に従う。でもそれは、あくまでもしばらくのあいだの話だ。やがて別のテレビ局がプロレスの試合を中継する。数世紀にわたる世界からの隔絶をへて、ブータンはハルク・ホーガンばりのマッチョなレスラーに侵略されてしまった。

前首相のサンゲ・ゲドゥプは、イギリスの『ガーディアン』紙とのインタビューの中で、多くのブータン人が共有している懸念を表明したことがある。「つい最近まで、われわれブータン人は虫を殺すことさえはばかっていた。それなのに今では、ショットガンで頭を撃ち抜く映像をテレビで見せつけられる」

ブータンのテレビ局（ＢＢＳ）のニュースは、実に手慣れた感じで制作されている。ゴを着用したアナウンサーが、アメリカ譲りのもったいぶった口調でニュースを読み上げる。背景にはブータンのホワイトハウスと言うべきティンプー・ゾンが映し出されている。ちょっと待てよ。画面の下に何かのたくるようなものが映っている。これはいったい何だろう。椅子を動かして画面に近寄ってみる。するとなんと、字幕が流れていた。放送開始からわずか七年にして、もう流れる字幕まで使いこなしているとは驚きだ。ブータンはにわかに二一世紀に飛び込んだ。いまではインターネットカフェも携帯電話もある。文明社会（少なくとも一九七三年ごろの文明社会）の決定的な象徴たるディスコだってある。一九六二年には舗装道路も学校も病院もなかった国であることを考えてみてほしい。通貨さえもなかった国である。

ホテルに着いたタシが、大げさな身ぶりで「ただいま到着いたしました」と告げる。タシはスパイではないと私は思う。それほど利口とは思えない。でも、もしかしたら極めつきの腕利きスパイかもしれない。いや、タシはやはり単なるガイドだろう。ジャーナリスト用語で言えば「フィクサー」だ。フィクサーは会見を設定し、話を取り持ち、しぶる役人から情報を引き出し、うまい話を用意する。写真を撮り、コーヒーを飲み、ときには記事も書く。要するにフィクサーは、特派員とほぼ同じ仕事を、ほめ言葉も報酬もなしにこなしている。

平等ではないし、倫理に反すると考える人もいるだろう。でもおそらく、フィクサーと特派員の関係には、昔から続く誇り高き伝統がある。私はそれを非難するつもりはない。

とは言うものの、タシは抜け目ないフィクサーと言えるだろうか。英語は雑すぎるし、どう見ても駆け出しだ。熟していない緑のアボカドのようなものだ。こうした思いを、ホテルのスタッフにうっかり漏らしてしまったのかもしれない。旅行会社の支配人で、タシの上司であるソナムから電話がかかってきた。

「タシにご不満がおありのようですが……」彼女ははっきりした口調で言った。まいったな、と私は思った。なんて狭い国なんだろう。

「いや、そんなことはないですよ」と、うそをつく。自分の軽はずみな行為を自己嫌悪しながら、「タシはとてもよくやってくれています」と伝える。「ガイドを代えましょうか？」とソナムは引き下がらない。その場ですぐにタシを首にすることもできた。しかし自分でもうまく説明できないこだわりから、そのままタシにガイドを続けてもらうことにした。

ところが、私の不安げな気持ちがタシに伝わってしまったようだ。タシはそれを、必要なときに近くにいなかったり、ドアを閉めるのが早すぎたり、荷物の運び残しがあったりといった不満と勘違いしたらしい。以前の倍も働くようになった。

丘を下ってティンプーに車を走らせる。この町を訪れる雑学マニアは必ず、ティンプーは世界の首都の中で信号機が一つもない唯一の町だ、と言って自慢する。私もそのお株を奪って、あらためて強調しておこう。ティンプーという町は、世界でただ一つ、信号機が一台もない首都である。その代わり、大きな交差点には白い手袋の警察官が立ち、少し滑稽ながら的確な身ぶり手ぶりで交通整理をおこなっている。実は何年か前に、警察官に代わって信号機が導入されたことがある。しかし、国王がそれを気に入らなかった。ブータンでは、国王の立場はローマ教皇のそれにきわめて近く、その意向は絶対的だ。その結果、信号機導入はけしからん考えだと衆目の一致するところとなり、信号機は取り外された。

ティンプーはとても感じのいい町だ。その面積はアメリカのヴァーモント州バーリントンほどしかない。地平線に目をやると、送電線と祈りの旗が絡み合うようにはためいている。ティンプーでの暮らしは、ジェームズ・ヒルトンの小説に登場するシャングリラの描写を思い起こさせる。「老いも若きも陽気で、好奇心が強い。礼儀をわきまえているが、堅苦しいところは少しもない。仕事を山ほど抱えていても、忙しそうには見えない」

ティンプーには適度な騒々しさと混沌がある。仕事を終えて世間話に余念がないインド人労働者や、安ホテル、まるで野生のキノコのように屋根から突き出た衛星放送用アンテナ。「唾をはかないで」という標識、薄暗いインターネットカフェ、いまにも倒れそうな竹の足場。スニーカー履きの日焼けした旅行者にスパイのようにつきまとうガイド、真昼の日差しを日傘でよけるブータンの女たち……。

それらに加えて、おびただしい数の野良犬がいる。日なたに寝そべり、気が向くままに道路を横切る。寝ても起きても向かうところ敵なしだ。人間が打ち据えたりしないことを、犬たちはよく知っている。ブータンでは犬が路上の王様《キング》だ。以前に動物たちがわがもの顔で暮らしているのを見たのは、インドで暮らしているときだった。神聖なる生き物である牛たちの、お高くとまった態度が大きな問題になっていた。もぐもぐと反芻《はんすう》しながら、道路の真ん中をのっそりとうろつき、「追い越せるものならやってみな」とばかりに、車に体当たりしてくる。来世はイノシシにでも生まれ変わったらどうだろう。

私なら、来世はブータンの犬になりたい。ブータンの犬はすべて何かの生まれ変わりだ。なぜそうなるのか。仏教徒は感情のあるすべての生き物に畏敬の念を抱いていることと関係がありそうだ。この考えはたしかに崇高な感じがするが、あまり利他的な考え方とは言えない。生まれ変わりを信じる人は、自分が来世は馬か牛になってこの世に戻ってくるかもしれないと考えることもあるだろう。その場合、馬や牛として自分を大切にしてほしいと思うはずだ。アメリカの記者バーバラ・クロセットは、ヒマラヤの仏教国について記した著書の中で、転生に関するリンジン・ドルジの発言を引用している。「現世では、私の母は人間です。しかし私が死んで、来世で犬に生まれ変わったとしたら、私の母は雌犬《ビッチ》ということになります。ですからすべての生き物は自分の親だと考えなくてはなりません。どんな生き物でも自分の親になる可能性があります。親を苦しませてはいけません」

はじめてこの一節を読んだとき、非常に感動したのを覚えている。「私の母は雌犬《ビッチ》」かもしれないという示唆に富んだ命題だけでなく、すべての生き物が親になりうるという深遠な考え方に胸を打たれた。すべての生き物はつながっている。

新聞を読もうと『ブータン・オブザーバー』紙を広げてみると、「暗闇にまぎれて違法販売行為」という見出しが目についた。どうやらブータンにもドラッグが入ってきているらしい。あるいは事態はもっと深刻で、武器の密輪販売でも横行しているのだろうか。記事を読んでみると次のように書かれている。「主な販売品は果物、野菜、一〇〇パーセントの生乳製品だった」どうやら、行商人が週末の公認マーケットで商品をさばききれなかったので、月曜日までティンプーに残り、村に帰る前に内緒でズッキーニやアスパラガスを販売したということらしい。

ブータンではこの程度のことが立派な犯罪になる。しかし警察はその先を懸念している。これは第一歩にすぎない。闇市のズッキーニやアスパラガスが、いともたやすくケシや大麻に化けてしまう可能性も考えられる。

ブータンの犯罪発生率の低さ（殺人事件を耳にすることはほとんどない）は、国全体の幸福度を高めることに貢献している。当然のことながら、犯罪発生率が高い国は幸福度が低い（ただし例外もある。たとえばプエルトリコは、犯罪発生率と幸福度がどちらも高い）。一見するとわかりやすい理屈のように思えるが、犯罪発生率と幸福の因果関係はそれほど単純ではない。窃盗や暴行の被害にあった人は当然ながら幸福度が低いが、犯罪被害者の割合は全人口からすればごくわずかにとどまる（これはほとんどの国に共通している）。国の幸福度を低下させるのは犯罪自体ではない。犯罪被害にあったことのない人（そしてこの先もあわないだろうと考えている人）も含めて、すべての人の生活に潜んでいる犯罪に対する恐れが、幸福度を低下させる。

ここ数十年のあいだに、ブータンは各種の指標で専門家たちを夢中にさせるような躍進を遂げた。平均寿命も四二歳から六四歳に延びた（それでもシャングリラの住民の二五〇歳と比べると、まだまだ短命だ）。政府は現在、教育を受ける機会と健康診断を全国民に無償で提供している。ブータンは世界初の禁煙国であり、タバコの販売は法律で禁止されている。兵士の数よりも僧侶の数のほうが多い。軍隊の規模は小さいものの、酒類の大半は軍が製造している。レッドパンダ・ビールも、私が好きなドラゴン・ラムも、軍が製造した製品だ。世界じゅうのすべての軍隊が酒造りに精を出す姿を想像してみよう。そうなれば新世代の反戦平和集会では、「銃を捨てよ、杯を交わそう」というスローガンが叫ばれるようになるかもしれない。

私は、国民総幸福量（GNH）というブータンの基本理念をもっとよく知りたかった。国民総幸福量という考え方は、これまで使われてきた国民総生産（GNP）という経済指標を補完することを目的としている。それは本当なのだろうか。この点に関して、ブータンについて深い知識を持っているわけではない人も含めて多くの人が、カルマ・ウラという人物に会ってみたらどうかと、口をそろえて勧めてくれた。ブータンで最も重要なシンクタンク（唯一のシンクタンクでもある）の中心人物とのことだった。面会の約束をとりつけ、カルマ・ウラと会える日を心待ちにしていた。この国きっての碩学であり、一貫して幸福の本質を追い求めてきた思想家でもある。それに、カルマという名前の人物に会うのがはじめてだったこともある。

ティンプー郊外に車を走らせ、国王の住居からそれほど離れていない古い建物の前で車を止める。少し歩いたところに会議室があるので、そちらへどうぞと言われ、ぬかるんだ道で転ばないようにしながら木道を歩く。「会議室」と聞いたので、それほど立派な部屋とは想像していなかった。ところがドアを開けると、長い木製テーブルで空間が二つに仕切られ、実に現代的な部屋が待っていた。ブータンは、多くの発展途上国に見られるような、見た目を飾るためにお金をつぎ込むやり方に対して背を向けてきた。たとえば、空港は豪華なのにそのまわりはスラム街のままだったり、ホテルのロビーは豪華なのに客室が粗末だったりするような、そんなやり方を避けてきたのである。ブータンでは、見かけはそうでなくても、中に入ってみると豪華なことがめずらしくない。

タシが丸めてくれた白いスカーフを、カルマ・ウラに手渡す。カルマはかすかに笑みを浮かべた。格子柄のゴを身にまとい、ほっそりした端整な顔立ちのカルマは、ゆっくりと噛んで含めるように話す。言葉を発する前に考えるのではない。話しながら考え、考えながら話す。それを同時におこなう。沈黙が続くと不安な気持ちになるが（言葉が途切れると頭が真っ白になる）、会話の空白を埋めようとして、はやる気持ちは抑えなければならない。

カルマ・ウラの考えによると、政府は飛行機を操縦するパイロットに似ている。悪天候のときは方向を指示する計器に頼らなくてはならない。しかし、その計器に欠陥がある場合はどうなるだろう。計器が示すとおりに間違いなく操縦したとしても、飛行機は必ずや航路を外れることになる。これが現在の世界の姿だとカルマは語る。国の進歩を示す唯一の正しい指標として、GNPを信じる世界の姿なのだ。「教育がよい例です」とカルマは言う。「入学者数にはこだわっていますが、教育内容には目を向けていません。日本という国を考えてみましょう。寿命は延びましたが、六〇歳をすぎた人々の暮らしの質はどうでしょうか？」カルマの言葉は的確だ。私たちは簡単に答えが出るものしか計測しない。そして人々の暮らしにとって本当に大切なことから目を背けている。国民総幸福量という考え方を導入することによって、格差や不均衡の問題に光を当てられる。

典型的なジャーナリストのインタビューに陥っていると感じ、もっと個人的な質問をしてみることにする。

「カルマさん、ご自分は幸せだと思いますか？」

「人生を振り返ってみると、その答えは『イエス』でしょう。現実的でない望みを抱かなかったので、幸せに暮らしています」

思いもよらない不思議な説明だった。アメリカでは、希望を高く持つことが人を駆り立てる原動力であり、それが夢を花開かせる蕾だと考えられている。希望を高く持つことが、幸せの追求そのものだとさえ考えられている。

「私の考えは、それとはまったく異なっています」とカルマは言う。「私には登りつめるべき頂上はありません。生きることそのものが試練だと考えています。ですから、一日の終わりに充足感があって、何かを成したと感じられ、よく生きたと思うことができれば、軽いため息とともにこうつぶやきます。『これでよいのだ』と」

「つらい日々はありませんでしたか？」

「ありました。しかし、取るに足らないことだと考えて、胸におさめておくことが大切です。何か大きなことを成し遂げたとしても、それは心の中の劇場で上演される一幕のドラマにすぎません。あなたがそれに意味を見いだしても、実のところ誰の人生を左右するものでもありません」

「カルマさん、あなたのおっしゃる意味は、人生の大きな成功も、大きな失敗も、どちらも取るに足らないということでしょうか？」

「そうです。人間はとかく、自分が達成したことを特別だと考える傾向があります。それもよいでしょう。一週間という短い期間の中では、もっともな考えだと言えるかもしれません。しかし、四〇年たったらどうでしょうか。三世代後には、あなたという存在は跡形もなく忘却の彼方に消えているでしょう」

「そう考えることによって、心の平安が得られるでしょうか。私にはひどく苦しい考え方のように思えるのですが」

「そんなことはありません。仏教の教えでは、慈しみの心に勝るものはありません。何かしら良いことをすれば、そのときは満ち足りた心になれるでしょう。私は毎日、何匹ものハエや蚊を殺します。マラリアが怖いからです。でも、ときには殺さないこともあります。そんなときはひと呼吸おいてこう考えます。『この虫は私に悪意を向けたり、私を脅かそうとしたりしているわけではない。無防備な存在だ。どうして殺す必要があるだろうか』と。そして蚊を逃がしてやります。すると一瞬の間があって、意味のない行為だと十分にわかっていても、心につかのまの平安が訪れます。ただそれだけのことです」

柄にもなく私は真剣になった。そうだ、自分について話そう、本当のことを。なぜだか急にそんな気になった。この人の人柄だろうか。あるいは「業《ごう》」を意味するカルマという名前のせいだろうか。もしかしたらブータンという不思議な国にいるからかもしれない。理由はどうであれ、カルマに本当のことを話そう。話は、世界でいちばん幸せな場所を探す旅に出発する数週間前のマイアミに始まる。

「さあ、起きて」じれったそうに医者が言った。診察室のドアを開けたまま、私のほうをじっと見ている。

「起きていますよ」と、私は返事をした。

「あなたではないんだ」と、たしなめるように医者が言う。「コンピュータに命令しているんだ」そういうことか。たしかに彼はマイクをつけている。形も大きさもガムのような丸いものが口の前に浮き、きらきら光るタブレット型のコンピュータを手にしている。

この奇妙な光景のせいで、自分がここにいる理由を一瞬忘れてしまう。手足の感覚がなくなり、息切れがする。そんな症状がここ数週間のあいだにだんだんひどくなり、夜も眠れない日々が続いていた。

そんなわけで、人生の峠を過ぎ、後戻りもきかない四三歳という年齢の私は、コンピュータに話しかける医者の前に座っていた。今日はMRI検査の結果を聞くために診察室を訪れた。実を言うと、検査結果のおおよその方向性はわかっていた。手遅れの脳腫瘍かもしれない。ひょっとして少しだけ運がよければ、筋萎縮性側索硬化症かもしれない。二週間前、石棺のようなチューブ状の検査機器の中でうつぶせに寝そべっていたとき、ガラスの仕切りの向こう側にいる検査技師が、ひそひそと会話を交わす声が聞こえてきた。「かわいそうに、あまり長くないな」

正式な診断結果を待つまでもなく、私の人生はその瞬間に急転した。パワーポイントで作成された趣味の悪いプレゼンテーションを見ているようだ。最後の画面に、死神が映し出される。セミナーにご参加いただきありがとうございました。コーヒーとベーグルの用意がございます。よろしければどうぞお召し上がりください……。

「さて、MRIの結果ですが……」と医者が口を開く。

ああ、もうわかっているから早く教えてほしい。何を言われても大丈夫だ。いや、だめかもしれない。とにかく教えてほしい。

「まずは、血液検査の結果ですが」

血液検査か。残りの寿命はあと何年だろうか。

「わかったことは……」

「何もない。何の異常もなかったんですね」と、カルマが突然、口をはさむ。何のためらいもなく、きっぱりと。

私は正直びっくりした。実際にカルマの言ったとおりだったからだ。手足の感覚がなくなるのは、不規則な呼吸によって血液中の酸素量が不安定になるのが原因だった。要するにパニック発作だ。

「カルマさん、どうしてわかったのですか?」

カルマはひと呼吸おいて、私の質問に助言と処方を交えながら答える。「毎日五分間、死について考えることとです。そうすれば症状が改善されて、不安が安らぎます」

「どういうことでしょう?」

「こういうことです。死への恐れ、それは自分の思いを果たすことなく死ぬこと、あるいは子供の成長を見届ける前に死ぬことへの恐れなのです。不安はそこから生じます」

「でも、毎日死について考え続けるのは、とても苦しいことのように思います。なぜ死について考えなくてはいけないのでしょうか」

「西洋の豊かな国の人々は、死体に触れることがありません。血がしたたる傷や、腐敗した肉体を目にすることがありません。ここに問題があります。どれも人間の自然の状態です。自分がこの世から消えてなくなることへの準備が必要なのです」

このときはじめて、カルマは自らの癌《がん》について話してくれた。診断結果や化学療法による治療、家から遠く離れた病院での手術、そして症状の好転のことなどを詳しく話してくれた。

もう言葉が出てこない。

別れの挨拶を交わすとき、ブータンを去る前にぜひもう一度お目にかかりたいと申し出た。

それから木道を歩いて車に戻り、カローラに乗り込んだ。ホテルに帰る途中、タシは何か言いたげなそぶりを見せている。でも私は、別れたばかりの尊敬すべき人物について考え続けている。幸せな人だ。ケンブリッジで学び、話が回帰分析の話に脱線したかと思えば（しかも誰よりも詳しい）、次の瞬間には仏陀の話や、自分の命を奪いかけた癌について語っている。何事もよどみなく話す。カルマ・ウラの人生は完成されている。愛や仕事や家族や……すべてが有機的につながっている。常人のように、それらが頭の中の別々の小部屋に入っているわけではない。たとえば私がその代表格だ。

ホテルに帰っても（あいかわらずタシが「到着しました」と告げる）、従業員とおしゃべりをする気にはなれなかった。椅子をバルコニーに持ち出して腰を下ろす。ただ座っているだけ。なんだか頭がくらくらする。カルマ・ウラは私の心を大きく揺さぶった。幸福とは希望を高く持たないことだと彼は語っていた。それでは私を突き動かしてきた野心と、どうやって折り合いをつければいいのだろう。野心があったから、今の生活があるのではないのか。カルマが語っていた慈しみの心というのは、究極の野心じゃないか。あの話はいったいなんだったのだろう？

そのとき、足元に虫を見つけた。六〇センチほど離れたところに一匹の虫がいる。仰向けにひっくり返って、ちっぽけな足で必死にもがいている。一度は目を背けたものの、哀れな姿が気になって視線を戻す。

この虫をどうすべきか、選択肢を考えてみる。その一、思い切ってつぶしてしまい、この窮状から救ってあげる。そうすれば苦しみに終止符が打たれる。虫だけでなく私も苦悩から解放される。その二、知らんぷりを決め込む。他人の苦しみに直面したときのいつものやり方だ。深入りしない。有能なジャーナリストとはそういうものだ。どんなときも中立を崩さない。でも、これはニュースにならない。「午後一時、ヒマラヤで虫が死去、悲しみに暮れる家族」そんな見出しがあるわけない。

三番目の選択肢もある。その気になれば命を救ってあげられる。たしかに相手はたかが虫だ。でも命であることに変わりはない。虫のほうに一歩近づいて、足でそっと蹴ってみる。やさしく蹴ったつもりなのに、虫は三メートルほど向こうに滑っていき、あいかわらず仰向けのまま足をばたつかせている。しかたない。人道的介入は失敗に終わった。アメリカはあらゆる策を尽くしたにもかかわらず、ソマリアもイラクも救うことができなかった。一匹の虫けらを救えなかったとしても、自責の念を感じることはないだろう。

一階におりていってレッドパンダ・ビールを注文する。三〇分後に部屋に戻り、重苦しい気持ちからバルコニーの虫を見てみると、まだ足をばたつかせている。やれやれ、どうしてこんなことで悩まなければならないのか。虫が大の苦手のくせに。でも、慈愛の心についての仏陀の講話を思い出す。しかたなくもう一度蹴ってみる。今度はできるだけやさしく。その瞬間、虫は反転して向き直り、大慌てで走り去る。感謝するそぶりは見せなかったが、それは大目にみることにしよう。なんだか気分がいい。命を救ってあげたのだから。

この話には続きがある。その夜、バルコニーに出たとき、間違いなく同じ虫が、また仰向けにひっくり返っているのを見つけた。目を疑うような光景だ。今度は何もしないことにした。それでもその夜は安らかな眠りにつけた。こんな愚かな虫けらの命は、誰も救ってやることはできない。あのカルマ・ウラでも絶対に無理だと思う。

ブータンは天地が逆になったような国だ。「一三」という数字が幸運のしるしだと考えられている。子供たちは「バイバイ」と言って人を出迎える。そして国王は王制を廃止したがっている。

マリファナひとつとっても、ありえない使い方をする。ブタの餌にするのである。そうすると空腹感が増して、結果的によく太るのだという。はじめてこの話を聞いたとき、農家の庭先にいるブタが、スナック菓子を食べている姿を想像してしまった。ブタたちがこぞってセブンイレブンに行く。チキン・ブリートを買い、次にそれを電子レンジで温める（その光景がありありと目に浮かぶ）。ところが、ずんぐりとした前足が電子レンジの扉に引っかかってしまって抜き取れない。ブタは狂ったように鳴き始める。いつも同じことの繰り返しだ。そこに店員がのそのそとやってきて（これもブタだ）、ブタ語でこう言う。「どうぞお静かに。ここはセブンイレブンです。納屋の庭先ではありません」

ブータンでこんな妄想にとりつかれている。標高のせいかもしれないが、きっと別の理由があると思う。この国は想像力に自由に飛ぶ翼を与えてくれる。いままで私は、想像力を鎖でしばって飼い慣らしてきた。ブータンではそれが野性に戻って、刈ったばかりの芝生を台無しにしたり、ところかまわず排泄物を垂れ流したりもする。逆に、思いもよらない見返りもある。

そんなわけで、ブータンを旅する際には「不信の停止」、つまり、信じられないようなこともそのまま受け入れる態度が求められることになる。現実と幻想が同居している。その区別がつかないこともある。

ホテルでゆっくりお茶を飲んでいると、支配人のサンゲが急にこんなことを言う。「夫はダライ・ラマの弟なんです」

「えっ、ダライ・ラマの弟？ ダライ・ラマに兄弟がいるなんて知りませんでした」

「いいえ、現世ではなく前世の話です。夫はチベットの高僧《ラマ》の一二番目の化身なのです」

この種のややこしい話は、ブータンでは日常茶飯だ。現世に、前世に、来世、すべてが平和に共存している。ホテルで働いている若い女の子と、こんなやりとりもあった。

「ここ数日、雨が多いね」

「そうですね。雨安居《うあんご》ですから。今日は雨季の終わりを祝って毎年開かれるお祭りの日です。この日が過ぎると、もう雨は降りません」自信たっぷりの表情で彼女は言う。太陽が東から昇ることも知らない愚か者に対して、諭して聞かせるかのように。

そして翌日、雨はやんだ。

タシといっしょに週末市に行ってみることにした。人の頭ほどもあるリンゴや、量り売りの仏像など、あらゆる種類の野菜や工芸品が並んでいる。入り口近くに占星術師が座っている。「ラッキーですね。有名な占星術師です」とタシが言う。その男は地面にしゃがみ込んで毛布を広げている。どうやらハンセン病を患っているらしい。指が一本もなく、かろうじて付け根の部分だけが残っている。その手で占いのカードを器用に操る。車のバンパーに貼るステッカーと同じくらいの大きさのカードだ。

それを三枚引くように私に言う。それからサイコロを三つ振る。「今の仕事は順調に進むでしょう。すべてがよくなります。夢はすべて実現します」もしかしたら、占い料をけちったので適当なことを言っているのだろうか。タシに聞いてみると、この占星術師は「とてもよく当たると大評判」なのでご安心を、とのことだった。その日の夜遅く、イギリス人探検家ロナルドシェイ卿のブータン探検記を読んでいると、一世紀前に彼も同じように良い運勢を告げられたことが書かれていた。「神に捧げ物をしてからサイコロを振るよう言われ、そのとおりにした。すると不思議なことに、三つとも一の目がでた。そして案内役のラマ僧から、このうえない幸運を告げられた！」

翌朝、連日の浅い眠りから目が覚める。夢の記憶もぼんやりしている（やはり高度のせいかもしれない）。朝食をとろうと、ふらつきながら階段をおりる。とろりとした目玉焼きを食べていると、「おはようございます」と深いバリトンの声が聞こえてきた。一瞬、テレビから聞こえてきたのかと思ったが、振り返ってみると、はげ上がって頬のたるんだ男が笑みを浮かべながらこちらを見ている。派手な黄色のシャツに、赤いベスト。どうやらダライ・ラマの弟のようだ。

彼の名はバルバ・トゥルク。ホテルの支配人サンゲの夫である。「気高い人」を意味するリンポチェという尊称でも知られている。表情がとても豊かだ。優しい目と野獣のような笑顔。話しながら全身を小刻みに揺する。話を強調するときは体を丸め、やおら背を伸ばす。そしてまた丸くなる。その動きを繰り返しながら、彼は自分の半生を語った。

生まれる数日前、数人の高僧が家にやって来た。「突然、庭に水が湧いたのです。牛乳のような白い水でした。庭じゅうの甕や皿から水があふれ出し、家の上空には弓なりの虹がでました」昔からこれは、化身がこの世に姿をあらわすときの兆候です、と彼は言う。

子供のころ、それまで誰からも教わったことがないのに、突然チベット語を話し始めた。ブータン語はチベット語とはまったく違う。

一八歳のときにインドに行き、ダライ・ラマに謁見した。

「ダライ・ラマは私を近くに招き寄せてこう言いました――『君は非常に優秀だ。チベット語はどこで学んだのかね？』。そして、はじめから知っていたと答えると、『明日の朝、またここに来なさい』と言われたのです」翌朝の法会《ほうえ》でダライ・ラマは、野獣のような笑みを浮かべるこの青年を、前世はチベット東部の高僧《ラマ》だったと宣言した。

ダライ・ラマは彼をかわいがり、チベットの亡命政権が置かれているインドのダラムサラで学ぶように勧めた。

「直接お言葉を聞くことは得難い経験でした。書かれたものを読んで、その考えを理解することもできますが、間違ったかたちで受け取ってしまうことがあります。肉声がなによりです」

柔和な目と、大口を開けて笑う姿を、どう理解すればよいのだろう。奇跡や化身や、乳白色の湧き水の話などはあまりに非現実的で、精神に異常をきたしているように思えなくもない。そこで私は話題を変えてみることにした。

「ブータンの人々は幸せでしょうか?」

長く考え込んでから「おそらく幸せでしょう」と言って高らかに笑った。もだえるように全身が震えているので、発作でも起こしたのではないかと心配した。この話題にはもう深入りしないようにしよう。彼はさらに、正気とは思えないような話を次々に続ける。神聖な財宝が埋められた秘密の場所や、三年三ヵ月三日ものあいだ瞑想をしたこと……。

五〇〇年前のブータンで「聖なる狂人」と呼ばれていた僧の話も聞かせてくれた。名前をドゥクパ・クンレという。言ってみればチベット仏教史におけるハワード・スターン（自由な発言で知られるアメリカのラジオパーソナリティ）である。まさに比類なき聖人だ。

「この僧は実に驚くべき人物でした。酒屋へ行っては女に手を出す。困った母親がこう言います。『クンレ、どうしていつも、お兄ちゃんのようにきちんとお祈りできないのかしら。お兄ちゃんは集中しているのが顔にあらわれているでしょ』

『ちがうよ、母さん』とクンレは答える。『兄さんはトイレのことを考えているんだ。それでいつもあんな顔をしてるんだよ』」まさにクンレの言うとおりだった。彼の言葉はいつも正しい。兄は単に便秘持ちだったのであり、集中しているわけではなかった。この話の教訓は、とリンポチェが言う。「行為を見るのではなく、動機を知ることによって正しい判断ができるということです」

ドゥクパ・クンレ、通称「聖なる狂人」の名前を聞いたのは、これがはじめてのことだった。しかし最後というわけではなかった。実際にその後、ドゥクパ・クンレを知らずして、本当のブータンを知ることはできないとアドバイスされた。その名前を聞いただけでブータン人はどっと笑う。その笑いは、通常の笑いとは違って、畏敬の念から発せられている（畏敬の笑いというのがあればの話だが）。

宗教学的には、ドゥクパ・クンレは「狂気の知恵」という概念で理解できる。どんな宗教にも狂気の知恵が存在する。キリスト教にはキリストに対する愚者がいる。イスラム教にはスーフィーの修行僧がいる。ユダヤ教なら、さしずめウディ・アレンだろうか。ともあれ、ドゥクパ・クンレほどの愚者（またの名を賢者という）はいないだろう。

本が山積みになっているティンプーの書店で、英訳されたクンレの著作集を見つけた。いまの基準からしても、ところどころ露骨すぎる叙述が見受けられる。ある一節には、クンレが「竜のごとき屁を放つ」とある。彼は下着を下ろして「燃えたぎる知恵の陽物を開陳する」（まさにご想像どおりの行為である）。ドゥクパ・クンレは稀代の好色漢であり、とりわけ生娘を好んだ。クンレいわく、「最高の美酒は下腹の先にある。臍《ほぞ》を下れば悦楽にいたる」

クンレの放逸ぶりには、うなずけるものがある。その度外れな振る舞いは、無気力なブータン人に活を入れるためだった。クンレの武勇伝を英訳したキース・ダウマンによると、その真意は、「情動、とくに情欲は、抑制するには及ばず、むしろそれに耽溺すべきだ」ということになる。端的に言えば、古代ギリシア哲学の裏返しである。すべては過激さの内にあり、自制の内には何もないということを意味している。

リンダ・リーミングと約束していた午後のコーヒータイムに遅れてしまった。アメリカ人のリンダは、ブータンで暮らし始めて九年がたつ。アジアは精神性を追い求めようとする人々を引きつけてきた。ときには「ラマ僧の追っかけ」などと揶揄《やゆ》されることもあったが、ブータンは一九七〇年代まで外国人の入国を禁じていた。その後も簡単に行ける国ではなかった。思いは募るばかりだったにちがいない。

リンダ・リーミングもその一人だ。財産をすべて売り払い、英語教師としてニューヨークからブータンにやってきた。彼女の言葉を借りれば、ブータンに恋し、ブータン人に恋い焦がれてしまったのである。それ以来ずっと、この地で暮らしている。

リンダのおすすめは、ティンプーに新しくできた「アート・カフェ」という店だ。陽光が降りそそぐ広々とした店内にはクッションが置かれ、木製のフロアも明るい色調で統一されている。この店にいると、アメリカの大学町のカフェにいるような錯覚に陥る。カウンターの向こう側の女性は、『チベットの生と死の書』（講談社）という本を読んでいる。どう考えてもアメリカの大学町で見かけそうな光景だ。

リンダが店に駆け込んでくる。柄のついたスカーフを首に巻き、見るからにエネルギッシュな雰囲気をたたえている。彼女は明らかに母国語での会話に飢えている。言葉が速射砲のようにぽんぽん出てくる。

「この国ではあらゆるところに霊性が宿っているのよ」リンダがブラウニーをほおばりながら言う。「岩にも、木にも、どこにでも」ありふれた考え方だ。いまにも笑いがこぼれてしまいそうになる。この手の話はブータンに限ったことではない。誰かがこう書いていた。

「ブータンには生命の宿っていないものはない」万物に霊性が宿るという考えは、仏教思想というより、ボン教と呼ばれる精霊信仰《アニミズム》に由来する。私は精霊信仰を原始宗教の一形態だと考えていたが、考えてみればあらゆるものは生命力によって生気を吹き込まれている。そのほうが進んだ考え方だと思う。

「ブータンでは地形が生活を支配している」とリンダは続ける。「陸の孤島だったから、現在のブータンがつくられたのよ」

「それはよいことなのだろうか、それとも悪いことなのだろうか」

「よいことよ。山に囲まれて孤絶していたから、誰もがゆっくりと生きるようになったの。ここでの暮らしの合い言葉は、何をするにも『ラー』よ」

ブータンは「ラー」の国だ。この単音節の単語は、肯定するときにも、尊敬の意をあらわすときにも、単に語調を整えるときにも使える。多くの場合、語調を和らげるために用いられる。「〜です」を意味するときもあれば、「〜でしょ」を意味するときもある。その響きが気持ちいい。ブータン滞在中に自分でも使ってみたものの、いつも過度に意識しすぎてアクセントがおかしくなってしまう。

「リンダ、君はタントラ教とやらを信じているのかい？」

「そうね、以前は信じていたわ」と彼女は言う。「ただやみくもに信じていた。最初にここに来たころは、四〇歳を目前にして典型的な神経症にかかっていたの。『こんな年で老け込んで、みじめになりたくない』なんてわめいていた。でも、ブータンが私を癒やしてくれた。ゆっくり生きていけばいいって教えてくれたのよ」

そしてここでも、死についての話になった。不思議なことに、幸せを探していると必ずと言っていいほど死の話題がもちあがる。誰もがいつかは死ぬ。その事実と折り合いをつけないかぎり、幸福への道は開けないのかもしれない。

ブータンに来るまで死体を見たことがなかった、とリンダが言う。「ここでたくさんの死と苦しみを見てきたわ」声の調子からすると、それは必ずしも忌まわしいことではないと考えているようだ。「ブータンにいると、いつも死について考えさせられる。人が死ぬ姿は悲惨だけど、ここではそれを隠したりしない。何日ものあいだ野ざらしになっている死体もあるのよ」ブータンでの暮らしは、快適というわけにはいかないようだ。「冬はとても寒くて、家の中でもコートが必要なほど。でも不思議なのは、そんなときに自分は生きているんだって実感できる」

リンダによると、多くのブータン人男性は、例のリンポチェのように三年間の瞑想修行をおこなうのだという。三年三ヵ月三日のあいだ、瞑想だけに没頭する。髪の毛も切らない。

「三年間、話もしないのよ」そんな約束は私には不可能だ。私が黙っていられた最長記録は九時間。ただし、単にずっと寝ていたにすぎない。

政府は、男たちが瞑想修行をおこなう場所まで送電線を延ばしている。崖っぷちに建てられた木造の小屋。「山の中のこんなへんぴな場所に電気を通すのに、一〇万ドルもかける国がどこにあるかしら。ふつうなら、『おまえたちが山から下りてこい』って言われるのが関の山ね」

これはブータンの問題点だ。何事も損得勘定抜きでおこなわれる。巨額の観光収入は放棄するし、高値がつく木材の輸出も拒む。ブータン人は貧しいというのに、効率と生産性を志向することはない。

ブータンに旅立つとき、同僚がはなむけにこう言ってくれた。「生産的な旅になることを祈るよ」そのときは何も思わなかった。でもブータンにいると、それがばかげた言いぐさだと思えてくる。生産的な旅だって？　楽しい旅、良い旅で十分じゃないか。

ようやくリンダが口をつぐんだ。永遠の沈黙に身をゆだねるかと思いきや、黙っていたのはほんの三〇秒だった。リンダがおもむろにこう言う。「ねえ、ここに長くいると現実感がなくなるのよ」

「それはいい意味で言っているのかな、それとも悪い意味だろうか？」

「わからないわ。自分で考えてみて」

翌朝、食事をとっているとリンポチェが食堂に立ち寄った。新聞紙にくるまれたボール状のものを持っている。これみよがしに包みを広げると、リンゴが出てきた。室内遊戯用のバスケットボールほどもある、見たこともない大きさのリンゴだ。

リンポチェはそれを私にくれた。お礼を述べてから、信仰療法の仕事について聞いてみる。彼の許には世界じゅうから患者が集まってくる。西洋医学にも優れた点はたくさんある、と彼は言う。しかし、何でも医学だけで治療できるとは考えないほうがいい。近いうちに仕事ぶりを見に来ないかと誘ってくれたので、ぜひ、と私は答えた。

「誰にでも自分だけの神がいて、子供にさえ、神へと導く導師《グル》がいる。そして導師《グル》の導きによって、自分の存在に気づくことになる」しゃべりながら隣の椅子を激しく揺するので、壊れやしないかとはらはらする。リンポチェは私の疑わしげな目つきに気づいているようだ。

「あなたは私のことを信用していないでしょう？」

どうしてそれがわかるのか、と聞いてみる。それを証明できるものは何もないのに。

「この明かりが見えますか？」頭上のランプを指さしながら、リンポチェが尋ねる。

「ええ、見えます」

「でも、それが見えていることを、証明することはできないでしょう。生まれつき目が見えない人は、見ることを知らない。彼に見える根拠を求めても意味がありません」

アメリカでは、自分が幸せだと思っている人は少ない。それでも皆、幸せについて飽きずに話したがる。ブータンでは、多くの人が自分は幸せだと思っている。しかし、自分自身を省みることがない。本屋に行っても自立や自助に関する本は売っていないし、実存への不安などとはまったく無縁だ。ドクター・フィルのような有名な心理学者もここにはいない。実はブータンには一人だけ精神科医がいる。しかし彼はフィルという名前ではないし、残念ながら自分のテレビ番組も持っていない。

おそらくプラトンは間違っている。生きるに値しないのは内省的生活のほうなのだ。一九世紀のイギリスの哲学者ジョン・スチュアート・ミルの言葉を借りれば、「自分はいま幸せかと、わが胸に問うてみれば、人はとたんに幸せではなくなってしまう」。幸福にたどり着くには「カニのように」脇道から入るのがよい、とミルは考えた。ブータンはカニ族の国なのだろうか。国民総幸福量なんて気の利いたマーケティング戦略にすぎないのさ、と評したのは誰だっただろうか。数年前、オランダ領のアルーバ島に行ったとき、こんなキャッチフレーズにつられて、行ってみようと決めたことを思い出す。「幸せの息づく島、アルーバ島があなたを待っている」私はだまされていたのだろうか。

私はそうは思わない。そもそもブータン人はそれほど世故にたけているわけではない。彼らは正直すぎるほど正直な人たちであり、その性行は市場経済活動とは相いれない。ブータン人は国民総幸福量という考えを真剣にとらえているが、彼らが考えている「幸福」というのは、スマイリー・フェイスに象徴されるような、泡のようにはかないアメリカ式の幸福とは大きく異なっている。

ブータン人にとって、「個人的幸福」というのは意味をなさない。カルマ・ウラが私に語ってくれたように、「ブータン人はロビンソン・クルーソーばりの幸福を信じていません。すべての幸福は相関的なものなのです」。

ここで簡単なクイズを出してみよう。次の事件に共通するものは何だろうか。イラク戦争、エクソンバルディーズ号の原油流出事故、アメリカの受刑者数の増加。その答えは……いずれもアメリカの国民総生産（GNP）、あるいは最近よく引き合いに出される国内総生産（GDP）の向上に貢献していることだ。つまり、どの事件も経済学者の視点で見れば「よいこと」になる。

GDPとは、国内で一定期間に生産されたすべての財とサービスの単純合計をさす。攻撃用ライフルの売り上げも、抗生物質の売り上げも、同じように計上される（販売価格が同じならば）。どんな食べ物から摂取したかに関係なく、カロリーを計算するようなものだ。カロリーという点では、全粒粉でもラードでも、殺鼠剤でもかまわない。カロリーであることに変わりがないからだ。

ロバート・ケネディが言ったように、GDPは「アメリカの詩の美しさも、結婚の絆の強さも、公開討論で示された知性も」集計に組み入れない。そのうえでケネディは、GDPはすべての指標となると結論づけている。「ただし、人生を有意義にするもの以外の指標に限る」また、GDPには無報酬労働も算入されない。いわゆる「思いやり経済」の考え方は取り入れられていない。老人ホームに入居している高齢者はＧＤＰに貢献していることになるが、家族が在宅介護している高齢者はそうではない。介護者がしかたなく無給休暇をとったとしたら、ＧＤＰを減少させたかどで「有罪」宣告を受けるかもしれない。この点で、経済学者を大いに褒めてあげる必要がある。彼らは悪徳（自己中心主義）を美徳へと変身させたのである。

幸福（もしくは個人的満足感）についての最近の研究によると、幸せは実際にお金で買えることが明らかになっている。ただしそれには限度があって、その限度は驚くほど低い。年間約一万五〇〇〇ドルまでである。それ以上になると、年収の増加と幸福度の相関関係は認められなくなる。半世紀前と比べると、アメリカ人は平均して三倍金持ちになった。しかし幸福度はまったく増加していない。同じことが日本やその他の多くの先進諸国にもあてはまる。ロンドン・スクール・オブ・エコノミクス（ＬＳＥ）のリチャード・レイヤード教授は、次のように述べている。「彼らは豊かになった。労働時間は大幅に短縮し、長い休暇もとれるようになった。旅行に行く機会が増え、寿命は延び、健康にもなった。しかし、幸福度はまったく高まっていない」

ここで国民総幸福量について考えてみよう。一九七三年にこの考え方をはじめて提唱したのは、当時のブータン国王ワンチュクだった。当時はそれほど注目されなかった。世界の関心が集まったのは一九八六年。優秀な青年ジャーナリストのマイケル・エリオットが、『フィナンシャル・タイムズ』紙にブータン国王のインタビュー記事を寄稿したのがきっかけだった。その見出しは一読してすぐに理解できるものではなかった。「ブータン国王、国内総生産より国民総幸福量に重点」

おそらく頭の固い経済学者は、ヒマラヤの高地で酸素が足らなくて、国王の頭がおかしくなったと思っただろう。あるいは、例のブタの餌でも食べたせいだと考えたかもしれない。幸せを測ることなんかできるわけがない。百歩譲ってできたとしても、国がどうやって幸福政策とやらを進めるのか。まったくもってばかげた話だ、と。

とはいえこの理念は、他の途上国や先進国までが関心を示すところとなった。研究論文のテーマとして取り上げられ、国際会議も開かれた。そのたびに称賛の声が上がる。「ブータンは金銭的価値が無条件に善であるという考え方を公式に否定し、異議をつきつけた最初の国家だ」と、ジェフ・ジョンソンはその著書『国民総幸福量と発展（*Gross National Happiness and Development*）』で述べている。

一方、カナダの哲学者ジョン・ラルストン・ソールは、国民総幸福量という考え方をみごとなトリックだと評している。「指をパチンと鳴らす。すると話が入れ替わってしまう。前と違うことを言っているわけではないのに、いつのまにか新たな話が始まっている。これが国民総幸福量の巧妙なからくりである」

聖なる狂人にして稀代のトリックスター、ドゥクパ・クンレ。彼なら国民総幸福量というアイデアを気に入ったはずだ。あまりにばかばかしくて、現実離れしているために、私たちの目を一気に覚ましてくれる。

しかし、国民総幸福量（GNH）とはいったいどういうものなのだろうか。腹のでっぷりしたブータン人のホテル支配人、サンジェイ・ペンジョルから聞いた話が最も納得できる説明だった。GNHはですね、とペンジョルは言う。「おのれの身のほどをわきまえること、そして足るを知るということです」しかし、自由主義経済は世界に物質的価値をもたらした。しかし、「足るを知る」という考えが導入されると、その価値は泡と消えてしまう。反骨の経済学者、E・F・シューマッハーが言うように、「持たざる社会はさらなる貧困に甘んじる。しかし、持てる社会の中で、『もうよい、十分だ！』と、さらなる富を返上するような社会はあるだろうか。断じてない」

豊かさは人間を自由にする。それは疑いない。容赦なく照りつける日差しのもとでの農作業、その現代版と言える際限のないハンバーガー焼きなどの肉体労働からも解放される。しかし、豊かさはその一方で精神を堕落させることもある。ほとんどの経済学者は、この点を理解していないようだ。シューマッハーも書いているように、「社会が豊かになるにつれて、とりあえずお金を稼がなくては、有意義なことをするのは難しくなる」これは核心をついている。豊かな産業社会、有り余る余暇を満喫している社会では、収入につながることであれ当面の楽しみであれ、生産的でないことをしていると後ろめたい気持ちになる。一方、ブータン人はというと、一日中ダーツに興じたり、何もせずにすごしたりする。『失われた地平線』に描かれているシャングリラでも、イギリス人宣教師のミス・ブリンクロウと、張《チャン》という謎の老人のあいだで次のような会話が交わされている。

「ラマ僧はふだん、何をしているのかしら？」
「ひたすら瞑想と学問に励んでいます」
「それでは何もしていないのと同じではないかしら？」
「では、何もしていないと申し上げておきましょう」

アルベルト・アインシュタインによると、「あらゆる問題は、それに気づいたときと同じレベルの認識では解決できない」。経済学は、アインシュタインが物理学の分野で取り入れたような、思考の根本的転換を必要としている。国民総幸福量という理論的枠組《パラダイム》みは、その突破口を開く考え方なのだろうか。多くの人が探し求めていたのは、このわかりにくい考え方だったのだろうか。現時点では、必ずしもそうだと断定はできない。しかし国民総幸福量という考え方は、論点を整理するのに役立つ。それは想像以上に重要な役割だ。

国民総幸福量を提唱するブータン政府は、政策決定とその実行にあたって、すべての物事を国民総幸福量という観点から検討することを基本理念としている。実行しようとする政策が、国民の幸福度を全般的に高めるのか、あるいは低めるのかが、つねに問われる。高尚な考え方であることは間違いないが、はたして実際に機能しているのだろうか。それを知るには政府関係者に話を聞いてみる必要があった。

口にするのは簡単だが、実行するのは難しい。世界地図上では、ブータンは点のようにしか見えない。そんな極小国なのに、この国では政府の要人と会見の約束をとりつけるのが非常に難しい。生き神として崇敬されている国王に近づくのはそれほど難しくないのに、なぜか要人に会うのは簡単ではない。私の目当ては、移動幸福大使も兼ねている家庭大臣だ。

ところが、名誉ある家庭大臣は多忙のため、取材には応じられないとの答えが返ってきた。そこで私は、誇り高きジャーナリストの常套手段に訴えることにした。パーティーでの直撃取材である。正確に言うと、ブータン在住の目を輝かせた日本人ボランティア・グループが主催する、「実感！　国民総幸福量」というイベントである。この集まりに家庭大臣は来賓として呼ばれている。私は最前列に陣取った。参加者全員が立ち上がり、家庭大臣が迎え入れられる。引き締まった体つきだが、年のころはおそらく五〇代後半だろう。年相応の白髪に、威厳のある身のこなしで会場に入ってきた。

ステージには巨大な折り鶴と横断幕が飾られている。横断幕には大きな文字で、「愛・感動・思いやり」と書かれている。おいおい、勘弁してくれ。感傷的集団の猛攻を予感し、思わず身を固くする。日本人のグループが、アメリカによる長崎への原爆投下の映画を上映する。恐ろしい映像が次々にスクリーンに映し出される。皮膚がぼろぼろと体からはがれる子供たち。眼球が飛び出て、顔からぶら下がっている男性。参加者は、映画を見ながら私のほうにちらりと視線を送ってくる。この場でただ一人のアメリカ人である私が、まるで原爆投下の張本人のようだ。

原爆の投下によってその都市の幸福度が下がるというのはよく理解できるが、それ以外にこの映画が幸福度と何の関係があるのか、私にはよくわからない。これが国民総幸福量の数多くある問題点の一つだと言える。あいまいな概念なだけに、大義名分さえあれば誰でも、どんなふうにでも首を突っ込める。いったんそうなると、国民総幸福量は新たなスローガンになるだけで、経済活動の先進的なひな型でも、新しい生き方を示す指標でもなくなる。

映画が終わり、参加者が休憩に入る。家庭大臣の後を追ってみるものの、彼は講演会場の外に用意されたビュッフェ形式の食べ物へと一直線に向かっていった。ようやく近づくと、大臣は片方の手にモモ（肉まん）をのせた皿、もう一方の手にリンゴジュースのコップをバランスよく持っている。

「長崎と国民総幸福量は、何か関係があるとお考えですか？」と質問してみる。すると大臣の表情に驚きの色が浮かんだ。奇襲成功だ。でもそれは一瞬で、大臣はすぐに態勢を立て直す。

「幸福という問題と取り組んでいる国が、好戦的になることはないと私は信じています。持続可能な生活を追求しなければ、資源を求めて争うことになるでしょう。石油だけではありません。それに、争いは必ずしも国家間で生じるものとは限りません。サンディエゴとロサンゼルスが、水をめぐって争うこともあるのです」

家庭大臣は講演会場に戻っていった。私もその後を追う。国民の幸福という理念を掲げることは、ブータンという小さな国が重い負担を背負い込むことになりませんか？　幸福に対する考え方は人それぞれで、すべての人の期待に応えるのは無理だと思うのですが、どうお考えですかと質問してみる。

「ブータンは、自分たちが幸福な国だなどと言ったことはありません」と家庭大臣は受け流す。「われわれが明言しているのは、国民総幸福量という政策実現の過程に携わっているという点です。あくまで目標なのです」

「しかし多くのブータン国民、とくに都市部以外で暮らす人は、国民総幸福量などという言葉を聞いたこともないのではないでしょうか」と私は反撃する。

「たしかにそうです。でも彼らはそれを暮らしの中で実践しています」

なるほど。単なる優等生なのか、あるいはそれ以上の人物なのか、なんとも言えない。大臣はモモをつつきながら、私は椅子にもたれかかりながら、その後もしばらくのあいだ言葉を交わした。大臣はちっぽけな国のとてつもなく重要な人物だ。それに対して私はといえば、とてつもなく重要な国のちっぽけな人間だ。この逆方向の二つの現実が、それぞれを打ち消しあって、私たち二人のあいだに奇妙な釣り合いを生み出している。

家庭大臣はアメリカを何度か訪問し、バークレーなどではロックスターのように歓迎されたという（「驚きました、どこへ行っても会場は満席でした」）。幸福の指標を作成することが必要だとも語っていた（「政府はもっぱらデータに従って動きます」）。さて、家庭大臣はずいぶん長い時間、私に付き合ってくれた。ブータンでナンバー3の要人であることを考えると、十分すぎるぐらいのような気がする。彼が最後のモモを食べ終えると、私はそれをいとまの合図と受け取った。

「実感！　国民総幸福量」のエンディングは、ブータンに伝わるフォークダンス。みんなで輪になって（世界じゅうどこへ行ってもこの光景は変わらない）、リズミカルな音楽に合わせて体を左右に動かす。輪の外側に立っていると、誰かに腕をつかまれ、次の瞬間、私は輪の一員になっていた。いつもならかなり居心地の悪い思いをするところなのに、どういうわけかこの素朴なダンスは気持ちよかった（他に適切な表現が見つからない）。両腕を差し上げ、ワン、ツー。右へ一歩進んで、スリー、フォー。ファイブ、シックスあたりで、家庭大臣が参加者といっしょになって体を揺すっているのに気づいた。それを見て、こんなことまでするのかと思った。ブータンでも政治家はソフトボールの試合などでカメラに向かって愛想笑いをしてみせるのだろうか。でも、それは違うようだ。会場にカメラはない。ブータンでナンバー３の地位にある権力者がフォークダンスに興じるのは、どうやら一般のブータン人がフォークダンスを踊るのと同じ理由からのようだ。それ以上でもそれ以下でもない。

　音楽がやみ、帰り支度を始めた参加者を眺めながら、自分の母国のことが頭に浮かぶ。ずっと昔、アメリカの政治家も同じだったにちがいない。政策コンサルタントやフォーカスグループ（選挙動向の調査のために選ばれる小人数のグループ）といった人たちが誠実さを失う前、そして、人々が見かけと中身の区別ができなくなる前までは……。

　翌朝もずいぶん早い時間に目が覚めた。内容は忘れてしまったが、また悪い夢で目が覚めた。今日は大事な予定が入っている。リンポチェが診察所を見学させてくれる日だ。朝食を食べ終えると、ぬかるんだ小道を歩いて診察所のドアの前に立ち、靴を脱いで中に入る（ブータンの道のぬかるみのすごさを考えると、靴を脱ぐのがなによりも現実的な選択だと言える)。部屋が二つある。一つは信仰療法の診察室。もう一つはテレビのある待合室で、椅子がたくさん並べられている。パナソニックの大画面テレビには、インド映画が映し出されていた。

待合室から診察室に案内され、座って静かに観察するようにと言われる。深い青色に黄色。部屋の中は明るい色に塗られている。部屋じゅうに物が散らかっていて、まるで爆破された後のチベットの骨董品屋のようだ。出家僧《サンガ》を描いた絵、楽器……。でもそのほとんどは、患者からの感謝の気持ち(あるいは治癒への願い?)を込めた供物のようだ。お金はもちろん、果物やビスケット、大きなプラスチック・ボトルのコカ・コーラやファンタなどが供えられている。壁にはネックレスのようなものがかけられ(これも供物のようだ)、オリンピックの金メダルのようなものもぶら下がっている。実はこれは、本物のオリンピックのメダルだということが後になってわかった。パーキンソン病を患ったアメリカの水泳選手が、感謝のしるしに置いていったものだという。

診察室には、四、五人の男が静かに座っている。彼らは今日の午後に診断結果を聞く予定になっている人たちで、少しでもよい結果になるよう、お願いにきているのだという。それで診断結果が変わるのかと思ったが、その疑問は自分の中にしまっておくことにした。男たちは皆、リンポチェに向かってひざまずいている。木製の祭壇に座ったままのリンポチェは、足を組んで目を閉じている。静かにお経を唱え、顔にはわずかに苦痛の表情を浮かべている。便秘に苦しんでいるようにも見える。男たちがいっせいに立ち上がると、リンポチェは彼らの額に水滴を垂らす。その後、男たちは部屋から出て行った。どうやら終わったようだ。私だけがその場に残り、リンポチェと二人きりになった。でも、しばらくのあいだリンポチェは、私がいることに気づかずに、目を閉じたままお経を唱えている。すると突然、言葉を発した。

「ワセリンですよ」と言いながら、小さな瓶を私に差し出す。いったいワセリンをどうしようというのだろう。「以前は、恵みを授けるために牛のバターを使っていたのですが、こちらのほうが効果があるようなので、これを使うことにしました。とくに病気によく効き、怪我にも効果があります」

治療中、何が起きているのかと尋ねてみる。そのときリンポチェは何を思い浮かべているのだろうか。「神への祈りに集中しています。仏陀ではなく、すべての神に祈りを捧げています。鏡に映った影のようなものです。われわれは消え去ります。神も私も。そして一つになるのです」

中年の女性が治療室に入ってくる。片方の足に大きな腫れ物があり、その足を台の上に乗せて座った。リンポチェは目を固く閉じて、経文を唱えながら、その女性の足に息を吹きかけた。リンポチェが水を垂らすと、その女性は音を立てながら口に含む。お経はまだ続き、女性が祭壇にリンゴとビスケットを差し出した。

ふたたびリンポチェと二人きりになる。彼が目を開いて言う。「おわかりでしょうが、ここにやって来る人たちは私が最後のよりどころなのです。彼らはまず、病院で高度な医療を受けようとする。たとえばバンコクやアメリカの病院です。それから私のところに来るのです」足が腫れ上がった女性も、リンポチェが診察する前はもっと状態が悪かったという。

「自分の力がどのように働くのか、私は自分で確かめなくてはならないのです。現世でだめなら来世ででも」と、リンポチェは謎めいたことを言う。どういう意味なのか尋ねようとすると、妙に甲高い音が聞こえてきた。聞き覚えのない音だ。リンポチェの足元、祭壇のあたりから音が聞こえ、鳴るたびに大きくなる。

「これは失礼」と、彼は手を伸ばして携帯電話のスイッチを切った。「どこまで話しましたかな？」

「自分の力がどのように働くか確かめなくては、というところまでです」

彼はこんな話を始めた。自分の召し使いをサル呼ばわりする男がいた。「おい、サル、お茶を持ってこい。おい、サル、ごみを捨ててこい」すると予想どおりこの男は、来世でサルに生まれ変わった。

なかなかおもしろい話だとは思うものの、彼の力がどのように働くかという点から話がそれて、何が言いたいのかわからない。そこで私は、少しきわどい質問をしてみることにした。あなたはこの仕事《ビジネス》に何の疑念も持っていないのでしょうか？

「持っていませんね。私はこれまでに何千人もの人を救ってきました。人を救うことが、私にとっての本当の喜びだと感じています」それを小さな黒い手帳に書き留めていると、リンポチェは私の顔を見ながらこう言った。「あなたはいつも、その手帳に何かを書いていますね。でも、自分で何かをやってみることが必要です。本当の何かを」彼の言葉をひと言ももらさないように書き取っているうちに、皮肉を言われていることに気がついた。書く手を休めて、リンポチェに視線を向ける。そして、職業病みたいなものですなどと、口ごもりながらあいまいな言い訳をした。

「すべては夢です。現実ではありません。いつかそれがわかる日が来るでしょう」リンポチェはそう言ってから声を立てて笑うと、ふたたび静かにお経を唱え始めた。

ティンプーには信号機が一つもない。ファストフード店もATMもない。しかしここはれっきとしたブータンの首都であり、車が整然と流れている。翌朝、トヨタの車に荷物を積み込んで東をめざす。目的地はティンプーから三〇〇キロほど離れたブムタン県。世界じゅうどこでも、旅行というと、ふつうは片道五、六時間ほどの距離を言う。ブータンではそれが二日かかる。

英語の「旅行（travel）」という単語は、「労苦（travail）」という単語と共通の語源をもつ。何世紀にもわたって、旅行することは苦行に等しかった。旅に出るのは巡礼者や遊牧民、兵士、それに加えて愚か者と相場が決まっていた。

ブータン国内の旅行は、いまでも苦行に近いものがある。ロサンゼルス発ニューヨーク行きの夜間便エコノミークラスにしても、ブータンでの旅行に比べたら、どうということはない。ブータンでは道路網が自然を征服しているのではなく、逆に自然に征服されている。気まぐれな地形の意のままに道が曲がりくねり、つづら折りの山道がどこまでも続いている。ドライブしながら瞑想でもしてみようかと思ってやってみたものの、うまくいったのは最初の一〇分間だけで、すぐに吐き気が襲ってきた。全自動洗濯機の中でぐるぐる回される靴下の気持ちがよくわかる。靴下がときどき姿をくらましてしまうのも無理はない。

あちこちに動物がいる。ブータンの道路は、世界屈指の動物園のライバルになりうる。牛を追い越すと、次は野ブタにヤギ。馬に、サルに、数え切れない数の野良犬がいる。

苦行に近い道路の旅でも、ときには晴れやかな気分になれるときがある。ほとんど垂直に近いような急斜面に沿って進んでいると、尾根沿いに飛んでいるような気分になる。鳥がいっしょについてきたりすると、船についてくるイルカを思い出して、たまらなく楽しくなる。

ティンプーから数キロ走った町で、はじめて「男根《ペニス》」に出くわした。実物そのものの絵が家々の壁に描かれている。色とりどりのペニス、色の塗られていないペニス、大きなもの、小さなもの。実に多くの種類がある。垂木からだらんとぶら下がっているものもあれば、棒の端につるされて、ゆらゆらと揺れているものもある。「これは、いったい何だい？」とタシに聞いてみる。

タシが言うには、悪霊から身を守ってくれる護符だという。私も持ち主の一人として意見を言わせてもらうと、体の他のパーツと比べて、ペニスほど護符としての適格性に欠けているものはない。よこしまな考えは起こすし、まったく頼りにならない。すぐにしょげてしまううえに、いざというときに役立つことはめったにない。どちらかと言えば悪霊を討ち取るというより、悪霊と通じていると言ったほうが正しい。悪いことは言わないから、親指や、つま先や、あるいは肘なんかにしておいたほうがいいような気がする。とにかくペニスだけはやめたほうがよいと思う。

　ペニスばかりが目について、またしても「聖なる狂人」ことドゥクパ・クンレを思い出す。クンレをまつる寺院がこの近くにあり、子宝に恵まれないカップルで賑わっているという。

　小さな村に到着する。そこからタシと二人でぬかるんだ小道を抜けて、あぜ道を歩く。稲が整然と植えられ、目に鮮やかな黄金色に染まっている。檳榔子《びんろうじ》の汁を口いっぱいに含んだ老人の脇を通りすぎる。真っ赤に染まった口からキンマ（コショウ科の常緑つる性植物）の葉が突き出ている。まるでニワトリを呑み込んだようにも見える。タシが何か話しかけているが、原色の色合いと口元の異様な構図に気をとられ、何を聞いているのか想像がつかない。

　ニワトリ老人が教えてくれた寺院の方向に歩き続ける。「幸福なお参りを《ハッピー・ヴィジット》」と書かれた看板が道端に立っている。歩いているうちに、幸せというのはこういうことかもしれない、そうだ、これこそ幸せだという気分になってくる。すると突然、タシが大声を上げた――「ストップ！　止まってください」。思わず、「なんだよ、タシ、こんなときに。気持ちよく幸せな気分に浸っていたのに」と言いかけた瞬間、音を立てながら一メートル先を弓矢が横切った。

　ブータン人は弓術を愛し、酒を愛している。しかも彼らは、この二つを同時に求める。だから十分に気をつけなければならない。タシに謝り、弓を放った人物が去るのを待ってから、ぬかるみの上り坂をふたたび歩き始める。そうこうするうちに、聖なる狂人をまつる寺院に到着した。見たところ何の変哲もないふつうのお寺だ。おそらくドゥクパ・クンレもそう思っていたにちがいない。境内に入ると、タシは何度か地面に額をつけながらひれ伏し、すぐに立ち上がっては、ふたたびひれ伏す。見ようによっては仏教式の柔軟体操のようにも見える。祭壇にはお金やナッツ類、キットカットなどのお供え物がうずたかく積まれている。寺の住職は小太りで愛想がいい。

この寺は不妊治療のクリニックも兼ねているのかと尋ねてみると、「おっしゃるとおり」という返事が返ってきた。「多くの女性が救いを求めてやってきます。長年子供のできなかった夫婦も、ここにくれば子宝に恵まれます」四五歳のアメリカ人女性も、「聖なる張り形《ホーリー・ディルド》」のご利益があって妊娠できたのだという。聖なる張り形というのは私が勝手にそう呼んだだけで、実際には細部までみごとに彫り込まれた、高さ三五センチほどの木製男根像である。片方の端（男性の体にくっつく側）には、色とりどりの飾り物がぶら下がっている。

住職が写真を見せてくれる。満面笑顔のカップルの中には、外国人もいればブータン人もいる。お礼の手紙もいっしょに束ねてある。

「人生の最高の喜びを授かりました。息子ともども感謝の念にたえません」よく見ると、バーバラ・バンクス＝オルタクルスという署名がある。

写真と手紙の束をめくっていると、ブータン人女性が数人やってきた。住職は心を込めて、聖なる張り形で一人ひとりの頭のてっぺんあたりに軽く触れる。彼女たちはその治療に満足の表情を浮かべ、まもなく帰っていった。

勤務中ですが少しだけ時間をいただいて、住職に自分の運勢を見てもらってもよいでしょうか、とタシが尋ねる。もちろんかまわない。タシは三個のサイコロを額に当てて、それを振った。住職はしばらくのあいだサイコロを見つめ、望みはかなえられるとタシに告げる。私もサイコロを振ってみると、やはり同じお告げだった。寺院を出るとき、ブータンでは悪い運勢が出ることもあるのだろうか、とタシに聞いてみる。「もちろんあります」

すぐ近くで老人が地面に座り込み、手に持った数珠《じゅず》を繰りながら、ときおり自分の脇にある巨大なマニ車《ぐるま》を回している。それは冷蔵庫ぐらいの大きさがあり、回し続けるのは大変そうだ。いつから回しているのか尋ねてみた。

「いつもやっている」と老人は言う。

「毎日ですか？」

「そう、毎日これを回している」どう考えても豊かな人生とは思えない。でも、信心を疑ってはいけないのだろう。

その夜は近くのワンデュという町に泊まることにした。快適なゲストハウスで、本物のコーヒーも出してくれる。テラスに座って、流れの速い川を眺める。すばらしい眺めだ。本能的に手帳とカメラに手が伸びる。でも、今回はそれを思いとどまった。耳の奥でリンポチェの言葉がこだまする。何かをやってみること。自分で実際に何かをやってみることが必要だ。彼の言葉は正しい。記録に残された人生は、実際の人生のさえない代替品でしかない。いまから二〇分間、このテラスに静かに座って川のせせらぎに耳を傾け、何もしないことに決めた。いっさい何もしない。手帳もカメラも、テープレコーダーも使わない。ただただ自分の人生を味わってみよう。あとはブータンの悪名高き蚊の大群の心配だけすればいい。当面はそれだけで十分だ。

さらに車を東に走らせ、ブータンの真ん中あたりを通過する。すると何か（もしかしたら人かもしれない）が、道路をさえぎっている。車が近寄ると、白い胴体に黒い顔の生き物が一〇匹以上、素早く動いた。ハヌマンラングールというサルです、とタシが言う。ブータンでは、このサルは縁起のいいサルだとされている。

「ブータンには不吉なしるしもあるのかい？」

「はい、あります。茶色いサルです。それを見ると不吉なことが起きると言われています」

しばらくすると、ハヌマンラングールが車のまわりをうろつき回るのに飽きてきたようなので、先を急ぐことにする。ところどころに手書きの看板が立っている。どの看板にも「ありがとう」とだけ書かれている。どうして「ありがとう」なのだろう。その理由はわからないが、気分の悪いことではない。

そうこうするうちに、くねくねした道に耐えられなくなり、車を止めるように運転手に伝える。タシと二人で車から降りて、しばらく歩くことにした。こんな暗い道を歩くのは好きではありません、とタシが言う。

「クマでも出ると思っているのかい？」旅行会社のソナムから注意を受けたことを思い出した。

「いいえ、鬼が怖いんです。クマよりも鬼のほうが怖いんです。子供のころから『鬼は怖いぞ』と言われながら育ちました」

健全と言うべきなのかどうなのか。ブータン人の心の中には、恐ろしい鬼が住んでいる。

車に戻って、かなり高い山をさらに登っていく。標高は三〇〇〇メートルを超えている。道幅は車一台分しかない。対面通行するときは、双方の運転手が、詩的かつ念入りな手ぶりで意思の疎通をはかる必要がある。ティンプーに滞在中、あるブータン人に言われたことを思い出す。「ブータンでは、横柄な口をきくばか者は暮らしていけない」どうやらそのとおりだ。この国では何をするにも協調が求められる。作物を収穫するときも、道路で追い越しをするときも、協調しないことにはやっていけない。

西洋諸国、とりわけアメリカでは、妥協する必要性をできるだけ取り除こうとする。たとえば車の場合、エアコンの風向きを調節できるようなコントローラーが各座席についているので、車内の快適な温度について妥協点を見いだす必要はない。夫婦のあいだでも、ベッドのマットレスの理想的な固さについて、互いの意見を一致させる必要はない。それぞれが独自に「自己快適レベル」を決めればよい。私たちはそうした技術を受け入れている。車にしてもベッドにしても、誰もが自分にとって快適な状態を楽しんでいる。ただし、快適さと引き換えに失うものもあるかもしれない。マットレスのように、どうでもいいようなことに悩む必要がなくなれば、本当に重要な問題が見えてくるかもしれない。妥協というのは一つの技術であり、他のすべての技術と同様に、使わないでいると衰えてしまう。

車はトンサという町に到着した。丘陵に沿って形成された小さな町だ。ゲストハウスは質素で、かろうじてベッドに虫がいない程度の安宿だった。離婚経験のある女性が切り盛りしている。小太りで笑顔がおおらかだ。幸せですか、と彼女に尋ねてみる。すると大きな笑い声を上げてきっぱりと答える。「もちろん！」まるでラーフィング・ブッダ（満面に笑みをたたえる仏陀の像）を思わせるような笑顔だ。

壁には掛け時計が横一列に並び、東京、ニューデリー、ニューヨーク、バンコクの時刻を示している。なんだか見ていて愉快な気分になる。いま何時だろうなどと心配することのないこの町で、はたしてニューヨークの時刻を気にする人などいるのだろうか。

翌日、さらに車を進める。ある地点で車を降りて、タシといっしょに村の寺まで歩くことにする。日差しは強かったものの、車の中で二日間揺られ続けていたせいで、外を歩くのがとても気持ちいい。

「お聞きしたいのですが……」とタシが言う。「アメリカではカウボーイがとても尊敬されているというのは本当でしょうか？」いまではカウボーイなんてあまりいないよと答えると、タシは少し残念そうな顔をした。学校で暗唱させられた詩を聞いてみますかとタシが言うので、ぜひとも、と答える。

「大木の下を歩いて、丘の斜面を登ると……」

単語がよく聞き取れない。「下（beneath）」という単語が「遺言（bequeath）」という単語に聞こえる。でもタシは誇らしげだ。「正しく暗唱できないと、先生は容赦なくぶつんです」本当ですよ、とでも言いたげに、タシはボクシングのまねをする。もしかしたらタシは、実際に何度も叩かれたのかもしれない。そう思えるふしがタシにはある。ブータンではまだ生徒を叩いたりするのかと尋ねてみる。「いまでは田舎だけですけれど」あまり慰めにはならない答えだ。ブータンは国民の八〇パーセントが田舎に暮らしている国なのだから。

近くの僧院に向かって静かに歩きながら、タシはいい青年だ、という思いがこみ上げてくる。気になっていた癖も、いまでは逆に親しみが感じられる。彼が変わったのかもしれないし、私が変わったのかもしれない。

翌朝、一人で尾根道を歩いてみる。空気が新鮮で身が引き締まるようだ。実に気持ちがいい。でも突然、旅行会社のソナムがクマに気をつけるように言っていたことを思い出した。急に爽快感が失せていく。人間が自然を恐れるようになったのはいつのことだろうか。ヒマラヤの丘陵地帯でモミの木や小鳥のさえずりに包まれているよりも、東京やニューヨークで喧噪に包まれているほうが安全だと感じてしまうのはなぜなのだろうか。怖さのあまり頭を振っていると、遠くで何か大きな物体が動くのが一瞬だけ見えた。木が邪魔してはっきりとは見えなかったが、じっくりと確かめるどころではない。とっさに体を反転して、来た道を元気よく戻ることにした。いや、正確に言うと、そそくさと駆け足で戻ることにした。

二、三〇メートルほど走ってから振り向くと、それは巨大で獰猛な……牛だった。駆けっこは一休みだ。すぐ近くの僧院まで歩き、回廊に腰を下ろして瞳を閉じる。カルマ・ウラは正しかった。私の心の中には劇場がある。しかも極めつきの小劇場《オフ・オフ・ブロードウェイ》だ。評判は最低で、そろそろ公演打ち切りの潮時のようだ。でも、どうやって幕を引けばよいのかよくわからない。

カルマに言われたことをもう一つ実行してみることにした。気分的にはこちらのほうが素直に受け入れられる。言われたように、彼が育った村を訪ねてみることにしたのである。カルマの生家は立派な造りの建物で、木の床もしっかりしている。一方、膝ぐらいの高さのテーブルを除くと、家具らしきものはほとんどない。そこにカルマ・ウラの七九歳になる母親が座っている。黒っぽいウールの毛布を膝に掛け、テーブルには本が開いたままになっている。先ほどまでお祈りをしていたようだ。

しわが目につくものの、肌には張りがある。歯はかなり抜けてしまっている。彼女は私たちを温かく歓迎してくれ、床のクッションに腰を下ろすように身ぶりで示してくれる。息子とはちがって、英語をひと言も話さない。タシが通訳を買って出ると、ミセス・ウラは水を得た魚のように饒舌に語り始めた。

「この村にきたのは二〇歳のとき。子供のころは馬が交通手段でした。週に二回、塩などの必需品を確保するために、何キロも遠出したものよ。いまは自動車があるし、道路は舗装されて、電気もある」

「昔のほうがよかったことって、何かありますか？」と聞いてみた。

「ないわね」なんておかしなことを聞くんだろうとでも言いたげな表情で、彼女が答える。

「暮らしはいまのほうがいいわよ。でもテレビは別。良いところも悪いところもあるから」

　国王がブータンに民主主義を導入しようと考えていることについても聞いてみる。国王の提案に賛成ですか？

「国民にとっては、良いことではないわ。汚職や暴力がはびこることになるでしょう。ネパールやインドのニュースをテレビで見ていると、人々が警察に石を投げたり、警察は警察で民衆に発砲したり、催涙ガスを打ち込んだりしている。民主主義になってもよいことは何もないわ。民主主義はいりません、って国王にお願いしているのよ」（数カ月後、マイアミに戻った私は、『ニューヨーク・タイムズ』紙で小さな記事を目にした。「国王が退位表明、皇太子が継承へ」「模擬選挙を実施、近く本選挙」そのときミセス・ウラのことを思い出して、きっと快く感じていないだろうと思った）

　ミセス・ウラが驚くほど機敏に立ち上がり、お茶はいかがですかと言う。丁重に断っても何度も勧める。「お茶も出さなかったら、息子に申し訳が立ちませんから」母親というのは、どこに行っても同じなようだ。

　ティンプーに帰る車の中で、タシがある話を聞かせてくれた。一九九九年のこと、六人の少年が湖にハイキングに出かけた。少年たちは湖に石やごみを投げ込む。するとカエルがあらわれ、少年たちは道に迷ってしまう。三人は生き延び、三人は死んでしまう。これは湖の女神の怒りをかってしまったからだと、タシは信じているという。

「みんな信じています。湖を汚してはなりません」

「川はどうなの？」

「川は別です」

ティンプーに戻る前の晩。私たちの旅行《トラベル》も苦行《トラベイル》も終わりに近づいていた。夕食後、レッドパンダ・ビールを飲みながらくつろいでいると、懐かしいアクセントが耳にとまった。アメリカ人だ。厳密に言うと、ロングアイランドのサフォーク郡から来た少人数のツアー客である。テリーとその夫マーティーが、いっしょにいかがですかと誘ってくれた。ブータンにおける幸福をテーマに本を書いていると自己紹介すると、全員が興味を示した。しかし国民総幸福量の話をすると、マーティーは疑わしげな表情を向けた。「国民総幸福量というのはいったいどうやって測るんだい？幸せかどうかは、人それぞれの感じ方と考え方次第じゃないか。それを測るなんて無理なことさ」

話題は、アメリカとブータンのとてつもない経済格差に移る。平均的アメリカ人の収入は、平均的ブータン人の収入の約一〇〇倍にあたる。「ロングアイランドで訪ねた家のことを覚えているだろう？」とマーティーが妻に言う。「あそこの奥さん、自分の靴だけでウォークイン・クロゼットをまるごと埋めていたじゃないか。ブータンでは靴一足さえ持っていない人もいるのに」

「そうね。でも、ブータンの人たちは幸せそうよ」とテリーが言う。「赤ちゃんをひもでおぶった女の人たちが、道路脇で岩を砕く仕事をしていたけれど、幸せそうだった。車で通りかかったとき、笑っていたでしょ」

その女性たちはブータン人でもなければ、幸せでもないと、私はテリーに伝える勇気がなかった。彼女たちはブータン人もやりたがらない仕事をするために連れてこられたインド人労働者なのである。でもテリーの言っていることにも一理ある。ブータンの人たちが幸せそうに見えるのは間違いない。

「つまり、幸せっていうのは、ぼくらが考えているほど多くのものを必要としない、ということじゃないかな」遠回しに私は言う。

「そうかしら。ブータンの人たちは自分の国のことしか知らないだけじゃないの」とテリーが言う。「アメリカに連れて行けば、いままで知らなかったことに気づくんじゃないかしら」

外国に留学したブータン人の九〇パーセントはブータンに戻り、西洋流の働き方を放棄して、この国での暮らしを選ぶのだと私は説明した。テリーは黙り込み、考えがまとまらないようすだった。しばらくして彼女が言った。「でも、なんでそんな生き方をしたいのかしら?」

ティンプーに戻ってきた。ゲストハウスの前で車を止めて、少し体を休める。しかし、のんびりしている暇はない。あと二日。そのあいだに何人かの人に会って、いくつかの疑問に対する答えを見つけなければならない。

カルマ・ウラは、ティンプーを一望できる高台で暮らしている。電話で道順を尋ねると、「誰でもいいから聞いてごらんなさい。みんな知っていますよ」と言う。たしかにそのとおりだった。数分後、周囲を壁で囲まれた屋敷の前に到着した。使用人の後についてトタンの門をくぐり、広い庭に入ると、女の子が二人、トランポリンで遊んでいる。床から天井まですべてガラス張りの部屋に通される。がらんとした部屋だ。片隅にデル製のノートパソコンが置いてあるだけで、前に訪ねた母親の部屋と変わりない。

カルマはズボンにチョッキといういでたちで、今日はゴを着ていない。床に座り、ウールの毛布で膝を覆っている。顔は少し青ざめ、どこか具合が悪いのではないかと心配になる。座るとクルミを勧めてくれる。カルマはハンマーで巧みに殻を割って実を取り出している。

よもやま話の後、タシが話してくれた湖の女神の話について、カルマの考えを聞いてみる。本当にこの話は信じられているのでしょうか？

「ええ、みんな信じています」とカルマは言う。「よい話です」彼の考えによると、これらの神々（カルマはそれを「温室の神」と呼ぶ）は、環境保護の高次の考えを象徴している。アメリカ人が環境を汚さない理由の一つは、罰金を科せられるからであり、ブータン人の場合は「温室の神」を恐れているから。はたしてどちらの考え方がより優れていると言えるだろうか？

カルマが立ち上がった。手のひらで素早くハエを捕まえると、外に持って行って逃がしてやる。そしてまた話を続ける。カルマは私が疑念を抱いているようすを感じ取ったにちがいない。手術で胃の腫瘍を摘出した話を持ち出した。「手術はうまくいって腫瘍は取り除かれましたが、それから二年間、胃の調子はよくありませんでした。医師はそれを『術後合併症』だと言います。これはどういう意味でしょう？　どこに問題があるのか、医師にはわからないのです。でもそれを説明する必要がある。そこで名付けたのが『術後合併症』です。湖に神々が暮らしていると信じる人と、何か違いがあるでしょうか？」

夕飯を食べていきませんかと、カルマが誘ってくれる。いっしょに床に座り、彼が裏庭で育てた米とインゲン豆を食べる。食べながら、ブータンが答えを求めている課題について聞いてみる。幸せはお金で買えますか？

間髪を容れずにカルマが答える（あるいはそう感じただけかもしれない。彼の話し方が早くなったのか、もしくは私が沈黙に耐えられなくなってきたのか）。「幸せはお金で買えることもあります。でも、その考えは捨て去ることです。お金は目的を達成するための手段です。お金を目的そのものと考えてしまうところに問題が生じます。幸福は人と人との関係です。西洋流の考え方では、その関係のためにお金が必要だということになりますが、それは違います。なにより大切なのは信頼関係です」同じことをスイスで聞いた記憶がある。信頼は幸福の前提条件であり、政府や各種組織だけでなく、隣人を信頼できることが重要だという。現にいくつもの研究で、収入や健康ではなく、信頼が幸福度を決定する最大の要因だという結論が示されている。

お金などどうでもよいというわけではない。前述したように、少ないお金で大きな幸せを買えることがある。問題は、ブータン社会がまだその段階に達していないことにある。幸福度と収入の相関図上で、ブータンはまだ右肩上がりの曲線上にある。社会科学者の説が正しいとすれば、ブータン人を幸福にする最も効果的な方法は、少なくとも年間収入が一万五〇〇〇ドルに達するまで、もっと多くの収入が得られるようにすることにある。

しかし、そのときまでには生活様式が固定化してしまい、それを変えるのが難しくなる。これはブータン人に限った話ではなく、誰にでも言える。お金の追求が幸せにつながっていた過去をもつ私たちは、未来も同じであろうと思い込んでいる。それは飢えかけた人に対して次のように言っているようなものだ。「さあ、このハンバーガーを食べなさい。元気が出ますよ。おいしいでしょ。さあ、もっともっと、いくらでもたらふく食べなさい」

翌日、リンダが自宅のディナーに招いてくれた。彼女のアパートメントもティンプーを見渡せる高台にあり、近くには国王の四人の妃が暮らしている。でも、リンダが自分で指摘したように、王妃のような暮らしを送っているわけではない。それほど広いわけではないが、とても快適そうな部屋だ。夫のナムゲを紹介してくれた。「この高貴な野蛮人《ノーブル・サヴィッジ》と結婚したの」と、リンダが熱い視線を夫に向けながら言う。

ディナーを食べながら、アメリカにいるとき、ナムゲをはじめて大手量販店「シャーパー

・イメージ」に連れて行ったときの話に花が咲いた。ナムゲの驚きようといったらなかったという。ナムゲがそれまで知らなかった不思議な商品が、ところ狭しと並んでいたからだ。ナムゲはそれらを一つ一つ手にとっては、ためつすがめつ眺め入る（たとえばジューサーと指圧マッサージ器が一体化したようなものまである）。「でも、すごいのは」とリンダは言う。「それらを買いたいとか、所有したいとかいう欲望が、ナムゲにはまったくないということ。商品を褒め終わると、それで十分満足して、元の位置に戻してすたすたと歩いて行ってしまうのよ」

三人で大きくて気持ちのよい椅子にゆったりと座って、ひどい味のインド産ワインを飲みながら、寺院やティンプーの町の眺めを楽しんだ。リンダはアメリカで暮らしていたときに慣れ親しんでいたものの中で、とくに懐かしいものが二つあるという。「合衆国憲法修正第一条の言論の自由と、使えるトイレよ」そう言うと突然話題を変え、私にズバリと質問を投げかける。「ところで、あなたはいま、幸せなのかしら？」

ノーガードの顔面にいきなりストレート・パンチをくらったような気分になる。私がブータンで幸せを感じているかだって？　たしかに幸せだと感じた瞬間はあったが、幸せかどうかなんて自分に問いかけたことはなかった。ずっと忙しく動き回り、ブータン人が幸せかどうか、その答えを突き止めようとしていた。結果は「イエス」だったが、確信できたわけではない。もっと考える時間が必要だ。

何はともあれ、一杯飲まないことには始まらない。今夜はブータン最後の夜だ。ビールに付き合わないかと、タシを誘っておいた。レッドパンダ・ビールを二口三口飲むと、タシは酔いが回って本音を話し始める。お客さんは誰もがみんな、いい人というわけではありません。ツアー旅行のドイツ人は最悪でした。文句ばかり言われて……。さらに本音は続く。タシは自分の将来を心配している。二〇歳になるのにまだ結婚していない。ブータンではすでに遅い部類に入る。この国の将来も気にかかる。いつもどこかでホテルが建てられ、あちこちにお金のにおいが漂っている。仕事が増えるのはよいことだと、タシも認めている。でも、それが幸せにつながるかと言えば、必ずしもそうではないとタシは考えている。別れぎわにタシがプレゼントをくれた。円筒形のパッケージが、茶色い包装紙で包まれている。

その夜、ベッドに横になりながら、ブータンに深入りしすぎたのではないかという思いに駆られた。ジャーナリストとしての批判精神が鈍っているのではないか。私もラマ僧の追っかけになってしまったのではないか。

タシとは別の、ブータン人ガイドの言葉を思い出す。「この国の人間は自分では幸せだと言っていますが、実は幸せではありません。みんな問題を抱えています。みんな本当のことの半分しか話しません」タシにもらったプレゼントを思い出しながら、五〇パーセントの幸せというのは悪くないなと考える。タシからの贈り物はひょろ長く、犬が大好きな骨のような形をしている。タシはどうして犬用の骨などくれたのだろうか。包みを開くと、中身は骨ではなく、三五センチほどの長さの睾丸付き男根だった。他の国でガイドから巨大な木製男根像を記念にもらったりしたら、ちょっと心配になる。しかし、ブータンではうれしい出来事だ。

翌朝、夜明け前に起き出して、階下でタシと落ち合う。数分後、運転手が車を小さなターミナル・ビルに横付けにすると、タシが言った。「さあ、空港に到着いたしました」この若者との別れが名残惜しかった。握手をして別れの言葉を述べる。片手を丸め、もう一方の手の上にかぶせながら、両手を使って握手をする。この瞬間がいつまでも続くようにと願いながら……。

税関と保安検査を難なく通過すると、出発までたっぷり時間があることに気づいた。外は雨だ。こんな天候で無事に飛び立てるだろうか。あんなに険しい山が、目と鼻の先にそびえているというのに。

私は墜落事故を人一倍心配する性格だ。小型飛行機の操縦法を知っているのなら、旅客機に乗るのは何の不安も感じないだろうと思うかもしれない。しかし私の場合は逆に作用する。揺れたり、音がしたり、少しでも何か通常と違うことがあるたびにひやりとする。このフラップの動きは適切だろうか？　降下速度が速すぎるんじゃないか？　左翼エンジンの音がおかしいんじゃないか？

とはいえいまは、仏教寺院のような空港のターミナル・ビルでくつろいでいる。弓術の試合を小さなテレビで見ながら、インスタントのまずいコーヒーを飲んでいると、あまりなじみのない感情が全身に広がっていく。穏やかで満ち足りた気分とでも言ったらいいだろうか。

マリファナやアルコールの影響によるものとは違う。ペンと手帳を取り出し、大きな字でページ一面に文字を書き付ける。飛行機の残骸の中から私の遺体が発見されても、すぐに誰かの目にとまるように。「私には何一つ後悔はありません」

　私の人生のあらゆる瞬間に、出会ったすべての人、出かけたすべての旅、享受したすべての成功、引き起こしたすべての大失態、耐えしのんだすべての喪失、それらはすべて理にかなっていた。何もかもが良いことだったと言いたいのではなく、すべて理由があって起きたことだと言いたいのでもない。そんな子供だましの宿命論は信じない。ただ理にかなっていたと言いたいのだ。すべてがそのままでよかったのだ。事実というのは、つじつまが合わないことが多い。物事をありのまま受け入れるのは、幸せなことではない。それは、新たな信仰や自助活動《セルフ・ヘルプ》の基盤になるものでもない。すべてをそのまま受け入れても、『オプラ・ウィンフリー・ショー』のようなテレビ番組に出演できるわけでもない。しかし物事をありのままに受け入れるのは、出発点になる。そう思えるのはありがたいことだ。

　ブータンのおかげだろうか。それに答えるのは簡単ではない。ブータンはシャングリラではない。それは間違いない。でも、とても懐が深い。大きくもあり、小さくもある不思議な国だ。この国にいると方向感覚を失う。そして、自分を守っている殻に亀裂が入る。幸運に恵まれれば、その亀裂が広がって、幾筋かの光が差し込んでくる。

4章　カタール――幸せは当たりくじ

何かおかしなことが起こっていた。二〇〇一年も終わりに近づいたころ、隠遁生活を送るアラブの老人《シャイフ》が、ヨーロッパじゅうをジェット機で飛び回っては、あちこちの画廊で傑作をかき集め、最高価格で買い上げていた。噂によれば、彼はわずか二、三年で一五億ドルを費やしたという。この老人《シャイフ》がオークションに姿をあらわせば、他の収集家はわざわざ買い注文を出すまでもなかった。勝ち目のないことが明らかだったからだ。ある収集家はこうぼやいていた。「彼の懐は無尽蔵さ」

さて、この謎に包まれた老人《シャイフ》とは誰か。

その名は、サウード・ビン・モハメド・アル＝サーニー。カタールの首長一族の一員だ。彼の派手な金遣いは、地図上では点にしか見えないような国土の狭いカタールが、成功をおさめた証だった。カタールにはうなるほどのお金がある。

私は幸福を研究する者の一人として、興味津々で老人《シャイフ》の後を追うことにした。もしかしたらブータン人は全部間違っていたのかもしれない。現代社会では、幸せになる秘訣はきっとお金にある。それも巨万の富だ。お金で幸せが買えるのなら、あるいは少なくとも、しばらくのあいだレンタルできるのなら、世界で最も豊かな国の一つであるカタールこそ、世界一幸せな国だと言える。決め手は「カタール」という国名だ。これをアラビア文字で書くと、横向きのスマイリー・フェイスに見えなくもない。ともかく私は、カタールの首都ドーハ行きの飛行機を予約することにした。

カタール行きが、幸せに対する私の考えをどのように揺さぶる結果になるのか、出発前には予想できなかった。結局、数週間後に私は、高級万年筆とスイムアップバーがいかにすばらしいかを実感し、予想もしていなかった二つの結論を胸にカタールを後にすることになった。一つ、税金は必要だ。二つ、家族はやっかいだ。ともかく、カタールで学んだことを、順を追って書いていくことにしよう。

お金と幸せの関係を研究するのに、安上がりな方法を採用するのもどうかと思い、カタール行きの飛行機は思い切ってビジネスクラスに予約を入れることにした。ところが当日、ビジネスクラスには私しか乗っていない。カタール人はいったいどこにいるのか。彼らがビジネスクラスに乗るだけの経済力があるのは間違いない。後になってわかったのは、彼らが腰を落ち着けていたのは機内のもっと前方だった。つまり、ファーストクラスだ。ビジネスクラスなんかに乗るカタール人なんて、どこにもいやしない。

ビジネスクラスを独り占めした結果、私は注目の的になった。実際、客室乗務員がわんさとやって来て、ちょうどよい温度にあたためたマカダミアナッツや、熱いタオルを差し出し、シャンパーニュのおかわりはどうかと声をかけてくる。「ワイナー様、おかわりはいかがですか？」もちろん私は、「そうだね、いただこうかな」などと答えていた。

カタール航空の機内でちやほやされすぎたせいで（実際にかなりきわどいサービスだった）、楽しいことを経験した後でいつも感じるように、いくばくかの罪悪感をおぼえる結果になった。ほんの一万メートル下の地上では、けっして裕福と言えない人々が、水質のよくない水をバケツにくむ力仕事にいそしみ、マカダミアナッツがあったとしても常温で食べているにちがいない。なんともぞっとする話だ。

座席のコントロールボタンを押して、さっと体勢を変え、眼下にいるはずの貧しい人々に目をこらしてみる。でも、見えるのは砂漠だけだ。急にほっとした気分になって、罪悪感が多少薄れたものの、完全に消えてしまうことはなかった。それはいまでも残っている。

興味深いことに、カタール航空で働く客室乗務員は、誰一人としてカタール人ではなかった。その代わり、どこの国の出身なのかわからないような異国風の容姿をしている。世界各国にネットワークをもつテレビ局やモデル事務所に行けば、高く評価されそうな美しさだ。全員がカタール以外の「どこか」から来たのは間違いないが、それがいったい「どこ」なのかわからない。これは一種の戦略なのだろうか。カタール航空はふわふわの高級ガウンで乗客を包み込み、実は国営航空会社の人材をすべて海外から採用しているという、不都合な真実に気づかないでほしいと願っているのかもしれない。

それが狙いだとしたら功を奏したことになる。カタール航空でカタール人が働いていないことなど、私は気にもとめなかった。この国営航空会社は「過ぎざるは及ばざるがごとし」「金なき者は金を使えない」を地でいく航空会社なのである。ひと言でいえば、非常識ということになる。ドーハ国際空港に降り立つと、ターミナル・ビルまでたかだか一〇〇メートルほどの距離を、まだ新車の匂いのするBMWのセダンで移動する。そして本革のシートにもたれかかったり、木製の装飾をめでたりする暇もなく降ろされる。どうしてここまでするのだろうか。これはばかげた質問だ。カタールでは「どうして」などと聞く者はいない。でもいったいなぜなのか。その答えは、それが「可能だから」である。それ以外に理由はない。

税関を通ってターミナル・ビルを出ると、熱の壁にぶち当たる。暑さに勢いがある。高校時代、物理の授業で眠らずにいた人なら、分子は熱を帯びると冷たいときよりも素早く動くことを知っている。そのうえカタールの熱気は特大の塊になっている。まるで固体のようだ。そこにいるだけで押しつぶされそうになる。熱気が重力のように体にのしかかってくる。カタールの熱気と重力の違いは、重力のほうが適度に心地よいという点ぐらいしか思いつかない。

カタールで確かなものは、固体のような暑さだけだ。それ以外のものは気体のようにはかなくて、まったくとらえどころがない。これは言い得て妙だ。カタールはガスの上に建設された国家である。砂漠の地下とペルシア湾の暖かな海面下には、世界第三位の埋蔵量を誇る天然ガスが眠っている。これはアメリカにおける家庭消費量の一〇〇年分に相当する。

ターミナル・ビルの外でタクシーを待つあいだ、思いつくかぎりのさまざまな肌の色の顔が行き交うのを目にする。輝くようなルビー色、闇のような黒、透き通るような白、そして日に焼けた褐色。顔を黒い布で覆っていて、肌の色が見えない人もいる。サウジアラビアと同じくカタールでも、イスラム教のワッハーブ派という厳格な宗派が信奉されている。公の場では、ほとんどの女性が頭の上から足の先まで布で隠している。それでもカタール人は、「ゆるやかなワッハーブ」を実践しているのだと言って、サウジアラビア人よりもかなり楽しんでいる。カタールの女性は運転もするし、選挙にも行く。

肌の色の違う人々が、あらゆる言語を話している。抑揚のないタガログ語に、早口でリズミカルなタミル語。カタールには似つかわしくない、ニュージャージー訛りのバリトン声の英語。その声の主は非番の米兵で、仲間と大声で笑っている。彼らはイラク戦争に従軍している兵士で、つかの間の休息をとるためにここに来ている。私には彼らがかわいそうに思えてならなかった。カタールは、ヴェトナム戦争中に米兵が息抜きのために大騒ぎしたバンコクとは違う。そのほかにも西洋人がいる。ベルト付きの半ズボンをはいて、その上に大きなおなかがどっしりと乗った青白い肌の男たち。おそらく石油や天然ガス関連の仕事をしているのだろう。

カタールでの宿泊先はフォーシーズンズホテルを選んだ。お金と幸せの関係をまじめに研究しようと思ったら、行動も矛盾してはならない。ロビーに足を踏み入れたとたん、その壮大さに驚く。大聖堂か巨大なモスクにいるような気分になる。数メートルも歩かないうちに、熱心な接客係の一群に声をかけられる。皆、クリーム色の制服を着ている。うんざりするぐらい丁寧な物腰で、教会のバージンロードで花嫁に付き添うかのようにフロントまで案内してくれる。

手厚いもてなしはトイレにまで及んでいる。接客係が私のために蛇口をひねり、タオルを手渡し、しまいには「ありがとう」とまで言う。いったい何のための「ありがとう」なのか。小用のことだろうか。それぐらいはお安いご用だ。年がら年じゅう、していることなのだから。

トイレを出てホテル内のバーに入る。そのバーには「バー」という独創的な名前がつけられていた。インドネシア人のような顔立ちのウエーターが迎えてくれたが、その動きは優雅で無駄がなく、研究に値するような身のこなしだ。

スコッチウイスキーとガスパチョを注文する。数分後、ウエーターがクリスタルガラス製の脚付きグラスを三脚運んできた。それがウェディングケーキのように三段に重なっている。思わず何かの間違いではないかと言いそうになったが、すぐに合点がいった。これは私が注文したガスパチョなのだ。

スープを食べながら（飲んでいるわけではない）、幸せの本質は何だろうとじっくり考えてみる。幸せは快適さと強く結びついているという。しかし、この二つは本当につながりがあるのだろうか。どこまでも快適になりすぎると、満ち足りた気分も色あせてしまうのだろうか。もっと卑近な話で言うと、ホテルが快適すぎるなどということがあるだろうか。そのホテルで、ガスパチョをずるずるとストローで飲んだら、みっともないと思われるのだろうか。

だが、もっと大きな疑問がある。鼻持ちならないほど（本当に鼻持ちならないほど）行きすぎた贅沢にとことんまでふけった場合、人の心には何が起きるのだろうか。アメリカン・エキスプレスのクレジットカードを手に、私はその答えを探すことにした。

幸せとお金を同等に考えたのは、現代人がはじめてではない。古代ギリシア人は、文明化に大きな貢献をしながらも、少々古くさい金銭欲を捨て去ることができなかった。歴史学者のダリン・マクマホンは、幸福の歴史に関する好著の中で次のように記している。「古代ギリシア人が神々を……称賛したのは、多分に物質的な成功を得るためだった」この傾向は後の世になっても変わらなかった。時代を問わず世界じゅうの人が、幸せはお金で買えないという格言に口先だけで敬意を示しながら、実際には幸せをお金で買うような行動に出ている。

降って湧いたような富と、幸福の関係を実証的に考察しようと思ったら、カタールのような国をつくる必要がある。ペルシア湾の半島部に広がる未開の砂漠に、大量の石油と天然ガスを加えてかき混ぜる。そして自分と自分の親族一同が、とてつもない金持ちになったと想像してみる。次にその財産をさらに倍にして、アラビア半島のどこかに自分たちの国を構える。そうして出来上がったのがカタールである。カタールというのは、国家というよりも家族のようなものだ。旗を掲げた一族なのである。

裕福な家系のご多分にもれず、カタールでは一族をあげて、財産や特権をめぐってつまらないけんかを繰り返している。ただし彼らが争っているのはバークシャーヒルズの豪華な別荘ではない。ドーハの宮殿の主人になるのは誰か、外務大臣の地位に就くのは誰かといった問題だ。

おおざっぱに言うと、カタールの国土はアメリカのコネティカット州ぐらいの広さしかない。コネティカット州とは違って、カタールには先祖代々継承される資産はない。光沢を帯びた新札があるだけだ。五〇年前、カタール人は海で真珠を採ったり、羊を育てたりしながら、なんとか生計を立てていた。ところが今では、彼らが目にする真珠と言えば数百万ドルもする首飾りであり、羊と言えばメルセデス・ベンツのシートに使われる羊の皮ぐらい。これほど急速に裕福になった国は、カタールをおいてほかにない。

人間の進歩を測る各種の基準に照らしてみると、カタール人の生活は飛躍的に向上した。寿命は延び、以前よりも健康的な生活を送っている（ただし肥満の問題を抱えている）。教育の質も高くなり、いつでも好きなときに海外旅行をする余裕もある（もちろんファーストクラスで）。しかしこうした客観的な基準は、幸せという主観的な基準と同列に考えることはできない。幸せかどうかという基準で考えた場合、はっきりした答えは出てこない。

いわゆる成り上がり者が誰でもそうであるように、カタール人も尊大さと卑屈さがないまぜになった奇妙な感情を抱いている。彼らはなによりも自分たちの正当性を認められたいと願っている。その願いをかなえるためにカタール人はお金を使う。ドーハの町は全体が巨大な建設現場のようだ。現在、四一棟のホテルに一〇八棟の超高層ビル、一四面のスタジアムの建設が計画されている。しかもこれらは、ここ数年分の計画でしかない。カタールがセメント不足に陥るのも当然だ。

ホテルのロビーでソファに座って、丸天井を眺める。制服を着た国籍不明の接客係たちが、呼ばれたらすぐに応えられるようにすぐ近くに控えている。遠い異国の地をさまよう身としては、外部から隔絶された、快適な五つ星ホテルほど安全な場所はない。昔で言うところの城壁の堀の代わりをホテルの車寄せが果たし、外の世界とホテル内を隔てている。ガラスの自動ドアの内側には、すべての面で行き届いた生活がある。そこから読み取れるメッセージは明らかだ。何もかもがそろっているのに、わざわざこの宮殿のようなホテルから出る必要があるのか。ホテル内ではあらゆることが可能だ。飲食、エクササイズ、ファックス、電子メール、結婚、マッサージ、会議、テニス、水泳、買い物、離婚、治療、航空券の手配……。かつて第三世界と呼ばれていた発展途上国では、ホテルは現地のエリート層が集まる場として活用されている。NPRの特派員時代、マニラのホテルからレポートを配信したことがあるが、ホテルから一歩も出る必要はなかった。取材対象は全員ホテルのロビーにいて、背の高い椅子に座りながらライムジュースや葉巻を手に、情報交換に余念がなかったからだ。

でも、これほどすばらしいホテルに滞在していて、自分がひと声かければ（ときには声をかけなくても）至れり尽くせりで何でもかなうのに、私は幸せを感じなかった。ほどなくして一つの言葉が思い浮かぶ。それは周囲の環境を考えると予想外の言葉だった。「墓所」である。ここは体裁よく設備が整えられ、温度管理された墓所だ。墓所は死者のためにある。でも、私はまだ死んでいない。

リサという名の知り合いと連絡を取ってみることにした。彼女は昨年カタールに越してきたばかりのアメリカ人で、アメリカの有名大学の職員として、ドーハにキャンパスを設立するために働いている。「教育都市」という計画の一部らしい。この計画は単純明快な前提にもとづいている。カタール人をアメリカの大学に送り出すくらいなら、いっそのことアメリカの大学をカタールに持ってきてはどうか。そうすれば学生は、アメリカにいる場合と同じ教育を受け、同じ学位を取得できる。経験できないのは、社交クラブ《フラタニティー》や劇団活動だけだ。もっと言えば、大学生活に付随する、ありとあらゆる楽しみがないだけだ。

リサが迎えに来てくれるのを待ちながら、ホテルの窓からぼんやりと車の流れを眺める。車の運転マナーからその土地のことがいろいろとわかる。人を運転席に座らせるのは、催眠術にかけるようなものだ。その人の本性があらわれる。「運転に真実あり」だ。たとえばイスラエル人の運転は、攻撃的でありながら防御的にもなる。これはイスラエル人が何でも一度にやってしまうところを反映しているようだ。あるとき私は、イスラエルの警官から車を止めるように指示された。わけがわからず、スピード超過だったのかと尋ねたところ、ゆっくり運転しすぎだと言う。なにもむやみに遅く運転していたわけではない。イスラエルの警官は、スピード狂の連中と比べてスピードが遅すぎるなどと大まじめに指摘する。マイアミの場合はもっとひどい（どうやら私は運転の荒い地域に引き寄せられるようだ）。マイアミで運転するのは、遊園地でゴーカートを運転するようなものだ。方向指示器《ウインカー》なんか使わない。マイアミ在住の陽気な友人、デイヴ・バリーがしゃれたことを言っていた。「ウインカーは弱虫の証だ」と。マイアミのドライバーは、消極的に攻撃的なのではない。積極的に攻撃的なのである。スイスの場合はどうだろうか。スイス人はいつも、いたって品行方正にふるまっているが、ひとたび運転席に座れば……いたって品行方正なままだ。ときには見かけと実像が同じこともある。

しかし運転に関しては、カタール人の右に出る者はいない。アメリカの国務省は海外旅行者に渡航注意情報を発表している。通常、こうした情報はテロとか内戦といった危険を避けるために発表されるものだが、国務省はカタールでの運転を「エクストリーム・スポーツ（過激な要素をもった危険行為）」と位置づけている。

カタール人のドライバーが追い越しをする際には、最初に前を走る車の後部バンパーから一五センチ以内に車をぴったりつける。その後、うるさくクラクションを鳴らしながら、ヘッドライトのハイビームを何度も点滅させて、相手が車線を譲るまでそれをやめない。もしも後ろの車に気づかないまま運転していると、追突してくるかもしれない。カタール人はなぜそんな運転をするのか。その答えは、それが「可能だから」だ。カタール人のパスポートは刑務所から自由に出られるフリーパスのようなものだ。カタールに移住したある女性は、信号機のそばに腰掛けていたところ、カタール人の車に追突されたと話していた。そのとき彼女は動いていたわけではないのに、裁判官は彼女に責任があると判断した。カタールで罪を問われるのはいつも外国人だ。

カタール人のたちの悪い運転マナーに対する外国人の反応は、二通りに分かれる。たえず文句を言い続けるか、現地のやり方に染まるか。リサの場合は後者のようだ。

リサがホテルの車寄せにアウディを急停車させた。私は「墓所」から出て、猛暑の中に入る。とたんに汗が噴き出したが、悪くない気分だった。たしかに生きているという実感がする。

リサはふだん目にしない顔を見て喜んでいる。ドーハは裕福だが小さな町に変わりなく、そうした町特有の息苦しさがあるという。

「ドーハに来て、何か気づいたことはない？」

恐ろしいほど車を加速させながら、リサが尋ねる。

「湯水のようにあるお金や、過酷な暑さ、乱暴な運転のほかにということかな？」

「セブンイレブンがないでしょ」

簡潔で、どうとでもとれる答えだ。「ほら、どこにもセブンイレブンがないでしょ」と彼女は繰り返す。

リサの言うとおりだ。ドーハには、スターバックスも、デザイナーズ・ブランドの店も山ほどあるのに、セブンイレブンどころか、豊かな国ならどこにでもあるコンビニエンス・ストアが一軒も見当たらない。リサの考えでは、ドーハにセブンイレブンがないのは、カタール人がコンビニエンス・ストアの便利さを必要としていないからだという。買い物をするのはあくまで使用人であり（どのカタール人にも最低一人は使用人がいる）、自分たちにとって便利かどうかは誰も気にしていない。

他の例もあげてみよう。カタールで経営学と環境学を教えている外国人教授から聞いた話だ。ある日の講義中、彼は、自分が滞在しているホテルで環境にやさしい洗剤を使い始めたことを学生に話した。ところが学生の表情はさえない。彼らは「環境にやさしい」という意味がわからないだけでなく、「洗剤」という言葉にも戸惑いを示した。そんなものは目にするどころか、ほとんど耳にしたことがないからだ。洗濯などはすべて使用人がするのだという。

リサはカタール人が運転する車の流れに器用に乗りながら、カタールの人口の大半は使用人だと教えてくれた。使用人にも明確な上下関係《ヒエラルキー》がある。最下層に位置するのは、ネパールからやって来た労働者。ひょろりとしてルビー色の肌をした彼らは、命綱なしで足場によじ登るこつを心得ている。焼けつくような真昼の太陽の下、ひと言の文句も言わずに精いっぱい働く。彼らにしてみれば、カタールはネパールよりも暮らしやすい。下から二番目はインド人。褐色の肌をした彼らはタクシーの運転手をしているが、ネパール人と同じく不平をこぼすことがない。それに続くのがフィリピン人。英語を話せる彼らは、ホテルやレストランで働いている。「私も使用人よ」スピードを上げて赤信号を突っ切りながら、リサがつぶやく。「単にその中で序列が高いというだけ」

車がレストランに到着する。リサの運転のせいで私は少し震えていたものの、ここは何も言わないほうがよさそうだ。エアコンの効いた車内から、固体のような熱気の中に足を踏み出すと、とたんに汗が噴き出してくる。すぐにエアコンのよく効いた店内に入る。

カタールでの日常は、エアコンで室温が管理された時間の合間に、ときおりそれが管理されていない時間がはさまるというパターンの繰り返しだ。この合間の時間、つまり外にいる時間を最小限にすることが肝心だ。カタール人は非常に独創的な方法でこの問題を解決している。一つ例をあげてみよう。カタールでは、どんな店もドライブスルー形式に変えられる。まず、店のそばで車を止め、何度も力強くクラクションを鳴らす。するとパキスタン人かインド人、あるいはスリランカ人の店員が、焼けつくような暑さの中に飛び出してきて、カタール人の注文を聞く。それから数分後には、店員が商品を手にして戻ってくるという仕組みだ。取引はすべて、室温が管理された聖域に穴を開けることなく執りおこなわれる。少なくとも運転をしているカタール人が暑さにさらされることはない。

カタールの国土の九八・〇九パーセントが砂漠だと、何かで読んだことがある。それでは残りの一・九一パーセントは何でできているのだろう。メルセデス・ベンツだろうか。砂丘は高いところでは六〇メートルほどに達し、風によってたえず移動している。つまり、厳密に言えばカタールの大地は一瞬たりとも同じ形をしていない。この地で暮らす人々が、寄辺のない感情を抱くのもうなずける。ここでは大地が文字どおり足元で動いている。

一般に、砂漠は幸せな場所とは考えられていない。「文明砂漠」とか「魂の砂漠」などという表現が使われたりもする。砂漠は何もない空間であり、過酷で荒廃している。とはいえ、予想だにしない、すばらしいものが花開くこともある。砂漠の生活を大いにたたえている。イスラム教とユダヤ教が砂漠に起源をもつ。とくにアラブ文学は、砂漠の生活を大いにたたえている。一四世紀のアラブの知識人、イブン・ハルドゥーンは、砂漠に暮らす人々について、愛情たっぷりに次のように書いている。「砂漠に暮らす人々は、何もかも手に入る山の民と比べると、穀物も香料も不足しているが、体は丈夫であり、気立てもよい」ハルドゥーンによると、文明化によってもたらされる災いは、戦争でも飢餓でもなく、湿度だという。「水分がいまいましい水蒸気となって、脳や心、体に忍び寄り、考える力を鈍らせる。その結果、人々は愚かで不注意になり、慎み深さを失う」これは八月の猛暑の時期のニューヨーカーにも当てはまる的確な記述だ。

　昼食中のリサの話からは、すさんだ過去がうかがえた。酒か、ドラッグか。おそらくその両方におぼれてしまったのだろうが、突っ込んで聞くのは失礼だと思ってそれ以上は聞かなかった。もっとも、たとえそうであっても不思議はない。カタールのような土地には、何かから逃げ出したい者を惹きつける力がある。うまくいかない結婚生活、消せない前科、会社じゅうに送信された嫌がらせの電子メール、その他のさまざまな不幸の種……。こうしたものからは逃れられないと、一般には考えられている。自分の荷物は自分で引き受けるべきなのだ。でも、はたして本当にそうなのだろうか。旅行（とくにすばらしい旅行）は、さまざまなかたちで私たちを変える。ところが家に帰るまではそうとは気づかない。人はときに、邪魔な荷物を置いて旅に出る。もっとも、好都合なことに、持って出た邪魔物が手違いでクリーヴランドに送られ、行方知れずになることもある。

食事が終わると、リサは私を「墓所」まで送り届けてくれた。たちまち制服姿の接客係に囲まれ、一日をどうすごしたかとか、必要なものはあるかとか、欲しいものはないかとたたみかけられ、これから必要になる予定のものまで先取りして尋ねられた。たしかに何かが足りない。確実に何かが必要だ。そうだ、私に必要なのはこのホテルをチェックアウトすることだ。いますぐにチェックアウトして、このホテルから出ることにしよう。将来(死んだときに)、墓所は確実に魅力的な場所だと感じられるだろう。でも、それにはまだ早い。

荷造りを終え、身なりの整ったフロント係にクレジットカードを手渡す。

「ご満足いただけましたか?」私のチェックアウトが予定日よりも数日早いことに気づいたフロント係が尋ねる。

「ええ、それはもう、満足なんてものじゃありません。満足以上でしたよ」

彼はわずかに当惑した視線を私に向けたものの、その顔にはふたたび職業上の笑顔が戻った。数分後、私は別のホテルにチェックインした。安宿でもなく、墓所でもないようなホテル。ロビーの入り口では誰にも挨拶されなかった。出だしは好調だ。天井に目をやると、塗装がはげかかっているのが目につく。片面の壁には小さなひびが入っている。それを見てなんだか安堵を覚えた。

とはいえ、今度のホテルにはすばらしい贅沢が一つある。スイムアップバーがあるのだ。退廃的な気分に酔いしれ、心からゆったりとすごすのに、スイムアップバーほど画期的なものはない。バーまで犬かきで泳ぎながら、このバーの輝かしい起源に思いをはせる。会議室に才気あふれる若手役員のびしっとした声が響く。「プールの真ん中にバーをつくってはどうでしょう？　そうすれば、お客様はバーまで泳いでいって飲み物を頼むことができます。プールからあがることなく、その場で楽しめるのです」会議室に気まずい空気が流れる。同じように若々しい発想を持つ同席の役員たちが、長いこと黙り込んでいる社長に視線を向ける。そしてついに社長が口を開く。「すばらしい、気に入った」きっと、そんなやりとりがあったにちがいない。

コロナビールをちびちび飲む。腰まで浸かったプールの水が、ひんやりとしてこのうえなく気持ちいい。気温が五〇度近くあることを考えれば、驚くべき冷たさだ。水も心地よい温度に調節されているのがわかる。カタールではプールの中まで温度管理されている。

カタールにおける温度管理の大構想がようやくのみ込めてきたころ、この国を不思議と身近に感じている自分に気づく。まるで過去にたくさんのカタール人と出会ってきたかのようだ。もしかしたら前世は砂漠の民だったのかもしれない。いや、それは違う。やがて少しずつ理由がわかりはじめた。カタールという国全体が、設備の整った空港のターミナル・ビルに似ているのだ。快適に温度管理され、充実した商業施設がある。レストランには世界各国からさまざまな食べ物が集められ、世界じゅうから人が訪れる。

トランジット中（乗り継ぎ中）。実にわくわくする表現だ。こちらでもあちらでもなく、「到着」と「出発」の真ん中で宙ぶらりんになっている状態。私はその中でぼんやりと立っている。見回すと免税店が立ち並び、頭上で案内放送が流れている。しばらくすると次第に頭がはっきりとしてくる。私はかつて、「空港世界《エアポートワールド》」とでも呼べるような場所での暮らしにあこがれていた。トム・ハンクスが演じた映画（『ターミナル』のこと）の登場人物のように、一カ所の空港で暮らしたいわけではなく、多くの空港を渡り歩きたいと思っていた。宙に浮いたような状態のまま、世界じゅうを飛び回ってみたい。いつもどこかに向かいながら、どこにも行き着くことのない旅。

しかし、いま滞在している場所、すなわち国全体が空港ラウンジのようなカタールという国では、その夢も色あせて見える。たとえ遊牧民であっても、人にはある種の故郷が必要だ。それは一ヵ所でなくてもいいし、具体的な場所である必要もない。ただし欠かせない要素が二つある。一つは連帯感。そしてさらに重要なのは歴史だ。以前、スイス人の男性に、たとえスイス人という点では同じでも、言語があれほど多様な国で、人々を結びつけているものは何なのかと質問してみたことがある。彼は、ためらうことなく歴史だと答えた。歴史は本当にそんな役目が果たせるのだろうか。それほど強力なものなのだろうか。

人間が存在する時間と空間という二つの次元は、密接につながっている。地理学者のイーフー・トゥアンは、『空間の経験』（筑摩書房）の中で次のように記している。「景観とは、個人の、また集団の歴史を可視化したものである」彼が言いたいのは、場所とはタイムマシンのようなものだということだろう。それを使えば過去にさかのぼることができる。また、レベッカ・ソルニットは『迷子への道しるべ（*A Field Guide to Getting Lost*）』でこう述べている。「時間をさかのぼることができないというのは本当だろう。けれども人は、愛し愛され、罪を犯し、幸せを感じ、運命的な決断を下した場所まで引き返すことができる。場所は消えることのないもの、朽ち果てることのないもの、永遠のもの」

過去の基準点が変わってしまうと、人は道に迷ったようにまごつき、ときにはいらいらしたりする。ほんの少しでも自分の故郷が変わるのは嫌なものだ。心がかき乱される。たしかにあの遊び場はそこにあったはずなのに！　故郷に立ち入るというのは、その人の過去に立ち入ることであり、その人自身に立ち入ることだ。誰もそんなことはされたくない。

カタールにも当然、過去は存在する。しかし、それはあまり大したものではない。西暦六五〇〇年から一六〇〇年までの約一〇〇〇年間の記録がなく、失われた時代になっている。最近は記録が残されるようになっているが、それも大量のメッキした金属とセメントの破壊力によって急速に失われつつある。

イギリスのイスラム研究者、スティーヴン・ウルフの言葉には、過去がどのように私たちの生活や幸せをかたちづくっているか考えさせられるものがある。アラブ世界を熟知するウルフは、流暢なアラビア語を話し、頻繁に中東に出かける。彼が足しげく通っているのは、カイロやダマスカス、ベイルートといった古くからある都市だ。しかし、ペルシア湾に位置する石油の豊富な国々では空しさを感じるという。

「ドバイに行ったとき、ビルはどれもこれも新しく、ボール紙でつくられているようで、ただそこにあるだけという印象を受けました。その後ロンドンに戻ると、居心地のよさを感じたのです。それまではロンドンについてこんなふうに感じるとは思ってもみませんでした。まあ、天気については別の話ですけれど。ロンドンの建物は、まるで地下六階ぐらいまで基礎があるかのように、重厚で堅固な印象があります」

堅固であることは幸せに不可欠なのだろうか。堅固さが、天空へと、また絶望へと浮遊しないように私たちを地面につなぎ止めているのだろうか。カタール人（あるいは自分たちの過去をあっという間にブルドーザーでなぎ倒す中国人）を、歴史に敬意を払わない無粋な「成り上がり者」だと非難する前に、こんな話を紹介したい。日本で寺院を訪れたときのことだ。それは由緒ある美しい寺だった。一〇〇〇年以上も前に建造されたものだとガイドは話していた。それを聞いて驚いた。これほど完璧に維持された古い建築物を見たのははじめてだったからだ。木造部には朽ちた箇所も欠けた箇所もない。寺の前に高く掲げられた案内板を読んでみると、たしかに西暦七〇〇年代に建造されたと書かれている。ところが、それに続いて小さな一文が目にとまった。「一九七一年、再建」

いったいどういうことなのだろう。日本人は四〇年にも満たない歴史を一二〇〇年だと偽って、純真な観光客をだまそうとしているのだろうか。実情は少し違う。アジア文化圏では、しばしば建物の物質的側面よりも、精神的よりどころとしての側面が重視される。日本の寺は繰り返し打ち壊され、建てなおされてきた。それでも人々は、最初に建てられたものと同じように古いものだとみなしている。

これは、意味の手品ではない。この話は、文化がどのように過去とかかわっているかについて多くを物語っている。このことから、たとえば上海のような都市で、できるだけ多くの超高層ビルを建てるために、昔ながらの建物がどんどん取り壊されていっても、それを憂う中国人がほとんどいない理由を説明できるかもしれない（もちろん、単なる欲のためというのもあるだろう）。たとえ建物が物質的に失われても、その建物の本質《エッセンス》は残るというわけだ。

中国人は古い寺院や家屋に敬意を払っていないように見える一方で、祖先をとても大切にする。先祖崇拝は中国人が過去とどのようにかかわっているかをよくあらわしている。亡くなった人を大切に思う気持ちと、失われた建物を惜しむ気持ちのどちらが大事かは言うまでもない。

いずれにしても、豊かで幸せな人生に大切な要素は、個人を超越した大きな何かとつながっている。一人一人の人間は、宇宙空間に存在するちっぽけな物質的存在ではなく、もっと大きな存在だと考えられているのである。人によっては、ぎしぎしと音を立てる階段や、装飾の施されたヴィクトリア様式の建物によってそのつながりを保っている。またある人にとっては、二〇年前に亡くなったウェンおじさんを今でも家族の一員とみなして、そのお墓に新品の携帯電話を供えることによって、そのつながりを保っている。

イギリスの哲学者バートランド・ラッセルは、幸せな人間の記述で『幸福論』を締めくくっている。「こうした人は、自分を宇宙の一員だと感じている。何ものにも縛られることとなく、宇宙が与えてくれる景色や喜びを楽しみ、死の恐怖を思い煩うこともない。というのも、自分が後の世代の人々と切り離されているとは感じていないからだ。連綿と続く生命の流れとの、深淵で本能的な結びつきのうちにこそ、最大の喜びがある」

この考え方は、無神論者を自称する人たちにとってはまったく理解しがたい考え方だ。ポリオワクチンを開発したジョナス・ソークの言葉を思い出す。何を人生の主要な目標としてきたのかと尋ねられたソークは、「よき祖先たることだ」と答えている。これこそ、宇宙における自分の居場所をわきまえている人の発言だと言える。

私はジョナス・ソークではない。車を停めた場所を忘れてしまうことが日常茶飯の私に、宇宙の中の自分の居場所などわかるわけがない。ところが最近は、それについてよく考えるようになってきた。人生を七〇年とか八〇年という歳月でしかないと考えてしまうと、この惑星上でいたずらに時間を費やすことになる。それなら時間はまったく無意味だ。けれども仏教徒が言うように「親は広大無量（祖先は無限）」なのであれば、きっと私たち自身も無限の存在にちがいない。

ふと気がつくと、カタールに来て何日か経過したというのに、まだカタール人に話を聞いていない。由々しき事態だ。ジャーナリストとして二〇年間活動してきた本能が、カタール人を知るにはカタール人から直接話を聞くのが近道だとささやく。とはいえ、カタール人はどこにいるのだろう。タクシー運転手にインタビューするという常套手段は通用しない。彼らは言うまでもなくインド人だ。ウエーター（フィリピン人）やホテルのフロント係（エジプト人）もだめだ。やはり紹介状が必要だ。この部族社会に入り込むための許可証を手に入れたい。

手がかりになったのは、サミという人物の電話番号だった。彼は私の友人の友人で、アルジャジーラで働いている。アルジャジーラは何かと話題を呼んでいるアラブ系のテレビ放送網であり、本部はカタールにある。サミはカタール人ではないとのことだが、知り合いぐらいいいるだろう。カタールじゅうの人が集まるショッピングセンターで彼と待ち合わせることにした。

サミはぱりっとしたスーツにネクタイ姿であらわれ、そのいでたちには一分の隙もなかった。カフェの中二階に席を取り、私はライムジュースを、彼は紅茶を注文した。

サミは民族的にはアラブ人だが、イギリスで育ち、アメリカで教育を受け、アラブ社会と西洋社会の両方の川を、同じようにすいすいと泳ぐことができるという。なんとなく直感的に、彼は場所について理解するためのヒントを与えてくれる人物だと感じた。彼は文化の通訳者なのだ。

さっそくサミに、部族文化（トライバル・カルチャー）について質問してみる。私も含めて西洋人はよく、お世辞を込めずにこの「部族文化」という表現を用いる。ただし、部族文化は遅れた文化だなどとはっきり口に出す人はいない。

ここカタールでは部族文化という言葉はあてはまらない、とサミは答える。「部族《トライブ》」は家族を意味する別の表現にすぎない。それは大きな拡大家族（複数の核家族からなる家族形態）をさしている。

「部族」という単語が心にひっかかり、ふと疑問に思う。一つの家族をどこまでも拡大することは可能だろうか。それが可能なら、膝を伸ばしすぎたときと同じように痛みをともなうのだろうか。私たちにとって家族とは、自分を愛し、支えてくれる最大の存在だ。それと同時に、統計的にみると家族の問題が原因になって命を失うことも多い。イーフー・トゥアンが指摘するように、「われわれは自分のすぐ近くに、敵と味方の両方をつなぎ留めている」。同じことは家族という存在にもあてはまる。家族は救いであると同時に、身を滅ぼすものでもある。

「部族の価値観は、家族の価値観と似ています」とサミは続ける。何かよいことがあれば集まり、悪いことがあれば共に嘆く。ちょうど家族がよそ者を信用しないように（親は子に対して、知らない人とは話をしてはいけないと注意する）、部族もまたよそ者を警戒している。部族の一員か、そうでないかが重要であり、その中間は存在しない。

実を言うと、部族文化というのは企業文化とよく似ているとサミは言う。どちらも忠誠心を最大限に尊び、何かあれば一方は自社株購入権《ストックオプション》で報い、もう一方はベリーダンスの踊り子で惜しむことなく報いる。また、どちらも裏切り者には厳しく、何か事が起きれば、一方は解雇、もう一方は打ち首で処する。

アメリカで言うところのCEO（最高経営責任者）は、中東で言えば部族の指導者みたいなものだとサミは言う。「タイム・ワーナー社で働いている人は、ささいな問題でCEOのところに相談に行ったりはしないでしょう。自分の立場をわきまえているからです」そしてこれはカタールという国にもあてはまる。統治者である首長《アミール》に謁見する権利は誰にでもあるが（宮殿の扉はいつでも開かれている）、その権利を行使することはない。

「それにしてもカタール人は、なぜこれほどまでぶっきらぼうなのだろう。ときには失礼だとさえ思うことがある」

「彼らは砂漠の民です。昔の生活は困難をきわめていました。何キロも砂漠を歩いて、やっと水を持った人に出会ったら、『たいへん恐れ入りますが、水を分けてくださいませんか』などと言わないでしょう。『早く水をくれ、のどが渇いて死にそうだ』という言葉が口をついて出てくるにちがいありません」カタール人が、スターバックスでカフェラテのグランデを注文するとき、店員を怒鳴りつけるのもそれほど不思議ではないとサミは言う。すべては砂漠のせいというわけだ。

サミの説明は、それほど強引なわけではない。人というのは、自分が現在どのような地理的条件のもとで暮らしているかに加えて、先祖代々どのような土地で暮らしてきたかにも影響される。たとえばアメリカ人は、いまなお開拓者精神を失わずにいる。現実に残された未開拓の地は、駐車場に停めたSUV（スポーツタイプの多目的車）とショッピングモールのあいだに大きく広がる空間だけしか存在しないにもかかわらず、そうなのである。私たち人間は過去によって形づくられている。

ライムジュースを一口飲んでから、できれば何人か、カタール人に会って話を聞いてみたいとサミにお願いしてみる。滞在先の住民を紹介してもらうというより、イギリス女王との昼食会をアレンジしてもらうかのような気分だ。肩についた見えないほこりをさっと払いながら、サミはこう答えた。

「それはなかなか厄介な問題ですね。まず、あなたはアメリカ人です。ワン・ストライク。加えてジャーナリストでもあります。ツー・ストライク。そのうえあなたの名前ときたら、ユダヤ人の名前にそっくりときています」

「スリー・ストライク。退場したほうがいいかな？」

「私に何ができるか考えてみましょう。少し時間をもらえませんか」そこでサミは席を立ち、去っていった。

日に日に暑さが厳しくなっていく。午前八時には、オレンジ色の太陽がぎらぎらと照りつけ、容赦なく私を押しつぶそうとする。正午にもなると、たった一分か二分、外に立っているだけで体に痛みを感じる。暑さもブリザードのように人を弱らせる。あえて外に出るのは、頭の悪い人か外国人ぐらいしかいない。

少なくともこの二つのどちらかに私も分類できる。両方かもしれない。そこで私は、ドーハの中でもまだブルドーザーでならされていない、旧市街の市場《スーク》をめざして、勇敢に真昼の太陽に立ち向かった。市場《スーク》は、カタール人が古いものの価値を認める数少ない場所の一つだ。市場《スーク》の床は白く、真珠のように輝いている。何もかもが白く、空気まで白く感じられる。

マクドナルドは周囲の建物に溶け込むように設計され、まるでモスクのようだ。「マック・モスク」の正面に掲げる看板はこうだ。「一〇億人以上が救われた！」勝手にこんな想像をしていたら、おもしろくてしかたがない。間違いない、暑さが確実に私をむしばんでいる。

迷路のような通路をぶらぶらしてみる。どの店も外国人が経営している。「母なるインドの衣料品店」「マニラ理髪店」など、店主の出身地が店名に含まれていることが多い。こうした店名のせいか、全体的に国際的な雰囲気が感じられる。もっと言えば、何かしら打ち消しがたい憂いのような雰囲気や、故郷を懐かしむ思いが感じられる。移住者たちはカタール経済の働き蜂として働いている。二〇年、三〇年とこの地で暮らしながら（おそらくここで生まれた人も多いはずだ）、それでもカタール国籍を取得することはない。それは彼らが二つ返事でのんだ条件だったが、私にはまやかしのように思えた。多くの場合、彼らは本国に家族がいる。やっと引退して意気揚々と故郷に帰ると、大きな家を建て、あっという間に死を迎えるのである。

紅茶を飲もうと足を止める。冷たい飲み物よりも温かい飲み物のほうが、体をすばやく冷ましてくれるというのは、砂漠の暮らしにおける逆説の一つだ。『ペニンシュラ・タイムズ』紙を手に取ってみると、退任するネパール大使がカタールの首長《アミール》と会見する写真が掲載されている。カタールの新聞には毎日同じような写真が掲載される。それはきまって同じ部屋で、飾り立てられた空間に、同じ金メッキのティッシュ・ボックスがある。違うのは居心地悪そうに座る公職者だけで、その向かい側に腰掛けた首長《アミール》はいつも同じだ。かっぷくのいい首長《アミール》は椅子からはみ出さんばかりに座っている。さらにページをめくると、エアコンの供給数が足りないという記事がある。その差し迫った筆致は、まるで抗生物質の不足を訴えているかのようだ。

中東にいると必ず聞こえてくる、礼拝時間を知らせるアザーンの声が、白い大理石にこだまする。この声を何度耳にしたことだろう。いまではすっかり聞き慣れて、心に染み入るようだ。イスラム教徒でなくても、みごとな声のムアッジン（礼拝召集係）の才能を認めることに異論はない。もっとも、九・一一以降は、その美しさの中に何かしら恐ろしいものを感じることもある。

イスラム教徒は一日に五回、お祈りをささげる。コーランにそう記されているからだ。それにしても、なぜ五回なのか。四回や六回ではだめなのか。その答えはアッラーの神様だけが知っている。一四〇〇年ほど前にアラビア半島の砂漠でイスラム教が芽生えたころ、この新しい宗教は、意図的であろうとなかろうと人々を結びつける役目を果たした。義務となった祈りをささげるために、信者たちは小さな天幕から出て、もっと大きな天幕を共有するようになり、やがてモスクをつくりあげた。

それから一三〇〇年後、フランスの実存主義哲学者ジャン＝ポール・サルトルは、「地獄とは他者である」と言い放ち、共同でわかちあう無上の幸福という考え方を、隠喩を用いて否定した。

サルトルは間違っていた。もしくは彼の人間関係が間違っていた。人間の幸福の七〇パーセントは人間関係に由来すると、社会科学者たちは考えている。幸せの量と質は、友人や家族、同僚、隣人といった人々との結びつきから生じるというのである。友情は不遇のときには苦痛をなぐさめ、幸せなときには喜びをいっそう増してくれる。

そんなわけで、幸福の最大の源は他人だと言える。ではお金はどんな役割を果たしているのだろうか。お金は人を他人から引き離す。また、文字どおりにもそれ以外にも、お金は自分のまわりに壁を築くために使われる。私たちは混み合った学生寮を出て、アパートに引っ越し、一戸建てに移り、本当に裕福であれば大邸宅で暮らすようになる。自分では一段階ずつ上にあがっているつもりでも、実のところは自分のまわりを壁で仕切っているにすぎない。

タクシーの運転手はカタール国立博物館の場所を知らず、道を尋ねるために三回も車を止めなければならなかった。リサの正しさが証明されたのかもしれない。ある日、朝食をとっているとき、彼女はカタールには文化はないと断言した。

それを聞いて、どういうわけか私はカタール人を擁護しなければならないと感じた。

「それはちょっと言いすぎじゃないかな。どの国にも文化はあると思う」

すると彼女は、「カタールには特有の料理も、文学も、芸術もないのよ。私に言わせれば、それは文化がないのと同じことよ」と言う。

「でも、文化省という役所がある」

「たしかにそうね。でも、司法省があるからといって、正義があるとは限らないでしょ？」

彼女の話にも一理ある。リサの主張によれば、カタールでは、文化というのは飛行機に乗ってやって来るものをさしている。ここには毎日、芸術家や作家が飛行機に乗ってやって来る。アメリカのメイン州から空輸されるロブスターとなんら変わらない。

「なるほど」と言いつつも、私はまだ彼女の意見を受け入れていなかった。「カタールの地図を見ると博物館がある。博物館があるなら文化があるんじゃないかな」

リサはほほ笑みながら渋い顔でこう答える。「実際にその博物館に行ってみたことがあるのかしら?」

そんなわけで、リサと二人で博物館に来てみた。ずんぐりとしたコンクリート造りの建物に入ってまず衝撃的だったのは、おそらくカタールじゅうで唯一、エアコンのきいていない建物だということだ。エアコンが発明される前のカタール人の苦難を再現しようという試みなのだろうか。コンクリートの部屋にこもった熱気は耐え難かった。瞬く間に額から汗がしたたり落ち、目にしみる。

幸いなことに、いつまでもこの建物の中にいる理由は見つからなかった。ひと言でいえば、展示は惨めだった。ラクダの足の爪とおぼしきものがガラスケースに収められていたり、民間薬が展示されていたりする。とくに「民間」という部分が強調されていて、次のような説明文が添えられている。「高血圧の治療にはコップ状の器具が用いられた。それは頭痛やめまいを引き起こす」これでは高血圧が頭痛やめまいを引き起こすのか、吸い玉《カッピング》療法が頭痛やめまいを引き起こすのか、どちらなのかよくわからない。写真には施術中の老人が写っている。中世によくおこなわれた瀉血《しゃけつ》のようなものなのだろう。

さらに興味深いものとして、ドーハの航空写真が展示されている。同じ景色を撮影した連作で、一九四七年、一九六三年、一九八九年に撮影された写真が並んでいる。この三枚の写真からは、都市がインクの染みのように広がっていくようすがうかがえる。

続いて中庭の小道を歩く。いわゆるそよ風が、カタール特有の熱い空気をかき混ぜている。暑さのせいかもしれないし、退屈な博物館のせいかもしれない、リサはここで自分の過去を語り始めた。その過去はカタールの過去と類似する点が多かった。多くの問題を抱え、移ろいやすい。そしてその大部分が説明のつかない時間で占められている。リサが自分の過去を語るのを聞いているうちに、ある考えが頭に浮かんだ。一人ひとりが個別に自分の博物館を持つというのはどうだろう。実在する建物を使って自分の物語を伝えるというのは、そう悪くないアイデアのように思う。

リサの博物館は少し憂鬱な雰囲気を漂わせている。その点でカタール国立博物館とよく似ているが、エアコンが設置されていて、おそらくラクダの足の爪は展示物に含まれていない。リサがはじめてお酒を飲んだときに使った大きめのプラスチック・コップが展示されている。「リサが一〇歳のとき、両親が酒をしまっていた戸棚からスコッチウイスキーやラム酒、ジンを持ち出して、混ぜ合わせるのに使ったコップ（実物）」そのほか、明るいオレンジ色の車（ポンティアック・ルマン・コンバーチブル）も展示されている。これはリサが一五歳で家出したときに飛び乗った車だ。一九歳のときに入所した、オハイオ州コロンバスの更生施設の精密な模型もある。

順路に沿って次の展示室に入ると、大きな音で音楽が流れている。「チュニジア滞在初期」の展示室だ。改心して平和部隊に参加したリサは、チュニジア派遣を言い渡され、この地にやって来た。すべてが順調そうだ。ところが展示物を順に見ていくと、おかしな写真を見つけた。リサがビール瓶を両手に持ってタバコを口にくわえている。どうやら「逆行の時代」をテーマにした展示に移ったようだ。説明文には「節制を破ったリサ」とある。それもひどい破りかただったようだ。リサは救急ヘリでアムステルダムに搬送され、その後アメリカに強制送還されることになってしまった。ところがリサはアメリカに戻りたくなかった。やりたくないことは絶対にやらないと決めていたので、浮浪児時代と同じ手口を使って、強制送還を回避することにした。気が狂ったふりをしたのである。アムステルダムのスキポール空港で撮影された動画を再生してみよう。「あのね、世界が終わりを迎えるって知ってる？」とリサが話し始める。立ち止まって耳を傾ける人や、そんな話は聞きたくないと言いながらその場を立ち去ろうとする人に対して、リサは何度も繰り返し語りかける。オランダ当局はリサを捕まえて精神病院に強制収容し、無理やり薬を飲ませようとする。彼女はそれを口に入れ、飲んだふりをする。これも逃亡の日々に身につけたテクニックの一つだ。ついにあきらめたオランダ当局は、リサを強制的にアメリカ行きの飛行機に乗せる。そしてリサは、知り合ったばかりの長髪の男と機内のトイレで関係を結ぶ。

うまくいけば、誰もが私と似たような思いを胸にいだきながら、「リサ博物館」を後にすることになる。温かで、複雑で、彼女の前途を祈るような思い。ヨガ教室や、アルコール中毒者更生会に通う彼女に、どうかすばらしい日々が訪れますように。カタールと同じような幸運が、リサにも訪れますように。そしてできることなら、乾いた心の奥深くに眠る、大量の天然ガスをリサが自分で見つけられますように。

車に戻る途中でふと疑問が浮かぶ。私の博物館はどんな感じになるだろうか。でも、なぜか具体的に想像できずにうろたえてしまう。もしかしたら、あまりにとらえどころのない人生すぎて、博物館の展示にはなじまないのかもしれない。

「私が正しかったでしょう？」とリサが言う。

そのとおり、彼女が正しいと認めよう。カタールに文化はない。でも、だからといって彼らを非難することはできない。数千年ものあいだ、さまざまな侵略者から身を守り、固体さながらの熱気に耐えつつ、どうにか砂漠で生きてゆかねばならないとしたら、文化を育む余裕など誰にもない。文化が生まれるには生活そのものが厳しすぎた。そして現在では、あまりに快適すぎて文化が生まれる余地がない。「創造的な都市や、創造的な都会的環境というのは、大きな知的・社会的変化が起きる場所であり、快適な場所ではない」と、イギリスの歴史家ピーター・ホールが記している。

カタールの首長《アミール》は、自国の文化をなんとかしようと一計を案じた。純粋なカタール式の方法にのっとって文化を購入することを決心し、同時に歴史も仕入れることにしたのである。これはなかなか気の利いた計画のように思える。しかし思いがけない壁がある。たしかにお金はものを言うが、それは未来のことに限られる。お金はあくまでも将来的に力を発揮するものだ。お金で未来を創り出すことはできるが、過去を生み出すことはできない。

それでも首長《アミール》は計画をあきらめていない。数百万ドルかけた博物館（おそらくエアコン完備）がまもなく開館し、創造されたばかりのカタールの過去が披露されることになっている。博物館の前に設置される広告看板が目に浮かぶ。「われらが文化遺産、近日公開！」

カタールの首長《アミール》は、一般的に考えられているような典型的なアラブの指導者ではない。彼は家族内のクーデターによって政権を手にした。これは基本的に一つの家族によって運営されている国家に似つかわしい経緯だと言える。彼は瞬く間に新タイプのアラブ人統治者としての地位を確立した。思わずハグしたくなるほどやさしい独裁者だ。

首長《アミール》は裏表を巧みに使い分ける。カタールにはアメリカの軍事基地の中でも最大の拠点がある（二〇〇三年のイラク侵攻はここから指揮された）。同時に、カタールにはアルジャジーラの本部がある（アルジャジーラはウサマ・ビン・ラディンの録画テープを放送したことで知られる刺激的な衛星テレビ局）。このように首長《アミール》は親米と反米を同時に使い分けている。実にみごとな手さばきだ。

首長《アミール》は、何はともあれ気前がいい。石油と天然ガスで得た巨万の富を国民に分け与える。実際、カタールは究極の福祉国家だ。ガソリンの値段は一ガロン（約三・八リットル）あたり五〇セント（約四〇円）ほどで、水よりも安い。いや、正確に言うとこの表現は正しくない。カタールでは水道は無料だ。電気にも医療にも教育にも、お金は一切かからない。政府はカタールの大学生に少額の給料を払ってさえいる。カタールの男性が結婚すると、政府から家を建てる土地と無利息の貸付金が与えられ、おまけに約七〇〇〇ドルもの月額手当がついてくる。ヨーロッパの福祉国家とは違って、高額の税金が課せられることもない。それどころか、実を言うと税金自体を納入する必要がない。所得税も消費税もない。税金はまったくかからないのである。

なんてすばらしいことだろうと思うかもしれない。私も最初はそう思った。ところが、オレゴン大学がおこなった研究によると別の考えが示されている。一九人の志願者にそれぞれ一〇〇ドルを手渡し、MRI装置に横になってもらう。そして、コンピュータ画面上に映し出される一連の金融取引を通じて、目の前でそのお金が消えてしまうようすを見せる。それと同時に、彼らの脳の活動状態をMRIで読み取る。

ある実験では、お金を寄付する相手を被験者に自発的に選んでもらった。すると、脳の中の二カ所の原始的な領域（尾状核、側坐核）が反応を示した。しかし、本当に驚くべき結果は、（決められた特定の相手に）お金を渡すよう強制されたときでさえ、利他的な行動をとる際と同じ脳の領域が反応を示したことである。選択が自発的な場合は別にしても、少なくとも積極的でない場合、つまり強制的にお金を払わなければならない場合（たとえば納税する場合）の脳の動きなど、ほとんどの経済学者は予想していなかったと思う。

この研究から何がわかるだろうか。あらゆる人をMRIに縛りつけて、どの税率区分がふさわしいかを見極めろということだろうか。いや、そうではない。この実験にはいくつか欠点がある。現実の世界では税金が公平とは限らないし、ときには使い道に疑問が残ることもある。しかし、税金を納めるのは明らかによいことだ。私はなにも税金が高いほうがいいと言っているわけではない。課税という概念は、健全な民主主義社会を維持するために役立ち、欠かせないということを言いたいだけだ。「税金」という言葉は投票を意味してもいる。カタール人の場合、たとえ役人が仕事をさぼっていても、厳しく非難することはできない。「おまえの給料を払っているのは俺だぞ」という奥の手は使えないのである。カタール人は課税や代表とは無縁であり、これはどう考えても幸せなこととは言えない。

　サミから電話がかかってきた。よい知らせだ。アルジャジーラのオフィスで数人のカタール人と会わせてくれるという。すぐにタクシーに飛び乗り、アルジャジーラの本社の前でサミと落ち合う。入り口のすぐそばに小さなモスクがあることを除けば、他のテレビ局となんら変わらない。二人で従業員用のカフェテリアに向かう。店内はかなりおしゃれな雰囲気だ。明るい色調の木の床に、北欧の家具。壁に掛けられた薄型テレビが、まるで現代アートのように見える。アルジャジーラは首長《アミール》の申し子だ。首長《アミール》は自分の子供を大切にする。

　サミが紹介してくれた友人たちは、全員白いディッシュダーシャを着ていた。これはペルシア湾岸のアラブ人男性が着るワンピース状の民族衣装で、足元までゆったり垂れている。よく目にするアクセサリーとしては、カフスボタンや高価な腕時計、モンブランの万年筆などがある。ディッシュダーシャにはとくにブランド品と呼べるものがないため、カタール人はこうしたアクセサリーでしか自らの富を誇示することができない。何を身につけるかが、ここでは非常に重要な意味をもっている。

まずは握手を交わして席に着く。人数分のコーヒーが運ばれ、タバコに火がつけられる。手始めにカタール人の運転について聞いてみることにした。なぜあんなに車の運転が荒いのか。

長い沈黙が続く。

「つぎの質問をどうぞ」一人の男がそう言うと、一同がどっと声を上げて笑った。

「運転に関して言うと、すべてあなたがたアメリカ人のせいですよ。われわれカタール人は、ハリウッド映画のカーチェイスを見て、運転とはどんなものかを学ぶのです。男らしさの象徴みたいなものです」

よし、前置きはこのぐらいにしておこう。意を決して、出し抜けに大きな疑問をぶつけてみる。

「みなさん幸せですか？」

気まずい沈黙がしばし続く。やがて一人が口を開いたが、その声にはいらだちが感じられる。「どうしてそんな質問を？」

幸せですかという質問は、アメリカ人ならしょっちゅう口にしている。ところが、カタールのようなイスラム国家では事情が違う。私がこの質問を発するとき、人々が少したじろぎ、注意深く話題を変えようとすることに気づいた。幸せや喜びというのはアッラーの御手に委ねられるべきもので、自分たちがどうこう言うべき問題ではないからだ。もしも幸せなら、それは神の意志によるものであり、つらいと感じるのであれば、それもまた神の意志というわけだ。幸せかと彼らに尋ねるのは、すね毛を剃っているかと聞いたも同然だった。今すぐここから逃げ出したい気分だ。

「いいでしょう。どうしても知りたいというのならお答えしましょう。ええ、私は幸せです」ようやく一人の男が答えた。

「完璧な幸せなんてものはありません」三人目の男がタバコをふかしながら言う。

「真の幸福を知りたいのなら、イスラム教徒になるべきです」と四人目の男が言う。「すべてが神の御手によるものだと信じ、理解しなければなりません。アッラーがあなたのためにコーランを記されたことが、いずれおわかりになるでしょう。幸せについて知りたいと思うなら、イスラム教徒にならなくては」

宗教と幸福の関係という問題だけでも、本棚をいくつも埋められる。実際にそれだけの書物がすでに出版されている。まだ若い学問である幸福学の成果の中から、統計調査の結果を一つ紹介することで、この奥深い知識の森の中に足先をちょっとだけ踏み入れてみよう。礼拝に通う人は、礼拝に通わない人よりも幸せに感じているという。これはなぜだろうか。礼拝という深遠な宗教的行為（つまり礼拝の純粋に宗教的な側面）にその理由があるのだろうか。それとも礼拝式に参加する行為（志を同じくする仲間と同じ時間を共有すること）によるものなのだろうか。言い換えれば、日曜日ごとに教会に通う幸せな信者は、ボウリング・クラブに加入したり、地元のクー・クラックス・クラン（KKK）の会員になったりした場合でも、礼拝の際に感じるのと同じような気持ちの高揚を得られるのだろうか。

私はそうは思わない。次のような調査報告を考えてみよう。「自分の人生において神は大切な存在だ」という項目に賛成した人は、組織化された宗派に属しているか否かに関係なく、これを否定した人よりも自分のほうがずっと幸せだと考えている。幸せというボーナスは、実際にもらう給料の二倍の価値がある。

押しつけがましい妄信こそが人を幸せにするというなら、そんな幸せは自分が求めているものとは違う、まっぴらだという、無神論者の抗議の叫び声が聞こえてきそうだ。無神論者は幸せの秘密について何か気づいているのかもしれない。一つあげるとすれば、幸福学の専門家は、幸せの道徳的側面を忘れてしまっているということだ。幼児性愛者は幸福度が高いという報告があるが、幸福度という点で言うと、彼らはソーシャルワーカー（幸福度は一〇段階で九という調査結果が出ている）とほぼ同列に分類されてしまう。同様のことは、固くアッラーを信じる自爆テロ犯にもあてはまる。自爆テロ犯は、おそらく幼児性愛者やソーシャルワーカーよりも幸福度が高い。数十人の罪なき人を巻き添えにして我が身を吹き飛ばす直前なら、彼らは満点を取るかもしれない。こうした道徳的混乱を、アリストテレスはアテナイ人に関する覚え書きの中で解明しようと試みた。それによれば、幸せとはよい気分に浸ることを意味するのではなく、よいことを実行することによって得られる。こう考えると、幼児性愛者も自爆テロ犯も自分が幸せだと思っているだけで、実際はまったく幸せではないことになる。

おそらく人をより幸せにするのは、神を信じることではなく、何でもよいから何かを信じることなのだ。そうでなければ、幸福度が高い国（デンマーク、アイスランド、スイス、オランダ）は宗教色が薄いという事実をどのように説明できるだろう。だが、これらの国の人々はそれぞれ何かを信じている。六週間の休暇や、人権、民主主義、カフェですごす優雅な午後、靴下を履いたままサンダルを履くこと……これらが彼らの信念だ。誰でも価値を認めるような信念もあれば、靴下とサンダルの組み合わせのように、人によっては受け入れられない信念もある。しかし当事者からしてみれば、これらはすべて信じるに足るものなのだ。

「では、私に必要なのはアッラーを信じることだけなのですね？」アルジャジーラの人たちの神経を逆なでしないように、声の調子に注意しながら話を続ける。「幸せになるために、何か他にしなくてもよいのでしょうか？」

「努力は必要です。ただし、大切なのは努力であり、結果ではありません」一人の男性が答える。

他の宗教と同じくイスラム教でも、幸せになりたいなら道徳にかなった生活を送る努力を惜しまず、いっさい何も望むなと教えている。結果を自分の行動から切り離して考えれば、幸せは石油のようにわき出てくる。

会話も途切れがちになり、男たちはそれぞれモンブランの万年筆を手でもてあそんだり、ダイヤモンドがちりばめられた腕時計に目をやったりしはじめた。別れの挨拶を交わすと、彼らは最後に、「宗教はナイフのようなものです。使い道を間違うと、自分を傷つけることになります」と、いささか不吉な言葉を残して去っていった。

一四四五年、人類はオランダのフランドル地方で大きな歴史的分岐点を迎えた。そうはいっても、それに関する記述を歴史書の中で目にすることはほとんどない。フランドル地方は、実は宝くじの発祥の地なのである。賞品はたいしたものではなかった。私の勝手な想像では、せいぜいヤギの頭や、きれいな娘との節度あるデートといったところだったのではないだろうか。しかしこの出来事は大きな転換点となった。パラダイムシフトと呼んでもよい（私にしてはめずらしく学術用語を使ってみた）。歴史上はじめて、さながら地主階級のように、下層階級の庶民が一夜にして、しかも労せずして富を勝ち得たのである。法的に許可された売春に加えて、今度は宝くじ。どうやらオランダ人も幸福の秘密に気づいているようだ。

その後、宝くじは世界じゅうで人気を博し、現在では世界数十カ国で発売されている。大当たりを夢見たことのない人などいないだろう。月曜日の朝、上司のオフィスに礼儀正しく入っていき、悪意のかけらもなく、「おまえなんかくそくらえだ」と穏やかに伝える瞬間を想像しない人がいるだろうか。もうその会社で働く必要なんかない。どの会社で働く必要もなくなる。旅行に出かけ、買い物に行き、ドリトスのスナック菓子を食べながら『となりのサインフェルド』（アメリカのNBCで放送された国民的コメディドラマ）の再放送を楽しむ。

いや、もしかしたら宝くじに当選した人は、自己中心的な考えの持ち主ではないかもしれない。その場合は手に入れた富を大盤振る舞いだ。母親にはフロリダのコンドミニアムをプレゼントし、兄弟にはスポーツカーを買い与える。なかには社会的に意義ある活動に対して大金を寄付する人もいるかもしれない。あるいはもしかしたら、当選者は浪費家でない可能性もある。その場合、もっと理性的に考えて、当選金を投資にまわすかもしれない。そして結局、数年後にはふたたび仕事に就いていることも考えられる。なにはともあれ、ある日突然宝くじに当たれば、早い話が幸せになれる。

カタール人も同じことを考えた。石油と天然ガスの宝くじに当選し、ドーナツ・ショップで働く必要はなくなった。宝くじの当選者と同じように、カタール人も自らを満たすことに時間を費やした。同時に、長いこと疎遠だった親類や、高校時代の古い友人の要望にも手際よく応えた。ただしこの場合は、その高校の校名が国際連合だったというだけのことだ。「なあ、カタール、元気にしてたか？　昔なじみのソマリアだ。ずいぶん長いことご無沙汰してたな。昼飯でも食べにいこうぜ」

こうして物語は終わりを迎える。カタールにはうなるほどのお金があり、それゆえに幸せいっぱいだ。

少し話を急ぎすぎたかもしれない。

一九七八年、心理学者のフィリップ・ブリックマンは、二つの集団の比較研究を試みた。

一方は宝くじに当選して裕福になったばかりの人で構成され、一方は事故で思うように体を動かすことができなくなった人たちで構成される。当然のことながら、宝くじの当選者は当選以前よりも幸せになったと答え、事故にあった人は事故以前よりも幸せではなくなったと語った。しかし、ブリックマンがこの二つの集団を継続的に観察したところ、まったく予想外の結果となった。宝くじ当選者の幸福度は、当選前と同じ程度にすぐ戻ってしまったのに対して、事故で体が不自由になった人たちは、事故の直前よりもわずかに低い幸福度まで回復をみせたのである。

いったい何が起きたのか。ブリックマンは次のように考えた。宝くじに当選した人の場合、服を買うとか、友人と話すといったありきたりの出来事からほとんど喜びを得られなくなった。かつての楽しみが、楽しみではなくなってしまった。心理学ではこのような状態を「快楽の踏み車」（あるいは「満足の踏み車」）と呼ぶ。実際の踏み車と同じく「快楽の踏み車」でも人は汗をかく。そのため誰もがそれを避けようとする。実際の踏み車と違う点は、「快楽の踏み車」は健康にまったくよくない。終わりなき快楽と順応の繰り返しによって、人はおかしくなってしまう。おもしろいことに「快楽の踏み車」には特筆すべき例外が二つある。騒音と、大きな胸である。たとえ長時間騒音にさらされても、人はその騒音にすっかり慣れることはないことが明らかになっている。また、豊胸手術を受けた女性は、豊胸によって得られる喜びに飽きてしまうことがないと判明している。彼女たちの連れ合いも同じように感じていることだろう。

いのか。

「小さな幸運（その反対の不幸もしかり）が人生の流れを変えることはない」アリストテレスのこの言葉は正しい。そしてもしもブリックマンの説も正しいとすれば、大きな幸運が人生の方向を変えることはない。人生は何事にも左右されることはない。そう考えると次のような問題にぶつかる。人はなぜ、朝になるとわざわざベッドから起き上がらなくてはならないのか。

この疑問を解くには、ふたたび元に戻る必要がある。宝くじというのは、実のところお金が問題なのではない。宝くじは幸運と幸福の相互作用なのである。この二つが交差する箇所は少し混み合っていて、ともすると事故が起こりやすい。古代ギリシア人は、幸福には適度な幸運が欠かせないと考えていた。また、高徳な生活の必要性を訴えたアリストテレスでさえ、幸運が不可欠だと説いている。「見た目が醜かったり、社会的身分が低かったり、子供がなくて孤独だったりする人は幸福とは言えない。子供や友人がいても、それがつまらない人物だったり、愛する子供や友人を失ってしまったりした場合もおそらく幸福ではない」

アリストテレス以外の例もあげてみよう。インド・ヨーロッパ語族に属する言語では、幸福を意味する単語は幸運と強く結びついている。英語の「幸福（happiness）」は、古ノルド語の「運（hap）」に由来する。不幸な出来事（mishap）に出くわせば、不運（bad luck）の魔法にかかったということだ。現代ドイツ語の「グリュック（glück）」という単語は、「幸福」と「幸運」の両方を意味する。アリストテレスの時代には、幸運は神が授けるものだった。現代では、宝くじ会社の善良な人々がその役目を務めている。

しかし、宝くじの当選者についての研究が明らかにするように、はじめは幸運だと思われたことが、まったく逆の結果を招くこともある。たとえば先日、パキスタンの通信社が配信した記事が目にとまった。

> 昨夜、バハーワルプル新中央刑務所において、収監中の四人ハック・ナワズ（七〇歳）が心臓発作のため死亡した。裁判所から釈放命令が届き、刑務官が木曜日に釈放する旨を伝えたところ、喜びのあまり興奮して心臓発作を起こしたと、刑務所関係者が明らかにした。ハック・ナワズの遺体は埋葬のために親族に引き渡された。［三月一六日、ムルターン］

私はこの記事を冷蔵庫の扉に貼り付けた。幸せは人を殺せるのだと、日々忘れないために。

その夜、リサと二人でホテルのインド料理屋で夕食を共にした。本格的インド料理がとてもおいしい。ただしそれは驚くべきことではない。それを作っているシェフは皆、おそらく昨日ムンバイからやって来たばかりなのだ。

世間話でもしようと思っていたものの、リサの歯に衣を着せないひと言によってそれは中断した。豆で作ったパパドという前菜が運ばれ、ビリヤニ（インド風炊き込みごはん）を待っているときだった。リサは私に向かって、カタールに来て幸せかと真っ向から切り出した。

「正直に言うと悲しい気分だね。うまく説明できないけど、ものすごく悲しい感じかな」

「あなたがそう望んでいるからだわ。好きなのね、きっと」

「好きだって？　いったい何を？」

「悲しいという気持ちよ。あなたはきっと『悲しみ中毒』なのよ」

リサの口ぶりは、意味のない空論を語るときのものではなかった。地球は丸いという、疑いようのない事実を語っているかのようだ。「悲しみ中毒」なんて、そんなことがありうるのだろうか。まともな人間は悲しみを望んだりするだろうか。

もしもそれが本当で、実際に私が「悲しみ中毒」だったとしても、私は自分を責めはしない。その責任は間違いなく私の脳にある。脳はもともと不完全に設計されている。一九七五年にフォード社が欠陥を知りながら自動車の販売を続け、製造物責任が問われた「フォード・ピント事件」よりもたちが悪く、同じぐらい危険な問題点が潜んでいる。

神経科学者によれば、欲望を支配する領域と行為を支配する領域は、脳の中の異なる領域に属しているという。この二つの領域は別々に働き、それぞれ別の化学物質が関係している。脳科学者たちは、他のあらゆる脳機能を解明するのと同じ手法でこれを証明した。ラットを使った奇妙でむごい手法だ。

一九五〇年代、カナダの研究者が実験用ラットの脳に小さな電極を埋め込み、外側視床下部と呼ばれる領域に電気的刺激を加えた。ラットはそうされることが気に入ったようだ。次に、ラットの手が届くところに小さなレバーを設置する。そのレバーはラットが操作できるように作られている。自分でそれを押すことによって、ラットは自分の外側視床下部に電気的刺激を与えることができる。ラットは人から刺激を与えられるより、自分で刺激を与えることを好んだ。「その代わり、彼ら［科学者ではなくラット］は、性交可能な異性や、食べ物、水さえも無視するようになった。彼らが求めたのは脳への刺激だけだった」と、ダニエル・ネトルは『目からウロコの幸福学』（オープンナレッジ）の中で述べている。

少し変だと思われるかもしれない。しかしまだ説明可能な範囲内にある。ラットの外側視床下部に与えられる電気的刺激が、実際にどのような効果をもたらすかはさておき、それはラットにとって想像以上の快感にちがいない。宝くじにはまって、是が非でもまた購入したいと思うのと同じことだ。

科学者たちもおそらく同じことを考えたのだろう。彼らは別の実験をおこなった。ラットが食事している最中に、その外側視床下部を刺激したのである。実験結果は驚くべきモノだった。ラットは以前にもまして食べるようになったが、その仕草から察するに食事をちっとも楽しんでいなかった。これは明らかな証拠だと、ダニエル・ネトルは続けている。「何かを強く欲しても、いったん手にしてしまえば、喜びはほとんど得られない」ナンシー・グレースが司会を務めるアメリカの人気報道番組や、タバコに夢中になったことがある人なら、ぴんとくるだろう。

欲しいけれど、好きではない。これが本当なら、経済学のあらゆる分野の学説が覆されてしまう。経済学は、理性的な人間は「有用性」を高めるものを追い求めるという点を前提としている。「有用性」というのは、経済学者が幸福について語るときに用いる言葉だ。たとえばジョーは、毎日残業ばかりしている。家族ともほとんど顔を合わせていない。お金が貯まったので、BMWの新車を購入することにした。新しいBMWはジョーにとって有用性が高い。つまり彼の幸福度を増している。ここで経済学者が見落としがちなのは、ジョーが愚か者だという点だ。いや、厳密に言うとそうではない。ジョーが愚か者なのではない。愚かなのはジョーの脳だ。手に入れても幸せにはならないものを追いかけるなんて、脳が酔っ払っているようなものだ。

この異常な興奮状態を考慮すれば、人間の苦悩の大半は説明がつく。何か（たとえば新車や宝くじ）を欲しいと思う強い感情は、それを手に入れたら幸せになれるから湧き上がってくるのだと、私たちは信じて疑わない。ところが神経科学的に言うと、その結びつきは存在しない。人は失望したとしても、その失望から学ばない。人の脳を動かすソフトウェアに欠陥があるからだ。データの問題ではなく、ソフトウェアに欠陥があるために問題が生じる。しかもそれを修正するのはもっと困難だ。

悲しみ中毒。リサのこの言葉は、サグ・パニール（ホウレン草とチーズのカレー）が運ばれてきても、まだ頭の中でこだましていた。ウエーターは自分が料理を皿に取り分けると言って聞かなかった。ついでに小分けにして食べさせてくれと言ったら、そのとおりにしてくれたかもしれない。たしかにウエーターのおかげで手間は省けたが、それと引き換えにサグ・パニールを自分の皿に山盛りにするときの何とも言えない快感を奪われてしまった。でも彼は自分の仕事をこなしているにすぎない。そう考えて、料理を取り分ける喜びについてウェーターに苦情を言うのは思いとどまった。

悲しみ中毒。私はまだ受け入れられないでいた。悲しみというのは愉快なものではない。それが欲しいとも、好ましいとも思わない。今回はリサが間違っているにちがいない。いや、本当にそうだろうか。たわごとが気になるのは、自分でもそう思っている部分があるからだ。いずれにしても「無」という選択肢よりはましなように思える。人間は「無」を避けるためならどんな苦労も惜しまない。今後も異国を征服し、月に行き、ホテルの部屋で一人でケーブルテレビを見て、三二人を撃ち殺し、美しい音楽を生み出すにちがいない。

悲しみ中毒。それはナン（インド風パン）をちぎったところで意味を持ち始めた。たしかに今、私は悲しい気分だ。ここまではいい。誰でも何かにおぼれることがある。当然、それは私も同じだ。そこで急にあることを思い出した。妻がよく、私に対して専門医に相談してみてはどうかと主張している事柄だ。以前、夜更けにこそこそと背中を丸めて、ノートパソコンの画面を見ている姿を妻に見つかったことがある。

「何を見ているの？」妻のとがめるような声に、私はすかさずブラウザの画面を最小化した。

「べつに何も」

「何も見てないわけないでしょ。写真を見ていたのはわかっているのよ」

見つかってしまった。ゲームオーバーだ。マウスをクリックして、画面いっぱいに写真を映し出す。妻は得意満面だ。ジッパーが開いたままの、うっとりするような代物が映し出されている。

「やっぱり」妻は吐き捨てるようにため息をつくと、沈黙した。

私はそのまま黙って座っていた。恥ずかしさに頭を垂れ、妻が何か言うのを待っていた。するとしばらくして妻が口を開く。

「どうしてふつうの男の人みたいに、ポルノを見たりしないのかしら?」

画面に映っていたのは「ビリンガム335」というカメラバッグだ。みごとな職人技で作られたイギリス製のカメラバッグ。ダブルステッチがほどこされ、肩ひもにはパッドがついている。そう、私は「バッグ中毒」なのである。白状してしまえば気分がすっきりする。

どんな中毒でもそうだと思うが、私の場合も誰かに無理やり押しつけられたわけではない。気づいたときには深みにはまっていた。バッグをただ好きだと思っている状態から、完璧な中毒の域に足を踏み入れたのはいつのころからだったか。兆候はあった。クロゼットの扉を開けたとたんに、かばんが崩れ落ちてきて、その中に埋まってしまったことがある。まるで漫画だ。あるいはこんなこともあった。東京で五〇〇ドルもする「グルカ」のブリーフケースを購入したものの、妻に怒られるのを恐れて、一、二週間ほど地下鉄のコインロッカーに隠しておいた。それから妻の目を盗んで家に持ち帰り、他のかばんといっしょにクロゼットにこっそりとしまった。

いままでは、私のコレクションは六四を数える(この「コレクション」という言葉はなかなかいい。何かまっとうな響きがする)。度がすぎていると思われるだろうか。妻はそう思っているようだ。しかもまったく理解してくれない。良質な帆布が素肌に触れたときの何ともいえない感覚。人間工学的工夫によって、完璧な位置に取り付けられたポケット。ジッパーで取り外しできる間仕切りがついていて、ファイロファックスのシステム手帳（これもコレクションの一つ）がぴったり収まることに気づいたときの喜び。こうしたことを妻はいっさい理解できないらしい。巧みにデザインされたバッグは、体の一部と同じように欠かせないものなのに。

ウエーターがマサラ・チャイ（スパイス入り紅茶）を運んできた。そこで私は、はっと気づいた。バッグに対するときのように、四六時中何かにとりつかれることがあるのなら、もっと重要な何かの中毒になっても不思議ではない。たとえば悲しみがそうだ。

水曜日の午後三時。誇り高いカタール人なら、誰でもこの時刻に同じ行動をとる。私もそれに倣ってスターバックスに向かう。カタールの男たちは、カフェラテをすすりながら、禁煙のサインの真下でタバコをふかしている。フィリピン人の店員も、ルールを守れなどと彼らに迫ったりはしない。カタールで重要なのは、決まり自体ではなく、それを誰が決めたかという点だ。

店内には音楽が流れている。ウィー・ウィル・ロック・ユー……。しかし、ここでロック魂を炸裂させる者など一人もいない。革命が起きることはない。ここでは誰もが極端に快適に暮らしている。快適は革命の最大の敵だ。天然資源に恵まれた他の国と同じように、カタールもまた「石油の呪い」にかかっている。『ニューヨーク・タイムズ』紙のコラムニスト、トーマス・フリードマンは、石油価格と民主主義は反比例の関係にあると述べている。石油価格が上昇するにつれて、民主化運動の勢いは弱まる。産油国の指導者は臆せずに支配の手を緩めることができる。ためらう必要などまったくない。国民は皆、快適にすごしていて幸せなのだから。

いや、彼らは本当に幸せなのだろうか。もしかしたら金メッキの刃《やいば》でみずからの心を傷つけ、じわじわと死んでいこうとしているのかもしれない。痛みがないために、手遅れになるまで気づかない。快適で、しっかり空調管理された部屋で死ぬまで気づかない。

一九世紀、カタールという国が誕生する一〇〇年前に、フランスの社会学者エミール・デュルケムは「アノミー的自殺」について論じた。アノミー的自殺は、社会の道徳的基盤が揺らいだときに発生する。そしてその基盤は、大きな災難によっても、大きな幸運によっても危うくなるとデュルケムは考えた。

前半部は理解できる。金銭的に行き詰まった人が、絶望の渦に巻き込まれるのは想像に難くない。しかし、宝くじに当たった人や、産油国の国民が意気消沈するとは考えがたい。ところが実際にそういうことが起きている。たいていの人は一度や二度、よい知らせを受けると同時に、奇妙な不安に駆られたことがあるだろう。たとえば会社で昇進が決まったときのことを思い出してほしい。みんなが祝ってくれるし、自分でも幸せだと思う。それなのにちっとも喜べないうえに、その理由もよくわからない。

混雑する店内でなんとか座席を確保する。水曜日の午後三時にしてはちょっと人が多すぎるような気がする。皆、仕事はどうしたのだろう。後でわかったのは、彼らも働いているということだった。カフェラテを飲んでいるこの瞬間も、彼らには給料が支払われている。カタールでは、こうした人たちは「幽霊労働者」と呼ばれている。職場に顔を出さなくても、部族の威光を背にして給料支払小切手を受け取ることができる。

有給でスターバックスに通えるなんて、なんとも最高な仕事ではないか。カフェイン入りの至福への道。一昔前の経済学者ならこう考えるだろう。幽霊労働者は外部不経済を遠ざけたまま働き、同時に自分の意に沿う価値あるもの、すなわち暇な時間を最大化している。そのうえ給料まで支払われることを考えれば、彼らは有用性の純利益、つまり幸福を身をもって感じているはずだ。

だが、彼らは幸せを感じていない。いくつかの研究によると、ヨーロッパで職に就いていない人は、仕事がある人よりずっと不幸だという。無職といっても、彼らは一時解雇された人たちで、会社勤めをしていたころと同額のお金を受け取っている。寛大な福祉制度のおかげだ。この不都合な事実は、よい暮らしは活気に欠けるという考えを台無しにしてしまう。実際、非常に多忙な人は、さほど忙しくない人よりも幸せを感じているという研究結果まである。おもしろい仕事は「娯楽よりも楽しい」と語った、劇作家のノエル・カワードが正しかったというわけだ。

自分自身とカタールのあいだに、痛切な隔たりを感じる。私は現在、カタールにいる。いや、本当にここにいるのだろうか。カタール人のように考える必要がある。ほんの数分でもディッシュダーシャの中にもぐり込めないものか。もちろんもののたとえにすぎないが、いったいどうしたらその願いがかなうだろう。イスラム教に改宗するつもりはない。タバコを吸い始めるのも、狂ったように運転するのもごめんだ。ホテルの土産物屋の前を通りかかったところで、ある考えが頭に浮かんだ。そうだ、高級な万年筆を買おう。あきれるほど高級な万年筆を買うことにしよう。今までそんな万年筆を所有したことはない。その必要も感じなかった。バッグの収集癖を考えればわかるように、私にも愚かな物質主義を実行する余裕はある。ただし万年筆となると尻込みしてしまう。物質主義というのは実に危険なしろものだ。それを奉じる人は、そうでない人に比べて幸福度が低いと証明されている。問題なのは銀行の預金残高ではなく、お金に対する彼らの姿勢だ。でも、高級な万年筆にしても車にしても、その誘惑には抵抗しがたい。そうした物というのは、潜在的幸福を象徴しているからだ。人はついつい、何かを手に入れることで自分が変われると思い込んでしまう。

あきれるほど高級な万年筆を選ぶのは、直感力の体操のようなものだ。合理的な選択などありえない。車を買うときとは違って、安全性を考慮する必要もない。ジェームズ・ボンドの映画のように、ポケットの中で爆発したり有毒ガスを吹き出したりしないかぎり、安全な万年筆だと言える。

ためしに何本か手に取ってみる。親指と人差し指ではさんで、重さを確認する。超高級万年筆を選ぶときに肝心なのは重さだ。軽すぎるのはよくない。万年筆自体が安っぽく感じられて、当初の目的がぶち壊しだ。重すぎても手が疲れてしまう。次の評価基準は見た目だ。こうした地味でばかばかしい行為を順にこなしていく。そしてなにより重要なのは、まったく当たりまえのことなのだが、超高級万年筆といえども、実際に文字が書けることを確認しなければならない。驚いたことに、試してみたうちの何本かはこの基準をクリアできなかった。紙にインクの染みがついたり、途中で消えてしまったりして、使い物にならなかったのである。

ああでもない、こうでもないと言いながら、ようやく自分にぴったりの超高級万年筆を探しあてた。きれいなラインの入った流線型のラバンの万年筆で、黒色のつや消し仕上げになっている。さっそく使ってみることにする。クレジットカードの伝票にサインしてみると、何とも言えない書き心地だ。

以前に一度会ったことのあるモザ・アル・マルキは、臆面もなく自己アピールする女性活動家であり、アラブ世界では異色の人物として知られている。前に彼女に会ったのは、アラブ世界の女性について取材しているときだった。彼女はカタールで選挙に立候補した最初の女性の一人でもある。選挙では惨敗したものの、いまでも立候補自体は成功だったと考えている。モザは西洋風の大胆さを持ち合わせた女性だ。

電話してみると、彼女は私を覚えていてくれた。少なくともそのふりはしてくれた。モザのように自己アピールの上手な女性の本心を見抜くのは簡単なことではない。会いたいと言うと、すぐに快諾してくれた。

三〇分待ってみたものの、モザは待ち合わせ場所にあらわれない。ついにしびれを切らして電話をかけると、いらだったようすが伝わってくる。

「どこにいらしたの？」

「言われたとおりに、スターバックスでお待ちしているのですが……」

「どこのかしら？」

数年前にはあたり一面砂漠だった国のショッピングモールに、スターバックスが二軒もあるとは思いもしなかった。でも確認してみるとたしかに二軒ある。しかも私は、見当違いのスターバックスで待っていたというわけだ。

モザはすでにこのショッピングモールを出て、自然体で行動していた。彼女は一度出たショッピングモールに引き返すような人ではない。彼女の辞書に引き返すという項目は存在しない。その代わり、町外れにある別のショッピングモールで会うことになった。ハーゲンダッツ・カフェは一軒しかないから大丈夫だという。

その店に着くと、モザはすでに待っていた。彼女は顔を隠していない。頭に巻いた薄物のスカーフから、真っ黒な髪が少し飛び出している。イスラム女性の服装規定であるヒジャーブの装いを、自分の気に入るようにアレンジしているようだ。しかも、身内でもない男と公共の場で会うという、カタール人女性としては言語道断な行為に及んでいる。

しかし、モザはふつうのカタール人女性ではない。彼女が車の運転を始めたのは一九八三年。たいした話ではないように聞こえるが、カタールで女性に運転許可がおりたのは一九九七年のことだった。

「何度も警察官に止められたわ。皆、判を押したように『あなたは女性です。運転できないことになっています』って言うのよ。だから言ってやったの。『それがどうしたというの。免許を取り上げるつもりかしら。でも免許なんて持ってないわ』今度は車を没収するというので、『どうぞ、もう一台あるから』って言い返してやった。そうしたら、『刑務所行きになりますよ』とくる。だからこう答えたのよ。『まあ、刑務所なんてすてきね。収監中に論文が三つ、四つ書けそうね』って」そこでたいていの警察官は、注意しただけでモザを解放してしまう。

私はラズベリーのシャーベットを、モザは低脂肪バニラアイスクリーム付きのワッフルを注文し、あれこれ話に花を咲かせた。カタールに本屋が少ないことや、国内政治のこと。モザがカタール国内で自分の事務所を開こうとしても、なかなかうまくいかないこと。そしてもちろん、彼女が幸せかどうかについても話題にのぼった。

「ええ、幸せですよ」彼女は元気いっぱいに答える。「一〇段階で言ったら、一〇だと思う。世界じゅうあちこち飛び回っているし。先月は国際会議に三回出席して、費用は全部先方が負担してくれたのよ。行き帰りはファーストクラスで、ホテルは一流ホテル」

「幸せはお金で買えるということでしょうか？」

彼女はいったん言葉を切ると、溶けかかった低脂肪アイスクリームを見つめた。

「それはちょっと違うわ。でも、贅沢すると幸せな気分になれる。少なくともそのきっかけにはなる。ファーストクラスで世界じゅうを飛び回って、豪華なホテルに泊まるのはお金がかかる。私からすればそれも幸せの一部。曾祖母はテント暮らしでも幸せだったけれど、私はそうはなれない」

そしてモザは、実話だといってこんな話を聞かせてくれた。数日前、裕福なカタール人男性が、自分の携帯電話のために幸運な数字が組み合わさった電話番号を購入したという。その番号を聞いて驚いた。「六六六六六六」（アラブ世界では幸運を呼ぶ数字だという）。そしてもっと耳を疑ったのはその値段だ。なんと二五〇万ドルもしたという。この出来事は波紋を広げた。この物質主義、拝金主義は行きすぎだと指摘する人がカタール人の中にもあらわれた。しかしモザは、電話番号を購入した男性を擁護するテレビ番組の肩をもった。モザによると、幸せのあり方は千差万別であり、二五〇万ドルで電話番号を購入して幸せになれるなら、誰にも口出しする権利はない。

「でも、お金の使い道には価値あるものと無駄なものがある」私がそう言うと、モザは次のように答えた。

「それは人によりけりではないかしら。無駄ではないと考える人もいます。私の友人の一人は、ハンドバッグ一つ買うのに八〇〇〇ドル以上も使ったのよ。サックス・フィフス・アベニュー（アメリカの高級百貨店）で購入して、彼女はとても幸せそうにしていた」

たしかにそうなのかもしれない。けれども、古代ストア学派の禁欲主義的哲学は言うに及ばず、最新の研究成果によると、モザの友人の幸せはあまり長く続かないことが明らかになっている。すぐに一万ドル、一万五〇〇〇ドルを費やさなければ、同じ満足感を得られなくなる可能性が高い。

モザに別れを告げる時間になった。彼女の価値観があまりに西洋化されていて、思わず頬にキスをしてしまいそうになる。そんなことをしたら、大勢の人が不幸な気分になるだろう。彼女は自分の経歴や記事をファックスで送ると約束してくれた。そしてホテルに帰ると、大量の紙の束が私を待ち構えていた。

「エリックかい？」受話器の向こうから、昔からの友人のような温かい声が聞こえてくる。

「きみの電話を待ってたんだ」

いつもなら、知り合ったばかりの人間から高校の同級生のように話しかけられるのを疎ましく思っただろう。ところがアブドゥルアジーズの口調はとても自然で、親しみがもてる。最初のひと言でアブドゥルアジーズが好きになった。

アブドゥルアジーズにはぜひ会うべきだと助言されていた。内省的なカタール人だから会っておいて損はないという。連絡を入れて「エリ・フランス」というカフェで会う約束を取り付けた。その店はドーハ市内に新しくできた市場《スーク》の中にある。数時間後にタクシーを拾ってその市場《スーク》に行ってみると、アメリカのよくあるショッピングモールと同じような外観の建物だった。おそらく「ショッピングモール」と呼ぶより、「スーク」と呼んだほうが風情があるからそう呼ばれているのだろう。

約束の時間よりも何分か早く着いたので、ウエートレスに二人用の席をお願いしたところ、彼女はぴたりと動きを止めて棒立ちになった。私はすぐに自分の過ちに気づいた。伝える情報が足りなかったのだ。待ち合わせの相手が女性なのか男性なのか、それを伝える必要があった。それが女性であれば、ウエートレスは「家族席」に案内するはずだ。他の席とは仕切られた空間で、夫婦と子供が他人の視線を気にすることなく食事ができる。待ち合わせ相手が男性であれば、「独身席」に案内されることになる。独身男性専用の席だ。あらためて私は、男性二人分の席に案内してほしい旨を伝えた。ウエートレスはほっとしたようすで、大理石製の小さなテーブルに通してくれた。ひとまずライムジュースを注文して、アブドゥルアジーズの到着を待つことにする。

彼はすぐにあらわれた。輝くような目をしていて、目尻にしわがある。何かを語り出すと、無意識のうちにまばたきする癖があるようだ。アブドゥルアジーズはアール・グレイを注文した。注文するときの態度には敬意が込められていて、使用人ではなく人間に接するようにウエートレスに接している。

アブドゥルアジーズの父親は教師だった。現在のカタールでは誰からも評価されない職業だ。父親は車を一台所有していた。高級な車ではなくふつうの車。その車で通勤することもあればそうでないときもあった。当時のドーハ市内には、一本の道路と数軒の家屋しか存在しなかった。カタール人は自分で家を掃除し、子供を育て、暮らしはいまよりもずっと厳しかったものの、楽しい生活を送っていた。

一九八〇年代に入るとカタールは急成長を遂げ、何もかも様変わりした。まず、シェラトンホテルができた。このホテルはエジプトのピラミッドが逆さになった形をしている。続いて他のホテルや高級マンション、オフィスビルが建設された。どれも大挙してやって来た外国人労働者の手になるものだ。彼らはそろって青い作業着を着て働き、自国で働いていたころの三倍から四倍の給料をもらっていた。彼らに続いてカタールにやって来たのは、ウエーターやウエートレス、料理人、乳母といった職業の外国人だ。彼らの唯一の使命は、カタール人がもっと快適に暮らせるように手助けをすることだった。

「現在、われわれは誤った方法で幸せを模索している。幸せとお金を同一視している」とアブドゥルアジーズは語る。お金はあらゆる害悪の根源であり、不幸の源でもあるというのが彼の考えだ。

「カタール人は文句ばかり言い、政府は国民の暮らしを楽にすべきだと主張する。政府が電気代を払ってほしいと言えば、それがどんなに少額であっても文句を言う。税金をほんの少しでも課そうとすれば、やはり文句を言う。政府も責められてしかるべきだ。国民を幸せにするには、お金を与えるしかないと考えている。ばかな話だ。よりよい制度のためなら、私は喜んで給料の半分を差し出すよ」

アブドゥルアジーズは次に、ドーハで話題になっている冗談を教えてくれた。

ある男がこう言った。「金持ちの八歳になる息子をさらった誘拐犯の話を聞いたかい？　その男は身代金を手に入れることができなかったんだ。どうしてかわかるかい？　息子がいなくなったことに、金持ちが気づかなかったからさ」

すると別の男が答える。「それは大きなミスだったな。使用人を誘拐すれば、すぐに気づいてもらえたのに」

カタールの子供たちは乳母に育てられている。乳母はカタールの言葉を話せず、しつけをしようにも、にらみがきかない。そして子供たちは甘やかされたまま育っていく。「一三、四歳にもなれば、家族はもう、しつけをしようとしなくなる。子供たちが公共の場でどうふるまうか、目を光らせたりしなくなる。教師にとっては生き地獄だよ。その教師も多くは外国人で、本当の威厳などない。こうして育った若者は、誰の言うことも聞かなくなる。警官の話さえ聞かなくなるんだ」とアブドゥルアジーズは語る。

正直言って、これは幸せになる秘訣だとは思えない。しかし現在のカタールで見られる多様性は、きっと良いことにちがいない。ここには世界じゅうから人が集まる。砂漠での暮らしに何らかの刺激を与えているはずだ。

「いや、そうとも言えない」と言いながら、アブドゥルアジーズは紅茶を一口飲む。「カタール人の立場になって考えてみてごらん。自分の国にいるのに、カタール人は全人口の二〇パーセントしかいない。毎日大勢の外国人と顔を合わせているんだ。外国人がいなければこの国は機能しない。カタールのすべてが機能しなくなる。カタール人は外国人に依存していると同時に、彼らに腹を立てている。異文化の共存は外から見れば美しい。でも、間近で見るとそうとは言えない」

「もしも外国人が全員いなくなってしまったら、カタールはどうなると思いますか？」

「崩壊さ。われわれには彼らが必要なんだ。驚くべきことに、カタールでは裁判官まで外国人なんだ。外国人が裁くなんて、まったくどうかしているよ」

アブドゥルアジーズに部族社会について尋ねてみる。幸せになるには家族が重要なことは誰でも知っている。それでは、拡大家族を除いた部族とは何なのか。それがわかれば、カタールのような部族社会が非常に幸せな社会だと理解できるかもしれない。とくに、尽きることのないお金が人生を楽にし、快適にする条件の一つだと考えるのであれば、なおさらそう思う。

部族社会は愛情深い社会だと、アブドゥルアジーズは認める。そして同時に、部族社会はセーフティネット（安全網）だが、つねに首に巻き付いているために身動きを制限するという。

「ここではたえず見張られていて、自分が何か間違ったことを言ったり、しでかしたりしないかとつねに怯えている。いつも誰かに見られている」

「秘密警察ですか？」

「いや」アブドゥルアジーズは私の無知をやさしく笑い飛ばす。

「自分の家族だよ」

彼は続ける。「外国人どころか、他の部族の女性と結婚したいとでも口に出せば、人生がとたんに険しいものになる。実現不可能ではないけど、実現するには選挙活動のようなことをやらなきゃならない。皆の歓心を買い、彼らの考え方まで変える必要がある」

カタールでは、部族内での地位が財産や教育よりも大切だ。ドーハ市内はすっかり様変わりして、ファストフード店が入り乱れるようになったが、この国の社会は変わっていない。生まれたときの身分のまま死んでいく。なによりも重要なのは名前だ。

名前さえわかれば、その人の地位、部族内での立場、所得水準などを導き出せるという。アブドゥルアジーズはナプキンをつかみ、胸ポケットから万年筆を取り出すと（すてきな万年筆だがモンブランではない）、同心円を描き始めた。

そして、「これがカタール社会」とナプキンを指さしながら言う。「それからこの円が家族、すなわち部族。中心の円はもちろんサーニー家。この国を統治している一家だ」

「あなたの位置はどのあたりになりますか？」

アブドゥルアジーズは中心からほど近いところにバツ印を描く。その近さに驚く。彼が現状に満足していないことから察すると、同心円の外側の人《アウトサイダー》なのだろうと思っていた。それはおくびにも出さずに、私は次の話題を持ち出した。

「この国の富は、国民を幸せにしているでしょうか？」

「していないと思う。尊厳を保つためにお金は必要だが、それ以上あったからといって幸せになれるものではない」

アブドゥルアジーズが使った「尊厳」という言葉が気になった。快適にすごしたり、自分の身の安全を確保するためではなく、尊厳のためだと言った。少し補足すれば、これは名誉、つまりアラブ世界を動かす力のことをさしている。私たち西洋の男も名誉にとらわれている。週に八〇時間働くウォール街の管理職は、一〇〇万ドルの給与がさらに上がることを願っている。その動機となっているのは、自分が属する群れの中で名誉や尊敬を勝ち得たいという飽くなき欲求だ。

　飲み物を飲み終え、隣にあるジャリール・ブックストアに向かう。ここは規模の大小を問わず、カタールにある唯一の書店だ。知的好奇心あふれるアブドゥルアジーズは、この店の品揃えの貧弱さを恥じていた。私はといえば、アメリカで出版された自己啓発書が数冊並べられているのを見て、少しほっとした気分になった。『リヤドの女たち（*Girls of Riyadh*）』というサウジアラビア発の女性向けベストセラー小説も並んでいる。ところがカタール文学と呼べるようなものはどこにも見当たらない。「金で文化は買えない」と、アブドゥルアジーズは言う。その言葉は政府の方針を否定しており、リサの意見に非常に近かった。

「でも、お金があれば芸術作品をたくさん買えるでしょう」と言って、傑作をかき集めている老人《シャイフ》の話を持ち出してみた。

　アブドゥルアジーズは声を潜めた。首長一族について話をするときは慎重になる必要がある。「問題は、国の施設のための買い付けと、個人的なコレクションの購入を彼が混同していることだ」そのために浪費された一億ドル単位のお金は、すべてカタールの納税者が負担している（あくまでもカタール人が税金を払っていればの話だ）。

「規則がないんだ」アブドゥルアジーズは続けた。「この男には一〇億ドルが与えられているが、何の定めもない」

規則はないが、部族内は掟だらけ。身もすくむような生き方だ。これがはじめてのことではないが、金箔《きんぱく》で飾られた砂漠で暮らしているアブドゥルアジーズが気の毒に思える。それを敏感に感じ取ったのだろう。彼はかつてカナダへの移住を計画したことがあると教えてくれた。今はもう考えていないという。九・一一の同時多発テロ事件以降、アブドゥルアジーズという名前のまま移住するのは考えられないという。

そろそろ帰らなければと言うと、アブドゥルアジーズがホテルまで送ろうと申し出てくれた。出発して数分後、アブドゥルアジーズの携帯電話が鳴った。私はアラビア語はほとんど理解できない。けれども「ムシュキラ」という単語に耳が反応した。中東の人は「ムシュキラ（問題）」という単語をよく口にする。たいていは検問所を通るときの張り詰めた瞬間に使われる。「問題ないですよ《アイン・ムシュキラ》」と運転手は言う。言い換えれば、問題、それも大問題が発生したことを意味している。

電話を切るとアブドゥルアジーズが言った。「エリック、君なら自分の身に難題が降りかかってきたときにどうする？　あまりに難しすぎて、生きていけるかどうかもわからないような問題だ。そんなとき、君ならどうする？」

そんな質問を投げかけられて、なんと答えたらいいか悩んでしまった。アブドゥルアジーズが私を信頼してくれていることがわかって心を打たれる。もとより私は、この土地の部族社会の一員ではない。少なくとも彼の部族の一員ではない。しかし、別の部族社会の一員であることが人情に水を差した。それはジャーナリストという部族である。他の部族と同様に、この部族にも厳格ながら暗黙の掟がある。一つ、インタビュー相手から自由に話を引き出し、その物語や痛みを利用すること。ただし、返礼として何かを与えるのは絶対に許されない。金銭はもちろん、友情や助言も許されない。ところがアブドゥルアジーズがいま求めているのは、まさにそれだった。

即席で一つ話をすることにした（私の部族では話をするのは認められている）。うまく話せるかどうかわからないし、アブドゥルアジーズの質問に関係しているのかも心許ない。だがともかく話してみよう。

自宅でNPRを聞いていたところ、耳慣れた声が聞こえてきた。この放送局でレポーターとして働く同僚だ。彼女は短いながらも傑作と呼べそうな原稿を読んでいる。その話はまさに完璧だった。職業上の嫉妬心という仇敵が頭をもたげる。神様、彼女の人生は完璧で、非の打ちどころがありません。彼女は何でもすいすいこなしているのに、私は見当違いのことばかりして溺れてしまいそうです……。私はその同僚に電子メールを送り、すばらしい話だったと伝えた。嫉妬心はつゆほども見せずに、これからもすべてが順調に進みますようにと書き添えた。

すぐに「ありがとう」と彼女から返信があった。でも、人生がうまくいっているわけではないとも書き添えられている。ちょうどその前日に、三歳の息子が難治性の衰弱性疾患と診断されたのだという。

私は自分がバカになったように感じた。現実を見誤っていた。ヒンドゥー教徒が言うように、すべては幻影《マーヤー》だったと気づいた。物事は見た目どおりではない。私たち人間は、何ひとつとしてわかっちゃいない。知らないことばかりなのだ。これは空恐ろしい考え方かもしれないが、ある意味で気が楽になる考え方でもある。どんなに意気揚々として何かを達成した気分になっても、それは現実ではない。同様に、失敗も問題《ムシユキラ》も現実には存在しない。

アブドゥルアジーズは私の話に聞き入っていた。そのとき彼が何を考えていたのかはわからない。私の話が助けになるのかどうかも疑わしい。彼は自分が抱えている問題《ムシユキラ》がどういうものかは、いっさい触れなかったし、私もまた立ち入って聞くのは好ましくないと思った。ようやく彼は口を開く。「君の言いたいことはわかったよ。ありがとう」それが社交辞令だったのか、本心だったのかはわからなかった。

ホテルの前で車を止めてもらう。このころには宿泊先を格下げして、安宿と呼べるようなホテルに泊まっていた。よい人生勉強になった。快適な時間はつらい瞬間が随所にちりばめられている場合には最高だ。このホテルには鼻につくような接客係の一群はいない。片方の耳から耳毛が飛び出したパキスタン人の男が、フロントに座っているだけだ。私が感じよく頼めば、冷たいビールを調達してくれる。今夜は二本欲しい気分だ。

　私はアブドゥルアジーズが語ってくれたことについて考え続けていた。気分が落ち込むと、アブドゥルアジーズは神に話しかけるのだという。祈るのではなく、話しかける。彼はそう表現した。響きのよい言葉だ。「話しかける」というのがすとんと私の腹に落ちた。「祈り」となるとそうはいかない。アブドゥルアジーズの神は、当然のことアッラー。私の神とはちょっと違う。では私の神とは誰なのか。はっきりした答えは出てこない。長いこと宗教については何でもありで、ヒンドゥー教や仏教、ゾロアスター教……そしてユダヤ教までかじってみた。しかし、継続的な信仰を捧げるにはどれも向いていなかった。そう考えていると、ふとある一つの名詞が頭に浮かんだ。それは自分にとっては思いがけない単語だった。

「野心」——そうだ、これこそが私の神だ。

　野心が神なら、会社は神殿で、就業規則は聖典だ。一日に五回、聖なる飲み物であるコーヒーが分け与えられる。野心を崇拝する者に安息日はない。毎日、早起きして野心の神の前にひざまずき、パソコンと向き合う。祈りは一人で捧げる。たとえ他の人が傍らにいようとも、祈りは必ず一人で捧げる。野心の神は執念深い。信仰を欠いた者には鉄槌を下す。だがそれは崇拝者に与えられるものの比ではない。彼らにはもっと過酷な運命が待っている。やがて年をとって疲れ果て、フロアの隅にある立派なオフィス（重役室）に埋葬される。そうなってはじめて、聖書に出てくる雷鳴のごとく神の声を聞く。野心の神はまやかしの神だ。それは昔から変わっていない。

翌日の夕方、カタールから出国するために空港に向かう。空港に着いたときには暗くなっていたが、それでもまだ汗をかくし、太陽の存在を感じる。カタールを発っても数週間は、この感覚を持ちつづけるだろう。

胸ポケットにはアブドゥルアジーズの名刺が入っている。そしてその隣には、例の高級万年筆がささっている。手のひらにしっくりと収まり、ペン先が紙の上を滑らかに動く万年筆。ルート・フェーンホーヴェン教授をはじめとする幸福学の専門家によると、これを所有していることによってもたらされる浮き立つような喜びは、時の経過とともに減じていく。そして私は「快楽の踏み車」の餌食になり、もっと高級で高価な万年筆を手に入れたいと切望するようになる。

ところが、専門家の言うことはまったく間違っていた。私はこの万年筆を心ゆくまで楽しんだ。ただしそれは、あくまで私の手元にあった期間の話だ。カタールを発ってからきっかり九日後に、ニューヨークのタクシーの中で紛失してしまった。あるいはもしかしたら、ロンドンのヒースロー空港で乗り換えたときだったかもしれない。いや、肝心なのはそこではない。問題はそれがなくなってしまったということだ。最初にして最後に所有した超高級万年筆は、永遠に私の手元から離れてしまった。なくしてしまった万年筆を思い出すたびに、あの喜びは砂漠の蜃気楼のようなものだったと痛感する。

それ以来、筆記具は一本九九セント（約八〇円）のビック社製のボールペンに逆戻りした。重みもなければ、デザインが洗練されているわけでもない。持っていてもとくに何の感情もわいてこない、ただのボールペンだ。私もそれ以上は求めていない。自分にはこのボールペンが似合っているように思う。

5章 アイスランド——幸せは失敗

現在知られている物質の中で、最も不安定なのはフランシウムだとされている。この元素は二二分以内に半減してしまう。地球の地殻にはつねに一定量のフランシウムが存在しているものの、地球全体で約二八グラムしか存在しない。「無視できるほど」だと形容されるのも無理はない。同じ形容があてはまる国が地球上にある。

外は吹雪、空は漆黒の闇におおわれ、どこか別の惑星に来てしまったのではないかと錯覚する。時計は午前一〇時をさしている。

「いつになったら太陽が昇るのだろう?」と、感じのよさそうなフロント係に尋ねてみる。すると彼は、何を言ってるんだという表情で私に視線を向け、ゆっくりした口調でこう答える。

「太陽ですか? 今日はですね、一日じゅう、ご覧になることはできないと思いますが……

……」

それが疑いようのない事実であるかのように言う。「ええ、今日は日曜日ですから、開いている店はどこにもありません」とでも言いたげな口ぶりだ。

日が昇らないだって？　これは聞き捨てならない。いつも頭上で輝いている太陽は、信頼できる唯一の天体だった。何十年ものあいだ本物の惑星だと信じていたのに、実ははじめから準惑星でしかなかった冥王星のような星とは違うのだ。

マイアミからの長時間の飛行中、天体についてあれこれ考える時間がたっぷりあった。真冬の底のこんな時期にフロリダからアイスランドに飛ぶなんて、ふつうは誰も考えない。自殺行為だと鼻で笑われるのが関の山だ。なによりも体が正直に拒否反応を示している。自分が今やっていることは何かが間違っている。明らかに自然の摂理に反する行為だ。体に負担がかかり、胃が重くなって消化不良の兆候を示している。

しかし、理由なくやって来たわけではない。ルート・フェーンホーヴェン教授の幸福データベースによると、どのデータでもアイスランドは世界で最も幸福な国の一つに数えられている。一位になっている調査結果もある。

はじめてこのデータを見たとき、誰もが抱きそうな感想を私も抱いた。アイスランドだって？　氷の国《アイス・ランド》じゃないか。寒くて、暗くて、世界地図の端っこから今にも落ちてきそうな国だ。でも、そのアイスランドなのである。

夏がいかに幸せな季節かを実感させてくれることが、アイスランドの冬の役割だ。真夜中まで日が沈まない夏は、アイスランド人いわく「寒さが緩んで心地いい」。しかしアイスランドの幸福度が本当に試されるのは冬だ。

レイキャビクに到着後、ホテルのベッドに倒れ込み、そのまま数時間眠り込む。日中なのに簡単に眠りにつけるのは、真夜中とまったく変わらないからだ。目が覚めると、心なしか空に明かりがさしている。ただし、あくまでもぼんやりとした薄闇であり、けっして明るいわけではない。

いつのまにか闇に思いをめぐらせている。闇のことなど今まであまり考えたことがなかった。私にとっては、闇はいつも闇でしかない。それ以上何を考えることがあるだろう。でも、闇にもいろいろ種類がある。雲や景色にさまざまな表情があるのと同じだ。耐え難いほど恐ろしい闇もあれば、月の光や遠くの街明かりで心が安らぐ闇もある。午前五時に夜明けを待ちわびる闇もある。

アイスランドの闇は独特の闇だ。身を刺すような闇がすべてを隠してしまう。もしも闇がしゃべれたら、強いニューヨーク訛りでこう言うにちがいない。「よう、若いの。暗いとなにか都合が悪いのかい？」毎年、何カ月にもわたって、闇はアイスランドをすっぽりと包み込み、国全体を息苦しさの淵に沈める。それはイスラム教徒の女性が着用するブルカに似ているかもしれない。どちらも頭の上から爪の先まで体全体を覆い隠してしまう。

ホテルの窓から漆黒の世界をじっと眺める。こんな暗闇のベールの中で、アイスランドの人々はどうやって幸せに暮らしているのだろうか。幸せな場所と聞いて真っ先に思い浮かべるのは、ココヤシの木が立ち並ぶビーチに、オーシャンブルーのカクテル、そしておきまりのスイムアップバー。楽園というのはそういうものだと誰もが思っている。旅行会社も客の洗脳に余念がない。宣伝文句は、至福の楽園、光あふれる常夏の別天地。旅行客のほうも常夏の楽園を信じて疑わない。幸せな人は陽気でほがらかで、いつも人生の明るい側面だけを見ている。不幸な人は暗く沈み、塞《ふさ》ぎの虫にとりつかれている。

ところが「世界幸福データベース」で調べてみると、こうした思い込みが間違いであることに気づく。たしかに気候は重要な要素だが、私たちがふだん考えている常識とは異なる研究結果が出ている。総合的に判断すると、寒冷地のほうが幸福度が高い。これが意味するところは非常に大きい。休暇をすごすなら、カリブ海ではなくアイスランドを選ぶべきなのだ。それに加えて地球温暖化の問題がある。温暖化によって生態系が破壊され、沿岸都市が水没し、地上の生き物が死滅してしまうかもしれない。それだけでなく、人間も暮らせなくなってしまう可能性がある。それが何よりも「不都合な真実」なのかもしれない。

寒帯から温帯にかけての地域のほうが、亜熱帯や熱帯地域よりも人々の幸福度が高くなる理由については諸説がある。なかでも私が気に入っているのは、「共に生きるか勝手に死ぬか理論」である（私が勝手にそう名付けた）。暖かい地域では暮らしは楽だ。食事はココヤシの木から落ちてくる。他人との協調はあまり重要ではない。一方、寒い地域では、他人との協調が欠かせない。作物の収穫量やタラの水揚げ量を維持するには、力を合わせて働かなくてはならない。さもないと皆、死んでしまう。

必要は発明の母だと言われるが、互助は愛情の母だと言える。人は互いに他人を必要とする。だから助け合うことになる。最初は自分の都合で築いた関係かもしれない。ところが、しばらくすると当初の都合がどこかに消えて、協力関係が持続するようになる。なぜ他人を助けるのかといえば、一つには余裕があるからであり、なにより自分の気持ちが和むからでもある。見返りを期待してそうするわけではない。この関係をひと言でいえば「愛」である。

とにかく強い酒が飲みたい。もちろん調査研究のためだ。飛行機に乗る前に、アイスランドをよく知る人からこう言われた。アイスランド人の心の内を本当に理解したいのなら、そしてバイキングの血を引くこの国の住民を動かす原動力を知りたいのなら、自然な状態で彼らを観察する必要がある。要するに、酔っ払った状態で観察したほうがいい。

幸運なことに、到着したのは土曜日だった。週末はアイスランドじゅうが酒におぼれる。平日はもちろん皆しらふだ。いつも酔っ払っているわけではない。アイスランド人は週末に集中的に酒を飲む。どんなこともほどほどが信条の国民だが、週末はほどほどに飲むのもほどほどにして、とことん飲みまくる。週末はいくら飲んで酔いつぶれたとしても、誰も何も言わない。ところが火曜日の夜にシャルドネ（白ワイン）をグラス一杯でも口にしようものなら、たちまち飲んだくれの烙印が押される。この飲みっぷりをアイスランド人は、他の悪習と同じく、バイキングの血統として言い繕う。その理屈はこうだ。日々の糧にも事欠いたその昔、次に海や山の幸にありつけるのはいつになるともしれず、いったん目の前に差し出されれば、脇目もふらずにむさぼり尽くす。もちろん今ではアイスランドは何一つ不自由していない（太陽の光を別にすれば）。しかし、昔ながらの貪欲な気質は、虫垂や尾骨と同じく、今に受け継がれている。ただし現在では、日々の糧のためではなく、楽しむために飲み食いする。

週末の酒盛りについてなるほどと思う解釈を聞いたのは、日焼けペンギンからだった。もちろん本物のペンギンではない。マイアミ・ビーチからほど近いところに住んでいるマグナスという名のアイスランド人だ。ある日、彼と昼食を共にしていたとき、ふと、日焼けしたペンギンが頭に浮かんだ。本屋に併設されたカフェで食事をしている二時間のあいだ、そのイメージを振り払おうとしても最後まで頭から離れなかった。マグナスによると、アイスランド人の酒好きは人が少ないせいだという。来る日も来る日も、目にするのは同じ顔だ。週末には気分転換したくなるのが人情だ。しかしおいそれとアイスランドから出て行くこともできない。そこで酒に手が伸びる。それも半端な量ではない。酒がまわってしまえば、同じ顔も少しは違って見えてくる。「新しいメガネをかけたようなものさ。別の処方箋で作ってもらったメガネだ」と日焼けペンギンは言う。「別の世界が見えてくるのさ。ふだんとはちょっと違う世界がね」

アイスランドの首都レイキャビクで宿を取ったホテルのすぐ隣にバーがある。店の正面は派手な赤と緑に彩られ、なんとなくカリブ海の島を思わせる。寒くて暗いレイキャビクには似合わない。フロントの感じのよさそうな男に、あの店はおすすめかと聞いてみる。男はすばやく私を観察すると、きっぱりと言った。「お客さん向きじゃないですね」

「ということは、私はあの店には不釣り合いということかな?」いかにも心外だという口ぶりで問いかける。

「そういうわけではないんですが、あなたはパンクは聞かないでしょうし、服を古着屋で買ったりもしないでしょう?」

そのとおりだ。すごすごと引き下がり、勧められたとおりに、もっと大人向けの店に方向転換する。

次に訪れたバーはまさに大人向きだった。ただし、あくまでも一九八二年にすでに大人だった人にふさわしい店という意味だ。内部は全面木製のパネル張りで、天井には可動式の照明がぶら下がっている。流れているのはディスコっぽい音楽。若いアイスランド人のグループがテーブルに陣取って、みんなでテーブルの中心をじっと見つめている。アイスバスケットには、タンカレー(イギリス製ジン)の大きなボトルが二本、気持ちよさそうにおさまっている。宴の宵はまさにこれから最高潮になるところのようだ。

席についてビールを注文する。一杯の値段がやたらと高く、どこかの国なら大学の授業料が払えてしまうかもしれない。酒の値段が高いから(アイスランドは総じて物価が高い)飲むときにはとことん飲むというのが、アイスランド人が一度に大量に飲酒するもう一つの理由だ。どんどん飲んで早く酔っ払わないと、酒代がどんどんかさんでしまう。こんな筋金入りの北欧の理屈には、とうてい太刀打ちできそうにない。

アルコール飲料に関して、アイスランドは長く複雑な歴史をもつ。短い期間ながら禁酒令が布かれていたこともある。アメリカの禁酒法とほぼ同時期のことで、その顚末も似ている。一九三〇年代に禁酒の時代は終わりを告げ、アイスランド人は心ゆくまで酒を飲むようになった。ところが、その後も数十年にわたってビールだけはご法度だった。国民が平日もつねにほろ酔い気分でいることが懸念されたかららしい。一九八九年になってようやくビールも解禁されるにいたった。それ以降アイスランド人は、ショットグラスを脇に置き、ビールジョッキを手にするようになる。「以前はウォッカのような強い酒で酔っ払っていたのが、ワインやビールに代わった」と、アイスランド人の心理学者はそれが進歩の象徴でもあるかのように語っていた。

ビールは贅沢品だ。一口飲むといくらかかるか計算するのも楽しい。一口飲んで一ドル二五セント、次の一口はちょっと少なめだったので七五セント……。そんなことを考えていると、女性の声が耳に入った。英語で私に話しかけている。

「縛ってくれないかしら？」振り向くと左腕にタトゥーを入れた体格のいい女が立っている（何のタトゥーかはよく見えなかった）。座ったままぽかんと彼女を見る。

「縛って」今度はもっと刺激的な言い回しだ。ついついみだらな錯覚を起こしそうになる。女はほどけている背中のひもを指さした。結び直してあげてから、少し話を聞いてみることにする。

彼女の名前はエヴァ。すでに酔っている。ほんの数分のあいだに、エヴァは自分のことをしゃべり尽くす。今日が誕生日であること。シングルマザーであり、前の夫から暴力を受けて七年間アイスランドの国外で暮らしていたこと。三つの仕事を掛けもちしていること。一見して内気な性格ではないとわかるものの、とくに幸せそうでもない。幸せを一〇段階で評価すると六ぐらいだという。そして、ハーパという友だちを紹介してくれた。こちらは酔いも幸福度もエヴァより上だ。「私は九はかたいわね」と言いながら、ハーパは昔からの友人のように私の肩に腕を回す。すばやく暗算してみる。エヴァとハーパの幸福度の平均は七・五、典型的なアイスランド人をわずかに下回っている。どうやら私と似たもの同士のようだ。

ハーパとエヴァはこのバーに来てから酔っ払ったのではない。はじめからできあがっていた。二人が言うには、アイスランド人はたいてい家で飲み始める。家で飲んだほうが安上がりだから、酔いが回ってからバーに足を運ぶ。家計が苦しければ、バーの近くの歩道に酒瓶を置いておき、ときどき店から抜け出して外で飲むというせこい酔っ払いもいる。これも暮らしの知恵の一つだ。だからこそ、このしたたかなバイキングの末裔は、冥王星にも劣らぬ闇に包まれた孤島で、一〇〇〇年以上も生き延びることができた。

音楽がひときわ高く鳴り響く。エヴァとハーパはへべれけだ。私も時差の影響で体調がすぐれない。この三つの事情があいまって、まともな会話が成立しない。深い霧の向こうに大声で叫ぶように、「物書き《ライター》をしているんだ」とエヴァに言う。

するとエヴァは混乱したような表情を浮かべてこう言う。「騎手《ライダー》なの？　馬に乗っているの？」

「騎手《ライダー》じゃない。物書き《ライター》だよ」

物書きであることは私にとって幸運なことだった。アイスランドでは、なりたい職業の第一位が作家なのである。名のある作家でも作家の卵でも、著書があってもまだ構想中でも、その違いは重要ではない。アイスランド人は作家を敬愛している。ある意味でこれは自己愛《ナルシシズム》のあらわれだと言える。ほぼすべてのアイスランド人が、作家か詩人のどちらかに属する。タクシーの運転手も、大学教授も、ホテルマンも、漁師も、誰もがそうなのだ。アイスランドにはこんなジョークがある。いつの日かレイキャビクの中央広場に、一生に一篇の詩も書かなかったアイスランド人の記念碑が建つだろう。そんな人物があらわれるのを、アイスランド人は今も待ちかねている。

この国にはこんな諺《ことわざ》がある――「本を持たないで出かけるくらいなら、はだしで出かけたほうがましだ」。作家に対して国が多額の助成金（事実上の給与）を三年間交付する制度も設けられている。アイスランドで最も有名な作家で、ノーベル賞も受賞したハルドル・ラクスネスは次のように述べている。「私には『餓死する芸術家』という神話の意味がわからない。私は食事を抜いたことなどない」

何のためにやたらと金のかかるこのバーにやって来たのか。その目的を遂行するのにちょうどよい頃合いのように思えた。

「ところで、アイスランド人はどうしてこんなに酒好きなのかな？」

「暗いからよ」決まってるでしょ、という顔でハーパが言う。「いつも夜だから飲むのよ」

「じゃあ、夏のあいだは飲まないのかい？」

のよ」

「いいえ、夏もやっぱり飲むわ。明るいから。明るいと幸せな気分になって、飲みたくなる

ハーパは体がふらついたままジョッキを手にしている。ビール漬けの頭で、一つしかない結論を反芻《はんすう》している。「一年じゅう飲むのがアイスランド人なのよ」

ビールの味にも飽きてきた。ハーパとエヴァもほとんどわけがわからなくなっている。そろそろ引き上げ時のようだ。

「ちょっと待って」正気の最後の一滴を絞り出すようにして、ハーパが言う。

「何か知りたかったんじゃないの？　暗闇のこととか」

「そうだよ。何か知っているの？」

「逆らってはだめ。抱きしめるのよ」

その言葉を残して、二人はタバコの煙と陽気なざわめきの中に消えていった。おもしろい町だと思いながら、厚い上着に腕を通していると、ざわめきがアザラシの遠吠えのように聞こえてきた。

翌朝、ハーパが言ったように闇を抱きしめてみる。でも、うまくいかない。むしろ闇に抱きしめられて窒息しそうになる。目覚まし時計は八時を告げているが、外は深夜と変わらない。スヌーズ・ボタンを叩いて止める。何度も何度も叩き続け、とうとう九時半になってしまった。自分を奮い立たせるようにしてベッドから起き上がり、窓の外を眺めてみる。まだ

暗闇だ。夜明けの気配はどこにもない。人生にとって太陽がこれほどまでにかけがえのない存在だったとは……。失ってみないとわからないものだ。

　待てよ、明かりのようなものが見える。太陽ではなくて青い光だ。北極光《オーロラ》だろうか。道路の向こう側のビルが光っている。エキゾチックなバイキングの儀式でもやっているのだろうか。メガネをかけてよくよく見てみると、明かりの正体が判明した。コンピュータの画面の光だ。アイスランドの一日はもう始まっている。彼らはいったいどうやって一日の始まりを知るのか。暗闇の一日をどのように始め、どのように終えるのだろうか。

　目覚まし時計を見ると、九時五五分。しまった！　無料の朝食ビュッフェがあと五分で終わってしまう。アイスランドの無料ビュッフェは実においしい。あわてて階下のレストランに降り、ニシン料理とゴーダチーズを皿に山盛りにして、カップにコーヒーをなみなみと注ぐ。この国では空気と同じようにコーヒーが欠かせない。

　来る日も来る日も暗闇の中にいると、季節性感情障害（SAD）になってしまわないかと心配になる。太陽光の不足によって生じるSADは、絶望感や無気力、炭水化物の過剰摂取などの症状をもたらす。なんともつらい症状だ。気分が落ち込むだけでなく、炭水化物のとりすぎで体重が増え、さらに鬱屈して炭水化物に手が伸び、重い抑鬱感にさいなまれる。

　ところが、SADはアイスランドではほとんど見られない。アイスランドよりも、むしろアメリカ北東部のほうが患者が多い。この結果に困惑した心理学者や精神分析医は、過去数世紀のあいだにアイスランド人は遺伝的耐性を持つようになったのだと結論づけた。SAD

の患者が死ねばその遺伝子も途絶え、適者だけが残っていく。

三杯目のコーヒーを飲み終えると、むしょうに体を動かしたくなってきた。太陽が出るのを待っていてもしかたがない。そんなことをしていたら数カ月待つはめになってしまう。とにかく上着を着込んで外に出る。アイスランド語には氷を意味する単語がいくつかある。いま私の足元にある氷は「ハルカ（hálka）」と呼ばれる。これは「飛ぶ氷」を意味している。氷が飛ぶのではない。飛ぶのは人間のほうだ。「飛ぶ氷」に慣れるまで、足を滑らせて瞬間的に体が宙に浮き、危うく転びそうになったことが何度もあった。

レイキャビクはすでに私のお気に入りの町だ。アイスランドの首都であるこの町は、小都市というより、「国際的な村」とでも呼んだほうがふさわしい。都市と村の最良の部分を合わせもっている。村のような近所づきあいもあれば、寿司バーもある。レイキャビクでは歩いて一〇分以内にたどり着けないところは、そもそも行く価値がない。この考えはまんざらでもない。「飛ぶ氷」にひやっとさせられる機会も減るし、なにより核心を突いているからだ。たいていの都市は必要以上に大きい。都会生活というのは、ある一線を越えると便利さよりも面倒なことのほうが増える。

レイキャビク市内では命の危険を感じるようなことはない。アイスランドの人口はわずか三〇万人。アメリカのケンタッキー州ルイヴィル市、あるいは中国の平均的なバス停周辺の人口と同じくらいだ。かろうじて国として成立しうる規模なのである。

三〇年ほど前、異端の経済学者E・F・シューマッハーは、経済は小さければ小さいほどよいと主張した。でも、小さいことは本当に幸せにつながるのだろうか。アメリカや中国などの大国よりもアイスランドのようなミニ国家のほうが、国レベルでの幸福を実現しやすいと言えるのだろうか。

実生活のレベルで言えば、アイスランド程度の規模であれば、子供が外で知らない人と話していないかと親が悩まされることはない。この国に知らない人などいないからだ。どこに行っても友人や知人とばったり出会う。通勤途中に次から次へと知り合いに出会うので、仕事に三〇分遅刻するのも日常茶飯だ。ちなみにこれは遅刻の完璧な言い訳としても使える。人がふつうに往来する状態をアイスランドふうに表現すると、交通渋滞ということになる。悲観的に見れば、アイスランドは人目を忍んだ恋をするには最悪の土地だ。ただし、だからといって止めることはできないが。

フランスの元大統領ジャック・シラクは、大統領を退任するときの演説で「国家とは家族だ」と語った。シラクはそれをたとえ話として話したが、アイスランドの場合は本当に家族を意味している。遺伝学者によると、どこの国でも七代か八代さかのぼると国民全員が親族になってしまうという。アイスランド人は、同僚や友人（あるいは一夜を共にした女性）がどの程度近い関係にあるのかを、ウェブサイトで簡単に調べることができる。

ある女性がその居心地の悪さを話してくれた。「出会ったばかりの男と一夜をすごして、翌日、親戚のパーティーに行ったら、その男が隅っこで魚の燻製を食べてたのよ。もう、叫びたくなっちゃった。『どうすりゃいいのよ、またいとこと寝ちゃったなんて』

この近親性が、国家の政策に直接的な影響を及ぼしている。失業を例にとってみよう。この国の政治家は、たとえばハンスという人物が自分の弟の親友だとしたら、そのハンスが失業しないかと気にかける。アメリカの場合、失業率が五、六パーセントであればよしとする暗黙の了解がある。ただしインフレ率は低く抑えなければならない（一、二パーセントを超えてはならない）。

アイスランドではそれが逆転している。失業率が五パーセントに達しようものなら、すぐに失政の烙印が押され、大統領は職を失う。一方、インフレ率の高さには寛容だ。なぜこのような違いが生じるのだろうか。

その答えは、何が痛手なのか、何が経済的損失なのか、国によって考え方が異なるという点にある。高いインフレ率は共通の悩みだ。食料品店やガソリンスタンドに行けば誰もが物価高を感じる。しかしそれは誰もが一律に受ける痛みでもある。失業は特定の個人に集中する痛みだ。困るのは少数の人間であり、多くの人はまったく困らない。

本当にそうだろうか。ある研究によると、高い失業率は高いインフレ率よりも国民全体の幸福度を減らすという結果が出ている。失業に対する不安感が、さざ波のように国全体に広がっていくからである。

足を引きずるようにして、一人の老人が目の前を歩いている。全体的にだらしない格好で、髪は伸び放題に伸び、革ジャンをはおっている。もしかしたらボビー・フィッシャーではないだろうか。チェスの元世界チャンピオンがこの町で暮らしていると聞いたことがある。アイスランド人はボビー・フィッシャーを敬愛している。彼はレイキャビクで開催された歴史的に有名な世界大会に出場した。世界じゅうが注目する中、フィッシャーは破竹の勢いでロシアの宿敵ボリス・スパスキーを打ち負かす。ボビー・フィッシャーというヒーローがアメリカに誕生した瞬間だった。チェス・ボードという戦場で、冷戦の戦士として邪悪な皇帝を討ち取ったのである。フィッシャーはアイスランド人にとってもヒーローになった。ただし理由は別にある。アイスランドの名を世界にとどろかせたからだ。極小国家にとっては、それがなによりの貢献だった。

フィッシャーは器用に年老いることができなかった。偏屈になるいっぽうで、ときとして支離滅裂な行動をとる。反ユダヤ発言を繰り返し、九・一一のテロ以降、反米的な発言も目立つようになった。二〇〇四年、フィッシャーは東京で拘留され、旧ユーゴスラビアへの渡航禁止に違反したかどでアメリカへの退去命令を受ける。このとき、アイスランド政府が救いの手をさしのべた。フィッシャーは市民権を与えられ、それ以来、冷戦が置き去りにした亡霊として、足を引きずりながらレイキャビク市内を散歩したり、ぼそぼそと独り言をつぶやいたりしながら、この地で暮らしているという（二〇〇八年一月にアイスランドで死去）。

奇妙でやるせないボビー・フィッシャーの物語は、彼自身よりもアイスランドについて多くを物語っている。チェスへの深い愛着、友人への変わることのない誠実さ。世界の注目を集めることへの焦りがある一方で、アイスランド人には異質なものを受け入れるおおらかさがある。それは人だけでなく、食べ物についても言える。

食べ物と幸福度の関係については、多くのことが語られてきた。マクドナルドの優秀な社員ならそれを熟知している。だからこそ彼らは、ハンバーガーとフライドポテトの組み合わせを「ハッピーセット」と名付けた。「納得のいくセット」とか「実存的セット」などというネーミングはありえない。人は、不幸をかみしめる傾向がある。しかし幸福は飲み込もうとする。

スーフィー（イスラム教神秘主義）には、「味わうものはすべてを知る」という古い言い伝えがある。フランスの有名な食通のジャン・アンテルム・ブリア＝サヴァランは、食べ物は魂を映し出すと考えた。「何を食べているか言ってみたまえ。君がどんな人間か言い当ててみよう」

これをそのままアイスランド人に当てはめてみると、かなり多くのことがわかる。この国の人々は食べ物について奇妙な考えをもっている。たとえば、見栄えの悪いものは口にしないという風習がある。一九五〇年代まで、アイスランドの漁師はロブスターを捕まえても海に投げ捨てていた。見た目がグロテスクだからだ。同じ理由で、いまでもアイスランド人の多くはタラを食べない。北大西洋の海にはあふれるほどのタラがいて、放っておいても向こうから勝手に切り身になり、レモン・ムニエル・ソースの皿に飛び込んできそうなほどだというのに。アイスランド人は自分たちで食べる代わりに、この魚をアメリカに輸出することにした。アメリカといえば、気色が悪いものでも臆することなく食べてしまう国だ。

アイスランド人は見かけにはうるさいものの、その一方で味に無頓着なところがある。そうでなければ、スューールサジル・フリューーツプンガル（羊の陰のう）や、ハウカールル（腐敗臭の強いサメ肉）をなぜ好むのか説明がつかない（ただしハウカールルには精力増進と整腸効果があると言われている）。

詩人のW・H・オーデンは、一九三〇年代にアイスランドを訪れた際にハウカールルを食している。そのときの彼の評価は適切だった。「思いつくかぎりの言葉で表現すれば、靴墨《くつずみ》と言うほかない」そしてこう付け加えている。「あらかじめその臭いを知っていれば、間違いなく戸外で食べただろう」

これはザガットのガイドブックによる評価ではない。でも本当にそんなにひどい食べ物なのだろうか。ジャーナリストとしての使命感を刺激され、どんなものか自分で確認してみることにした。食べ物が国民の心の鏡だというのが本当だとしたら、そこに何が映っているのか確認する義務がある。

週末のフリーマーケットでハウカールルが手に入ると聞き、さっそく足を運んでみた。港の近くにある洞穴のような倉庫で毎週開かれるフリーマーケットには、バーゲン品めあてに多くのアイスランド人が集まる。コーヒー一杯が一〇ドルもする国なので、バーゲン品といっても大して安くない。古本や古着、そのほかありとあらゆる中古品が一分の隙もなく並んでいる。ここは洗練された海の中に浮かぶがらくたの島だ。

曲がりくねった通路を進んでいくと、お目当てのハウカールルが目に入った。見たところ危険そうな感じはしない。サイコロほどの大きさの、灰色がかった肉の塊。カウンターの向こう側で、がっちりとした体格の、怖そうな女性がこちらを見ている。もしかしたら素手でサメを殺したのではないか。おずおずと近寄り、すみませんが一つもらえますか、と話しかけてみる。すると手慣れた動作でその塊を一つ、つまようじに刺して手渡してくれた。愛想笑いなどはいっさいない。

まずは深く深呼吸してから、口の中に放り込む。たちまちオーデンの言葉が頭をよぎる。靴墨は食べたことはないが、まさにオーデンの言ったとおりだ。言い得て妙という表現はこういうときのためにある。ハウカールには、酸味に加えて、この世のものとは思えない臭気がある。たまらないのは後味が消えないことだ。何度も水で口をすすぎ、ハチミツ風味のカシューナッツを一袋食べ、ゴーダチーズを丸ごとたいらげ、ビールを二本飲んだのに、後味が口の中に居座り続けていっこうに去らない。一時間たってホテルに帰り着くころになると、後味は喉の奥に移り、消える気配はまったくない。なんだか病気になりそうな気分だ。

「ハウカールを召し上がりましたね？」感じのいいフロント係が言う。私の気分の悪さを察しているようだ。

「どうしてわかったんですか？」

彼はそれに答えずに小さく舌打ちし、「スヴァルティ・ダウオイ」という酒を飲むように勧める。「黒死病」を意味するこの酒は、アイスランドの国産酒だ。腐ったサメの味を喉から消し去ることのできる地球上で唯一の物質だと、自信をもって断言できる。二日酔いに苦しむことは間違いないものの、サメの臭いから解き放たれることを思えばそれも我慢できる。

レイキャビク市内を滑るように散策してみると、なにか動きが止まっているような、そんな印象を受ける。実際にはそんなことはない。しかし、この町には堅固な手触りが感じられない。カタールのようにとらえどころがないわけではないが、そこはかとないはかなさを感じる。昨日そこに建てられたものが明日には消えてしまうような、そんな感じなのである。心のどこかでこんな声が聞こえてくる。「カット！　お疲れさまでした」そして裏方が町を解体し、台車に載せて運び去る。この町の建物を見ていると、そんな光景が頭に浮かんでくる。建物の多くは外壁に波形のスチール板が使われていて、きゃしゃな感じがする。この町は、崖や山や、海に取り囲まれている。カフェやおしゃれな店が建ち並ぶ都会の風景の中にいても、角を曲がると荒々しい自然の風景が目に飛び込んでくる。

レイキャビクでは、ニューヨークや上海にいるときのような壮麗さに惑わされることはない。宇宙における自らの位置と、その小ささを自覚し、自らそれを認めている町、それがレイキャビクだ。アイスランド人はそんな町で人生のはかなさを楽しんでいる。いつ何があってもいいようにつねに準備を怠らず、想像力豊かに人生を生きている。大きな都市は永遠不滅を装う。自然を征服して巨大な都市に発展したことによって、死を乗り越えたという幻想を生み出す。一方、アイスランドでは自然がすべてだ。永遠不滅などという戯れ言を信じている人はどこにもいない。

実際、アイスランド人は、自然を前にして差し迫った死をつねに意識しているように見える。テレビプロデューサーのクリスティンが、最近自宅の近所を散歩したときの話を聞かせてくれた。レイキャビク市内の彼女の家からちょうど一〇分歩くと、溶岩に覆われた場所に出る。「見渡すかぎり人の姿はなかったわ。もし転落して足首を骨折でもしたら、野ざらしになって、ものの数時間で死んでしまったかもしれない」こんな怖い話を、彼女は楽しげに語る。スカイダイバーや車のスタントマンを駆り立てるスリルと同じようなものなのだろうか。私はそうは思わない。クリスティンはアドレナリンの話をしているわけではなく、自然との深い関係、時間を超越した関係について語っている。死の予感を内に秘めながらも、死にとらわれることのない関係について語っているのだ。

レイキャビク市内を歩いていると、アイスランドがきわだって創造力あふれる国であることがよくわかる。アートギャラリーや楽器店、作家の仕事場を兼ねるカフェが町じゅうにある。おそらくこれが、アイスランド人の幸福の秘密なのだろう。

幸福は、冷徹で客観的な論理の産物ではない。もしもそうなら、会計士は全員、幸福に酔いしれているはずだ。偉大な思想家たちは創造性と幸福の密接なつながりを説いてきた。たとえばカントは、「幸福とは理性の極致ではなく、想像力の極致だ」と語っている。つまり、幸福になる第一歩はそれを想像することにある。

イギリスの研究者リチャード・ショフは、『幸福の秘密（*The Secrets of Happiness*）』で次のように述べている。「想像力は理性を超えた領域にある。想像力は未来の現実、すなわち将来の自分自身を思い描くことによって発揮されるようになる」

一般に、文化というのは歴史的なものであり、失われやすいものだとされている。文化は祖先から受け継ぐものであり、保護されるものであると同時に、（むしろ）破壊されるものでもある。この考え方は間違っていないが、物事の一面しかとらえていない。文化は創造されるものでもある。誰かが生み出してくれるからこそ破壊も可能だった。

アイスランドは現在、文化を創造しつつある。この国のおもしろさはそこにある。いまこの瞬間も、純粋なアイスランド音楽を作曲している音楽家がどこかにいる。しかもそれは、過去に作られた音楽とは異なる新しい音楽だ。アイスランドにはインストゥルメンタル音楽（器楽）の伝統はない。楽器を演奏するには暗くて寒すぎる。あるいは、昔のアイスランド人が輪をかけた大酒飲みだったせいかもしれない。現在、若い音楽家たちが純粋なアイスランド音楽を生み出そうと精力的に活動している。創造の瞬間に立ち会えるのは本当にすばらしいことだ。

もしも言語に（たかが言語に）、幸福をはぐくみ、人々の創造意欲をかきたてる力があるとしたら、それはアイスランド語にほかならない。アイスランド人はアイスランド語をこよなく愛する。国家よりも言葉への愛着のほうが深い。これは実に興味深い点だ。アイスランド人にとって言葉は文化が宿る幕屋なのだと、あるアイスランド人が語っていた。他の国でそんな発言を聞いたら、民族主義的な匂いを感じて否定してしまうにちがいない。あるいは一笑に付してしまうかもしれない。ところがアイスランドではそうはいかない。

アイスランド人は、われわれが話しているのが由緒正しいバイキングの言葉だ、他のスカンジナビアの言葉は二流のバイキング方言にすぎないと、ことあるごとに語る。あちこちでうんざりするほど何度も聞かされた。フランス人と同じく、アイスランド人は自分たちの母語の話になると一歩も引かない。フランス人と違うのは、お高くとまった気配がないことだ。誰もがアイスランド語だけでなく英語でも話しかけてくれる。ここでは「二言語併用《バイリンガリズム》」は禁句になっていない。

世界じゅうどこの国でも、新しいものが登場すると（たとえばコンピュータや、ローファット・ブルーベリー・マフィン）、自分たちの言葉でそれを表現する必要が生じる。たいていの場合、安直に元の英語を借用し、それを自分たちの言葉に適応させる。たとえば、日本では「パーソナル・コンピュータ」が「パソコン」と呼ばれている。しかしアイスランド人は、新しく登場したものに対して、アイスランド語で独自の用語をあてることに固執する。

新たな用語を生み出すにあたって、アイスランドの言語学者はバイキングの語彙を利用する。もちろん、バイキングの語彙には「ブロードバンド」は言うに及ばず、「白熱電球《ライトバルブ》」を意味する単語もない。アイスランド語でテレビを意味する「スジョウンヴァープ(sjónvarp)」という単語の文字どおりの意味は「映像を射出するもの」だ。大陸間弾道ミサイルの場合、言語学者は考え抜いた末に「長距離を飛ぶ火の玉」という表現を採用した。悪くない言い回しだ。私が気に入っているのは、コンピュータをあらわすために採用された「トルヴァ（tolva)」という単語。これは「数の予言者」を意味している。この単語を思い浮かべると、私のコンピュータもなにやら魔法の小箱のように思えてきて、心をくすぐられる。実際、コンピュータというのはそういうものかもしれない。

アイスランドに最大級の賛辞をささげた外国人として知られているのは、一九世紀のデンマークの言語学者ラスムス・クリスチャン・ラスク。彼は「物事を真に考えることができるようになるために」アイスランド語を学んだと語っている。この話を聞いて以来、私も言語と幸福の関係について考えるようになった。言語は人を幸福にすることができるのだろうか。言語というのは、感情を表現するだけでなく、それを生み出すことも可能なのだろうか。たしかに、聞けばすぐにうれしい気分になる言葉がある。たとえば「愛してる」「あなたの勝ちだ」。逆に、「会計監査」や「前立腺検査」など、聞いただけで気分がめいるような言葉もある。

あまりうれしいことではないが、すべての言語に共通する特徴が一つある。それに気づいたのはスイス滞在中だった。どの文化でも、否定的な感情を表現する単語のほうが、肯定的な感情を表現する単語よりも多い。幸せについて人に語ってもらうことが難しい理由の一つはここにある。幸せを表現する語彙は実に少ない。もう一つ疑問に思うことがある。人間というのは、もともと苦悩すべく運命づけられているのだろうか。人間は泣き言や不平ばかりの悲観的な生き物なのだろうか。ことによるとそうかもしれない。あるいはおそらく、幸せがすばらしいのはあまりに自明のことであり、それを表現するために多くの語彙を必要としないのかもしれない。

楽観主義者の中には、神経科学の研究成果を引き合いに出して、それはすでに証明済みだと主張する人もいるだろう。ウィスコンシン大学の研究者によると、脳の中の言語をつかさどる領域は、幸福感をつかさどる領域と同じく、進化という観点から見ると比較的新しい領域なのだという。やはりこの二つは何か関係があるのだろうか。もしそうだとすると、言語というのは幸福を後追いしているだけなのだろうか。あるいは反対に、言語は幸福という車を運転する側なのだろうか。

その答えは簡単に出そうもない。ともあれアイスランド人にとって、言語が喜びの源泉になっていることは間違いない。この風変わりな小国のすばらしさは、すべて言葉から生じている。アイスランドの正式な挨拶は「コムドゥ・サイル（komdu sæll）」。字義どおりに訳せば「幸せになりましょう」となる。別れの挨拶は「ヴェルトゥ・サイル（vertu sæll）」。これは「幸せになれますように」を意味している。「元気でね」とか、「また会いましょう」よりも、はるかにすてきな挨拶だと思う。

アイスランド語はそれを話す人々と同じように平等主義的で、うわべを飾ることがない。アメリカの詩人・作家のビル・ホルムは、アイスランドの言葉に漂う気品を、自作の詩で次のように表現している。

　この言葉はエアコンのきいた部屋では聞き取れない
　人工の風が柔らかな母音をかき消してしまうから

でも山あいの風や小舟の上に砕け散る波しぶきなら
この母音をかき消すことはない
年配の婦人はこの言葉で長い髪を結うことができる
歌を口ずさみ、編み物に精を出し、パンケーキを焼くこともできる
でもこの言葉でカクテルパーティーは開けない
酒を片手に、立ったまま、気の利いた話をするのは難しい
この言葉はどっしりと腰を下ろして話さなければならない
言葉が重すぎて優雅な世間話には向いていない
でもひとたびこの言葉を話し始めれば、人生に輝きが増す

とくに最後の一行がすばらしい。意味を伝えるという本来の役割を超えた、言葉の力がうまく表現されている。

アイスランドで最も人気のある詩人は、エギル・スカラグリームスソンという名のバイキングの詩人だ。いまから一〇〇〇年以上前の人物ながら、あるアイスランドの芸術家の言葉を借りれば、「最高の詩を書く最低のばか野郎」として今なお人気がある。エギルは軽々しく扱えない詩人だ。「アイスランドでも有数の美しい詩を残したが、何か気にくわないことがあると、招かれた家の主人にへどをはきかけたり、眼をえぐり取ったりの乱行を働いた」当時の批評家たちは、エギルの作品を批評する際にはさぞや気をつかったことだろう。アイ

スランドでは伝統的に詩と暴力は切っても切り離せない関係にある。北欧神話の最高神オーディンは、詩と戦争をつかさどる神でもあった。

こうした荒々しい文学的特質は、アイスランドの幸福度と関係があるのだろうか。私にはわからない。言葉への愛着は幸せを保証するわけではないが、それによって絶望をありのままに表現することができるようになる。これは大きな利点だ。詩人なら（あるいはブロガーなら）誰でも知っていることだが、不幸や悲しみは言葉にして吐き出した分だけ減らすことができる。

でも、まだよくわからないことがある。レイキャビクという最果ての地にある「国際的な村」が、創造性を発揮する拠点たりえるのはなぜなのか。スウェーデンにしてもデンマークにしても、他の北欧諸国はアイスランドよりもはるかに多くの人口を擁しているにもかかわらず、アイスランドほどの芸術性を発揮していない。いったい何が違うのだろうか。

その答えは、氷の大地《アイス・ランド》という国名そのものにあるのではないか。まずは「アイス（氷）」について考えてみよう。いまから数百年前の、長くて寒い冬の暮らしを想像してみてほしい。そのころ人々は、感覚的な刺激が極度に遮断された状態で暮らしていた。ケーブルテレビの人気が物語るように、心というのは空虚を嫌う。そこで昔のアイスランド人は、こびと《ドワーフ》や妖精《エルフ》など、人里離れた荒野で暮らす架空の存在を生み出した。これは現実離れして、ばかげたことだろうか。

著名なブロガーの一人であるアルダが、こんな話を聞かせてくれた。友人と二人でアイスランドの外れにあるキョクアジサシの繁殖地を訪ねたときのこと。海岸沿いを散歩していると、突然、大勢の笑い声と、グラスをあわせるカチンカチンという音が聞こえてきた。こんな辺境の地で、いったい誰が酒盛りなんか始めようとしているのだろう？　けげんに思って一〇分ほど近くを歩き回ってみたものの誰もいない。

そして二人はようやく気づく。酒盛りなどではない。人の気配だと思っていたのは、波が岩に当たって砕ける音と、鳥の甲高い鳴き声が響き合って生じた幻聴だった。情報化と啓蒙主義の申し子のようなアルダが、アイスランドの暗闇の魔法にみごとにはまってしまったのである。一〇〇〇年前の祖先たちも、きっと同じような経験をしたにちがいない。

次にアイスランドの「ランド（大地）」について考えてみよう。大地はすぐ足元にある。一見したところ、みごとなまでに平坦できれいな大地だ。それでも大地は大地にすぎない。これぞ「アイスランドの大地」だと言えるようなものではない。アイスランドの大地は、蒸気や湧き水や煙を発し、ときにはガスを発することもある。どれも地質学的説明を聞けば納得のいくことばかりだ。特筆すべき点はない。私の関心は、大地が蒸気や湧き水や煙（そしてときにガス）を発するということが、アイスランドの幸福度にどのような影響を与えているかという点にある。

大地そのものが創造やひらめきの源泉であり、幸福の間接的な源泉だとアイスランド人は語る。大地はいつも、文字どおり足元で揺れている。アイスランドでは一日平均二〇回の地震がある。もちろん大災害になるような規模ではないが、地震によって生活に変化が生じる。

アイスランドでは地質学的時間が加速していると言われている。火山の誕生は一世紀に及ぶような活動の結果ではなく、誰でも生きているあいだに目撃できる。エネルギーの渦という考え方を信じる人にとっては、アイスランドはうってつけの国だ。アイスランド人は、私が過去に訪れたどの国の人よりも、エネルギーについてよく語る。あるグラフィック・デザイナーは、夏のあいだに太陽光発電で充電池に電気をたくわえて、暗い冬に使えるようにしているという。別の音楽プロデューサーは、何もかも活動を停止する秋に数多くの音楽アルバムが発売されるのは、「超自然エネルギー」の力で説明できると語っていた。

世界史の中でも、黄金時代と呼べるような時代は数えるほどしかない。創造性と人間性が花開く時間と空間があらわれた時期としては、たとえば五世紀のアテネ、エリザベス朝のロンドン、ルネサンスのフィレンツェ、二〇世紀末のシアトルがあげられる。黄金時代は長く続かない。あっという間に過ぎ去り、フランシウムのように消えていく。

イギリスの歴史家で都市計画者のピーター・ホールは、名著『都市と文明（*Cities in Civilization*）』の中で次のように述べている。「歴史の教えによれば、都市の黄金期というのは、ごくまれにしか明かりがともらない特別な窓のようなものである。一瞬、世界に光を投げかけて内と外を照らしたかと思えば、次の瞬間には閉じてしまう」

風変わりな小都市レイキャビクがルネサンス期のフィレンツェの現代版だなどと言うつもりはない。それは言いすぎだ。しかし、この二つの都市にはいくつかの共通点がある。どちらも人口は九万五〇〇〇人ほど。一四世紀のフィレンツェと同じく、レイキャビクにもエリート芸術家は存在しない。誰もが芸術家であり、同時にそれを享受する側でもある。

レイキャビクの芸術熱を支えているのは、歴史と地震エネルギーだけなのだろうか。それとも他に何か理由があるのだろうか。もしかしたら見逃している理由があるのかもしれない。

一つだけ確かなことがある。アイスランド人は洋服を自然に着こなしているという点だ。これは私が最も苦手とする分野だ。表面的に着飾るのは簡単だが、真のおしゃれというのは難しい。それは私も経験的に知っている。私が持っている服と言えば、黒っぽい服ばかり。今風のメガネを二本持っていて、それをずっと使い続けている。カンゴール社製のハンチング帽がお気に入りで、ときどき前後を逆にしてかぶることがある。頭は短く刈り上げていて、ネクタイはめったに使わない。通りすがりにちらっと見れば、人並みのセンスを持った中年男に見えるだろう。しかし、本当の着こなしがわかる人や、二五歳以下の若者に見られたら、化けの皮がすぐにはがれてしまう。見かけ倒しの伊達男を気取った、歩いてしゃべるルイ・ヴィトンの模造品といったところだ。

ファッションに関して最悪の事態が起きたのは、よりによって古着屋にいるときだった。店の名前はアイスランド語だったので、外国人が正しく発音するのは難しい。おまけに安全上の理由もあるので、ここでは店名をふせておくことにする。中古品を掛け値なしで販売しているので、アイスランドでもよく知られた古着屋だ。

とびきり小粋なスカーフを見つけたのでレジに持っていくと、若い男の店員が何かを探して忙しく動き回っている。身をかがめると、模様のついた下着が見える。それを見てドキリとした。下着が見えたからではない。おしゃれとしか言いようのない下着だったからだ。セクシーで、実にファッショナブルだった。赤、青、緑のストライプに、渋い紫のまだら模様がみごとに調和している。思わずため息をついてしまった。下着までこれほどおしゃれだとは！　この下着に比べれば、私が持っている服なんか哀れなものだ。思いがけずアイスランド人の店員の下着を見て、自分の身の程を思い知らされる。この国では、私のファッションセンスなんて愚にもつかない。

アイスランドのかっこよさは、一種の風土病のようなものかもしれない。若者だけでなく、中年男まで感染している。たとえばラルス・ヨハネソンという人物がいる。小さなレコード店を経営し、自身のレーベルも持つ有名人だ。もしもアイスランドの奔放なまでの芸術性について知りたいのなら、ラルスに会うべきだと誰もが言う。

さっそく彼の店で会ってみることにした。雑多なCDが並ぶ棚のあいだにソファが置かれ、店内はとても感じよくまとまっている。ラルスはストライプのスポーツウエアに黒縁のメガネ。大事なことを語るときには、メガネを鼻に押しつける癖があるようだ。ごく自然な雰囲気で好感が持てる。店の外では町全体が柔らかな闇に包まれている。

プロのチェス・プレーヤーになりたかったんだ、とラルスは言う。なるほど、どうりで頭がよさそうなわけだ。おしゃれなメガネの奥で、頭がフル回転しているのがわかる。本人は自分の欠点だと思っているようだが、内気な性格が彼の魅力を高めている。アイスランド人はチェス好きで、しかも皆かなりの腕前だ。その理由を聞いてみると、口をそろえて同じ答えが返ってくる。長い冬のせいだという。この暗闇の中ではチェスが唯一の楽しみなのだ。

ひとことで言えば、ラルスの経歴は多岐にわたっている。しかし「ラルスはさまざまな職業を遍歴した」と表現するのは、「ロジャー・フェデラーはテニスをちょっとかじってい る」と言っているようなものだ。四十数年の人生で、ラルスはプロのチェス・プレーヤーを手始めに、ジャーナリスト、建設会社の重役、神学者と遍歴をかさね、現在は音楽プロデューサーとして活躍している。けげんそうな私を見て、「よく不思議がられます」とラルスが言う。「でも、ぼくのような経歴はアイスランドではごく当たり前ですよ」

経歴が多様な人ほど、幸せを招き寄せるとラルスは考えている。専門性を重視するという、アメリカやヨーロッパで主流を占める価値観の逆をいく考え方だ。欧米では学者や医師などの専門職に就く人は、学べば学ぶほど、ごく狭い専門分野に深入りする傾向がある。アイスランドでは、人は学べば学ぶほど別の世界に首を突っ込むようになる。

レイキャビクに漂う芸術熱について、ラルスに質問してみる。どこからこの情熱がわいてくるのだろうか。どうすればその中に入り込めるのだろうか。

ラルスはメガネを鼻に押しつける。

「嫉妬だと思います」

「嫉妬？」

「アイスランド人は、あまり他人をうらやむことがないんです」

ラルスが言うところの嫉妬心がないというのは、スイスの場合とはちょっと違うようだ。スイス人の場合は、嫉妬の原因を隠すことによってその気持ちを押さえ込む。アイスランド人は、分かち合うことによって嫉妬心そのものを消してしまう。アイスランドのミュージシャンは互いによく助け合う、とラルスは言う。あるバンドでアンプやリード・ギタリストが必要になれば、別のバンドがすぐに手を差し伸べる。事情を詮索したりはしない。知識やアイデアも自由に交換しあう。いわゆる「七つの大罪」の一つである嫉妬が、邪魔に入る余地はない。ジョセフ・エプスタインは、嫉妬を主題にした著書で次のように述べている。ひとたび束縛が解かれると、「嫉妬はそれに取りつかれた人のすべてを陥れる」。

嫉妬心の相対的な欠落は黄金時代の一つのしるしだと、ピーター・ホールが述べている。世紀末前後のパリに言及したくだりなのだが、これはそのまま二一世紀のレイキャビクにもあてはまる。「人々は暮らしも仕事も共に営んでいた。技術革新や新しい動きがあると、すぐに情報を共有し、誰もが自由に自分の仕事に取り入れることが可能だった」一九〇〇年のパリの芸術家たちも、今の言葉で言えば「オープン・ソース・ソフトウェア」に頼っていたということになる。現代のアイスランド人も同じだ。当然、競争はある。しかし、競争と言っても元々の意味における競争である。競争（compete）の語源はラテン語の「コンペトゥレ（competure）」であり、それは「ともに探求する」ことを意味している。

わからない点がもう一つある。嫉妬はどこまで許されるのか。私はまだ何か重要なことを見落としているような気がする。ケシ粒のようなこの国が、人口比率からするとこれほど多くの芸術家や作家を、他のどの国よりも輩出できるのはなぜなのか。

「それは失敗のおかげでしょう」と、メガネを鼻に強く押し当てながら、ラルスが言う。

「失敗？」

「そう、失敗です。アイスランドでは、失敗が恥ずかしいことだとは誰も思っていなくて、むしろ名誉なことだと考えられています」

「失敗が名誉なことだなんて、なんだか常識とかけ離れているような気がするけれど。失敗が名誉だなんて誰も思わないんじゃないかな」

「では、こういう場合はどうでしょう。誠心誠意何かをおこなった結果として失敗した場合、人はそれを好意的にとらえます。どこかで情け心を出してしまったから、失敗したのかもしれません」


よく考えると、うなずける気がしてきた。いつでも失敗できるというのは、いつでも再挑戦できることを意味している。アメリカ人も失敗を抱きしめるという考え方を好むが、それはある程度正しい。最後には成功するような、救いのある失敗談が好きなのだ。五回も一〇回も失敗を重ねたあげく、妙案を得て大きな成功を収めた実業家。没にされた原稿が一〇作以上あるベストセラー作家。こうした物語では、失敗は成功に甘い香りを添える出来事にすぎない。食前酒のようなものだ。でもアイスランド人にとっては、失敗こそがメインディッシュになっている。

ラルスはこんなことも言う。アイスランドの一〇代の若者がアマチュアバンドを結成するとき、親の支援を全面的に当てにするのはごくあたりまえのこと。プロになる見込みがあるわけではないが、バンド活動をすること自体に意味がある。それに、失敗してもいつでもやり直しがきく。北欧の充実した社会福祉が救ってくれる。この国は生まれ変わることが可能な国だ。もちろん抹香くさい意味ではない。

心理学者のミハイ・チクセントミハイが、『フロー体験——喜びの現象学』（世界思想社）の中で次のように述べている。「人間がどのように感じるかを決定するのは、人間が実際に持っている能力ではなく、持っていると思い込んでいる能力である」（傍点は筆者による）。はじめてこの文章に出会ったとき、四回も五回も読み返し、これは誤植にちがいないと確信した。そうでなければ、チクセントミハイ自身が勘違いして書いたにちがいない。チクセントミハイは妄想が大切だと主張しているように読める。自分のことをバイオリンの名手だと思い込んでいる人がいる。しかし、実は音感がない。だとすると、その人は自分をごまかしているのだろうか。答えは「イエス」だが、そこに何の問題があるのかと、チクセントミハイは問いかける。いずれにしてもそこにフロー体験がある。つまり、行為に没頭することによって不安が消え、時間の経過を忘れてしまう心理状態である。同様に、幸福度の高い人は、自分の人生で実際に起きたことの中で、悪い出来事よりも良い出来事のほうを記憶していると、ポジティブ心理学の提唱者であるマーティン・セリグマンが述べている。これに対して、鬱の傾向のある人は、過去をありのままに記憶している。こうしてみると、「汝自身を知れ」というのは最良の人生訓とは言えないかもしれない。幸福のレシピでは、ひとつまみの妄想が味の決め手になるということだ。

　アイスランド人にも同じことが言える。この国には満ち足りなさを語る人はいない。だから人々は淡々と歌い、絵を描き、創作に励んでいる。この自由気ままな活動の成果の一つが駄作《クラップ》だ。アイスランドの芸術家たちは、実によく駄作を生み出す。彼ら自身がそう認めている。しかし、芸術の世界では駄作が重要な役割を果たす。農業の世界で糞便《クラップ》が重要な役割を果たしているのと同じだ。農業ではそれが肥料になる。糞便の力で栄養ある作物が育つ。悪いものがなければ良いものは生じない。逆もまたしかり。アートギャラリーで駄作を見たいとは誰も思わないだろうし、食料品店で糞便を見たいと思う人もいない。しかし、駄作にしても糞便にしても、どちらも重要であることに変わりはない。

　困難に直面したとき、アイスランド人はそれに気づいていないふりをすることがある。ラルスによると、すべて計算ずくだそうだ。「アイスランド人は世間知らずだけど、それが最大の強みでもある。地雷原を歩くのに似ています。地雷が埋まっていることを知らないから、平気でどんどん耕す。若いミュージシャンや物書きがどうしてあんなに世間知らずなのか、私には理解できません。彼らを見ているとびっくりします」

　思わず笑いがこぼれてしまった。でも、ラルスには私がどうして笑ったか、わからなかったはずだ。「世間知らず《ナイーブ》」という単語が軽蔑的な意味ではなく使われているのを聞いて、うれしくなって笑ってしまったのである。

　世間知らずという言葉に関しては苦い思い出がある。二〇年近く前、私は野心を抱く二六歳の青年だった。なんとしても一流の報道機関で働きたいと考えていた。となるともちろん、『ニューヨーク・タイムズ』紙をおいてほかにない。ところがどう考えても入社できる見込みはなく、私の望みは妄想に等しかった。第一関門とされる名門校の出身ではないし（私の母校はアイヴィーリーグの名門大学ではない）、外国語に堪能なわけでもない。胸を張って見せられるような作品集《ウーヴル》があるわけでもない。そもそも「ウーヴル」の意味さえ知らなかった。『ニューヨーク・タイムズ』どころか、そもそも新聞社で働いたこともなかった。

しかし、一つ考えがあった。私は当時、自家用パイロットの免許を持ち、小型飛行機についての駄文なら書いたことがあった。つまり航空機に詳しかった。航空機関係の文章が書ける記者として、『ニューヨーク・タイムズ』紙に自分を売り込んでみようと考えたのである。ちょうど航空担当記者が辞めるときと重なっていて、絶好のタイミングでもあった。

面接は一回では終わらず、指定された会場はだんだん風通しも居心地も悪くなっていく。最初の面接はニューヨーク市内のハーヴァード・クラブ、最後は本社の重役専用食堂だった。身を固くして、柔らかい革張りの椅子に座り、気後れと緊張を隠すのに必死だった。面接官はジョン・リーという礼儀正しいジャーナリスト。南部風の素朴な印象が、有無を言わせぬ冷徹さをカモフラージュしていて、一瞬たりとも気が抜けない面接だった。彼は高圧的な態度で接するのではなく、昔ながらの尋問テクニックで攻めてくる。まるで獲物を狙う動物のようだ。

今は亡き著名ジャーナリストたちが、リーの補佐役として刺すような視線を送っている。

かつてのピュリッツァー賞受賞者の写真が、壁をぐるりと取り囲んでいるのだ。「それで、君は自分が本当に『ニューヨーク・タイムズ』紙にふさわしい人間だと思っているのかね？」額の中のピュリッツァー賞受賞者たちから、そんなふうに問いかけられているような気がする。いや、実際にそう問いかけていたのはジョン・リーだった。

「それで、君は自分が本当に『ニューヨーク・タイムズ』紙にふさわしい人間だと思っているのかい？」

「はい、そう思っています」我に返ってそう答える。

リーは人の言うことを真に受けるようなタイプではない。自分から『タイムズ』にふさわしいと主張する二六歳の恥知らずの自信家など、はなから同僚として迎える気はなさそうだ。

次にリーは、スコットランドのロッカビーで起きた、パンアメリカン航空一〇三便の爆破事件を君ならどうやって記事にするか、と質問してきた。正直言って何の考えも浮かばなかったが、なんとかはったりを利かせて急場をしのいだ。実際にどう答えたのかは記憶にない。しかし『タイムズ』への第一関門はかろうじて通過した。第二関門は課題文の提出だ。出題意図に忠実に記事を書いて提出したものの、その結果はなしのつぶてだった。三週間がすぎても何の連絡もない。

『ニューヨーク・タイムズ』入社の夢はほとんどあきらめ、二番街を散歩していたある朝、いつものようにニューススタンドで新聞を買った。

それを見て「なんてこった《ジーザス・クライスト》！」と思わず大声を上げてしまった。通行人がけげんそうな顔で私を見ている。どこかの宗教団体の、いかれた信者だと思われたにちがいない。あろうことか、私の書いた記事が一面に載っている。紙面の右下の隅に掲載され、私の名前も消されているが（担当記者の署名になっていた）、それでもれっきとした私の記事だ。しかもあの『ニューヨーク・タイムズ』の一面である。

こうして、短期間ながら、ことのほか実り多い『ニューヨーク・タイムズ』紙での記者生活が始まった。身分は契約社員。まだ年齢が若く、経歴も怪しいので、注意を要する見習い記者としての扱いだ。仕事さえできれば正社員への道が開けるというのが暗黙の了解だった。私は一面ネタを探して必死に働いた。アンテナを張り巡らし、航空業界担当の記者に許されるかぎりの、ぎりぎりの取材をした。ラテンアメリカのドラッグ密輸業者について記事を書きたいといって、担当デスクに掛け合ったこともある。違法薬物を空輸していたからだ。航空機の爆破テロ犯の記事も書いた。専用機があるのだから大統領に関する記事も書きたいという申し出は、にべもなく却下された。それでも意欲はそれなりに認められたようだ。

他の二人の記者と三人で小部屋を共有していた。その一人のフロイドは、かなりの太っちょで、金融市場について実に説得力のある記事を書いていた。電話で話をするとき、椅子の背もたれにもたれかかる癖があり、私はそのたびに部屋から出られなくなる。小部屋の奥の位置は、もう一人の記者仲間であるカートの定位置だった。カートは調査報道をおこなう記者で、裏社会に足を突っ込んでいた。電話でよく、「白雪姫は城にいる」などと話していた。もちろんウォルト・ディズニーの話ではない。カートの暗号混じりの話しぶりは気にならなかったものの（共用の小部屋にいつも謎めいた雰囲気を醸し出していた）、電話をしながら歩き回るのには閉口した。いつも歩き回りながら電話するので、ときどき電話のコードが私の首に巻き付き、窒息しそうな思いをした。

六カ月ごとにジョン・リーから呼び出しがある。彼のオフィスに出向くと、机の上のメガネに視線を置いて、黒いドレスソックスを引っ張り上げながら、君はなかなかよくやっていると言う。Aに近いB、まあBプラスといったところだ、しかしAには届かない、『タイムズ』の記者はAが求められる……。そして次の六カ月の試用期間が始まる。私は以前にも増して努力を重ね、ようやくベンチ入りできる自信がついてきた。そしてある日、世界が音を立てて崩壊する。

カートが青い顔で私のところにやって来た。

「どうした？」

「スニージーが森に隠れた」

「カート、暗号は勘弁してくれ。いったい何があったんだ？」

どんなおとぎ話よりも悪い話だった。その日の編集会議で私の名前が出たという。翌日の一面にどの記事を載せるかを、各部長が集まって決める会議だ。編集主幹のマックス・フランケルが、航空管制官についての私の記事を気に入らず、こき下ろしたという。あいつの記事は「世間知らずで、センスがない」という審判が下ってしまったのだ。

ジャーナリストで、しかも『ニューヨーク・タイムズ』紙の記者だとしたら、「世間知らずで、センスがない」というのは最低最悪の評価だ。それよりもまだ、「DV夫」とか「悪魔崇拝者」とでも呼ばれたほうがましだった。「世間知らずで、センスがない」という評価以外なら、何でも受け入れられる。

言ってみれば私は、「放射性廃棄物」のような問題児になった。一刻も早くばっさりと廃棄する必要がある。案の定、数週間後には自由の身になった。自由の身と言えば聞こえはいいが、解雇されたのだ。

その後、私の人生を左右した「世間知らずで、センスがない」というフレーズについて、あれこれ考える時間がたっぷりできた。「センスがない」というのはまだ耐えられる。実際、当たっている節もある。しかし、「世間知らず」というのには完全に打ちのめされた。

結局、この屈辱の経験を乗り越えることはできなかった。今でもまだ吹っ切れていない。暗闇に包まれたケシ粒のような国で、ラルスの店にじっと座っていると、心の傷が癒えていくような気がする。アイスランドは国全体が世間知らずな国だ。それでもみんな、うまく暮らしている。

そもそも世間知らずのどこがいけないというのだろう。クリストファー・コロンブスだって世間知らずだったのではないか。ガンディーや、一九六九年のニューヨーク・ジェッツだってそうだったではないか（ジェッツはこの年、第三回スーパーボウルでAFL代表としてはじめて優勝した）。みんながあと少しだけ世間知らずになれば、世界も捨てたものではなくなるはずだ。それが私の結論だ。

「アイスランドでは、世間知らずであることはよいことなのです。いつでもやり直しがきくから」と、ラルスが言う。実際にラルスも四回やり直している。アメリカ人も、自分たちの国がチャンスの国、夢を実現できる国であることに誇りを持っている。それは本当だ。ところが、志ある人の意欲を社会が翻弄するシステムに変わってしまった。アメリカで職を去ることは、健康保険を失い、次は何の保障もなしに働くことを意味する。しかしアイスランドではどうだろう。ある人はこう言う。「ブラックホールに落ちる心配なんかしなくていいさ。だってもともと、ブラックホールなんてないんだから」

噂どおり、話せば話すほどラルスの洞察はみごとだ。彼にもう少し聞いてみたいことがある。私が知りたいのは、妖精やこびと、そして巨岩に住むとされる「見えざる人々《ヒドゥン・ピープル》」のことだ。二一世紀の今でも、アイスランド人の大半は常識離れしたこれらの存在を信じているという。

アイスランド南部で道路工事に従事した人たちの話を紹介しよう。彼らはこの話を誓って本当の話だと主張している。トラブル続きで、ブルドーザーが故障した。トラックのエンジンもかからない。あそこの大きな岩に住んでいる見えざる人々《ヒドゥン・ピープル》のせいじゃないかと、誰かがほのめかす。きっとわれわれの工事が何かの邪魔になっているんだ。作業員は、はじめのうちはこの忠告を無視していたが、おかしな出来事はおさまらなかった。そしてとうとう、巨石を迂回して道路を通すことにした。すると異変が静まったのである。

ある女性は、妖精の存在を否定したかと思うと、そのすぐ後に、自分が見た幽霊の話をした。「本当にいたのよ」驚いた彼女は、一糸まとわぬ格好のまま、寒い家の外に逃げたのだという。

それとなくラルスに、こういう話を信じるかと尋ねてみる。少し考えていたラルスの顔に、片方の目じりから引きつったような笑いが広がった。そしてメガネを二回、鼻に押し当てる。よい返答が期待できそうだ。

「自分が信じているかどうかというと、よくわかりませんね。でも人々は信じている。だから私の人生はより豊かなものになるのです」

いったいどういう意味だろう。スフィンクスの謎かけでも始めたのだろうか。ラルスはそれ以上何も言わない。自分で調べたり人に聞いたりして、さんざん考え、どういうことを意味しているかわかるまでに何週間もかかった。特別信仰心が篤いわけではないアイスランド人は、信じることの否定と、信じないことの否定とのあいだに、自分の立ち位置を置く。そこは価値ある空間だ。説明できないものへのドアが、いつも半開きになっている場所である。

一度、そんな場所に行ったことがある。一九九〇年代のはじめに、NPRの特派員としてニューデリーに駐在していたときのことだ。ある朝、妙な音で目が覚めた。いや、正確に言うと、完璧なほど何も物音が聞こえなくて目が覚めた。苦痛になるほどの、説明しがたい静寂に包まれていた。インドにはありとあらゆるものが存在する。ないのは静寂だけだ。しかし、あの朝だけは違っていた。野菜売り《サブジ・ワーラー》の抑揚のない声も、荷車を引く音も聞こえてこない。使用人がキッチンで朝食の用意をする音も聞こえない。バルコニーに出ると、一人の男がブリキのミルク缶を持って、インド人の散策とは思えない早足でどこかへ急いでいた。

「どこに行くんですか？　今日はなぜ人がいないのでしょう？」

「寺院ですよ。みんな寺院に行きました。奇跡が起きているらしくて」

「奇跡って、いったいどんな……」

足早に歩く男性の耳に、最後の質問は届かなかったようだ。

ジャーナリストの勘が働いた。インドでは奇跡は日常茶飯だ。でも今回は、よくある奇跡と違って、文句なしの奇跡のような予感がする。テープレコーダーを摑んで、慌てて寺院に向かう。寺院から一〇〇メートルほどのところまで行くと、群衆が一つになって動いている。車が寺院の前で立ち往生し、両方向とも大渋滞になっていた。マイクを持った白人の私に気づくと、群衆が道を開けてくれた。「いったい何が起きているのですか？」誰にともなく質問してみる。

「奇跡だよ」

「奇跡って、いったいどんな？」

「神様がミルクを飲んでるんだ」

新手の奇跡だった。二年間もインドで暮らしていると、どこからともなくあらわれたガンジス川の聖水が、死にかけた老人を奇跡的に救ったというたぐいの話を耳にする。しかし、神様がミルクを飲むというのは、いったいどういうことなのか。酪農協会が知恵を絞って、販促キャンペーンでもやっているのではないか。ようやく少しずつ前に進むことができた。寺院の中に入ってみると、象の頭をしたガネーシャ神のまわりに、大勢の人が覆いかぶさるようにしてしゃがみ込み、スプーンでミルクをかけている。こんなことだろうと思った。ガネーシャ像にかけられたミルクは、すぐに蒸発する。これをどう伝えるべきかと迷ったものの、とにかくすべてを録音し、ニュースレポートとして放送に乗せた。

夜になると徐々に生活がいつものペースに戻り、テレビでも見ようとスイッチを入れた。サリー姿の女性ニュースキャスターが、今日一日の出来事を読み上げている。「ミルクの奇跡」と命名された事件は、その日の朝、パンジャーブ州の寺院で始まった。噂はあっという間にインド全土に広がり、ついにはイギリスや香港のヒンドゥー教寺院にまで及んだ。政府の職員まで仕事を放り出して奇跡を見に行ってしまったので、インドの国民生活は麻痺状態に陥った。テレビは、私がその日の朝に見たような、恍惚状態の信者の姿を流している。

画面が切り替わり、物理学者がインタビューを受けている。この「奇跡」を科学的に説明すると、毛細管現象によってガネーシャ像がミルクを飲んでいるように見えるだけとのことだった。奇跡などではなく、高校生でもわかるような物理の問題だったわけだ。後に私は、ジャーナリストで作家のクシュワント・シンにインタビューした。彼はインド合理主義協会の設立発起人の一人でもある。「またしても」とシンは言う。「われわれインド人は、自ら進んで笑いものになってしまった」

インドの役人はそれほど鈍感ではない。しかし、「ミルクの奇跡」がこの国について明らかにしたことを、クシュワント・シンのように本当に憂慮しているのか疑問に思う。核大国であることは言うに及ばず、経済大国の仲間入りをするところまできている国だというのに。

私があのときどう感じたか、今となってははっきりと思い出せない。でも、あれから数年がたった現在、ラルスの言いたかったことがよくわかる。私はこの奇跡を信じていない。しかし他の人々は信じている。その結果、私の人生はより豊かなものになる。この半信半疑の薄明かりのもとで暮らすのも悪くないと思う。

ラルスがそろそろ出かける時間だと言う。結成されたばかりのバンドですごくいい音楽をやるグループがあるらしい。ラルスは電話番号が書かれたメモを私に渡す。「友人のヒルマーです。時間をつくってぜひ会ってみるといいと思います。異教徒《ヒーズン》ですが」

「え？」

「異教徒《ヒーズン》です」

うかつだった。バイキングの信仰を受け継ぐ異教徒は、恐竜や温かい機内食のように絶滅したのかと思っていた。

ラルスが立ち上がろうとしたとき、一つ質問を思いついた。「異教徒のヒルマーさんというのは幸福な人でしょうか？」

「ええもちろん、とても幸せな人です」

それから数日後、幸福な異教徒のヒルマーと午後のコーヒーを共にすることになった。

異教徒には会ったことがない。何を質問したらいいのかわからなかったので、意を決して、ジャーナリスト用語でいう「取材」、学者の世界でいう「調査」、一般の人がいうところの

「読書」をすることにした。それでわかったのは、アイスランドはもともと多神教の国であり、西暦一〇〇〇年にキリスト教への大規模な改宗がおこなわれた。この改宗はおもに実利的な要因があったためと考えられている。だからアイスランド人は、その後も良きクリスチャンであったためしはない。誕生や婚礼や葬儀で教会へ足を運びはするが、それ以外は、ある人に言わせると「心正しき無神論者」ということになる。

知るほどに興味のわく人物だ。ヒルマーはアイスランドの異教信仰のリーダーである（彼の姓を書いたり発音したりするのは難しすぎるのでやめておく）。ケルト民族の祭司《ドルイド》に近いかもしれない。ヒルマーは異教式の結婚式や葬儀を執りおこなう。しかし、単なる異教徒ではない。音楽的才能に優れ、いくつもの映画音楽を手がけているほか、アイスランドの歌姫ビョークを指導したこともある。

幸福なる異教徒のヒルマーと、最初はメールで連絡をとった。すると、ちょっと忙しいという理由で数日間会えなかった（人身御供の儀式をしていたのかもしれない）。

やがて約束の日になり、ホテルのロビーで落ち合った。自己紹介すると、ヒルマーは異教徒《ヒーズン》らしい身ぶりで握手の手を差し出した。もじゃもじゃの髭が伸び放題で、優しい目をしている。首にはシルバーの小さなペンダント。北欧神話のトール神が持つ槌のようだ。私は緑茶、彼はカプチーノを注文する。異教徒がカプチーノを飲むなんて、ちょっと不思議な感じがする。

見ていると気の毒になってくるほど、ヒルマーはひどいはにかみ屋だ。ずっと下を向いたまま、消え入りそうなつぶやき声で語る。彼の言葉を聞き取るため、身を乗り出して耳を傾ける。話をしているあいだ、緑色の厚手のコートをずっと羽織ったままだ。

　まるで過去からやって来た人のように見える。以前にもこんな人物に会った覚えがある。エリザベス朝ロンドンや、世紀末前後のニューヨークを往来する人々が二重写しになる。外見（たとえばセイウチのような髭）のせいばかりでなく、その身ぶりや口調が今の時代には場違いに見える。一九世紀初頭に、クジラから採った油を燃料にしたランプの近くで、作曲をする彼の姿が目に浮かぶ。

　ヒルマーの人生は、宗教と音楽への愛を軸に回っている。異教信仰《ヒザニズム》についてどのように話を切りだしたらよいかわからなかったので、音楽の話から聞いてみることにした。

　八歳のころ、親戚のプロの音楽家が弾くバイオリンの音色に魅せられた。そのバイオリニストは、一日に一〇時間の稽古を重ねているという。小さなヒルマーにとっては、あまりにも過酷な修練に思えた。どうすれば、そんなにつらい思いをしなくても音楽家になれるかと聞いてみた。すると、作曲家になればいいと教えられた。そしてヒルマーは作曲家になった。別の世界に首を突っ込むこともあったが、ヒルマーはいつも音楽に戻ってきた。彼は美しい音楽のとりこなのだ。

　ヒルマーの行動基準は気高さである。日々の雑事（たとえば車を停めることや、支払いを済ませること）にはまったく関心がない。当然、車の駐車には苦労し、支払いは忘れることになる。

作曲をするとき、どんなことを考えているのか尋ねてみる。

「いつのまにか時間がすぎていきます。作曲に没頭しているときは本当に幸せな気分で、どんな曲ができあがるのか自分でも想像がつきません。限界を超えて自分が広がっていくような感覚と言えばいいでしょうか」

ミハイ・チクセントミハイの言うところのフロー体験の典型的な例だ。行為者と行為のあいだの境界線があいまいになり、場合によっては完全に消えてしまうこともある。ダンサーは消え、純粋にダンスだけが残る。フロー体験は幸せとは違う。実際、幸せについて考えるために流れ《フロー》を遮断すると、どちらも失うことになる。

ヒルマーはこんなことも言う。作曲をしていると、脳の中の数学を扱う領域に火花が散る。作曲のプロセスがある地点まで来ると、譜面は解かれるべき問題、数学の問題になる。私はこれまで数学と幸福の関係は考えたことがなかった。しかし、この二つはヒルマーの頭の中では深く結び合っている。

ヒルマーは社会的に成功した異教徒だが、野心家ではない。人生の目標は今も昔も変わっていない。第一に、自分の音楽を創ること。そして寛げるソファを持つことと、良い本を読むことである。アイスランド人の基準からみても彼の蔵書は多い。何日か前、手押し車に荷物をいっぱい積んで家に帰ってきたとき、五歳になる娘が彼の目をじっと見て訴えた――「パパ、お願い。もう本はいらないからね」。本の買いすぎをとがめられたとき、ヒルマーはいつも次のように答える。「他の人が時間をどのように無駄遣いするのかを知るのは、けっして無駄なことではないよ」

アイスランド人が詩を愛していることに関して、ヒルマーは独自の考えを持っている。「アイスランド人が詩にできないものは、何もありません」私がラルスと話したときに話題になった、勇敢なる失敗についても一家言がある。「たしかにアイスランド人は実りある失敗を大切にします。さらに突き詰めれば、『逆境の楽しみ』に耽ることが好きなのです」なるほど、と私は納得する。逆境というのは腐りかけた肉だ。とくに栄養もないし、美味でもないが、かみしめる価値はある。何もないよりましだ。私だって四十数年間、ずっと逆境をかみしめてきた。

最後に、思い切って異教信仰の話題に立ち入ることにした。彼は異教の家に生まれたのか、それとも改宗したのか。

ヒルマーの話を聞いてわかったのは、彼のほうから異教信仰に近づいたというよりも、異教信仰のほうからヒルマーに近づいてきた。一九七〇年代の初めに、若きヒルマーは生きる意味を探していた。偉大な神話学者ジョーゼフ・キャンベルと出会ったのは偶然だった。キャンベルはヒルマーに、未来は自分の過去の中にあることを説いた。アイスランドは神話の宝庫である。それは『エッダ』と呼ばれる書物に集大成されている。ヒルマーは衝撃を受けた。自分の過去とつながっているという考え方や、真理の啓示がないこと、そして義務も、禁忌もないという信仰に強く引かれた。繰り返し『エッダ』を読み返し、一〇〇〇年のあいだ忘れられていた異教信仰を復活させようと活動する小さなグループに参加した。

ヒルマーはいくつかの事柄を解明したいと考えている。バイキングは略奪も陵辱もおこなわなかった。少なくとも、同時代の他の人々と比べて、そうした行為を積極的におこなっていたわけではない。バイキングの悪名は、後からやって来たバイキングをおとしめようとして、アイルランド人が流布した作り話にすぎない。ヒルマーは言う。異教信仰は平和な宗教であり、大地への崇拝と地霊信仰にもとづいているのだと、多くの神が存在し、『エッダ』には奇跡を起こす隻眼の巨人を描いた物語が収められている。

「ヒルマーさん、あなたが分別ある理性的な人の一人だと思ってお聞きするのですが、本当にそういう物語を信じているのでしょうか？」

ヒルマーは少し考えてから口を開いた。そしてその答えは私が予想していたものとは違っていた。

「たしかに混沌とした思想かもしれません。ですが、こうした人知を超えた話を理解するために、人は信念の体系を必要としているのです」

にわかに信じがたい言葉だ。いま目の前にいる人物はアイスランドの異教信仰の指導者であり、その人物が信仰のすべてを「混沌とした思想」と述べている。それはローマ教皇が、「聖書はくだらない話の寄せ集めですが、まあ、信じる価値はあるでしょう」と語っているようなものだ。しかし、ヒルマーはまさにそれと同じことを述べている。人を幸せにするのは、何を信じているかではなく、信じるという行為そのものなのである。

「あなたの身に何か悪いことが起きたりしませんでしたか？　たとえば妨害行為とか」

ヒルマーは縮れた髭をなでながら少し考え、こう言った。「ええ、マネージャーに裏切られて一文無しになったことがあります。ロンドンのアパートで飢え死にしそうでした。でも、若かったから、それも楽しむことができました。運命論者だと思われるかもしれませんが、幸せな意味での運命論者ですね」

少し自由になる時間があるというので、「飛ぶ氷」を恐れずに書店まで歩くことにする。単純明快に「本」という看板を掲げた店だ。店内は雑多な本であふれかえっている。分類も言語も、どういう並びになっているのかまったく見当がつかない。アイスランド語のチェスの本の隣に、英語のガーデニングの本が並んでいる。

ヒルマーはこの店の常連のようだ。私のために混沌とした本棚から『エッダ』を探してくれる。どの『エッダ』でもいいというわけではない。「悪訳が多いから」と彼は言う。ずいぶん探して、ようやくお目当ての本が見つかった。

ホテルに戻って、混沌とした思想が詰め込まれた『エッダ』を開き、さっそく読み始める。まずは「序文」から。筆者はUCLA（カリフォルニア大学ロサンゼルス校）アイスランド・古代スカンジナビア学科教授のジェシー・ビョーク。「古代ギリシア・ローマ神話の神々とは違って、古代スカンジナビアの神々は、人間や半神の支配をめぐって争うことはまれだった。不死ゆえの安寧を享受することもなかった。世界は不断の脅威にさらされていて、神々の行為が予期せぬ結果を招くことも多かった」

意外なことに、古代のアイスランドでは、神々の暮らしも楽ではなかった。不死の安心感に浸れないのなら、無理して神であり続ける意味があるのだろうか。それが神様の特権だったはずなのに。

さらに読み進める。優れているはずのこの翻訳でさえ、意味を追うのになかなか骨が折れる。「賢者の言葉」という一章があり、少し興味を引かれた。異教信仰版クッキー占いといったところだ。旅人に向けては、次のような忠告が書かれている。

世界を旅する者は、自己をわきまえる分別が必要だ
愚か者は家でおとなしくしていたほうがいい

酒飲み向けにはこうある。

飲めば飲むほど人は無知になる
飲めば飲むほど愚かになる

私が最も気に入ったのは、次のような警句だ。

人の賢さは、ほどほどがいい
悪賢さも、頭のよさも、度を越してはならない

深い知識を身につけた人が
心底から幸せになれることはめったにない

ほどほどの賢さが大切だ。賢すぎたり、学びすぎたりすることがあるなんて思ったこともなかった。この点はどこかの異教徒に詳しく教えてもらわなくてはならない。

「カルチェラ」というカフェに座っている。レイキャビクではめずらしく、外国人のたまり場になっているカフェだ。派手な照明の下、スペイン人のウエーターが運んでくる豆料理《フムス》を食べられる。外国人の集まるカフェらしく、はす向かいにはジャレッド・バイブラーという名前のアメリカ人が座っている。アイスランドで暮らし始めて二年になるというジャレッドは、はじけるような笑顔が特徴的な青年だ。幸せそのものの表情が、なんだか嫌みに感じられる。

「ジャレッド、君はアイスランドで何をしてるんだい？」単刀直入に聞いてみる。

ジャレッドはくすりと笑い、やがて口を真横に大きく開けてチェシャー猫のような笑顔になり、「風の向くまま、気の向くままといったところですかね」と、人を煙に巻くようなことを言う。

ジャレッド・バイブラーの謎を解くには、国際線航路について知る必要がある。アイスランドは北大西洋航空路上に位置している。ということは、たとえばニューヨークとロンドンを往復する場合、飛行機はアイスランド上空を素通りすることになる。ニューヨークとロサンゼルス間を飛行機で移動する際に、カンザス州を素通りするのと同じだ。つまり、アイスランドはアメリカの片田舎と同じなのである。

思うに、カンザス州の住民と同じくアイスランドの国民も、高度一万メートルの上空から自分たちを見下ろしつつ通過していく旅行客に対して、とくに好意を抱いているわけではない。しかし数年前、国営航空会社アイスランド航空の幹部が妙案を思いついた。途中降機《ストップオーバー》である。たとえばニューヨーク—ロンドン間の旅行客に対して、割増料金なしでレイキャビクでの数日間の滞在プランを提供する。このもくろみがあたり、時間に余裕のある低予算旅行者を中心に、多くの顧客を獲得するようになった。

二〇〇二年春、大学を卒業後、そのままボストンで暮らしていたジャレッドは、アイスランド航空の途中降機チケットで、レイキャビクに三日間滞在した。帰国後、ヨーロッパ旅行はどうだったかと友人から尋ねられると、ジャレッドの口から出たのはアイスランドの話ばかりだった。彼はアイスランドに恋してしまったのである。深く、狂おしく、後戻りのきかない恋。一度燃え上がると、人の心は手がつけられない。アイスランドへの思いは止められなかった。やがて友人たちも、ヨーロッパの話を聞くのをあきらめてしまった。

ジャレッドはアイスランドに戻ろうと決意する。しかも旅行者ではなく、そこで暮らすことに決めたのだった。とりあえず、つてを頼って電話をかけまくった。友人の友人のそのまた友人にまで電話をかけ、アイスランドにコネはないかと聞きまくったものの、色よい返事は一つもなかった。でも最後にようやく手応えがあった。アイスランド商工会議所に電話したところ、二人でやっているソフトウェア会社に連絡を入れてみてはどうかとアドバイスされたのだ。その会社は社員を一人増やす計画があるという。面接を受けるためにすぐにアイスランドに飛んだ。そこでジャレッドは、ヴェガモットというおしゃれなレストランに案内される。チョコレート色の闇に包まれた、土曜日の午後、その場でジャレッドの採用が決まった。

アメリカから飛び出すなんて夢にも思わず、つい最近までアイスランドの位置すら知らなかった青年が、身の回りのものをかばんに詰め込み、レイキャビクに引っ越してきた。「ピンときたんだ」豆料理《フムス》をピタパンですくいながらジャレッドが言う。「ここで生きていこうかな、って」

私が真に受けていないのを察して、ジャレッドは自分から詳しく語り始めた。

「いいですか、ぼくらの時代は昔では考えられないくらい、どこに行くのも自由でしょ。人生をどこでどうやって終えるのか、自分で決めることができる。実は自分から逃げることだってできるんですけどね。少なくとも過去からは。でもアメリカ人というのは、どこか新天地を求めようとしたって、せいぜいノース・カロライナかノース・ダコタしか思いつかない。カナダなんか眼中にないし、ましてアイスランドなんて思いもよらない」

オーケー、話はよくわかった。ちょっと話をはしょることになるけど、別の話に移ろう。新天地と言うと、たいてい白い砂浜とか、明るい日差しがほしいと思うんじゃないかな。それがどうしてアイスランドなんだろう？

「ここが好きだから」

「それはわかるけど、アイスランドの何がそんなに気に入っているのか、教えてくれるかな」

ジャレッドは深呼吸をして、感情を抑えながらアイスランドへの思いを語り始めた。そのすべてを手帳に書き留めようとしたものの、かろうじて話についていくのがやっとだった。

ジャレッドが気に入っているのは、次のような点だという。まるで地熱エネルギーの金脈のように、大地から温水が噴き出すこと。なんとなくコーヒーに呼ばれて、とりとめのない話をしながら何時間もすごすこと。アイスランド人が愛情たっぷりに、自分の国を「アイス・キューブ」と呼ぶこと。こちらから何も働きかけていないのに、もう三人の国会議員と顔見知りになったこと。身が縮むような冬の日に、天から舞い落ちてくる真っ白な雪を踏むと、足の下できゅっと音を立てること。一二月の繁華街で、合唱隊が一列に並んで力強い歌声で歌うと、闇を押し戻すような気がすること。夜明け前の暗闇の中を、五歳児が一人で安全に通学できること。吹雪の最中にプールに行って何往復も泳ぐときの、この世のものとは思えない不思議な感覚。雪の中で車が動かなくなると、決まって誰かが立ち止まって助けてくれること。飛行機がケプラヴィーク国際空港に着陸すると、帰国の喜びを分かち合うために乗客みんなが拍手喝采すること。どこまでも誇り高くあろうとするアイスランド人が、けっして傲慢にならないこと。そしてもちろん、許容するどころか好きになってしまったアイスランドの闇。

ジャレッドが何よりも気に入っているのが、人を一つの「箱」の中に閉じ込めようとしない風土、あるいは一つの箱から別の箱へと自由に行き来できる風土だという。ソフトウェア会社に入社してから一年後、ジャレッドは金融業界に転職した。アメリカだったら考えられない転身だ。「きっとこう言われると思う。『おまえはソフトウェア業界の人間だろ。金融の何がわかるんだ』って。でも、アイスランドでは何とかなるって思われるだけさ」これもアイスランドが好きな理由の一つだという。何があっても大丈夫、行く先に光がまったく見えなくとも、いずれ何とかなるという考え方。現に今でも何とかなっている。

ジャレッドはアイスランドのすべてが好きなわけではないという。小さな国なだけに、ときどき閉所恐怖症のようになる。身びいきが目に余るし、女性は自立心が強すぎて、ジャレッドに付け入る隙を与えない。そのため、ときには気が狂いそうになることもある。しかしこれらはすべて小さな問題だ。ジャレッド・バイブラーはアイスランドで幸せに暮らしている。

アイスランドの幸福な暮らしが、何もせずにジャレッドのもとに訪れたわけではない。自分からも能動的に動いた。アイスランド語を学び、アイスランドの料理を楽しむことも覚えた（ただし腐ったサメだけは例外だ）。アイスランド人の話をするとき、ジャレッドが「ぼくら」と言い、「彼ら」と言わないことに気づいた。

つまり、ジャレッドにはすでに「現地化」のきざしが見られる。現地化というのは、滞在国に深入りしすぎてしまい、文化人類学者が言うところの「参与的観察者」と純然たる「参与者」の境界線を越えてしまった、外国特派員や外交官などの国外居住者を描写するときに用いられる。現地化した人々は、その国に容易になじむことができる。現地語を話し、ユーモアを理解する。独特の衣装を身につけ、その土地にしか存在しない病原菌に対する免疫力をつけた事例もあるという。長いあいだインドで暮らしていたので、現地の水道水を飲んでも死ななかったというイギリス人に、私も会ったことがある。

ほとんどの場合、「現地化」という言葉は、そうでない人々が非難のまなざしで使う。たしかにジャーナリストや外交官は現地の言葉を覚え、現地の料理を食べ、地理にも精通することが求められる。しかしそれも一定の限度までの話だ。それぞれの分野の専門家としては、対象と距離を置くことも必要になる。現地化した人は意志が弱く、ある種の背信行為に走ったと見なされることもある。認識が甘いと非難されるのだ。現地化とは、マルディ・グラ（謝肉祭の最終日）の日に、酔った勢いで情事に走った女と結婚するようなものだ。同様に、海外ですごす時間もある種の向こう見ずな行動とみなされる。

ここ数年、ジャレッドのように、生まれた国を離れて暮らすほうが、くつろげて幸福度も高いと思われる人に数多く出会った。たとえばブータンのリンダがそうだ。ジャレッドもリンダも、言ってみれば難民だ。もちろん圧政から逃れた政治難民ではないし、さらなる収入を求めて国境を越える経済難民でもない。快楽難民とでも呼ぶのがふさわしい。新たな土地、新たな文化を求めて移り住むのは、そこに行けば幸せを感じられるからだ。多くの場合、快楽難民はエピファニー（平凡な事件や経験を通して直観的に真実の全貌をつかむこと）を経験する。自分が本来生まれるべきではなかった国に生まれてしまったことを、そのときはっきりと直感するのである。

私の友人のロブの場合、深夜にモンタナ州ビリングズのトラック・ターミナルにいるときにその瞬間がやって来た。イギリス生まれのロブは、若いときにバックパッカーとして世界一周の放浪の旅に出た。ビリングズについたときには、ほとんど無一文だったという。ともかくトラック・ターミナルの食堂で一夜を明かし、朝になったらどうするか考えるつもりだった。

翌朝、コーヒーを注文した。手元にはコーヒー一杯分のお金しか残っていなかった。しばらくするとコーヒー・サーバーを手にしたウエートレスがやって来て、コーヒーのお代わりを注ごうとする。ロブはカップに手をかざして言った。「悪いけど、もうお金がないんだ」するとウエートレスはにっこりと笑って、たった一言、こう言ったという。「お代わりは無料よ」この一言がロブの人生を変えた。

お代わり自由。どれだけ飲んでもお代わりは無料。ロブにとってこの言葉は、アメリカの恵み深さと寛大さを示す言葉だった。そして、モンタナ州ビリングズの薄汚れたトラック・ターミナルで、カフェインのとりすぎで極度に緊張した一文無しのロブは、ここが自分の居場所だ、テネシー・ウィリアムズの言う「魂のふるさと」だと直感的に悟ったという。

それから数年後、ロブはボストンに引っ越した。そこで彼はNPRに職を得て、私たちは同僚となった。ロブはまだイギリス訛りが抜けていない。しかしロブは、明らかにアメリカの言葉を話している。

このような現象は、社会科学の研究者によって「文化的適応《カルチュラル・フィット》」と名付けられた。この概念は幸せについても多くのことを明らかにしてくれる。人間の性格と同じように、文化にもそれぞれ特徴がある。たとえば、集団に重点を置く文化と、個人を重視する文化がある。日本や、その他の儒教国家は前者に属し、個人の幸福よりも社会の調和を重んじる。個人主義の文化はアメリカに代表され、共同利害よりも個人の満足感を優先する。日本には「出る杭は打たれる」という有名な諺があるのもこれで説明できる。アメリカなら、出る杭は出世を勝ち取るか、『アメリカン・アイドル』というアイドルオーディション番組への出場権を獲得することになる。アメリカは「出る杭」の国なのである。

日本とアメリカの大学生を比較し、その性格の違いについて調査した研究がある。最初に「個人的成果」と「集団の調和」のどちらを評価するか質問し、それぞれの学生が行動面で個人主義的なのか、あるいは集団主義的なのかについて調べた。そして次に、何を幸せだと考えるか、すなわち幸福感について調べた。すると、個人主義的傾向のある日本の学生（つまりアメリカ的考えに近い学生）は、集団主義的傾向が強い学生よりも幸福度が低いという結果が出た。要するに、文化的適応の範囲内にある学生のほうが、そこからはずれた学生よりも幸福だということになる。

この結果をどのようにとらえるべきだろうか。高校生に対して、職業の適性検査をするように文化の適性検査を実施すべきなのだろうか。進路指導担当の教師からこんな電話がかかってきそうだ。「もしもし、ウィリアムズさんでしょうか。お宅のジョニー君の検査結果ですが、アルバニアへの適応率が一〇〇パーセントです。アルバニアに行ったほうが幸せに暮らせます。午後七時の出発便があるのですが、予約の手続きを進めてもよろしいでしょうか？」

答えはもちろん「ノー」だ。文化的適応というのは、耐えたり我慢したりすることを意味しているわけではないからだ。それに、どんな社会でも文化的不適応者を必要としている。芸術や科学の分野で偉大な業績を残すのは、文化的主流から完全にではないまでも、多少疎外されている人々だ。ドイツ生まれのユダヤ人であるアインシュタインは、文化的不適応者だった。アインシュタインが幸せだったか、そうでなかったかにかかわらず、私たちはアインシュタインの業績から恩恵を受けている。

最後にジャレッドに会ったのは別のカフェだった。金曜日の午後四時、私はビールを、ジャレッドはカプチーノを注文した。彼はしらふで起きていなければならなかった。北極圏の端まで同僚とスキー旅行に出かけることになっていたからだ。とはいえ、それほど急いでいるわけではなかったので、気楽な会話が弾んだ。外はまるで木炭のような漆黒の暗闇。「よくわからないけど……」とジャレッドが言う。まるでミルクの泡立ちとエスプレッソの渦の中に、人生の謎を解く鍵が隠されているかのように、ジャレッドはカプチーノのカップをじっと見つめている。「ここに来れば幸せになれるって、そんな気がしたんだ」

ようやく暗闇に慣れ始めてきた。まだそれを抱きしめるところまではいっていないものの、暗闇と私はだんだん距離を縮めている。寒さにも長所がある。寒さを知らなければ快適さもわからない。快適さや運転マナーに欠けるマイアミという土地で暮らしているときに、それを学んだ。暗闇は時を選ばずに一日のスタートを切ろうという気にさせてもくれる。なんてすばらしいことだろう。朝日に抜け駆けするような感覚は、ふつうは株の仲買人やドーナツ職人にしかわからないものだが、ここでは正午までに起きればその感覚を味わえる。

私もアイスランド人化してきたのかもしれない。しかし本当のアイスランド人とはほど遠い。舌をかまずに発音できるアイスランド語の単語は二つしかないが、この国で暮らす快適さはわかるようになってきた。地図の端っこから落ちてしまうような感覚はあるものの、不思議なことに、宇宙の中心にいるような感覚が同居している。地元の町と同じように、外に出れば顔見知りに出会うのもよくあることだ。

お気に入りのカフィタというカフェにいる。青、赤、その他の原色に近い色で彩られた壁が、いい雰囲気を生み出している。カフェラテやカプチーノができあがると、店員が歌うようにそれを伝えるのも心地いい。

ラグナルの声が聞こえる。以前に会ったことのあるアイスランドの芸術家だ。首に派手な色合いのスカーフを巻き、笑いながら隣のテーブルの人になにやら話しかけている。片方の手で指を鳴らし、もう一方の手で何かを示すしぐさをしている。しかし、どうも雰囲気にそぐわない。何か違和感がある。でも、なぜなのかは、はっきりしない。すると突然ひらめいた。ラグナルは幸せだ。そしてラグラルは芸術家だ。この二つの事実が常識と異なっていて、かみ合わないのである。真の芸術家とは苦悩する人であり、常識的に考えると苦悩しているときは幸せではない。

不幸な芸術家という神話は、昔からどこにでもある。一九世紀のイギリスの詩人バイロンや、シェリーの夭折。近くはジミ・ヘンドリックスやカート・コバーンの死が、この神話を人々の心の中にあらためて呼び起こしている。

アイスランドはこのばかげた神話を完全に無用のものにした。私が出会った何十人もの芸術家は、総じて幸せだった。ヒルマーに幸せかと尋ねたとき、返ってきた答えを覚えている。

「ええ、でも憂鬱にも親しんでいます」

日焼けペンギンのマグナスも同じようなことを言っていた。「ちょっと憂鬱な気分にひたるのも悪くない。元気を呼び覚ましてくれるブザーみたいなものだからな。少し頭がおかしくなると、人生ははかなくて、人間なんて弱いものだってことがよくわかる」

「じゃあ、憂鬱を抱えたままでも、幸せでいられるということかな？」

「そのとおりさ！」

研究者も日焼けペンギンの説を裏付けている。心理学者のノーマン・ブラッドバーンは、『心理学的幸福の構造（*The Structure of Psychological Well Being*）』の中で、人は幸福と不幸が正反対のものだと考えているが、それは違うと述べている。幸福と不幸は同じコインの表と裏ではない。それらは別のコインなのである。つまり、幸せな人がそれと並行して不幸な期間を経験することもあれば、不幸な人が同時に大きな幸せの瞬間を味わうこともある。ここアイスランドでは、幸せと悲しみを同時に、そして同じぐらい経験することができるように思う。

深淵さというのは不思議なものだ。当然あってしかるべきところでは欠落していることがあるが（たとえばアイヴィーリーグの各大学）、まさかというところで突然出くわすときもある。

アイスランドでの最後の夜。みんな酔いしれる週末の大祝宴を存分に楽しもうと思い、ジャレッドが勧めてくれたバーに向かった。夜の九時で一握りの客しか入っていないが、店内はすでに煙っている。いままで生きてきて、こんなに煙が立ち込めた部屋に入ったのは記憶にない。火事でもないかぎり、ここまで煙だらけの店ははじめてだ。

ブルー・オパールを注文する。キャンディをベースにしたカクテルで、アイスランドで人気がある。一晩ウォッカ漬けにしたホールズの喉飴みたいな味がする。

煙のせいか、ウォッカ入りの喉飴のせいか、なぜかニーチェが頭に浮かぶ。ニーチェについて考えると、たいてい頭が痛くなる。でも一つだけ、私の頭を間欠泉のように沸きたたせる言葉がある。ニーチェが言うには、社会を測る基準は、痛みや苦しみをいかにして価値あるものへと作りかえるか、という点にある。社会が痛みや苦しみをいかに遠ざけるのかという点に基準があるわけではない。というのも、苦悩の人であるニーチェは（彼は後年発狂した）、それが不可能だとわかっていた。アイスランド人は、月世界のような土地でただ生き延びるだけでなく、苦しみを価値あるものに作りかえることに成功した。しかも幸せに作りかえたのである。

店内でサラという名の女性に出会った。少なくとも私には女性に見える。最初に彼女はこう言った。「いつも、男かレズビアンに間違えられるのよ」そう言われればそうかもしれない。髪の毛を短く刈り込み、四角くて男っぽい顔立ちをしている。

サラは自分を「明るい人間じゃないわ」と分析する。好きなことは、寒さが厳しい日の朝六時にプールに泳ぎに行って、水面から水蒸気が上がる中を数回往復することだという。「雪の朝はまた格別よ」と言う。サラは品のないものまねも得意だ。アメリカ人の旅行客（「よぉ、ハーヴェイ、そいつぁ、おれのコーヒーかい、それともあんたのかい？」）に、精神疾患を持つ人。アメリカ人は夏に国立公園で働いているときによく見かけるし、いまの勤め先が精神病棟なので、精神障害者についてもよく知っているという。私はサラが気に入った。

話題はおのずと幸福に向かう。私が研究テーマを話すと、みんな決まって二つの質問を返してくる。幸福度をどうやって測るのか？　幸福の定義は何か？

「さあね」と、「あなたならどう思う？」が私の答えだ。

サラはしばらく考えてからこう言った。「幸せって、人それぞれの心の状態だと思う。だからその状態を、どうやって作り出すかで幸福度が決まってくるんじゃないかしら」

アリストテレスもほぼ同じことを言っている。もっとも、アリストテレスは両性具有の女がよくやって来る、煙で何も見えないアイスランドの酒場で講釈したわけではない。どうやって幸せという目標を追求するかは、少なくともその目標自体と同じか、もしくはそれ以上に重要だ。実のところ、手段と目標は同じことなのである。道徳的な生活を送ることによって幸せが得られる。

そろそろホテルに戻ることにしよう。バーの入り口からは、次々と客が入ってくる。午前四時半。朝にはまだ早い。ふらつく足で部屋に戻り、ベッドに倒れ込む。闇に感謝するのもこれが最後だ。

最近、メキシコのビール「ドス・エキス」の秀逸なポスターを見かけた。葉巻を手にした五〇代後半とおぼしき男が写っている。どことなくヘミングウェイに似た雰囲気だ。両脇にいる二人の若い女が、うっとりした表情で男を見つめている。男の目が人生はすべて知り尽くしたと物語り、その上にこんなコピーが添えられている——「退屈も一つの選択だ。ピリッとしないサルサや、折り目つきのズボンを選んだのは、あなた自身にほかならない」。

幸せについても同じことが言える。血縁や地縁、相対所得の話を抜きにすれば、幸福は一つの選択だ。容易な選択ではないし、誰もが望む選択とはかぎらない。それでもなお、一つの選択であることに変わりない。

厳しい気候と、隔絶された地理的条件にさらされたアイスランド人は、絶望と酒乱という安易な道に迷い込むこともできただろう。ロシア人はそれを選択した。しかし、バイキングの血を引くたくましいアイスランド人は、真昼でも何も見えない不毛な闇から目をそらさず、別の道を選択した。幸福と酒瓶である。賢明な選択だったと私は思う。この闇の中で、そもそも幸せと酒にまさるものが他にあるだろうか。

6章 モルドバ――幸せは別の場所に

幸福について考えているうちに気分が落ち込んできた。私の不平家仲間の一人であるドイツの哲学者、ショーペンハウアーがかつて述べたように、「自分が不幸だと思っている人は、幸せそうにしている他人を見るのが耐えられない」。

まったくそのとおり。いまの私に必要なこと、いまの私を元気づけてくれることは、不幸な土地への旅だ。相対幸福の法則（幸福は相対的に決まる）によると、不幸な土地は私の気分を高めてくれる。なぜなら、そこに行けば、自分がまだ経験したことのないどん底の惨めさを実感できるから。

不幸な土地は幸福の本質についての貴重な洞察も与えてくれる。私たちは一つの物事をその反対の物事によって理解する。熱さは冷たさがなければ何の意味もない。モーツァルトの魅力はバリー・マニロウ（アメリカの歌手、作曲家、プロデューサー）の存在があってこそ増す。幸福な土地がその地位にあるのは、少なくともある程度は不幸な土地のおかげなのである。

地球上に存在する暗黒な場所に行ってみる必要がある。ちょっと憂鬱だとか、ちょっと落ち込んでいるのではなく、心底から惨めな場所へ。でもいったいどこに行けばいいのだろう。すぐに頭に浮かんだのはイラクだ。テレビでよく目にするように、日常的に殺し合いが繰り返される不幸な国である。しかしイラクの不幸は、幸福の本質というよりも戦争の本質について多くを物語っている。世界幸福データベースを調べた際のメモを、あらためて丹念に読み返してみる。アフリカのどこかの国に行けば、悲惨な日常に直接触れられる。一瞬、ジンバブエ行きの飛行機に飛び乗ることも頭に浮かんだ。でも、アフリカの悲惨さというのも非常にわかりやすい悲惨さだ（ただし解決策は見つけにくい）。

そんなことを考えているうちに、ふと思いついた。モルドバはどうだろうか。ルート・フェーンホーヴェン教授のデータベースによれば、ソビエト社会主義共和国連邦を構成する一共和国だったこの国は、地球上で最も幸せからほど遠い国だとされている。その国名にすら、もの悲しい響きがある。試しに発音してみるとよくわかる。モルドーバ。反射的にあごが下がり、両肩が前かがみになる。くまのプーさんのイーヨーのような姿勢だ（発音するときに笑顔にならざるをえない「ジャマイカ」とは違う）。「モルドバ」という言葉が「不安」の同義語として使われるようすさえ頭に浮かぶ。

「調子はどうだい、ジョー」

「あまりよくないんだ。ちょっとモルドーバでね」

「それはお気の毒に。元気出しなよ」

どうやらモルドバこそ、いまの私に元気を与えてくれる国のようだ。

世界で最も不幸な国には、何を持って行けばいいだろう。陰気なロシア文学（そうでないロシア文学なんてあるのだろうか）を数冊、たとえばドストエフスキーなんかはどうだろう。ドストエフスキーの本を持っていれば、モルドバ人が私を仲間だと思ってくれるかもしれない。

しかしその前に、ビザ用の写真を二枚用意する必要があった。さっそく証明写真の店に行って、小さな丸椅子に座る。「はい、笑ってください」と店員が言う。それを聞いて私はその場で固まってしまった。はて、どうしたものか。笑顔の写真で点数を稼げるだろうか（大量の小麦を手にして、飢餓に苦しむ国に降り立つときのように）。あるいは逆に、危険人物だと思われやしないだろうか。気むずかしい入国管理官（そうでない入国管理官なんていやしない）が、私のにこやかな写真をちらっと見て、同僚に向かって大声で叫ぶ姿が思い浮かぶ――「おい、ボリス。こっちに来てくれ。怪しいやつがいるぞ」。そこで私は中間を選ぶことにした。陽気にも不機嫌にも見えるような、はっきりしない半笑いで写真に収まることにしたのである。

次にすべき仕事は、地図上でモルドバを見つけることだ。これは予想していたより難しかった。地図を入念に調べ、ようやくその場所を突き止める。ルーマニアとウクライナという、それ自体が不幸な国に囲まれている。類は友を呼ぶというのは本当のようだ。

実際にモルドバに行くのは、地図上でこの国を見つけるのと同じくらい難しい。まるでモルドバ人がふてくされて、地球の片隅に引きこもっているかのようだ。「ほっといてくれ。俺たちは幸せじゃない。だけどそのほうが気に入ってるんだ。近寄らないでくれ！」

でも、私にはそれが助けを求める叫びだとわかっていたし、あきらめるつもりはなかった。調べてみるとフランクフルト発のモルドバ航空の便がある。しかしその選択肢は即座に頭から払いのけた。心底落ち込んでいるモルドバ人のパイロットに、自分の命をゆだねるつもりはない。さらに調べるとウィーン発のオーストリア航空の便がある。これにしよう。オーストリア人はゲルマン民族という点では多少ユーモアに欠けるかもしれないが、幸福度は六・五と悪くない。さっそく航空券を予約することにした。

小型ジェット機でモルドバの首都キシナウに到着し、入国審査の列に並ぶ。小さな空港だ。国際線の発着空港というより、アメリカのグレイハウンド・バスのターミナルに近い。私はさっそく不幸の証拠を探し始めた。不幸が空中に漂っているのではないか。標高が高い空港（たとえばボリビアのラパス空港）に降り立ったときと同じく、すぐに頭がくらくらしてくるのではないか。ところが、いっこうに気分が落ち込んでくるようすはない。

不機嫌な顔をした女性係員が、「到着ビザ」と書かれた窓口に座っている。半笑いのビザ用の写真と、手の切れそうな二〇ドル札を三枚手渡す。私の経験では、国情がひどい国ほど新しい紙幣が要求される。たとえばスイス人は、しわくちゃな紙幣も、破れた紙幣も、欠けた紙幣も気にしなかった。一方、アフガニスタンのカブールでは、航空券売り場で一〇〇ドル紙幣を手渡すと、係員はそれを本物のマチスの絵か、あるいは出来のいい偽札でもあるかのように、一枚ずつ入念に調べ始めた。案の定、係員は紙幣の半分を私に突き返してきた。一枚目の札にはかすかな裂け目があり、二枚目は古すぎる。三枚目は手触りがおかしいのだという。

女性係員はまず私の写真を見て、それから私の顔を見ると、また写真を見直した。どうやら見つかってしまったようだ。歯を見せて笑ってはいけなかったのだ。しかしその後、係員は何事もなかったようにパスポートに入国スタンプを押すと、書類にサインするように指示して、こう言った。「楽しいご滞在を」どう考えても、本心からそう言っているようには聞こえなかった。

こうして私は、世界で最も幸せでない国であるモルドバに正式に入国した。なんだかうきうきする。まるでエベレストに登るエドモンド・ヒラリー卿か、もっと正確にたとえるなら、海底に潜るジャック・クストーのような気分だ。

空港の人混みの中にナターシャの姿を探す。彼女は私を出迎えて、祖母のアパートまで連れて行ってくれることになっている。そこが私の宿泊先になる予定だった。ホテルというのはすばらしい発明だが、その国で暮らす人の心の内を垣間見るには理想的な場所ではない。それどころか、カタールでの滞在が証明するように、ホテルはまったく反対の働きをするように設計されている。つまり、宿泊客と滞在先の国のあいだに、快適な距離を保つように設計されているのである。モルドバのどん底の惨めさを知るには、実際に個人個人と接点を持つ必要がある。本物のモルドバ人の家に泊めてもらうのがいちばんんだ。あらかじめウェブサイト（http://www.marisha.net/）でマリーシャという女性と連絡をとっていた。マリーシャは私のような旅行者をナターシャのようなモルドバ人に引き合わせるサービスを提供している。お金に困っている彼らは（モルドバ人の大半がそうだ）、数枚の米ドル紙幣と引き換えに、喜んで空き部屋を貸してくれる。入国前にマリーシャと何度か電子メールのやりとりをしたとき、幸福について調査しているという点は伏せておいた。変な疑いをもたれては困ると思ったからだ。数日後にマリーシャから返信があり、滞在できるアパートが見つかったという。町の中心部に位置し、正真正銘のモルドバ人が暮らしている。完璧な滞在先だ。

でも、ナターシャはどこにいるのだろう。私の名前を書いたプラカードを持って、空港で待っていてくれるという話になっていた。ところが人混みを見渡してもそれらしい人物は見当たらない。しばらくしてようやく、一九歳ぐらいの若い女性が、しわくちゃのボール紙を片手に、私に駆け寄ってきた。

「ミスター・エリック？」

「君がナターシャ？」

「ええ、遅れてすみません」

「大丈夫だよ」

ナターシャと二人で、タクシー乗り場まで歩いて行く。そのときはじめて、彼女をじっくりと観察してみた。先のとがったハイヒールに、スカート姿。アライグマと見間違えるほど濃いアイメイク、しかもセクシーなアライグマだ。なにやらとんでもないことに首を突っ込んでしまった気がしてきた。Marisha.netのマリーシャが貸し出しているのは、本当に部屋だけなのか、それとも他のサービスなのだろうか。

シートがところどころ破れ、なんとも言えない悪臭が漂っている古いメルセデスのタクシーに乗り込む。ナターシャは前の座席に座った。彼女の両膝が変速レバーのすぐ近くにある。運転手が間違えて彼女の足を三速のギアに入れてしまわないかと心配になる。

ラジオからはロシアのポピュラー音楽が大音量で流れていた。ロシアのポピュラー音楽というのは、お世辞に言ってもかなりひどい。あまりにひどすぎて、ソ連の崩壊もこのせいだったのではないかと思えてくる。運転手に音量を下げてくれと頼んでみると、渋々音量を下げてくれた。市内に近づくにつれて歩行者が増えてくる。その中に別のナターシャがいる。それも大勢だ。皆、同じようにマイクロミニのスカートをはいて、同じようなアライグマのアイメイクを施している。なんてことだ。モルドバの女性はみんな売春婦なのか。予想していたよりもひどい状況だ。その後、徐々にわかってきたのは、彼女たちが売春婦ではないということ。あれは民族衣装のようなもので、ごくふつうの服装にすぎなかった。

その他の点では、市内は十分に快適に見える。道沿いに街路樹が並び、車も人も少しくたびれたようすではあるものの、悲惨さの兆候はどこにも感じられない。私たちは通常、たとえば爆撃で破壊された建物や、銃を持った一〇代の若者、スモッグなど、視覚を通じて荒廃の兆候を読みとろうとする。こうした絶望のサインが見当たらないかぎり、その土地はそれなりに幸せな土地だと推測する。しかし、惨めさというのは底深くに潜んでいて計り知れない。

「ほんとうなのかな？」とナターシャに尋ねてみる。「この国の人たちが不幸だというのは」

「ええ、本当よ」彼女はまずまずの英語で答える。

「でも、どこが不幸なんだろう？」

「生活するお金がないからよ」それですべての疑問が解決し、私がもう帰国してもいいかのようにきっぱりと答える。妙なものだ、と私は思う。最近、生活するお金が有り余るほどある国に行ってきたばかりだ。おそらくカタールなら、この国の問題を解決できるのではないか。

「モルドバにはどのくらい滞在する予定ですか？」運転手がギアをトップに入れると同時に、ナターシャが尋ねる。

「二週間ぐらいかな」と私が言うと、彼女は感心したようにうなずいた。どうやらほとんどの観光客は、あまり長く滞在しないようだ。

しばらくすると宿泊先のアパートに到着した。低層の建物が何棟も並ぶ、典型的なソビエト連邦時代のアパート。ソビエト政府は、バーガーキングがハンバーガーを作るようにアパートを作った。目の前にはお粗末な公園があり、老朽化した遊具がまばらに設置されている。地面に目をやると、遊具の数よりもビールの空き瓶のほうがはるかに多く目につく。吹き抜けの階段周辺には、さらに多くのごみが散らばり、表現力豊かな若者たちが書いた落書きが目につく――「白人万歳」「体制をぶちこわせ」。

ナターシャが、二週間のあいだ宿の主人となる自分の祖母を紹介してくれた。名前はルーバ。かなり高齢の女性で、ずんぐりした体型に赤みがかった髪が特徴的だ。表情が険しく、正直言って怖かった。原色を使った花柄模様の部屋着のおかげで、怖さがわずかに和らいでいる。

ロシア生まれのルーバは、数十年前にモルドバにやって来た。ソビエト時代にソ連邦じゅうに散らばっていった数百万人のロシア人の一人だ。この地で楽しく暮らしていたが、ベルリンの壁の崩壊とソ連の解体以降、ルーバの人生は急変する。いまでは食べていくのが精いっぱいで、幸福とやらを研究する頭のいかれたアメリカ人に、自宅の一室を貸し出すまでに落ちぶれてしまった。歴史の歯車は残酷だ。

ルーバの知っている英語は、「ノー(いいえ)」と「フィヴティ・フィヴティ(五分五分)」だけだった。後者を発音するときは、いつも手のひらを上下に動かす。ルーバにとっては、地元の市場で売られている魚からモルドバの大統領にいたるまで、すべてが「フィヴティ・フィヴティ」だ。例外はミハイル・ゴルバチョフ。ソビエト政府の元指導者で、ソ連の崩壊を早めた男は、ルーバからは「フィヴティ・フィヴティ」よりもずっと低い評価を受けている。

私の知っているロシア語の単語は、ルーバの英語よりは多かったが、たいした差はない。「ノー」に加えて「イエス」、それに「わかりません」と「ウォッカをもう一杯ください」

程度のものだ。ナターシャが自宅に帰ると言い出し、これから二週間は彼女の祖母と二人きりですごすと知ったときの恐怖感は大きかった。どうか神様のご加護がありますように。

ルーバの部屋はフルシチョフ時代からあまり変わっていないように見える。部屋の中心にテレビが置かれ、ルーバはその前で何時間もすごす。見ているのはロシアのメロドラマ。ときどきルーバは、タイヤから空気が漏れるときのような「シュー」という音を立てる。どうやら何か気に入らないものがテレビに映ったときに立てる音のようだ。しかも彼女は、しょっちゅうその声を発している。アパートも音を立てる。きしむような音や、工事現場のような音。近くで工事をしているようすはなく、なんとなく不安な気持ちになってくる。きっと水道工事だと自分に言い聞かせてみる。

電話を耳に当てる仕草をして、ルーバに電話を借りたいと伝える。するとルーバは、部屋の隅のテーブルに置かれた黒い物体を指さした。ダイヤル式の電話だ。こんな電話を最後に使ったのがいつだったか、まるで思い出せない。ダイヤルを回すと、まるで逆風に向かって何かをするときのように、重くて遅い感触が伝わってくる。でも、ダイヤルの重さや、指が電話機本体に触れるときの感触、ダイヤルを回すたびに聞こえる「ジー・コロコロ」という音には、予想外の満足感がある。三〇分かけて最後のダイヤルを回し終えると、なんとか電話がつながった。

電話の相手は、数少ないモルドバ人ブロガーの一人であるヴィタリー。モルドバの悲惨さを理解するヒントを与えてくれそうな人物だと当たりをつけて、連絡をとってみることにしたのがヴィタリーだった。さっそく翌日に会う約束をする。ヴィタリーはどこかいいレストランを知らないかと私に尋ねる。おかしな話だ。向こうは生まれたときからこの国で暮らしていて、私はまだ一時間ぐらいしかこの国にいない。どうやらモルドバ料理にはあまり期待できなさそうだ。後になって、モルドバでは招待する側（主）と、される側（客）の関係が逆だと教えられた。主をくつろがせるのが客の義務なのだ。この正反対のもてなしかたは、数多くあるモルドバ特有の慣習の一つに数えられる。

身ぶり手ぶりを使って、ルーバに散歩に行くと伝えると、彼女は私に鍵を手渡し、二重ドアの複雑な錠前のはずしかたを教えてくれた。少し散歩してみると、町は十分に快適なことがわかった。ただし、あくまでもソビエト的な意味での灰色がかった快適さだ。少なくとも並木道がある。町の中心部に向かうバスに飛び乗ると、車中は満員の乗客であふれかえっていた。どの顔もうつろな表情をして、なんとなく怒っているようにも見える。この表情はモルドバ人に共通するもののようだ（それ以外にも、足を引きずるように歩くのがモルドバ人の特徴だ）。

ソ連邦時代、モルドバ人は不運なくじを引いた（実のところ、そのくじにはもともと大当たりなどなかった）。バルカン諸国とは違って、ロシア帝国崩壊後のモルドバ人には、よりどころとする熱狂的な愛国主義が存在しなかった。また、中央アジアのイスラム教国と違って、すがるべき不変の信仰も文化も持ち合わせていなかった。モルドバ人が頼りにできるのは自分たちだけであり、それだけでは明らかに不十分だった。

周囲を見回すと、いたるところに惨めさが目につく。サングラスをかけて杖をついた典型的な視覚障害者が、よろよろと歩道を歩いている。腰が曲がって、地面とほぼ平行になりながら歩いている老婆もいる。背後で誰かがすすり泣く声が聞こえてきたので振り向くと、黒髪の中年女性が目を赤く泣きはらしている。しかし私は、この国が本当にそれほど惨めなのか疑問に思う。もしかしたら自分は、社会心理学者が言うところの「確証バイアス」にとらわれているのではないだろうか。モルドバは惨めな国だという先入観があるから、いたるところで惨めさが目につくのではないだろうか。

特殊感染症研究所と記された建物の前を通りすぎる。うす汚れて、いまにも倒れそうな建物で、感染症を治すどころか逆に感染症にかかってしまいそうだ。おそらくそのせいで「特殊」なのだろう。小さなオープン・カフェを見つけたので立ち寄ってみることにする。大勢のモルドバ人がビールを飲んでいる。時刻は午前一一時。ビールを飲むには早すぎる。ところが彼らは、私がこれまでに出会ったどのモルドバ人よりも幸せそうに見える。唯一の例外は携帯電話の広告看板で笑っている人だけだ。店内には煙がもうもうと立ち込めている。モルドバ人は、明日などないかのように（彼らの場合は本当にそうかもしれない）タバコを吸う。

モルドバは建国が大失敗に終わった国だ。大失敗に終わった整形手術のように、その結果は散々なものだった。誰もが目を背けたいと思うような大失敗だった。ロシア人はモルドバをもとに一つの国を創り出そうと試みた。しかし、モルドバというのは歴史上は実在しなかった国だ。少なくともソビエト政府が考えていたような国は存在しなかった。モルドバ人はもともとはルーマニア人であり、彼らは共通の歴史的ルーツをもっている。アメリカ英語とイギリス英語が異なる言語でないのと同様に、モルドバ語は固有の言語ではない。かつてルーマニア語‐モルドバ語辞典が編纂されたことがあるが、辞書というより、ちょっとしたパンフレットのようなものだった。

コップの水を見て「もう半分しかない」とは思わず、「まだ半分もある」と考えればいいという古い諺は、完全に間違っている。本当に重要なのは、水がコップの中に流れ込んでくるのか、それとも流れ出してしまうのかという点だ。モルドバではその水が勢いよく流れ出している。旧ソ連時代には、モルドバは隣国のルーマニアよりも豊かだった。ところがいまでは、ルーマニアは貧しい隣国をばかにしている。旧ソ連時代、モルドバ人は他の一四の共和国に自由に旅行することができた。現在はウクライナ以外、どこに行くにもビザが必要だ。そんな状況が楽しいはずがない。モルドバで最も人気のある曲は、ビートルズの「イエスタデイ」だという。無理もない話だ。

予定ではこんな結果になるはずではなかった。一九九〇年代初頭には海外から数億ドルもの援助資金がもたらされた。モルドバは次のルクセンブルクだという声も聞かれた。いまとなっては、モルドバとルクセンブルクの共通点は、どちらも地図上で見つけるのが難しいという点だけだ。

モルドバ人の警察官が二人で立っている横を通りすぎる。モルドバ人男性全般に共通するように、彼らはいかにも乱暴そうで、風呂に入ったほうがいいと思わせるような雰囲気を漂わせている。しかしこの二人の警察官は、大半のモルドバ人男性と違って明らかに太っている。市民がやせていて警察官が太っているのは、国家にとってはよい兆候とは言えない。

書店を見つけたので入ってみることにした。店内は薄暗い。またしても停電だろうか。薄暗い店内にプーシキンの著作が数多く並んでいる。一九世紀にこの地で数年間すごしたこのロシア人作家を、モルドバ人は誇りにしている。しかし、アレクサンドル・プーシキンはその愛情に応えていない。モルドバの首都キシナウを「忌まわしいキシナウの町」と形容している。「舌が疲れるまでおまえを罵ってやる」というプーシキンの憎悪は、みずから望んでこの地にやって来たわけではないという事実によって引き出された側面もあるのではないか。プーシキンは追放者としてモルドバにやって来た。たとえどんなに魅力的な国であっても、追放されてやって来た国に対して愛着がわくはずがない。

書店を出て歩いていると、モルドバ人男性の横を通りすぎた。首が太くて、いかにも悪党のような顔をしている。そのままマフィアのメンバーになれそうだ。彼が体の向きを変えたときにふと見ると、Tシャツの背中に「マフィア」とプリントされていた。

ルーバのアパートに戻る途中、バスが急停車した。運転手のアナウンスによると、どうやら機械系統に故障が発生したらしい。乗客が皆、バスから降り始める。驚いたのは、そのあきらめ具合だ。誰一人として不平もため息ももらさず、一言も発せずに静かに下車していく。

モルドバ人はみずからの運命を受け入れていて、すでに仏陀のような受容の精神を手に入れているのかもしれない。でもそれが事実だとは思えなかった。ここではそれ以上のことが起きている。

一九六〇年代後半、後にポジティブ心理学の大家となる若き日のマーティン・セリグマンが、犬を用いた実験をおこなった。犬を檻に入れて、（おそらく無害の）電気ショックを与える。電気ショックのスイッチを押すと、実際に電気が流れる前に、大きな音が鳴ると同時に光が点滅するようになっている。すると犬は、檻の反対側に逃げ出して電気ショックを避けることができた。次にセリグマンは、同じ犬を八方ふさがりの状況に置いた。この状況では、犬はどうあがいても電気ショックを避けることができない。さらにその後（セリグマンが驚いたのはこの点だった）、同じ犬を、電気ショックを容易に避けられる檻（低い柵を跳び越えれば簡単に避けられる）に戻しても、犬は自分から電気ショックを避けようとはしなかった。ただ座って、電気ショックに耐え続けた。その犬は絶望的な状況だと信じてしまったのである。つまり、犬は自分が無力であることを学習してしまったのだ。

故障したバスから降りるとき、私は自問した。モルドバ人はセリグマンの犬と同じなのではないか。彼らは何度も虐待され（ショックを与えられ）、そのせいで自分から何かを試みることをやめてしまったのではないか。ここは無力さを悟った人々の国なのだろうか。

いいや、それは違うとモルドバ人が教えてくれた。彼らの絶望の根源はもっと単純な点にある。要するに、お金だ。彼らはお金に事欠いている。モルドバの国民一人あたりの年間所得はたったの八八〇ドル。国外に出稼ぎに行かねば生活が成り立たない。モルドバ人女性の中には、だまされて売春婦として働かされている人もいる。現金を得るために腎臓の一つを売ったことがある人もいるという。

もちろん、どれもよいことだとは思えない。私はモルドバ人が直面している経済的困難を軽視するつもりはない。しかし、私が数々の旅から学んだことがあるとすれば、物事が見た目と同じように単純である場合はまれだという事実だ。モルドバより貧しくても幸せな国は多い。たとえばナイジェリアやバングラデシュがそうだ。問題は、モルドバ人が自分たちをナイジェリア人やバングラデシュ人と比較しようとしないという点にある。彼らは自分たちをイタリア人やドイツ人と比較する。モルドバは裕福な界隈の貧しい住民なのだ。これはけっして幸せな境遇とは言えない。

アパートに戻ると、ルーバがドアのところで出迎えてくれる。いくつかの錠前をはずして、部屋に入るまでに数分かかった。彼女は両方の手のひらを見せて肩をすくめた。調子はどうですかと尋ねると、「フィヴティ・フィヴティ」と答え、左肩を指さす。おそらくそこが痛むのだろう。そして自分の顔を手のひらであおぐような仕草をして、暑さで参っていることを示した。実に驚くべきことだ。たった六つの語彙だけで、これほどコミュニケーションがとれるとは……。しかもその語彙の一つは「ウォッカ」である。

数分後、ルーバは首を横に傾けて、両手の上に頬をのせる仕草をすると、寝室に消えていった。私はこの機会を利用して、暖炉の上に置かれている額入りの写真を見てみることにした。ルーバの過去がそこにある。ルーバの亡き夫と思われる男性の写真。かなり遠くから撮影されたようで、顔がぼんやりとしている。白髪交じりのもじゃもじゃの髪に、屈強そうな顔立ち。旧ソ連の何かの記念碑と思われる灰色の碑の前に立っている。笑顔ではないが、しかめ面とも言い難い。さらに目を細めてよく見てみると、ようやく押し殺した笑みの痕跡が読み取れる。うっかりすると見逃してしまいそうだが、たしかにかすかな笑顔が読み取れる。後に通訳を介して、この写真は以前に暮らしていたカザフスタンで撮影されたものだと、ルーバが教えてくれた。あのかすかな笑みは、モルドバで暮らしていたときも見られたのだろうか。

私の毎日は快適な日課の繰り返しになった。朝はルーバが朝食を用意してくれる。においの強いモルドバ産チーズ、インスタントコーヒー、それに、何かどろどろしたものが挟まったスコーンのようなもの。その後シャワーを浴びてキシナウ市内に向かい、モルドバの不幸を調査して歩く。この数日間で、私はモルドバ国外にも世界が存在することをすっかり忘れてしまった。ブロードバンドと衛星テレビの時代に、ある土地が私たちを完全に包み込み、それが世界のすべてになるというのは、実に驚くべきことだと思う。

モルドバ産のワインを買ってアパートに持ち帰る。モルドバ人は自国のワインを誇りにしている。ワインは彼らが輸出する数少ない特産品の一つだ。国内のブドウ畑へのツアーや、モルドバ産ワインの展示会も開かれている。自宅でワインをつくり、誇らしげに客に提供する人もいる。ルーバのグラスにワインを注ぐと、彼女はそれを一気に飲み干し、一、二秒のあいだ目を閉じてから、「フィヴティ・フィヴティ」と言った。この評価にはルーバの思いやりが混じっている。実際のところ、モルドバ産ワインは「フィヴティ・フィヴティ」のレベルには達していない。彼らのワイン、すなわち国の宝がまずいというのは、誰もモルドバ人に告げる勇気のない悲しい真実だ。

翌日、ブロガーのヴィタリーと近所のレストランで待ち合わせる。正統派のモルドバ料理を提供するというこの店で、私もぜひモルドバ料理を堪能してみたかった。食は国民の心を映し出す鏡だとよく言われる。ヴィタリーは二〇代の若々しい青年で、完璧な英語を話す。彼の話によれば、教科書を投げ捨てることによって英語力をつけたのだという。無愛想なウエーターに案内されて、暗くてほこりっぽい地下に降りる。時刻は正午。お客は私たちだけだった。

ところでモルドバ人はどうして不幸なのかと、素直に質問をぶつけてみる。ヴィタリーは、話せば長い話になりますよというような表情をしつつ、「そうですね、まずトランスニストリアの問題があります」と言う。

「抗生物質で治せないのかい？」私は聞き返した。

ヴィタリーの話によると、トランスニストリア（沿ドニエストル共和国）というのは病気の名前ではなく、親ロシア勢力が統治する地域をさすのだという。沿ドニエストル共和国の主要な産物はコニャックと織物。爆破テロが起きるたびに、ブリュッセルから調停団が飛行機でやって来る。ダブルのスーツを着て、エビアンのミネラルウォーターを飲む連中だ。会議がおこなわれ、決議が採択される。そして彼らはブリュッセルに戻る。次の爆破テロが起きるまで。

沿ドニエストル共和国の状況は何もかも「間違いなくばかげている」とヴィタリーは断言する。私もそれに同意したいと思う。後になって、モルドバ人が沿ドニエストル共和国について語るとき、そこに奇妙なプライドが見え隠れすることがわかった。まるで彼らがこう考えているかのようだ。「そのとおり、われわれは発展の遅れた、きわめて不幸な国だ。だが少なくともわれわれには分離独立した独自の共和国がある。本物の国みたいな共和国だ」

ヴィタリーはフリーランスの投資顧問でもある。顧客のほとんどは外国人で、モルドバ人の基準からするとヴィタリーは高給取りの部類に入るという。月収は二三〇ドル。妻も同額を稼いでいるので、モルドバでは実質的に中の上の階層に属している。ヴィタリー夫婦の住まいはフルシチョフカ。これは旧ソ連の指導者フルシチョフの名前にちなんで名付けられたアパートの様式である。フルシチョフは激しやすいが魅力的な性格で知られ、国連で自分の靴を脱いで机に叩きつけ、演説を妨害した事件がよく知られている。規格化された五階建てのアパート群の各建物は、それぞれがサッカー場の長辺ほどの横幅がある。各部屋の専有面積はかなり狭い。「こういう住宅は寝るためだけに建てられたんだ。昼間は働いているから、広くなくても問題ない」とヴィタリーは説明する。

無愛想なウエーターが注文を取りにやって来た。ヴィタリーのおすすめは「ママリガ」と呼ばれる国民食だ。なんだかその響きが気に入った。『セサミ・ストリート』のキャラクターの名前のようだ。「さあ、男の子も女の子も、ママリガに大きな声で挨拶しましょう！」

ヴィタリーがモルドバに関する興味深い事実をいろいろ教えてくれる。たとえばモルドバの大統領は元パン屋で、首相は元ケーキ屋だという。ケータリングの相棒としてはいい組み合わせかもしれないが、政治の相棒としてはあまり期待できない。モルドバ人は自国の政府を軽蔑している。ただし、政府についてはあれこれ深く考えたりしない。なぜなら、もっと別の心配事があるからだ。

ヴィタリーの最大の不満（数多くある不満の一つ）は、モルドバにおけるサービスのひどさだという。旧ソ連時代、店員は客を必要悪の邪魔者と見なしていた。長いあいだ敵意を込めて無視され続ければ、最後は客も寄りつかなくなる。店員のそういう態度はいまでも残っていて、ヴィタリーをいらだたせる。大半のモルドバ人とは違って、ヴィタリーはそれが我慢ならない。そして店員に反撃する。つい先日も、スーパーの店長に向かって、もっと礼儀正しく接するように店員を教育しろと怒鳴りつけたばかりだという。女性店長はその提案を快く受け取らなかった。そして「これがうちの店員のやりかたですから」と答えたという。よくあることだとヴィタリーは言う。モルドバ人の初期モードはつねに「防御」に設定されている。

注文した料理がなかなか出てこない。私のママリガはいつになったら出てくるのだろう。

信頼（より正確には、信頼の欠如）こそ、モルドバが不幸な国である理由だとヴィタリーは言う。ヴィタリーのこの発言は、幸福と信頼の関係について研究者が発見した事実をそのまま反映している。モルドバ人はスーパーで購入する商品を信用しない（商品が偽装されているかもしれない）。隣人も信用しない（賄賂を受け取っているかもしれない）。家族さえも信用しない（ぐるになって何かを企んでいるかもしれない）。

モルドバ人の惨めさには何か他に理由があるのかと、ヴィタリーに尋ねてみる。「モルドバで暮らす人々はロシア人でもなければ、モルドバ人でもない。われわれは皆から虐待され、見捨てられてきたんだ。誇れるものは何一つない。言語だってそうだ。モルドバ政府の閣僚の中には、モルドバ語を話せないやつもいる。彼らはロシア語しか話せない。こんなことは言いたくないけど、事実なんだ。モルドバ文化なんて存在しないんだ」

これを聞いて即座にカタールを思い出した。あの国にも文化はない。しかし文化はないものの、とてつもなく裕福な国である。モルドバは文化がないうえに赤貧の国だ。総合的に見ると、カタール人のほうが恵まれている。少なくとも彼らは、しばらくのあいだ他国の文化を借用する余裕がある。

合成香料で風味付けされたレモンライム味の炭酸飲料が、人間の自由に対する永遠の探求を象徴しているかのように、スプライトの瓶を指さしながら、民主主義についてはどうかとヴィタリーに質問してみる。モルドバの民主主義は完璧にはほど遠いかもしれないが、旧ソ連の全体主義体制よりましなことは明らかだ。それは幸福をもたらすのではないか？

いや、違いますね、とヴィタリーは何のためらいもなく答える。「旧ソ連時代には、自由について考える人は誰もいなかった。なぜなら国民は共産主義しか知らなかったから。毎朝、目を覚まして、『やれやれ、もっと自由があったらいいのに』とは誰も思わなかった。そもそも何のために自由が必要だったのか。少なくとも当時の国民には、職と住まいがあって、それは一種の自由だった。でも今の国民にはそれすらない」

民主主義政府のもとで暮らす人々は、他のどの政治体制下で暮らす人々よりも幸せだと、長年にわたって政治学者は考えてきた。この考えは直感的に言って理にかなっているし、それを裏付けるデータもある。しかし、ソビエト連邦の崩壊がすべてを一変させた。新たに誕生した国のほとんど（全部ではない）は、準民主主義国家として独立した。ところが幸福度が高まることはなかった。逆にいくつかの国では幸福度が低まった。しかも現在では、旧ソ連の一員だった国々は総じて地球上で最も幸福度が低い。いったい何が起きているのか。古くさい因果律の化け物だと、政治学者のロナルド・イングルハートは結論づけた。民主主義が人々を幸せにするのではなく、幸せな人々が民主主義政府を打ち立てる傾向が強いと結論づけたのである。

文化に関して言うと、民主主義が根を下ろす以前に、その土壌が豊かでなければならない。制度は文化ほど重要ではない。では民主主義が根付くために必要な文化的要素とは何なのか。それは、信頼と寛容だ。自分の身内（たとえば家族）だけでなく、外部に対する信頼も必要になる。競争相手、すなわち敵さえも信頼する。そういうふうに考えられれば、他人を当てにすることができる。危険で大きな賭けをしないのなら民主主義の意味がない。

そんなわけで、民主主義はスイス人を幸せにしたものの、モルドバ人を幸せにすることはなかった。スイス人にとって、民主主義は豪勢なケーキの上にのせられる飾りだ。モルドバ人はそもそもケーキがないので飾りを楽しめない。

私も何か言わなければと思い、「なるほど、でも、今はこの国にもマクドナルドがある。それは何かを意味してるんじゃないかな？」と、ヴィタリーに言ってみる。

いいえ、とヴィタリーが答える。それは何の意味もない。マクドナルドはモルドバの庶民には高すぎて手が出ない。あそこで食事する余裕があるのは、少数の新興実業家や、ロシア人のマフィアだけ。それに加えて社会科見学に行く子供たち。ヴィタリーの一〇歳になる妹が、最近、社会科見学でマクドナルドに行ったばかりだという。そのときヴィタリーは、マクドナルドに行くことに何か教育上の意味があるのかと疑問に思った。同級生といっしょにカウンターの中に入って、ハンバーガーが作られるようすを見学したのかと妹に尋ねると、しなかったという。子供たちは食事をしただけだった。ヴィタリーは縁故主義のせいだとにらんでいる。学校職員の親戚がマクドナルドで働いているのではないか。モルドバでは縁故主義がすべてに優先する。そのため信じがたいほど汚職が横行している、とヴィタリーは語る。病院で診察の順番に割り込めるように、職員に賄賂を渡す患者もいるという。「この国で潔癖を貫くのはとても難しいんだ」とヴィタリーは言う。

ようやく注文したママリガが運ばれてきた。食が国民の心を垣間見る窓だとすると、モルドバ人の心は淡泊でどろっとしている。トウモロコシが使われているようだ。

「味はどうです？」

「悪くない」と私は嘘をついた。

食事をとりながらさらに話を聞く。そのあいだずっと、私はママリガをちびちびと食べ続けた（失礼に見えないように）。その後、支払いを済ませて店を出た。

人通りの多い交差点に立つ私たちのまわりには、陰気な顔をした通行人が行き交っている。ヴィタリーに別れの言葉を伝える直前になって、聞いておくべき質問を忘れていたことに気づく。

「モルドバでの生活で、君が気に入っていることって何かあるかな？」

ヴィタリーは少しのあいだ考えてから、次のように答えた。「僕らは西側の人たちとはちがって、甘い考えを持たない。物事をあまり期待しすぎない。それはいいことだと思いますよ。それから果物と野菜が好きですね」

「どんなところが？」

「すごく新鮮だから」

まるで合図でもしたかのように、ラズベリーやチェリーでいっぱいのバケツを持った女性が通りすぎていった。なるほど、たしかに新鮮に見える。

旧ソ連邦の共和国には、生活の要になるものが三つあった。ウォッカ、チョコレート、そして賄賂である。私の知人に、その三つだけを頼りにウズベキスタンで二週間生き延びた人がいる。私はそのうち二つを地元の食料品店で買い求めてから家路についた。ルーバのアパートは、いまではすっかり我が家のような気がしている。家に帰ると、チョコレートを食べ、パーフェクト・ウォッカという嘘っぽい名前のウォッカを飲む。ルーバはテレビの前に腰を下ろし、あいかわらずシューという音を立てたり、ときどき笑い声を上げたりしている。モルドバの夜をすごすには悪くない時間の使い方だ。

翌日、Marisha.netのマリーシャと昼食を共にした。これまで私が出会ったモルドバ人の中で、マリーシャは誰よりも幸せな人物だ。イギリス人男性と結婚したばかりで、いつでも好きなときにこの国を離れられることがわかっているからだろう。マリーシャの夫は、もともとは彼女の顧客の一人だった。マリーシャはモルドバにやって来る外国人旅行者の手助けをしながら生計を立てている。しばらくのあいだ、モルドバに花嫁を探しに来る男たちの手助けをしていたこともある。いまはその仕事はやっていない。愛情以外のものを目当てにする女性があまりにも多いからだという。マリーシャはそうした女性を「詐欺師たち」と表現した。その手の女性は、アメリカやイギリスで暮らすボーイフレンドに手紙を書き、ビザの取得にお金が必要だとか、宝くじで車を当てたのはいいが税金を払うのに数千ドル足りないなどと訴える。お金を送ってくださらない？　とても立派な車なのよ……。

「そんな手に引っかかる男がいるのかい？」とマリーシャに聞いてみる。

「何人かはね」

クリーヴランドの哀れなカモがパソコンの前に座り、少し前に小切手を郵送して以来、オルガから音沙汰がないのはなぜなのかと不思議がっている姿が思い浮かぶ。もしかしたらモルドバのサーバがまたダウンしてしまったのだろうかと考えて、一度か二度は追加の電子メールを送ったにちがいない。だまされたと気づくまでにどのくらいかかるのだろう。一週間か、それとも一カ月か。

クリーヴランド在住の男性の不幸は、それで説明がつくかもしれない。でも、モルドバ人自身についてはどうなのだろう。その点について聞いてみる。どうしてモルドバ人はこれほど不幸なのだろう？　するとマリーシャは、お金のせいよと答える。しかしそれは、お金が不足しているという意味ではなかった。「モルドバ人は、本当の価値をお金の価値に置き換えているのよ」

それから数分後、マリーシャは建設中の巨大ショッピングモールについて興奮がちに話し始めた。市の郊外にモルドバ初の巨大ショッピングモールができつつあるという。マリーシャはこれを発展のきざしだと考えている。それを聞いて私は大声で叫びたくなった。だめだ、やめておいたほうがいい！　あなたがそのショッピングモールを知り尽くす前に、あなた自身がそのモールに呑み込まれてしまうのがおちだ！　しかし私は出かかった言葉をぐっと呑み込んだ。

昼食後、きれいな並木道を少し歩いて、民族学・自然史博物館に行ってみた。館内は旧ソ連時代から何も変わっていないように見える。働いている女性たちも同様だった。私たちが入館したのが迷惑そうなようすだ。展示そのものは、派手さはないが妙に親しみがわく。気に入ったのはモルドバの土だ。さまざまな色の土が円筒形のガラス容器に入れられて展示されている。「モルドバには鉱物がないのよ。この国には天然ガスも原油もない。モルドバの宝はこの土よ」とマリーシャが説明する。それは本当だ。ヴィタリーが言ったとおり、モルドバの土はとても新鮮な果物と野菜を生み出す。そんなにいい土があるなら、ワインがもっとおいしくてもいいはずなのに。

別の展示室には巨大な壁画が展示されていた。旧ソ連時代の理想の宇宙像と、人類の姿が描かれている。ソビエト政府は神の存在を否定していたが、それでもある種の精神性を創造しようとしていた。その壁画は天井全体と壁の一部を覆い、めまいがするほど騒々しいイメージを寄せ集めたものだった。見ていても、どこに焦点を合わせたらいいのか戸惑ってしまう。宇宙船や高層ビルを俯瞰したような図柄が、強いコントラストで描かれている。別の壁には裸の若い男女が、神のいない天井に向かって赤子を掲げている。モルドバ人の心が不安定なのも無理はない。五〇年以上もこんな壁画に耐えてきたのだから。

この博物館では他にも多くのことを学んだ。何世紀にもわたって、モルドバ人はトルコ人やモンゴル人、タタール人、カザフ人、それにもちろんロシア人から侵略を受けてきたことがよくわかった。しかしマリーシャは、モルドバの不幸は最近になってからの出来事だと主張する。「私たちはずっと幸せな民族だったのよ」その言葉に説得力はなかった。

マリーシャと別れの挨拶をする前に、一つ知りたいことがあった。

「マリーシャ、どう聞けばいいかわからないけれど、君は気づいているかな？　モルドバの女性の服装って、すごく……」

「セクシーだってことね」

「そうなんだ。それは何か理由があるのかな？」

「みんなそれがあたりまえだと思っているのよ」

マリーシャによると、それは需要と供給の原理に深く根ざしている。モルドバ人男性は仕事を探して国外に行ってしまうので、女性たちは希少な資源（つまりモルドバ人男性）を手に入れようと激しく競い合う。モルドバの男が外見を気にしない理由も、この不均衡のせいだと考えれば説明がつく。「モルドバの男の仕事は、容姿を磨くことじゃなくて、お金を稼ぐことなのよ」とマリーシャが言う。

バスに乗ってルーバのアパートに帰る。バスの中はかなり暑い。運転手はシャツの前を完全にはだけ、毛むくじゃらのたるんだ胸をあらわにして、マリーシャの説明が正しかったことを証明している。

モルドバ人は、絶望を和らげたり、あるいはごまかしたりする言葉のレパートリーを豊富に蓄えている。よく使われる表現の一つは「カ・ラ・モルドバ（これがモルドバさ）」。このせりふを使うときは、悲しげに両手を開きながら発音する。「チェ・サ・ファック（いったいどうすればいいんだ）」というのは、バスが何度も故障したときに用いられる。あるいは、特別な理由もなく、大家から月に四〇ドルも家賃の値上げを言い渡されたときにも使われる。

私のお気に入りの表現は別にある。この国のありさまを要約し、小さな包みにくるんでひもで縛り、その上に蝶結びを付けたような表現だ。それは「ヌー・イェステ・プロブレマ・

ミャ（私の問題じゃない）」。問題だらけなのに、それが誰の問題でもない国。この国では誰も問題を引き受けようとしない。たとえばルーバのアパートで新しい水道ポンプが必要になり（あの奇妙な騒音の理由もこれで説明がつく）、彼女はアパートの住人たちに力を貸してくれるように頼んだ。しかし、皆のためになるからと説得を試みたものの、誰も協力してくれない。他人の利益になるだけでなく、自分の利益にもなるようなことに対して誰もお金を出そうとはしなかった。

モルドバ人が理解していないのは、利己的な利他主義の力だ。少し日曜学校じみて聞こえるかもしれないが、他者を助けることは人を幸せな気分にさせる。日本の神戸女学院大学の心理学者がこの事実を証明している。まず、学生たちが二つのグループに分けられた。一つのグループはとくにふだんの生活と変わらない一週間を送った。別のグループは自分がその週におこなった親切行為の数を数えるように指示された。彼らは親切な行為をおこなえと命じられたのではなく、単にそれらの行為について記録をとるように言われただけだ。一週間後、後者の幸福度は前者と比べて急上昇を記録した。「一週間のあいだにおこなった親切行為の数をかぞえただけで、人はより幸せになり、感謝の気持ちをもつようになる」と研究者は結論づけている。

一方、神経科学者は、利他主義的な欲求と関連する脳の領域を特定しようと研究を続けている。予想外だったのは、想定していたよりも古い脳の領域（食欲や性欲をつかさどる領域と同じ領域）が、利他主義的欲求と関連していることが判明したことだ。この研究成果は、それが生まれつき人間に備わっている欲求であることを示している。

「不幸ほどおもしろいものはない」と述べたのは、サミュエル・ベケットの一幕物の芝居『勝負の終わり』に登場する、ドラム缶で暮らす両足のないネルである。ベケットはおそらくモルドバを訪れたことがないと思われる。この国にはユーモアは見られず、無意識になされるたぐいのユーモアさえない。それでもモルドバ人は、少なくとも一つの冗談を共有している。モルドバについて多くを物語るジョークだ。

モルドバを訪問中の高官が、地獄のツアーに出かける。「ここはアメリカ人の部屋です」と案内役が説明する。すると、煮えたぎった大釜から炎が立ち上る。ここでは数十人の武装した番人が、地獄に堕ちたアメリカ人を注意深く見張っている。「ここはロシア人の部屋です」別の大釜からさらに炎が上がる。しかしここには番人の数は少ない。「そしてこちらがモルドバ人の部屋です」別の大釜に炎が上る。ところがここには番人が一人もいない。「どういうことか、わけがわからない」と高官は言う。「なぜモルドバ人を見張る番人がいないのかね?」

「必要ないからです」と案内役が答える。「一人が大釜から逃げ出すと、他の者たちがそいつを釜の中に引きずり戻しますから」

幸福の敵である嫉妬が、モルドバじゅうに蔓延している。それはきわめて毒性が高く、ふつうならそれに伴うはずの強烈な野心が存在しない。したがってモルドバ人は、嫉妬から得られるメリットを享受することなく、デメリットだけを背負うことになる（嫉妬から得られるメリットというのは、野心ある人が築き上げたビジネスやビルを見て、自分にもできるかもしれないと思うこと）。モルドバ人は、自分の成功よりも隣人の失敗から楽しみを得る。これ以上に不幸な状況は想像がつかない。

ひょっとしたら、すべてのモルドバ人が不幸なわけではないかもしれない。私はそんなふうに思い始めていた。これほど惨めなのは首都の住民だけなのかもしれない。キシナウ以外の町にも行ってみる必要がありそうだ。

マリーシャに電話して自分の計画を説明する。彼女はそれを通訳し、ルーバに向かって、私が二、三日留守にすると伝えてくれた。目的地はカグル。はるか南にある町で、そこにたどり着くには、ルティエラと呼ばれる乗り合いのバンを何台か乗り継ぐ必要がある。最初の一台を拾える場所まで案内すると、ルーバが申し出てくれた。二人でアパートの部屋から出て、エレベーターに乗る。私がその中の落書き（まるで絞り染めの工場が爆発したかのようなカラフルな落書き）を指さすと、ルーバは両方の腕を上げながらこう言った──「ペレストロイカ」。この一言はモルドバの悪いところ、つまり彼女の人生がこれほどまで惨めなものになってしまった理由を説明している。道路に穴が開いている理由はペレストロイカ。犯罪が発生する理由はペレストロイカ。ウォッカがまずい理由もペレストロイカ。すべてがペレストロイカのせいだ。

停留所まで歩き、二人で立ったまま無言で待っていると、しばらくして一台のルティエラがやって来た。ルーバはロシア語で何事かを運転手に伝え、私はさよならと手を振った。車内に入ると、満員で座る席がない。私の顔から一五センチも離れていないところに女性の胸がある。立派な胸だ。それがわかったのは、表面積のゆうに三分の二が露出していたからだ。数分後、玉のような汗が胸の上にたまり始め、すぐに小川となって流れ出した。私はそれにすっかり目を奪われてしまう。エロチックな理由ではなく、あくまでも流体力学的な観点からだ。およそ一五分後、汗の川は何本もの支流をなして、分岐しながら流れ落ちていった。

ルティエラは数分ごとに停車し、さらに乗客が乗り込んでくる。こんなに小さなバンに、これほど多くの人間を詰め込むとは信じがたい。でも、誰も文句を言わない。ただの一言も。天井が低く、私は身をかがめなければならなかった。見ると運転手は、はだしで運転している。それを見てなぜか不快な気分になった。誰かの汗ばんだ腕が私の顔にくっつく。乗客はまるで一つの生命体のようだ。停車するたびに、膨張しては収縮を繰り返す。何人かの乗客を降ろすと、さらに多くの乗客が乗ってくる。しばらくするとようやく座席が一つ空いた。あまりの幸運に喜びが爆発する。アメリカ初の自己啓発本の著者であるベンジャミン・フランクリンは、かつて次のように述べている。幸福は「ときたま生じる大きな幸運によってもたらされるというよりも、日常的なささいな出来事によってもたらされる」。どうやらフランクリンは正しかったようだ。

バンがプラズマテレビの広告看板の前を通りすぎる。その看板にはこう書かれている。

「LG――人生はいいものだ」この短いコピーの中に、大量の皮肉が詰め込まれている。実際にはモルドバ人の人生はいいものではない。それに、このバンに乗っている人の中には、私を除くとプラズマテレビを買う余裕のある人は誰もいない。そして私は、血漿《プラズマ》というのは居間に置かれるものではなく、血管の中を流れているほうがいいと思っている。この広告や消費文化はモルドバ人を愚弄している。腎臓を売らないかぎり、彼らの大半は宣伝されている商品にはまるで手が届かない。ジョゼフ・エプスタインは嫉妬を題材にした著書の中で、広告業界全体を「巨大で複雑な、嫉妬の製造マシン」だと評している。モルドバには嫉妬のはけ口がない。有害廃棄物の山のように積み重なっていくだけだ。

しばらくしてルティエラを乗り換える。今度の車は最初の車よりもすいていたが、ピーピーと鳴くひよこを二〇羽ほど連れた農夫が座席の一つを占領していた。はじめのうちはほほ笑ましい光景だと思った。しかし、数分もするといらいらしてきて、ピーピー鳴くひよこを絞め殺したくなった。でも実際にはそうしなかった。カ・ラ・モルドバ。これがモルドバさ。何が起きても、受け身でいるのがモルドバ流だ。

車内が暑かったので隣の窓をこじ開けた。しばらくするといつのまにか眠りに落ちていた。三〇分ほどたって目を覚ますと、誰かが窓を閉めたことに気づく。ふたたび窓を開けて、もう一度居眠りを始める。ふたたび目を覚ますと、またも窓が閉まっている。いったいどうなっているのだろう。後になって、移動する車の中で窓を開けるのは縁起が悪いとされていることを知った。車に冷房がなく、外の気温が四〇度近くなっても、モルドバ人は窓を開けない。モルドバ人というのは実に迷信深い人々のようだ。彼らの迷信の中にはかなり楽天的なものもある。「くしゃみが出たら、誰かに噂されている証拠」だ。しかしその迷信のほとんどは、自分の身に何か恐ろしい出来事が起こることを警告している。もしもうっかり日曜日に洋服を洗濯してしまったら、あるいは月曜日に誰かにお金をあげてしまったら、もしくはグラスの水で乾杯してしまったら……頭の悪い子供が生まれる。忘れ物を取りに戻ったり、舗道にじかに座ったり、バッグを地面に置いたり、それにもちろん移動中の車の窓を開けたりしたら、悪いことが起きる。私は世界じゅうの人の多くが迷信深いのを知っている。しかし通常、この性質は宗教的もしくは霊的な、より大きな信仰体系に結びついている。モルドバ人の迷信は、どこか宙に浮いていて、この悲しい国の空中に浮かぶ悲観主義の雲だけにつなぎ止められている。

数時間後、カグルに到着した。モルドバで三番目の大都市のはずだが、都市と言うより村と呼んだほうがふさわしい。なんとか予約したホテルを探し出して受付を済ませた。フロント係の女性は、片言の英語と片言のロシア語を組み合わせて、三つのタイプの部屋を選べると告げた。スタンダード、セミ・デラックス、そしてデラックス。「何事も中庸がよい」という古代ギリシア人の忠告を思い出して、セミ・デラックスを選ぶことにした。

部屋に入ると、寂れた魅力が出迎えてくれた。ひびの入った木製家具に、紙やすりのようなタオル。六七チャンネルあるものの、英語の番組がまったくないテレビ。とにかく適当にチャンネルを合わせて、気分転換のつもりで番組の内容を当てるゲームを始めてみる。頭にスカーフを巻いた女性が怒ったようすで何かを叫んでいるが、何を言っているのか想像がつかない。別のチャンネルでは、ブッシュ大統領がロシア語の吹き替えで演説している。これも何を話しているのか想像がつかない。別のチャンネルはサッカーの試合だ。でもどちらが勝っているのかまるでわからない。こんな暇つぶしをどのぐらい続けていたのか、はっきりとは覚えていないが、大半の人が正常だと思う時間よりも長く続けていたのはたしかだ。

アメリカの平和部隊《ピース・コー》の正式な任務は、「訓練を受けた要員を必要とする当該国の国民を援助すること」、そして「奉仕をおこなう地域において、アメリカ人に対する理解を深めること」である。しかしその真の任務は、アメリカの幸福を少しばかり世界じゅうに広めることだ。アメリカ幸福部隊と呼ぶわけにはいかないが、実態はまさにそのとおり。アメリカが考える幸福のイメージに合わせて、世界を作り替えようという試みをおこなっている。

私はモルドバで活動する平和部隊のボランティアたちを気の毒に思った。彼らはこの地で仕事を割り当てられている。ボランティアのグループに話を聞いてみようと思い、さっそく会う約束をとりつけた。彼らは私の到着を待ちわびているようすだった。誰もが皆、不満をぶちまける新しい耳を求めていたからだ。待ち合わせのカフェに到着すると、屋外にもテーブルが並べられた、すてきな店だった。席に着き、ビールを飲みながらサラダを食べる。彼らの愚痴が始まるまでに、それほど長い時間は要しなかった。

チアリーダー風の金髪娘アビーは、物事を積極的に推し進めるタイプの女性だ。「その銀行員は『どうして預金を下ろすんでしょうか？　昨日引き出したばかりだと思いますが』って何度も言うだけなのよ。信じられなかったわ。私のお金なのに」

「あの人たち、客の扱い方を知らないんだよね」と、別のボランティアが言う。

ここにいる全員が、大小の差はあってもさまざまな不満を抱いていた。たとえば有毒な魚。モルドバの河川は汚染されていて、魚を食べると命にかかわるという。しかし最大の不満は、人々が順番を守らないことだ。

「ここでは早い者勝ちじゃなくて、いやなやつが勝ちなのよ」とアビーが言う。信頼の欠如というのも、彼らの不満の一つに含まれている。あるボランティアが言うには、「この国では友人も信用しない。もしも友人の身に何か悪いことが起きたら、彼らはこう考える。よかった、自分の身に悪いことが起きなくて済むかもしれない」。

もう一つの話題は汚職だ。モルドバでは、試験に合格するために教授に賄賂を贈る行為が横行している。モルドバ人は三五歳以下の医者には絶対に診てもらおうとしない。学位を金で買ったのではないかと疑っているからだ。こうして不信の範囲はどんどん広がっていく。

マークはデンヴァー出身の三二歳。なかなかの好青年だ。スペイン語を話せるので、平和部隊に参加する際に南米行きを希望した。ところが平和部隊は彼をモルドバに送り込んだ。マークは自分の部屋の中のすべてが故障していると不平を言う。たとえば水漏れするパイプに、きしむドア。彼は現在、家庭内暴力の被害者支援センターで働いている。相談に訪れる女性は週に一人程度しかいないという。この事実はモルドバの家庭内暴力の実情をあらわしているというよりも、女性たちがいかに助けを求めるのを怖がっているかを示していると、マークは自信ありげに語る。

マークは、自分がモルドバの影響を受け始めているのではないかと心配している。先日、道を歩いていると知人の女性が近づいてきた。「『マーク、いったいどうしたの？　以前はいつも笑ってたのに。最近、あなたが笑っているのを見たことがないわ』って言うんです。考えてみると、彼女が言っていることは間違っていない。僕は笑顔を忘れてしまった。いったい何が起きているのか、自分でもよくわからないのですが……」この状況は平和部隊の本来あるべき姿とは相違している。若々しく、陽気で、熱心に任務を遂行する人が多いアメリカ人は、希望のない国に希望を植え付けるものだとされている。マークの事例では、最後に笑うことになるのはモルドバ人のようだ。モルドバ人が笑顔になれるなら、それでもよいのかもしれない。

かつては陽気だったはずのアメリカ人ボランティアたちは、モルドバを離れる日が待ちきれないと語る。皆、その日が来るまでビールを山ほど飲みながら、なんとか乗り切ろうと考えている。アビーは、自分がギリシアにいる振りをするのだという。気候は温暖で、景色もよく、ときどきフェタチーズも手に入る。といってもチーズの味には期待できない。

私はほとんど聞き役に回り、彼らの嘆きをスポンジのように吸収していた。この国の状況がこれほど暗いとは信じられない。「ちょっと待って。モルドバの生活にも何かよい点はあるんじゃないかな。この国にも何か取り柄があるはずだと思う」

私がそう言うと、一同が急に静かになった。みんな黙って自分のサラダを見つめている。ようやく誰かが（マークだったと思う）こう言った。「果物と野菜かな。とても新鮮だから」

「そのとおり」他の人たちも大きく相槌を打つ。「果物と野菜はすごく新鮮ね」

ホテルに戻ると、セミ・デラックスの部屋の中が暑い。異様に暑い。すぐに内線電話でフロントに連絡する。

「冷房のスイッチが見当たらないんですが」

「お客様、セミ・デラックスの部屋に冷房はありません。デラックスの部屋だけです」

「それなら、デラックスの部屋にアップグレードできませんか？」

「いいえ、それはできません」

「扇風機は借りられますか？」

「残念ながらそれはできません。ですが、ご自分で持ち込むことは可能です」

テレビをつけてみる。国営チャンネルがモルドバ文化の振興を図ろうとしているようだ。ハイジのような服装の女性たちが、両手を腰にあてながら輪になって踊っている。その横でクジャクの羽根付きの帽子をかぶった男が歌っている。ベッドに横になったものの、なかなか寝付けなかった。

翌朝、転がるように階段を降りて、ジョアンナとの朝食の待ち合わせに急ぐ。彼女も平和部隊のボランティアの一人だ。この国で二年近く暮らしていて、いまでは最古参になっている。ジョアンナに会うべきだと多くの人から勧められていた。

ホテル内のカフェに行くと、ジョアンナが私を待っていた。薄汚れた店で、「あばずれ女《ビッチ》」というあだ名のウエートレスがいる。皮肉を込めて付けられたあだ名ではない。私の人生を振り返ってみても、おそらく最も無愛想なウエートレスであることは間違いない。こんな無愛想なウエートレスはどこの国でも出会ったことがない。昨日はそのあばずれ女が笑ったことがあるかどうかという話題で大いに盛り上がっていた。そのうちの一人が「一度だけ見たことがある」と言うと、別の一人が、あれは顔をしかめただけだと即座に打ち消した。照明の加減で笑顔のように見えただけだという。

ジョアンナと二人で席に着き、小さなボール紙のメニューの陰に隠れるようにして注文を済ませる。あばずれ女の表情には、どう見ても笑顔を読み取ることはできなかった。

ジョアンナが塩をとってくれないかと言うので手渡すと、彼女はコーヒーに塩を入れた。信じられないという表情をする私に、「塩味が好きなのよ」と言う。ジョアンナは何にでも塩をかけて食べる。おいしくない食べ物も、塩をかければ何とか食べられるのだという。

「母親から教わったのよ」

平和部隊に参加したきっかけについて尋ねてみる。「私はものごとを積極的に実行するタイプなの。やると決めたらすぐに実行するのよ」ただし本当の理由は別にあると彼女は付け加えた。それは飛行機だった。ジョアンナは昔、飛行機が怖くてしかたなかった。飛行機に乗るたびに、墜落するのではないかと考えて泣いていた。でも、あるときを境に泣くのをやめた。空の旅への恐怖を克服したわけではない。飛行機が落ちようが落ちまいが、どちらでもよいと思うようになったからだという。「落ちるかどうかじゃなくて、何か別のことを心配しようって思ったの」そこで彼女は、ニューヨークのアメリカン・エキスプレス社の仕事を辞め、平和部隊に参加することにした。

ジョアンナは「パンが主食ではなく、米が主食の国」への派遣を志望していた。できればアジアの国に行きたかった。ところが書類に手違いがあって、それが片づくまでに米が主食の国はすべて定員になってしまい、結局モルドバに派遣されることが決まった。「この国にだけは来たくなかったのに」と彼女は言う。ジョアンナだけではなく、モルドバ人も含めて誰もこの国にはいたがらない。

アルコール依存症から更生中の身であることを、ジョアンナは自分から話し始めた。モルドバという国は、通常のアルコール依存症、もしくは重度の依存症のいずれかになるのに最適な場所だ。そのどちらになるかは、もともとアルコール依存症だったかどうかによる。モルドバ人は浴びるように酒を飲む。しかし、アイスランド人とは違って、楽しい酒ではない。身なりのいいモルドバ人女性が、市内に点在する小さなバーの一つに素早く入ってウォッカを一杯ひっかけ、そのまま仕事に向かうのを目撃したことがある。ここではアルコールが麻酔代わりに使われている。

ジョアンナはコーヒーにさらに塩を足しながら、猛烈な勢いで話し続ける（驚いたことに、彼女は毎朝四五分間瞑想をしているという。もしも瞑想をしていなかったら、体の震えがもっとひどくなるにちがいないと考えると、ぞっとする)。ジョアンナは、モルドバの村でアルコール依存症の更生グループを立ち上げたときのようすを話してくれた。その計画は予定どおりには進まなかった。参加者のほとんどが酒を飲んで会場にあらわれたからだ。彼らは「アルコール」という言葉を聞いて、酒を飲む集まりだと勘違いしたらしい。「私がモルドバ人だったら、私も飲んでいたと思う」とジョアンナは語る。

ジョアンナは郊外の村にあるモルドバ人のホストファミリーの家で、ブブという名の小鳥と暮らしている。みんな親切すぎて、彼女にプライバシーを与えてくれない。いつでもお構いなしに彼女の部屋に入ってきて、何か食べろと強引に勧める。部屋には冷房がなく、室温が三〇度を超えても窓も開けさせてくれない。そんなことをしたら不運を招いてしまうからだ。トイレの水は一日二回しか流せない。彼女はそれを「特別な瞬間」のためにとっておく。そのうえ彼らは、ジョアンナのことをかなりの年配女だと勘違いしている。

「ニューヨークで働いているとき、私は三〇代の『セックス・アンド・ザ・シティ』ふうの女だったのよ。でもここでは老婆扱い。本当にショックだった」

「モルドバ人はどうしてこんなに不幸なのかな?」

ジョアンナはその質問にためらわず答える。「無力だからよ。モルドバ人は非力で無力で、でもそれを自分たちではどうすることもできない。この国はそういう国なのよ。そんな生活から逃れられない。それに縁故主義の問題もある。縁故主義は人々からやる気を奪っているとしか思えない。ここでは何か事業を始めようと思っても、始めるまでに一年もかかる。大学の学位はお金で売買されているし、しかも彼らはそれを悪いことだと思ってないのよ。頭がおかしくなっちゃいそう」そう言いながら、ジョアンナはテーブルを拳で叩いた。それを見てあばずれ女がこちらを睨みつけた。

しかしジョアンナの話はそれで終わりではなかった。「学生が大学への登録を済ませて学費を払ったら、もう学位は保証される。大学で何をやってもよ。もし子供が落第したら、それは教師の責任なの。これを聞いたときは物を投げつけてやりたくなったわ」

ジョアンナがその場で物を投げないことを祈るばかりだった。そんなことをしたら、あばずれ女を怒らせてしまうのは間違いない。ジョアンナは息を切らして、しばらくのあいだ塩辛いコーヒーをすすっていた。

ジョアンナの発言は幸福学研究の成果を裏付けている。人は自分の人生を支配できなければ、幸せに感じることはできない。ある種の抽象的な地政学的意味だけでなく、真に日常的な意味においてそうなのである。モルドバ人は惨めさの終わりなき連鎖に囚われている。彼らの不幸は不信を生み、それがさらなる不幸を呼び、またさらなる不信へとつながる。形だけの質問のように思えたが、この国にいて幸せかどうかと、ジョアンナに聞いてみる必要があるように思った。

「正直に言うと、答えはイエスよ」と彼女は答えた。「ニューヨークにいたときより幸せだわ。この国にいるほうが役に立っている気がするから」

信じられなかったが、筋は通っている。人の役に立つこと、あるいは助けになることは、隠れた幸福の一因だ。最近、シカゴ大学の研究者が、さまざまな職業の五万人の人を対象に幸福度の調査をおこなった。その結果は驚くべきものだった。社会的地位の高い仕事（弁護士や医師、銀行家）の幸福度が低かったのだ。では、幸福度が最も高いと述べたのはどのような人々だったのか。それは聖職者、理学療法士、看護師、消防士だった。要するに人を助ける職業だ。彼らは利己的な利他主義に専心している。

「それに……」とジョアンナが言う。「モルドバの生活はすべてが悪いわけではない」彼女によると、良い伝統だと思えることもあるという。たとえば、年長者や死者に対して敬意を払うこと。モルドバでは年に一度、「死者のイースター」とでも呼ぶべき祝日がある。この日は皆で花を持って墓地を訪れ、亡くなった家族に敬意を表する。どうやら、モルドバ人は生者よりも死者を大切にするようだ。

「それからもちろん、果物と野菜も……」とジョアンナが言う。

「とても新鮮なんですよね？」

「そのとおりよ」

あばずれ女を呼んで支払いを済ませようとすると、彼女は笑顔もなしに無言でお金を受け取った。その後私は、自分の部屋に戻って荷物をまとめ、モルドバの田舎町から退散する準備を整えた。

首都のキシナウに戻るバンの中は暑かった。でも私は、窓を開けようとはしなかった。自分がモルドバ人になりつつあるのではないかと、不安がよぎる。あらためて自分の心の中を振り返ってみると、この病の兆候が他にも見つかった。たしかに私は以前ほど礼儀正しくなくなった。いまでは「ありがとう」とも「お願いします」とも言わない。そんなふうに礼儀正しくしても、報われないからだ。モルドバ人は店にただ入っていって「これをくれ、あれをくれ」と言う。マリーシャが露骨に語っていたように、モルドバ人には礼儀正しさという贅沢を味わう余裕がない。数週間前であれば、私は彼女に同意したかもしれない。かつて私は、おそらく世界で最も礼儀正しい国で四年間暮らしていたことがある。それは日本だ。日本人は何かにつけて「お願いします」や「ありがとう」、「ゴメンナサイ」を連発する。日本で暮らしているあいだ、頭がおかしくなってしまいそうだった。

どうやら私は日本人を誤解していたようだ。礼儀正しさが社会の歯車を滑らかに動かす潤滑油であることを、彼らは直感的に知っているのだ。それがなければ社会の歯車は互いにきしみ、すり減り始めてしまう。モルドバ人の偽りのない無礼さと、日本人のとってつけたような礼儀正しさのどちらかを選べと言われたら、私はためらわず後者を選ぶ。「どうもありがとうございます」

家に戻ると、原色の部屋着姿でルーバが出迎えてくれた。おかしなものだ。ここに短期間滞在するうちに、私たちは長年結婚生活を送る夫婦のようになっていた。ルーバが料理し、私が電球の交換やピクルスの瓶を開けるといった雑用をこなす。ときには二人で口論もした。語彙が限られていることを考えると、これは驚くべきことだと言える。

「旅行はどうでしたか？」ルーバが身ぶりで話す。

「フィヴティ・フィヴティ」と答えると、彼女は笑った。

ルーバが夕食を作ってくれる。実においしそうな魚料理だったので、がつがつと食べる。そして数分後、私はパニックに襲われた。ああ、どうしよう。例の魚を食べてしまった！平和部隊の人たちに忠告されたように、死んでしまうかもしれない……。

美容院に行くのでしばらく留守にすると、ルーバが身ぶり手ぶりで話す。窓から外を眺めて、彼女がみすぼらしい公園を通り抜け、みすぼらしい美容院に入る姿を見届けた。ふいに自分の中に、この老人への深い愛情が湧き起こるのを感じた。

考えてみると私はルーバについて何も知らない。彼女はどんな人生を送ってきたのだろうか。マリーシャに電話し、週末にアパートに来て、通訳してくれるように頼んでみよう。ルーバの話をぜひ聞いてみたい。

それとは別に、ダイヤル式電話を使ってある人物の携帯電話に電話をかけてみた。電話の相手はアレクサンドルー（略してサンドルー）という男性で、モルドバを心から愛するモルドバ人だ。そんな人がいるとは思わなかったので、ぜひ話を聞いてみたかった。

「携帯電話を持ってないんですか？」とサンドルーが疑り深そうに言う。

「なんだか信用できなくてね」私は最近になって携帯電話を使うのをやめた。スイスとブータンでつかの間の幸福を邪魔されて以来、携帯電話は幸福の対極にあると実感したからだ。携帯電話というのは、現在いる時間や空間から人を切り離してしまう。

「なるほど。でも、いまは携帯電話にかけてますよね」

「それはまた別の話」と私は反論する。「携帯電話は信用していないけど、他の人が使うのは自由だから」

サンドルーは渋々この説明を認め、私たちは会う約束を交わした。

飛び乗ったバスの中で、モルドバに来てはじめて親切な行為を目撃した。金歯を入れて、あごの下まで灰色の髪を垂らした老婆がバスに乗り込もうとしていた。ところが、力がなくて乗れないでいる。すると一人の男が彼女の腕をつかんで引っ張り上げた。これを見て私は自分の目を疑った。やはりこの国にも希望があるのかもしれない。いや、ないのかもしれない。実はその老婆は、自分が乗りたいバスと違うバスに乗り込んでしまったのだ。老婆に向かって、乗客がいっせいに怒鳴り声をあげる。彼女をバスに乗せた男も怒鳴っていた。次のバス停に到着すると、ドア付近にいる乗客が、追い出すように彼女をバスから降ろした。

サンドルーはきゃしゃな体格の青年で、サングラスを振り回しながら私を待っていた。とりあえず遅刻をわびたが、モルドバでは一〇分の遅刻は遅刻のうちに入らない。サンドルーの行きつけの店があるというので、そこまで歩くことにする。大きな日傘の下にテーブルが並ぶ、気持ちの良さそうな店だ。サンドルーはまだ二六歳だというのに、七〇歳並みの激しい憎悪を抱いていた。

サンドルーはモルドバを踏みにじったロシア人を憎んでいた。「この国はアイデンティティを失ってしまったのです。われわれモルドバ人はどこにも居場所がない。ロシアではおまえらはルーマニア人だと言われ、ルーマニアではロシア人だと言われる。モルドバという国は傷を負った国なんです。その傷を癒やす必要があるんです」モルドバ人は自分が何者かわからないから不幸なのだ。自分が何者かわからないのに、どうやって自分に自信がもてるだろう。

ウエートレスが注文を取りに来ると、サンドルーがモルドバ語で話しかける。それに対してウエートレスはロシア語で答える。この二人はまったく異なる二つの言語で会話をしていたが、どちらも引き下がらなかった。

「君はロシア語を話せるの？」ウエートレスが去った後でサンドルーに尋ねた。

「ええ、ふつうに話せます」

「じゃ、なぜロシア語で話しかけなかったんだい？」

「なぜって、ここは僕の国で、彼女の国じゃない。向こうがモルドバ語を話すべきだと思う。こんなふうにしょっちゅう侮辱されるのは我慢できない。あいつらが僕に何て言うと思います？『ロシア語を話したらどうだ、人間の言語を話したらどうだ』って言うんですよ」

アイスランドと違って、モルドバでは言語は喜びを生み出す源泉ではなく、不和の種になっている。言語が武器として用いられている。

「でも、ロシア人はモルドバを解放したと主張しているよね」

「たしかにロシア人はモルドバを国民から解放しました」

話題を変えて、ルーバのことを話してみる。彼女は少なくとも民族的にはロシア人で、とても感じのよい女性だ。彼女も苦労している。そしてなにもかも失ってしまった。

「その人がすべてを失ってしまって、よかったと思う」サンドルーはそう言い放ち、取り消そうとしなかった。「真実がいずれ明らかになりますよ。物事はいつもそうなんです」

サンドルーとの会話で、私はすっかり暗い気分になってしまった。帰りのバスの中で、自分はこの国を誤解していたのではないかと考えた。ルーバについても。あの親切な老婆は、もしかしたらモルドバ人の大量虐殺に加担していたのかもしれない。またしても私は、単純で世間知らずだったのかもしれない。

夕食の時間に九〇分遅刻してしまった。ルーバは怒ったようすで腕時計を指さした。ただし実際には彼女の腕に腕時計はない。

夕食後、マリーシャがやって来た。いつもどおりの笑顔で元気そうだ。彼女の笑顔は、絶望的な状況にある人がすべて、無力に陥っているわけではないことを証明している。

三人でキッチンのテーブルに座り、お茶といっしょにチーズをつまみながらルーバの話に耳を傾ける。

ルーバは一三人きょうだいの一人として、ロシアの田舎町に生まれた。建築学の大学に在学中に夫と出会い、結婚後はカザフスタンに居を構えた。仕事場はウラン鉱山だった（その鉱山では核爆弾を作るための原料が採掘されていた）。ラリッサという名の美しい娘と、息子を一人授かった。その後、娘が放射能の影響で病気になり、家族でモルドバに移住した。

ルーバは黄ばんだ職員録を取り出すと、自分の写真を指さした。管理職のような雰囲気だ。

建設省で高い地位に上り詰めたルーバは、車や別荘を所有し、それなりに裕福な暮らしを送っていた。そのころ一人の男が彼女の人生にあらわれた。その名はミハイル・ゴルバチョフ。しかも彼は大ばか者だったと、ルーバは目をむきながら語る。ゴルバチョフはソ連の解体をあまりに急ぎすぎた。そして彼女はすべてを失ってしまった。そこまで語ると、彼女は泣き出してしまった。夫は脳卒中を起こして昏睡状態になり、一年後に亡くなった。現在、彼女は月に四〇ドルの年金で暮らしている。娘はトルコで「犬の美容師」として働き（間違いなくルーバはそう言った）、息子はロシアの極東の建築現場で働いている。息子にはもう一〇年間も会っていない。飛行機代が六ヵ月分の給料に相当するからだ。

「いまの生活は以前よりもよくなっていますか？」と尋ねてみる。

「そうね、商店は大きくなったし、商品の数も増えたわね。でも、そういう商品を買えるのは、たった一〇パーセントの人だけ」

「自由についてはどうですか？」

「何のための自由？　消費する自由のこと？　私はそんな自由はいらない。いまの時代、自由な人っていうのは、お金を持っている人のことをさしている。私の娘は労働の価値を理解しているけど、孫のナターシャは自由の価値しか知らない」そんなものはあまり価値がないと、ルーバは言外にほのめかしていた。

ルーバは幸せとは言えない。それは明らかだ。それでも私は尋ねてみることにした。「幸福な人生を生み出すのは何だと思いますか？」ルーバはおそらくお金と答えるだろうと予想していた。少なくとも生きていくのに十分なお金が必要だと答えるにちがいない。でも、彼女の答えは予想外のものだった。

「私はお金に対しては違った見方をしている。何でも努力しないと手に入らないものよ。だから一生懸命働かなきゃならない。それに、人に優しくすることも大切。人というのは善良で、誰もが愛情を受ける価値があるのよ」

三人ともしばらくのあいだ黙って座っていた。そろそろ引き揚げ時だ。部屋代を精算しなければならない。ルーバに手の切れそうな一〇〇ドル札を手渡した。それを受け取ると、ルーバはお札をそのまま唇に押しつけて、大げさなキスをした。

部屋に戻って荷物をまとめながら、ルーバの悲しみについて考える。ジャーナリストとしては目新しい話題ではない。こういう悲しい話を長年取材してきた。地政学的情勢が変わり、ルーバの手の届かないところで地殻変動が起こり、そして彼女はすべてを失った。特権的な地位も、立派な車も、別荘も。そのため彼女は不幸になった。ラジオの取材ならそれで一件落着だ。でも、ルーバの不幸は幸福学的にはどのようにとらえられるだろうか。ルーバの惨めさの理由は、金銭的なもの以外にいくつか指摘できる。たとえば職場での友情の喪失。あるいは子供たちにほとんど会えないという事実。私たちの幸福の大部分を占めるのは人との結びつきだ。そしてお金はあまり関係ない。ところが何かが違っていた。ポジティブ心理学の基本原則、すなわち快楽的適応によると、たとえどのような悲劇や幸運が自分の身に及んだとしても、私たちはそれに順応する。そして人は、何かあっても元の「設定値」、もしくはそれに近い状態に逆戻りする。旧ソ連の崩壊からは一五年が経過している。なぜルーバは順応できていないのだろうか。

　それを解く鍵は文化にあるのではないかと思う。文化は私たちが泳ぎ回る海だ。モルドバのようにそれが干上がってしまうと、息ができなくなる。その結果、快楽的適応は中断してしまう。ルーバはロシアの幻影の中に生きている。それはロシアであってロシアではない。モルドバ人はみずからが生み出した幻影の中に生きている。しかしルーマニア人はそうではない。

　モルドバに関する数少ない本の著者の一人であるチャールズ・キングは、この国を「そうなるように定められた国」と表現している。私はさらに一歩踏み込んでみようと思う。モルドバはでっちあげられた国なのだ。この国は存在しない。もちろん、私のようにこの国に行って、街を歩き、ママリガを食べ、まずいワインを飲み、惨めな境遇の人々と話をすることはできる。その後、無事に帰国してパスポートを開けば、たしかに「モルドバ共和国」の出入国スタンプが押されている。しかしこれらはすべて無意味だ。モルドバは存在しない。存在というのは、本書の中では幸福の必須条件である。生きていくためには確固たるアイデンティティが必要だ。居心地のよさを感じるためには、民族、国、言語、食べ物など、なんらかの独自性が必要になる。日々意識することはなくても、これらはつねに存在している。銀行に預けておいた預金のように、苦しいときに頼りにできる。モルドバでは、今よりも状況が悪くなることはありえない。そもそも国の存在自体が疑わしい。

存在しない国を後にして、現実の世界に戻るときが来た。問題点を多数抱えているものの、少なくとも確実に存在する世界に戻る時間だ。しかしその前にあることを思いついた。衝動的で、そのうえ実にばかげたことであり、白状するのも恥ずかしい。ルーバが本棚に置いて、いつも単語を調べるのに使っていた英語－ロシア語の辞書に、一〇〇ドル札をもう一枚挟んでおいたのだ。しかもロシア語で幸福を意味する「シャスチェ（schaste）」という単語のページに挟んでおいた。芝居がかった行為だし、おそらく利己的な行為でもある（利他主義的な意味で）。たしかに無意味な行為だ。自分はいったい何をしているのだろう。カタールでの経験も含めて、これまでの幸福研究の成果にあてはめると、長い目で見て、この一〇〇ドル札はルーバを少しも幸せにはしない。しかし短期的には幸せをもたらすかもしれない。そしてときには短期間で十分な場合もある。

ルーバのアパートの前に立ち、ルーバと二人で空港までのタクシーを待つ。驚いたことに、「カム・バック・トゥー・モルドバ（またモルドバにいらっしゃい）」と、ルーバが突然英語で私に話しかけてきた。そうすると約束したものの、それは嘘だった。ルーバもそれをよくわかっていた。実を言うと、モルドバほど一刻も早く出国したいと思った国はない。チャールズ・ディケンズがかつてこう述べている——「人はいつも、ある場所を離れるが早いか、その場所のことを忘れ始めるものだ」。どうかこの言葉が間違っていませんように。

空港にはかなり早めに到着した（私は慎重派だ）。待ち時間がたっぷりあったので、まずいモルドバ産ワインを注文して、この惨めな国への旅を振り返ることにした。第一に言えることは、相対幸福の法則は忘れてもよいということ。この法則によれば、モルドバのように惨めな国は、私の自信を回復してくれるはずだった。なぜなら、私はふつうのモルドバ人ほど惨めではなかったからだ。ところが結果は違っていた。モルドバ人は私を快楽のはしごから一段引きずり下ろしただけだった。そもそも私には上れる階段など限られていたのに……。

だがモルドバの不幸から学べる教訓はないだろうか（なんとしても、どんな状況においても、モルドバ人になるのを避けるべきだという明白な点は除いて）。私はあると思う。教訓その一、「私の問題ではない」というのは人生哲学の一つではなく、心の病である。それは悲観主義に匹敵する。他人の問題は実際に自分の問題でもあるのだ。隣人が職を失ったと聞くと、自分は飛んできた弾丸を避けたと思うかもしれない。でも実はそうではない。その弾は自分にも命中している。まだ痛みを感じられないだけだ。あるいはルート・フェーンホーヴェン教授が言うように、「社会の質は、その社会における自分の居場所よりも重要」なのである。別の言い方をすれば、汚染された湖の大魚でいるより、澄んだ池の小魚でいるほうがいいということだ。

教訓その二、貧しさ（相対的な貧しさ）は、しばしば不幸の言い訳として使われる。モルドバ人が他のヨーロッパ人に比べて貧しいのは確かだが、彼らの不幸を証明するのは、経済的問題に対する彼らの反応であって、問題そのものではない。

モルドバの不幸の種は、文化の中に植え付けられている。信頼や友情の価値を軽視する文化、卑劣さや偽りに報いる文化、無償の親切心の入り込む余地のない文化。そして、（ビル・クリントンが大統領になるよりもずっと前に）聖アウグスティヌスが「希望という幸福」と呼んだものの入り込む余地のない文化。古代インドの叙事詩『マハーバーラタ』には次のように記されている。「希望はすべての者の頼みの綱だ。希望が打ち砕かれれば大いなる悲しみがその後に続き、それは死そのものに等しい」

私がモルドバを懐かしく思う理由はまったく見当たらない。何一つない。いや、一つもないというのは正しくない。ルーバや、彼女の花柄模様の部屋着を懐かしく思うだろう。彼女は善人だ。それにもちろん、この国の新鮮な果物と野菜も忘れることはないだろう。

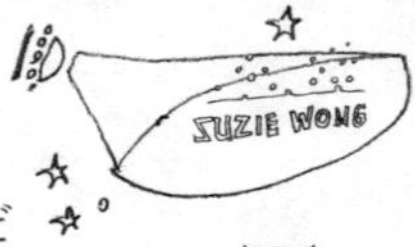

7章 タイ——幸せとは何も考えないこと

どれほど心がけが立派でも、おきまりの展開にどっぷりとはまってしまうことがある。気がついたときには、午前一時に「スージー・ウォンの店」といういかがわしいバーで、タイ人女性を眺めていた。裸の身体に蛍光塗料を塗りたくり、挑発的に腰を振りながら、ピンポン玉を使って芸を披露している。正直言ってこういう経験ははじめてだ。

自分はこうはなるまいと言い聞かせてきた。ところがあれよあれよというまに、気がついたらこの店にいた。スコットのせいだと思いたい。バンコク在住のスコットは、連れてくる場所をもう少し考えるべきだったのだ。とはいえ、バンコクに行ったら何かやっかいなことに巻き込まれるのではないかと、機上にいるときから感じていた。

タイに向かう機内でニックという男性と隣り合わせになった。起業家の彼はニューヨークとバンコクを飛行機で行き来しながら、両方の都市で広範に事業を営んでいる。雑草のように野性的な顎ひげをたくわえ、ショートパンツにサンダルといういでたちのニックはタイに詳しく、一七時間のフライト中にすべてを私に伝えようと意気込んでいた。その一部を紹介してみよう。

ムエタイ（タイ式キックボクシング）を見るときは「前列に座らないほうがいい。前列は観光客向けのうえに、全身に血しぶきを浴びるはめになる。後列に座ったほうがいい」。

タイで商談に望む際には「この格好が正式な服装だ。ショートパンツでいい。でもタンクトップはだめだ。一度、失敗したことがある。タイ人は脇毛を直接見せられるのが嫌いなんだ。仕事に支障をきたす」。

タイで異性とデートしたいときは「タイの女は誰でも簡単に落とせるものじゃないと覚えておいたほうがいい。たいていはそう手ごわくはないが、全員がそうだというわけではない。上流家庭の育ちのよい子と寝ようと思ったら、三〇回は連れ出す必要がある」。

スージー・ウォンの女たちが休憩に入った。スコットがその時間を有効活用して、セックスについての自説を披露してくれる。事をなすには三つの要素が完璧にそろう必要があるという。手段と、動機と、機会だ。太った中年男の場合、この三つがそろう確率は、地球と月と太陽が一直線に並んで皆既日食を起こすようなものだ。でもバンコクでは事情が異なる。するりと逃げてしまう三番目の要素、つまり機会は、誰でも簡単に手に入れられる。国際交換比率という錬金術と、タイ特有のおおらかさのおかげだ。

スコットの話になるほどとうなずきながら、店内を見渡してみる。客の大半は形の崩れた中年男だった。手にビールをつかみ、顔は欲情した目つきのまま固まっている。それを見たとたん、カナダのラットの脳裏に浮かんだ。前述したように、一九五〇年代にカナダの心理学者がラットの脳内に電極を埋め込む実験をおこなった。電極はレバーにつながれ、自分でレバーを押すことによって、ラットは自分の脳の快楽中枢に刺激を与えられる。好きにさせておくと、ラットはスイッチを繰り返し押し続けた（一時間に二〇〇〇回近くも）。ラットは正常な行動をとらなくなり、食べることさえやめてしまった。

これこそバンコクで暮らす外国人男性の姿だ。レバーを押す代わりに、彼らは財布をひっくり返してバーツ紙幣を探す。もっとも、同じ原理は仕事にも当てはまる。ひたすら忠実に職務を遂行していると、快楽中枢が刺激される。しかし快楽が幸福に続く道だというのなら、白人男性《ファラン》はタイで至福の境地に達することができるだろうし、カナダのラットも同様のはずだ。ところがどちらも幸せではない。幸せは動物的快楽を超えるものなのである。

一見すると、タイ人のおおらかさはオランダ人のそれと似ている。しかし両者は異なる。オランダの寛容性は制度にあらわれている。オランダ人はそれを誇りにし、移住予定者は紹介ビデオまで見せられる。オランダ人は言う。ほら、われわれはこんな感じでやってるんだ。君はうまくやれるかい？　タイ人はそんなことは言わない。人間の性的・金銭的な衝動を受け入れ、それを推進する。カナダの作家モント・レドモンドがその点を巧みに表現している。タイでは「絨毯の下に隠せないようなものは、自動的に家具とみなされる」。絨毯の下に隠せないようなもの、つまり都合の悪い物事をタイ人はまったく隠そうとしない。

バンコクという町は、嘘かまことかわからない教訓話であふれている。たとえば、イギリスの権威ある新聞社で記者をしていた若い男性が、バンコクの不道徳な世界にどっぷり浸かりすぎて責務を果たせなくなり、ロンドンへ呼び戻されたという話を聞いた。一種の医療救助だが、通常とは意味が異なる。助け出すべき対象が冒されているのは、苦痛ではなく過度の快楽だ。

スコットの話では、彼らは「性的追放者《セクスパット》」と呼ばれている。もちろんこれは「性（セックス）」と「国外追放者（エクスパット）」が一つになった造語だ。性的追放者を見分けるのは難しくない。日焼けした顔、巨大なビール腹、そして、おおかただらしない格好をしている。彼らは皆、財布がそこそこ膨らんでいるかぎり、かろうじて残っているまともな自分もやがてだめになってしまうことを自覚している。「まったく哀れな話だよ」とスコットは言う。スコットには黙っていたが、彼もまた太鼓腹になりつつある。肌にはうっすらと日焼けのあとが残り、シャツの裾《すそ》はいつもだらりと垂れている。

スコットの部屋に戻って海賊版DVDを鑑賞する。しかし音が悪いうえに映像も粗く、一〇分たったところで見るのをやめてしまった。その後、スコットが『仏教聖典』という分厚い本を見せてくれた。これはアジアじゅうのホテルに置かれている聖典であり、国際ギデオン協会が配布している新約聖書の仏教版と言える。彼はこれをどこかのホテルからくすねてきた。そのとき彼は、その行為が自分の業《ごう》に与える影響について少し悩んだという。これ以上悪いことはできないと自覚していたからだ。しかし結局、深く考えるのはやめた。「考えたところで、どのみち良い結果になるわけでもないからね」

スコットは敬虔な無神論者だ。しかし、三年前にタイに来て以来、明らかに仏教の影響を受けている。ただし本人はそれを否定するかもしれない。一つ言えるのは、スコットが温厚になったことだ。温厚さは仏教徒の特徴だと言える。物をため込むのもやめたという。大好きな本さえあまり持たなくなった。一冊読み終わると人にあげてしまう。「本はトロフィーじゃないと気づいてから、手放すのが簡単になった」と言って、その証拠に読み古したサマセット・モームの『月と六ペンス』を私にくれた。彼はサマセット・モームの大ファンだ。「汝の欲するところに、従え。但《ただ》し、すぐ角向こうの巡査の存在を忘るべからず」（中野好夫訳『人間の絆』新潮文庫）というモームの勧めのとおりに生きてきたという。たしかに、交差点に立っているタイ人の警察官は賄賂を要求してきそうだし、目の前で人が何をしようとお構いなしのような気がする。でも、そう思ったことはスコットには黙っておいた。

バンコクでは、熱帯の暑さだけでなく、奇怪な出来事も避けられない。アメリカにいたら考えられないこと、たとえばイチゴのピザなどもバンコクでは平気で食べるという。しかしスコットにも理解できないことがある。たとえば「ノーハンド・レストラン」がそうだ。母親が小さな子供を世話するときのように、タイ人ウエートレスが男性客に夕飯を食べさせてくれる。客はいっさい手を使わない。フロイトがこの店を知っていたら、あれこれ言いたいことがたくさんあっただろう。スコットは「まったく意味不明だ」と語っていた。

スコットの彼女は若くてはつらつとしたタイ人女性で、その名をノイという。以前は「ダンサー」だったという（それ以上深くは聞かなかった）。いまでは彼女が、スコットのために料理や洗濯をしている。ただしノイは、たいていテレビの前に陣取ってメロドラマを見ている。彼女は一日に一五時間もこの状態を維持できる。たいしたものだ。そのうえ悪魔のように大胆不敵にタクシー運転手と値切り交渉ができるし、どんな高級タイ料理店にも負けないパッタイ（焼きそば）を手早く仕上げられる。本当に刺激的な女性だ。香辛料は人生に刺激を与えるものだとタイ人は固く信じている。それに彼女は昆虫を食べる。衝撃的に聞こえるが、実はたいしたことではない。タイでもノイの育った地域では昆虫がふつうに食べられている。黒くて大きなコオロギや、タガメを油でからりと揚げて丸ごと食べる。かじりつくときにバリッと音がする。でも、だからといって食べるのをためらう理由にはならない。未知の料理に対する壁は、アイスランドで腐ったサメを食べたときに消え去った。

ノイは輝くような笑顔が特徴的だ。その魅力はタイ人女性の中でも際立っている。一瞬にして満面の笑顔になる。かつてノイが働いていたビーチ・リゾートの同僚も、彼女の笑顔が「ベスト・スマイル」だと評していたという。タイがほほ笑みの国であることを考えれば、これはかなりの褒め言葉だと言える。

数年前、タイ国際航空が秀逸な広告を出した。二枚の写真が並んでいて、どちらの写真も客室乗務員がほほ笑んでいる。一方はタイ国際航空の乗務員、もう一方は競合他社の乗務員だ。どう見ても同じように見える二枚の写真には、「本物の笑みを見抜けますか」というコピーが添えられていた。

実はこの二枚には異なる点があった。タイ人なら誰でも一瞬で見分けられる違いだが、ほとんどの外国人は気づかない。本当のほほ笑みは口元に浮かぶものでないことを、タイ人は本能的に知っている。本物のほほ笑みは目に宿る。厳密に言うと、左右の目を取り囲む眼輪筋にあらわれる。この小さな筋肉をごまかすことはできない。本物の笑みでないかぎり、この筋肉は動かない。

タイのほほ笑みには、西洋以上（あるいはそれ以下）の意味がある。それは仮面だ。もっと正確に言えば、数多くの仮面を意味している。タイのほほ笑みは、幸せはもちろん、怒り、疑い、不安、そしてときには深い悲しみさえあらわすことがある。タイ人は葬式のときにも笑うので、それを見た外国人は面食らう。

ほほ笑みが個人的なものではないことを、タイ人は教えてくれる。ある研究によると、少なくとも正常な人は、一人でいるときにはめったに笑わないという。ほほ笑みというのは、心理状態のあらわれというより、人と親交を深めるためのジェスチャーなのである。もちろん、人の心をそのまま映し出すこともある。

スマイリー・フェイスを生み出したハーヴェイ・ボールのような人物は、タイには出現しそうもない。タイ人はスマイリー・フェイスのような一般化された笑顔をつまらないと思うだろう。笑顔は笑顔でも、どんな笑顔かが問題なのだ。

イヌイットの語彙に雪をあらわす単語が多数あるように、タイでは笑顔をあらわす表現が豊かだ。「イム・チェウン・チョム」は「あなたはすばらしい」、「イム・タク・ターン」

は「同意しかねるけれど、話を続けてください」というほほ笑みをそれぞれ意味し、「イム・サオ」は「悲しい」ほほ笑みを意味する。私がいちばん気に入っているのは「イム・マイ・オーク」という表現だ。これは「ほほ笑もうとしても無理なとき」のほほ笑みを意味する。

これらはどれも魅力的な表現だが、同時にその多様性にとまどってしまう。ほほ笑みというのは本質的に幸福や満足のしるしだと思っていたが、いまではその考えに自信がない。タイ人のほほ笑みを信用するのはやめにした。どんなほほ笑みもいっさい信用しない。どこに行っても欺瞞やごまかしに出会い、人々の眼輪筋が動いているかを見極めようと躍起になっている。被害妄想に陥るのも無理はないが、もしかしたら私は間違っているのかもしれない。フロイトが言ったように、笑顔はそれ以外の何ものでもなく、笑顔にすぎないからだ。

大半のタイ人と同じように、ノイも徳を積むことがよいことだと信じている。僧侶に寄付をするなど、よい報いにつながる因《いん》を実践し、善業《ぜんごう》の点数をしっかり稼げば、来世で救済されると彼女は考えている。ノイはスコットに夢中で、自分の愛情をたびたびタイ流に表現する。「サルがバナナを好きなように、私もあなたが大好き」などと言ったりするのは実にかわいらしい。

めずらしくテレビを見ていないときには、ノイはスコットに何かしら助言する。たとえば「深刻に考えすぎよ」「あんまり考えすぎちゃだめよ」などと言う。タイでよく耳にすることうした発言は、この国について多くを物語ると同時に、タイにおいて「よい人生」とはどんなものなのかを教えてくれる。

私は自分を思慮深い人間だと思ってきた。深遠なことから非常にささいなことまで、いつも何かしら考えている。唯一、ほとんど考えたことがないのは……考えるという行為そのものについてである。

大半のヨーロッパ人と同じように、考えることの重要性に疑問を感じたことはない。私にしてみれば、それに疑問をもつのは呼吸に疑問をもつのと同じことを意味する。考えるという行為については、よく使われる表現が数多くある。「われ思う、ゆえにわれ在り」「行動する前に考えよ」「よく考えてごらん」「少し考えてごらん」「考えてから返事します」「とても思慮深い人ですね」

なかには考えることの価値が金銭ずくの大衆文化によっておとしめられたと考える人もいる（ここにも「考える」という単語が使われている）。しかしそれは違う。大衆文化によって格下げされたのは「深く考えること」であり、「浅く考えること」に関して言えば、逆にその価値が押し上げられた。物事を浅く考えることも、考えることには変わりない。

思慮深い人生がよい人生だとよく言われる。精神療法（とくに認知療法）は、これを前提にして築き上げられた。誤った思考パターンという間違ったソフトウェアさえ修正できれば、幸せが保証される。少なくとも悩みの種は減る。

私は人生の大半を、どうしたら幸せになれるかと考えることに費やしてきた。それでも幸せになれないのは、思慮が足りないせいだと考えていた。自分が不幸なのは考え方の問題であって、考えるという行為そのもののせいだなどと思ったことはなかった。

しかし、タイに来てから考えが変わった。タイ人は考えることに対して非常に懐疑的だ。タイ人にとって、考えるのは走るようなものだと言える。両足を動かしているからといって、必ずしも目的地にたどり着けるわけではない。逆風に向かって走っているかもしれないし、踏み車を動かしているだけかもしれない。あるいは後ろに向かって走っている可能性だって考えられる。

タイ人は自己啓発本を買ったり、精神療法に通ったり、問題についてとことん議論したりすることがない。ウッディ・アレンの映画も観ない。ノイや他のタイ人に対して幸せかと問いかければ、もちろんほほ笑みながら礼儀正しく答えてくれる。しかし、彼らがこの質問を意味のないことだと思っているのは間違いない。タイ人は幸せについて考える時間がないほど、幸せでいることに忙しい。

私は長年にわたって自分を深く省みる努力を続けてきた。その結果として何が得られたのかと、ふと疑問に思うことがある。結局のところ自己啓発書の山を築き上げ、「自分には何か問題がある」と考えたり、「何か意味があるのだろうか」と疑問を抱いたりするようになっただけではないのか。タイ人はそんなふうに考えたり、疑問に思ったりすることはない。

考えるという行為に懐疑的な文化は、タイだけにかぎらない。イヌイットも考える行為をよいことだと思っていない。イヌイットのあいだでは、考える人は正気ではないか、あるいは救いようのないほど扱いにくい人間だとみなされ、敬遠される。地理学者のイーフー・トゥアンは、あるイヌイットの女性がごく当然のことのように、「私はけっして考えない」と語るのを耳にしたと記している。また、別のイヌイットの女性は、ある女性のせいで自分が考えるはめになり、命を縮める思いをしたと不平をもらしていたという。「幸せな人というのは、考える動機がない。彼らは生きることについて疑問をもたずに、ただ生きている」とトゥアンは結論づけている。

歴史の浅い幸福学は、この点に関してほとんど触れていない。それは驚くべきことではないと私は考えている。結局のところ学問の世界では、料理人が料理することの意義を考えないのと同じように、考えることの意義を検討してこなかった。とはいえ、少数の勇気ある心理学者が内省と幸福の関係を研究している。

心理学者のティモシー・ウィルソンとジョナサン・スクーラーが、ある実験をおこなった。研究協力者を三つのグループに分け、ストラビンスキーの『春の祭典』を聴かせる。第一のグループには曲を聴かせる前に何の指示も与えず、第二のグループには、曲を聴いているあいだ自分が幸せを感じるかどうかを観察するように伝える。第三のグループには曲を聴きながら「幸せを感じるように試みてほしい」と指示した。その結果、曲を聴く喜びが相対的に小さかったのは、第二、第三のグループだと判明した。まったくなんの指示も受けていない第一のグループの人々が、最も曲を楽しんでいたのである。これは、幸せについて考えると幸せを損なうという事実を証明する明確な証拠だと言える。

哲学者のアラン・ワッツがまだ生きていたら、この実験結果を聞いて、やはりそうかとうなずいたはずだ。ワッツはかつて「悪い音楽だけが意味をもつ」と語っている。意味は必ず言葉（象徴）をともなう。言葉というのはそれ自体とは別の何かをあらわしている。よい音楽というのは、それ自体とは別の何ものもあらわしていない。それは音楽以外のなにものでもない。同様に、不幸だけが意味をもつ。だからこそ私たちは、不幸について語らなければという思いに駆られるのであり、それを語るための言葉が数多く存在するのである。幸福に言葉は必要ない。

幸せになるためには、基本的に三つの方法がある。逆に言えばたった三つの方法しかない。第一に、ポジティブ感情（肯定的感情）の総量を増やすこと。第二に、ネガティブ感情（否定的感情）の総量を減らすこと。第三に、問題をすり替えること。この第三の選択肢を思いつくことはめったにない。かりに思いついたとしても、逃げ道だとして却下してしまう。「問題をすり替えるだって？　そんなずるいことはだめだ。問題と格闘し、分析し、吟味し、飲み込み、吐き出し、また飲み込み、語らなければならない」自分が抱えている問題についてつねに語り続けなければならないと思い込んでいるのである。幸せにいたる道には言葉が敷き詰められていると、私は信じてきた。名詞、形容詞、動詞が正しい配列にぴたりと並んでいれば、スキップするように幸福に達することができるはずだ。しかしタイ人にしてみれば、こうした考え方は異質で受け入れがたい。人生を生き抜く方法としては、まったくばかばかしいやりかたとしか思えない。タイ人は言葉を信用していない。言葉は欺くための道具であり、真実を語るための道具ではないと考えている。

タイ人には別の方法がある。「マイペンライ」という方法だ。これはタイ語で「気にしない」を意味する。しかし、西洋人がよく、「気にしないでくれ、自分でやるから」と腹立たしげに言うのとは意味が異なる。タイの「気にしない」には、「気にするのはやめて、人生をうまく生きていこう」という意味が込められている。タイで暮らす外国人は、「マイペンライ」の姿勢に適応するか、頭がおかしくなるかのどちらかだ。

「世界はどこもかしこも、めちゃくちゃだ」と、デニス・グレーは事務所の窓の外を指さしながらきっぱりと言った。彼の指の先にはコンクリートのビル群が見渡すかぎりそびえ立っている。デニスは一九六二年に同じ場所から撮影した写真を見せてくれた。いま私の目の前にある超高層ビル群はほとんど見当たらない。数棟のビルしかなく、一、二台の車が止まっているだけだ。デニスはできることなら一九六二年にタイムスリップしたいと考えている。一方、そんなふうに考えるタイ人はほとんどいないだろうとデニスは言う。タイ人は変化を巧みに操っているが、ここでは古いものは尊重されないのだという。

タイで三五年間も暮らしているアメリカ人ジャーナリストのデニスは、タイ人がバンコクに対しておこなったことに不満を抱いている。かつてのバンコクには優雅な運河があちこちにあり、「東洋のヴェネチア」として名をはせていた。しかし、運河はとうの昔にふさがれて道路になってしまった。けれどもデニスはタイの気楽さが気に入っている。ここで暮らしていると、「マイペンライ」な状況に遭遇しない日はほとんどないという。

「ある日のこと、会社の事務責任者と経理の問題について話し合っていた。ところがなかなか問題が解決しない。何度やっても計算が合わなかった。すると彼女がこう言ったんだ。『デニス、もうこの問題は放っておきましょう。無理に解決する必要はないわ』結局、彼女の助言に従ってその問題はそのまま放っておくことにした」

デニスはのんきな楽観主義者ではない。「マイペンライ」の姿勢に難があるのもわかっている。「マイペンライ」は、ときとして無能さや怠け心の言い訳に使われる。しかしそれは、総じて人生の困難を解決する賢明な方法だとデニスは信じている。結局のところ、先に古いものを手放さなければ、新しいもの（たとえば仕事や、人間関係、人生の進路など）を選ぶことはできない。両手がふさがっているときに食べ物の袋に手を伸ばしたところで、すべてが音を立てて床に落ち、両手に何も残らない結果に終わるのが関の山だ。

私も「マイペンライ」こそ正しいと思いたい。本当にそう信じることができたらどんなにいいか。ところが私の神経症的な性格がそれを否定する。問題を未解決で放置するなんて無理だ。私からすれば、それは放り出すも同然で、考えるだけで身の毛がよだつ。タイで三五年も暮らせば、私も「マイペンライ」という考え方に賛成できるようになるかもしれない。あるいは頭がおかしくなってしまうのかもしれない。

デニスは「マイペンライ」の他にも、「ジャイイェン」という考え方が気に入っているという。それは「冷静な心」を意味している。タイで最も疎まれているのは、「ジャイイェン」を失うことだ。だからタイ人は横柄な外国人に我慢がならない。しかもほぼすべての外国人がそういう態度をとる。

「タイ人は噂好きの策士だ」とデニスは言う。「でも、職場で取り乱した人を見たのは、三〇年のあいだで一〇回ぐらいかな」これは驚きだ。アメリカなら一日でそのぐらい目撃できる。デニスは自分の職場での不文律を定めている。感情を爆発させてはいけない、というのがその内容だ。同僚にいらいらするようなら、冷却期間をもうける。ときどき「アメリカ式のやりかたにのっとって」、社員同士を向き合わせることもある。しかしそのやりかたを採用することはめったにない。

この「冷静な心」について、後にタイ人のクニップに尋ねてみた。クニップは学校の校長を務めている。明るい色調のフローリングの職員室は、空港のビジネスクラスのラウンジを思わせる。肌に張りがあり、白いシャツと赤いネクタイも完璧にきまっている。タイ人は容姿を重視する。ニックが指摘した脇毛にくわえて、タイでは汚れやしわも嫌がられる。「ジャイイェン」について質問すると、クニップはある話を聞かせてくれた。

隣家のバナナの木が伸び放題で、クニップの家の敷地内にはみ出し、木についている昆虫も屋内に侵入してくるようになった。アメリカ人なら、「邪魔なバナナの木をどうにかしてくれないかな。家に虫が入ってきて困るんだ」と、隣人に直接伝えるところだろう。私にも似たような経験がある。

しかしクニップのとった行動は違った。彼はバナナの葉を一枚、それもたった一枚だけをちぎって、自分の不快さをさりげなく表現した。すると数日後に庭師がやって来て、バナナの木を剪定しはじめた。もめごとが決着するまでに一言も交わすことはなかったという。「まずは人間関係です。それが問題そのものよりも大切です」とクニップは説明する。

私はそれをなんとか理解しようとした。私も含めてほとんどの西洋人は、人間関係よりも問題の解決を優先する。答えや真実を見つけるためなら、進んで友人を船外に放り投げる。ときには家族さえも放り投げる。

それにしても、バナナの木をどうにかしてほしいと、丁寧にお願いしないのはなぜなのかとクニップに尋ねてみた。

そんなことをすればけんかを売っていると思われる、というのがクニップの答えだった。怒りというのは「愚かで狂気じみた感情です。だから抑制しなければなりません。タイにはこんな諺があります。『汚い水は中にため、きれいな水を外に見せなさい』」

「冷静な心」というのは聞こえがいい。しかし、タイの殺人率の高さをどう説明すればよいだろうか。タイの国技である、残酷なほど暴力的なムエタイはどうか。バンコクのヤンヒー病院で執刀する外科医の技術力の高さはどう説明できるだろうか。重傷を負った男性器を接合する技術にかけては、彼らは世界一の技術を誇る。もしも自分のペニスが自分から切り離されてしまうことがあれば、ぜひとも彼らに執刀してもらいたいものだ。

彼らは他の外科医よりも才能に恵まれているわけではない。単に経験が豊富なだけだ。タイの新聞には、夫の気まぐれな態度にうんざりした妻が、ナイフを手にして行動を起こす話が二カ月に一度は報じられる。最近では外科医の卓越した技術が知れ渡って、怒り狂った妻は新手の脅し文句を選ぶようになった。「アヒルに食べさせてやる」というのがそれだ。静かに語られるこの短い脅し文句は説得力抜群で、多くの成人男性が聖人へと変貌をとげた。

タイ人は「中道」を説く宗教を信奉していながら、加減を調整するスイッチを明らかに欠いている。心を冷静に保つか、ペニスを切り落とすかの二者択一で、その中間は存在しないのである。

バンコクは「本当のタイではない」とよく言われる。ニューヨークは本当のアメリカではないとか、パリは本当のフランスではないと言うような口ぶりだ。でもそれは間違っている。これらの都市は何もないところから生まれたわけではなく、芽を出した土地で有機的に成長した。この法則に例外は存在せず、むしろ逆に、まさに法則どおりなのである。ニューヨークはまさにアメリカであり、アメリカ以上にアメリカらしい都市だ。同じことはバンコクにも言える。

バンコクのスカイラインの輪郭を形づくった立役者と会ってみることにした。その人の名はスメート・ジュムサイ。タイで最も有名な建築家の一人であり、創造性あふれる建築物を多数生み出している。たとえば「ロボットビル」が有名だ。これはその名のとおりロボットの形をしている。同時に彼は、タイ国王ラーマ三世の末裔でもある。フランスとイギリスで育ち、ケンブリッジ大学で学んだ。完璧な英語を話すと人づてに聞いていた。この人物こそ文化の通訳者として最適な人物ではないかと思い、会うのが待ち遠しかった。

ところが、私の乗ったタクシーは渋滞にはまってしまった。運転手は渋滞を気にする気配はまったくない。彼にはいくつも命があって、何度も生きられるのかもしれないが、私には一度かぎりの人生だ。後部座席でいらいらがつのり、ついに我慢の限界に達した。料金の精算を済ませてタクシーから飛び降り、バイクタクシーを探す。バイクタクシーは一見するとふつうのバイクと変わらない。違うのは運転手がオレンジ色のベストを身につけ、低料金で町中を飛ばしてくれるところだ。バイクの後ろにまたがると、運転手はすぐにアクセルを全開にした。まるで民話に登場するバンシー（家族に死人が出ることを泣いて予告する女の精霊）の悲鳴のような音をたてながら疾走する。横の車に触れそうなほど接近しながら、渋滞を縫って走っていく。バンコクをめぐるにはバイクタクシーが最適だ。これを使えばどこにでも行ける。

現代の西洋の都市は脱臭されている。何のにおいもしない。ところがバンコクは違う。できたてのパッタイや、摘みとったばかりのマリーゴールド、出したての人間の排泄物のにおい……。あらゆるにおいが漂っている。この町にいると鼻が飽きることがない。数十年の時をへて、バンコクは静かな町から四方八方に広がる巨大都市へと生まれ変わった。どこまでも膨張する、熱気あふれる都市だ。バンコクという町の境界線がどこにあるか、誰に聞いても答えられない。正確な人口も誰も知らない。バンコクというのは形の定まらない都市なのだ。

都会で暮らす人と農村で暮らす人、そのどちらが幸せかという古くからの問いには、まだ答えが出ていない。さまざまな研究がおこなわれているが、どれも決定的な答えを出すにはいたっていない。しかしルート・フェーンホーヴェン教授から聞いた話が頭に残っていた。タイのような新興国では、都会で暮らす人のほうが農村で暮らす人よりも幸せだという。これはなぜなのか。都会で暮らす人のほうが経済的機会に恵まれているからだろうか。たしかにそれも理由の一つにあげられるだろう。だが本当の理由は別にある。農村出身者が大都市に出てくるとき、彼らは村を捨てて完全に都会に定着するわけではない。村との関係を切らずに、都会と農村の両方から恩恵を得るのである。

その証拠はバンコクのいたるところで見つかる。バンコクは一つの都市というよりも、村の寄せ集めといったほうが正しい。「ソーイ」と呼ばれる狭い路地が縦横に走るようすは、まるで毛細血管が広がっているようだ。ソーイでは、村とほぼ同じような生活が営まれている。麺をいためるにおいや、行商人の声、そして同郷意識など、村のすべてがここにもある。

スメート・ジュムサイの事務所に到着すると、バイクタクシーに乗ったときと同じぐらいの興奮が湧き上がってきた。警備員に案内されて庭を抜け、一階の心地いい仕事部屋に足を踏み入れる。建築家の仕事場らしく、設計図や青写真が散らばっている。スメートは座っている椅子をくるりと回転させてこちらを向いた。おそらく六〇代のスメートは、ずんぐりして体格がいい。カーキ色のサファリシャツを着た姿は、実に堂々として魅力的だ。

「やあ、いらっしゃい」と訛りのない英語で話す。席を勧められたとたん、「いきなり行儀の悪いことをします」と言って、いっしょにどうかと聞かれた。幸いなことに、彼の言う「行儀の悪いこと」というのは、強い酒をたしなむことだった。

グラスになみなみとウイスキーを注いでくれる。ボトルをよく見ると「メイド・イン・ブータン」と書かれている。一口飲んでから、心の中でブータンの軍隊に乾杯する。彼らに神様のご加護がありますように。

スメート自身はジンを飲んでいる。どうやら一杯目ではないようだ。「私たち仏教徒には五カ条の教えしかありません。あなたがたの十戒《じっかい》と比べたら少ないですが、酒を飲んではいけないというのがその中の一つです」と言いながら、ジンを一口、飲み込んだ。

スメートに聞きたいことは山ほどある。陽気なほろ酔い状態から、泥酔して支離滅裂になる前に、ぜひともすべて聞いてしまいたかった。まずは徳を積むことから聞いてみることにする。徳を積むというのは、善業を積み立てる銀行預金みたいなものなのだろうか。

「ええ、たしかにそうです。単純なことです。悪いおこないを重ねてしまっても、よいことをすれば相殺されます」こんな計算なら、どんな会計士も喜んでやってくれそうだ。

「タイ語で言うところの『サヌック』、つまり楽しいという感情についてはどうでしょうか？　タイの人々は楽しむことを重視しているように思うのですが」

この質問をすると、スメートはぱっと目を輝かせて背筋を伸ばし、酔った顔からしらふの顔に早変わりした。

「サヌックですか。サヌックでなければ、何もする価値はありません。仕事が楽しくないという理由だけで、高給取りでも辞職することがあります」

「でも、楽しいことが嫌いな人はいないと思います。楽しさを発明したのは、私たちアメリカ人だと言っても言いすぎではないような気がします」

「ええ、そうでしょう。でも、あなたがたアメリカ人は、楽しむことをまじめに考えます。ところが私たちは違います。タイ人は、よく働きよく遊ぶという考えを信じていません。私たちの楽しみは、日常生活のあちこちに点在しています」

「どういうことでしょうか？」

「仕事中のちょっとした笑いも楽しみになりえます。タイにおける楽しみというのは、アメリカのように堅苦しいものではありません。タイでは休日の取りかたも異なっています。ヨーロッパのように八月中まるまる休暇をとるようなことはしません。一日とか、一週間という単位で、ところどころに休暇をとります。何でも点々とちりばめられているのです」

ここでスメートは万年筆に手を伸ばした。よく見るとあきれるほど高級な万年筆だ。興奮したようすで何事かを紙に書き付けると、その紙を私に手渡した。しかし私には意味がわからなかった。ラテン語で書かれていたからだ。

「『あなたもそのうち私のようになる』と書いてあります。すてきでしょう？」そう言うと同時に、スメートはそろそろ話を終わりにしようという気配を発した。どうやら席を立つ時間がきたようだ。ところがその後、彼はふたたび落ち着きを取り戻し、自分の兄弟について語りはじめた。「敬虔な仏教徒」である兄弟は、毎日、瞑想を続けているという。

「あなたは瞑想をされますか？」と聞いてみた。

「いいえ、私は西洋的精神の持ち主です。ただし、絵を描いているときは瞑想に近い状態になっているかもしれません」

「あなたは幸せでしょうか？」

「一言でいえば、幸せです。キリスト教的に言えば私は罪人です。ですが、徳を積むことによって差し引きはゼロになります。といっても、意識的に徳を積もうとしているわけではありません。私は虐げられた人々には弱いのです」

ブータン産のウイスキーが何杯も空になるにつれ、私たちの会話は収拾がつかなくなっていった。どうにか自分を律し、あらかじめメモしておいた質問に戻ろうとした。しかしそのとき、脳裏にぱっと「マイペンライ」が浮かんだ。そしてすべてを成り行きにまかせることにした。

話題はバンコクに移った。ここは「ミニ上海」みたいなものだとスメートは言う。数カ月ごとにすべてが生まれ変わり、住人でさえもこの町について学び直さなければならない。

「バンコクは国際都市です。スパゲッティのように絡みあい、脈動しています。もちろん、パリやロンドンにも活気はありますが、デパートで買い物していてもほほ笑みに出会うことはありません。バンコクのデパートでは誰もがほほ笑んでいます。それに寺院でも……寺院やソーイや……そうそう、ソーイと言えばすばらしいパッタイが食べられます」

もう一杯どうかと勧められたが、丁寧にお断りした。私が席を立つ瞬間、彼の目が寂しげに光るのを感じた。アメリカ式に自分を見つめなおす今回の出会いを、スメートは楽しんでくれたと思う。どうやら彼は、こうした機会をもつことはあまりないようだ。彼は何時間でも、飲みながら語り続けることができただろうと、私は勝手に推測した。

都市には神がいないと考える人がいる。しかし、都市がつくられた本来の目的は、神と交流する場をもうけるためだった。キリスト教信仰が芽生えたのも農村ではなく都市だった。バンコクでは神聖な場所と世俗的な場所が隣り合わせになっている。離婚した男女が、経済的な理由からいっしょに暮らすことを決めたかのようだ。すっかり和解しているわけではないが、思ったほどいがみ合っているわけでもない。

バンコク市内を走る「スカイトレイン」に乗ってみる。モノレール形式の乗り物で、ディズニーランドのアトラクションを思わせる。外を眺めていると、金色にきらめく凝った造りの寺院が、二つのショッピングモールに挟まれているのが目に入った。スカイトレインを降り、数区画歩いて「エラワンの祠《ほこら》」に向かう。この祠はいわくつきの祠として知られている。数年前、高層ホテルの建設作業中、作業員が度重なる難事に見舞われた。機械類は壊れ、何をやっても思いどおりにいかない。ほどなくして誰かが名案を思いついた。神様を鎮めるために祠を建立してはどうかと提案したのである。実際にそうしたところ、建設作業は滞りなく進むようになった。

タイ人はこの祠に立ち寄り、手早くお参りを済ませる。最初にこの祠を見たとき、とくに神聖な場所だとは感じられなかった。祠の周囲に西洋の神々（たとえばバーバリーや、ルイ・ヴィトン、マクドナルド、スターバックス）が建ち並んでいたからだ。

とはいえ、この不釣り合いを気にする者は誰もいない。祠に近づくとお香の香りが漂ってきた。あるいはこれは、車の排気ガスのにおいだろうか。一人の男がやって来て、かごいっぱいの茶色い卵を置いていった。お供え物だ。他の参拝者は静かにひざまずいて動かない。掲示板には「安全のため、大きなろうそくに点火するのはご遠慮ください」と書かれている。それでも参拝者は火を灯す。警備員が大きな麦わら帽子でろうそくをあおぎ、火を消し歩いている。

ここはバンコクの中心部に位置する平和なオアシスだ。しかし数年前、血迷った男が祠の黄金の像をハンマーで破壊する事件があった。そのときは冷静な心が優位に立つことはなく、男は群衆に襲われて殴り殺された。タイのマスメディアは殺害を非難し、像が失われたことを嘆いた。

そのまま町を歩いてみる。アジアの都市は一筋縄ではいかない。平凡な風景の中に、目に見えないものが数多く潜んでいる。一九二〇年代にアジアを旅したサマセット・モームは、そのときのようすを次のように記している。「町はきらきらと明るく輝いているが……何も与えてはくれない。それなのに、立ち去るときには何かを失ったような気がする。秘密が隠されているのではないかと思えてならない」

チャイナタウンを通り抜ける。バンコクのチャイナタウンは、世界のいくつかの都市で目にするような、博物館行きの代物には見えない。むしろバンコクの中でも活気に満ちた一角だ。中国人は何世紀も前からタイに影響を及ぼすようになり、いまもその手を広げつつある。

何軒もの店の前を通過する。その大半はどういうわけか工作機器を扱っている。どの店も汚れ一つなく清潔で、不思議な印象を受ける。皮膚病持ちのような犬が徘徊し、人々はボードゲームのようなものに興じている。ここでは店舗も家も開放的で、外から中が丸見えだ。アジアでは西洋ほど物理的プライバシーは重視されない。自分がX線式の透視能力のようなものを獲得して、ふつうなら見えないものを見ている気がした。夕飯を料理する家族や、散髪中の男。ある店には静かに座っている人がいた。ジーンズをはいて椅子に座り、目を閉じて休んでいる。眠っているのかと思った瞬間、彼が混沌の中でつかの間の平安を味わっているのだとわかった。男が目を開くと、私はどぎまぎしてあらぬ方向を見つめた。

　各店舗や家の前には、スピリット・ハウス（土地神祠）がある。見かけは手の込んだ美しい鳥小屋のようだ。スピリット・ハウスは家や店舗に悪霊を侵入させないために建てられている。「宝石なら当店におまかせを」という看板や、「幸せなトイレ、幸せな生活」と書かれた看板の前を通りすぎる。タイ人は幸せについて考えることはないが、どうやら言葉としてはよく使うようだ。「ハッピー・マッサージ・パーラー」「ハッピー・パブ」といった店名だけでなく、「ダブル・ハピネス」という名前の料理（豆腐入りヌードル）まである。

　迷いながら歩いているうちに、ようやく国連の建物を見つけた。大きくて威圧的な建物だが、入り口の前にスピリット・ハウスはない。国連といえばさまざまなことが想起される。ふつうはその中に幸福という要素は含まれていない。しかし善良な国連職員は、心ある平和部隊の隊員と同じく、幸福に関する業務に携わっている。ただし国連の職員自身は、自分の仕事を幸福とかかわる仕事だとは認識していない。

ここに来たのは、シュリーラトという女性に会うためだ。タイにおける幸福について、彼女ならなんらかの見識を備えているにちがいないと、アメリカの友人が教えてくれた。

シュリーラトはほほ笑みながら私を出迎えてくれた。コーヒーでも飲もうと二人で食堂に向かう。彼女は三〇代半ばの独身女性で、両親と暮らしている。両親との同居はタイの独身女性ではよくあることだ。もっと言えばそうした男性も多い。

タイ人はなぜこれほど幸せに見えるのかと尋ねてみる。

「タイ人は何事も深刻に考えることはありません。物事を深刻に受け取らないのです。どんなことが起きても、私たちはそれを受け入れます」

「それはどういう意味でしょう？」

「例をあげてみましょう。アメリカでは、つまずいて転んでも周囲の人が口を出すことはありません。皆、何もなかったかのようにふるまいます。そうした場合にタイ人ならどうするかというと、転んだ人を見て笑い転げます。近寄って助け起こしながらも、笑うのです」

「生活の中でストレスを感じないということでしょうか？」

「いえ、そういうことではありません。私だってストレスを感じることがあります。ただ、自分ではコントロールできない状況というのが存在します。自分の外で起こった出来事を変えることはできません。だから受け止め方を変えるのです。こうした考え方は、タイ人によい結果をもたらしている気がします。たとえば誰かにひどく腹を立てたとしても、何もできないような状況があるとします。殴りたいと思っても、そうするわけにはいかないような状況です。そんなときは、大きく深呼吸をして水に流します。そうでもしなければ、時間の無駄になりますから」

彼女が言うと、それは簡単なことのように聞こえる。息を吐き出すときのように、怒りも簡単に吐き出せるかのようだ。彼女は話を続けた。

「アメリカは世界で最もストレスの多い国の一つではないでしょうか。みんな、幸せを買うためにお金が必要だと思い込んでいます。何をするにも人を雇って、芝刈りですら自分ではやりません。ここでは裕福な人でも自分で芝を刈ります。それを楽しみの一つだとみなしているからです」

また「楽しみ」という言葉が出てきた。タイの言葉で言うところの「サヌック」だ。楽しさというのは、タイ人の心の中で特別な位置を占めているのだろうか。

「もちろんです。私たちは会議中も笑いながら冗談を交わします。形式張ったところはありません。物事を成し遂げるには、形式張らずに笑いながらおこなう必要があります。何事も、楽しくなければやる価値などありません」

タイ人はただ楽しむだけでなく、積極的にふざけたことを言い合う。

「ここでは太った友人をからかって、『カバ』と呼ぶことがあります。その友だちに叩かれるかもしれませんが、すべては愉快なお遊びです。アメリカではありえないことでしょう?」

たしかにアメリカではできないことだと、私は答えた。

シュリーラトが、そろそろ戻る時間だと言う。何に戻るのだろうか。仕事なのか、楽しみなのか、私にはわからない。二人でエレベーターの前を通りかかると、そこにいた友人を見つけて、シュリーラトがタイ語で何か話しかけた。その後シュリーラトはこちらを振り向いてこう言った。「ほら、よい例よ。彼女は小エビみたいに背が低いでしょ」

「それで、あなたは彼女を『小エビ』と呼んでいるのですか？」

「いいえ」彼女は私が的外れなことを言っているかのように断言した。「ロブスターと呼んでいるの。わかるでしょ？」

私にはわからなかった。タイ人は楽しいことを愛してやまないが、ちょっとわかりにくいということだけはよくわかった。

積極的に仏教を実践している人でなくても、タイ人は一定の平静を保っている。気づくと私はこれに激しい怒りを感じていた。タイ人は慌てることがない。たとえ人生に困難が待ち構えていることがわかったとしても、けっして慌てない。

二〇〇四年にアジアを襲った津波は、タイだけで数千人の死者を出した。ところが政府を批判する人はほとんどいなかった。実際に批判すべき点は多々あった。警戒態勢の不備や、災害対応の遅れによって混乱を極めたことなどが容易に指摘できたはずだ。私たちならそうしたにちがいない。実際、ハリケーン・カトリーナがニューオリンズの町を破壊しつくしたとき、アメリカ人は政府の責任を厳しく追及した。私たちは批判すべき対象を絶えず必要としている。神の他に咎《とが》を負ってくれる人が必要だ。というのも、近ごろは神も苦情を受理してくれないからだ。彼の書類受けには、これ以上書類が入らないほど苦情がたまっている。

タイ人は起きたことをそのまま受け入れる。しかし彼らは、結果を歓迎したり、また同じことを望んだりしているわけではない。タイ人は物事を長い目で見ている。永遠の目だ。現世でうまくいかなくても、次の機会が必ずある。次もだめなら、またその次へと続いてゆく。ちょうど晴れの日のあいだに雨の日が点在するように、幸運な時期と不遇な時期は交互に訪れる。それが物事のことわりだ。このような世界観のもとでは、過ちはとくに重視されないが、幸運（運命）は重視される。では、私はどのような運命にあるのだろうか。それを知りたくなった。その話をすると、ノイが「ジャオ（霊媒師）」の予約を入れてくれた。そのジャオは名家の出だという。タイでは占いは家業であり、その能力は代々受け継がれる。

スコットはこの手の話に懐疑的だったが、私に同行するのはいとわなかった。彼はタイで、無神論を信奉する合理的な心を揺さぶられる体験をしたという。ある朝、いつものように目覚めると、人々が折り鶴を折っていた。街頭の行商人から株式仲買人にいたるまで、あらゆる人が折り紙を折っている。いったい何が起きたのか。後になって事の経緯が明らかになった。イスラム教徒の暴動によって、タイ南部は何十年にもわたって騒然とした状況にあった。それを見かねた国王が、国民の心を落ち着ける必要があると宣言した。そこで首相が思いついた完璧な解決法が折り鶴だった。国民全員で何百万羽という鶴を折り、飛行機をいくつも飛ばして平和のしるしよろしく空からまいたのだ。「つまり彼らは折り紙で南部を爆撃したんだ」信じられないという表情でスコットは言った。「今まで経験した中で、最も奇想天外な見ものだったよ」

私たち三人はスコットの部屋を出て、ジャオの家まで歩いて行った。狭いソーイを抜け、露店や美容院や野良犬の前を通りすぎ、ごくふつうの住宅にたどり着いた。階段を上って中に入る。部屋の中にはほとんど家具がなく、天井でファンが回っている。床は白いリノリウム張りで、数人の女性が床に座って、タイ語でおしゃべりしながら食事している。皆、まくしたてるような早口で話しているが、タイでは誰もが早口だ。

さらにもう一つ上の階の部屋に案内された。神様に関するもの以外、この部屋にも家具らしきものは見当たらない。壁の一面にはヒンドゥー教の神様のポスターが貼られている。神猿ハヌマーンや、クリシュナ神にくわえて、私の好きな象頭のガネーシャ神もいる。ガネーシャは知恵と学問の神様であり、どちらも私にとっては不可欠なものだ。部屋の片隅には小さな仏像がまつられている。その仏像は部屋の中でいちばん高い位置に置かれていた。床は青と緑に塗られ、騒々しいほどの模様で埋め尽くされている。東洋の絨毯の失敗作といった趣だ。部屋にはエアコンがなく、すぐに汗が噴き出してきた。

三人で床にひざまずいてジャオを待つ。スコットはいよいようさんくさいと感じたらしい。ノイがお供え物を買いに出ると、私にそうつぶやいた。

買い物から帰ってきたノイは、ビニール袋から小さな牛乳を二パックと、ストローを二本、ペプシを二缶取り出した。それに三九バーツ（約一〇〇円）を添えて金色の盆に載せる。スコットが耳打ちした。「ペプシの代わりにコカ・コーラにしたら、どうなるんだ？」彼をシッと黙らせ、ついでにたるんだ腹を肘で小突く。

しばらくするとジャオがあらわれた。すらりとした中年の女性で、これといった特徴はない。赤いTシャツを着て、オレンジ色のスカーフを首に巻いている。スカーフの一端が片腕を覆うように垂れ下がり、髪は団子状にきつく結われていた。彼女は赤い毛布の上で蓮華座《れんげ》に足を組んで座った。脇にはカードが一組置かれている。

彼女はペプシの供物台の上に立てられたろうそくに火を灯すと、私に向かってタイ語で何かを詠じるよう求めた。ノイがそれを耳元でゆっくりとささやく。奇妙な発音に舌は苦戦を強いられたが、どうにかやりおおせた。

ジャオが目を閉じ、額の高さで両手を合わせる。タイの伝統的なワイ（合掌）のポーズだ。これは挨拶と祈りの両方を意味している。彼女は魔法の杖のように線香を振った。唇を動かしているが、声は出ていない。ノイが耳元でささやく。「時機をうかがっているの。神様が降りてくるのに縁起のよい瞬間を見計らっているのよ」早くその瞬間がやって来ればいいのにと願う。足がひきつりはじめ、額から噴き出た玉のような汗が目を刺激する。

すると突然、何かが起こった。ジャオの身体が激しく震え出す。神様と交信しているところだとノイが説明してくれた。神様は明らかに男性だった。女らしかったジャオの仕草はすっかり男らしくなり、さっきまでのおとなしかった態度とは打って変わって、荒々しく威張り散らしている。何度も手を前で振り回す仕草が好戦的に見えた。これまでノイはジャオを「彼女」と言っていたのに、いまでは「彼」と呼んでいる。変身完了だ。

彼女、いや彼は、私の個人情報を次々に明かしていく。私の人生で起きた出来事、もっと正確に言えば、私の数ある人生で起きた出来事について語っている。自分が前世で中国に関する本を書いたことを、いまはじめて知った。どうやらその本は、不遜な内容だったために受けが悪かったらしい。前世から悪評高い著述家なんて、そうそういるものではない。「仏陀について書くときは慎重に書くように」と彼女（彼）が言った。「さもないと非難されることになる」この忠告を最後に、ジャオはなにか赤いもの（檳榔子《びんろうじ》だとよいが）を金色の碗に吐き出した。この荒っぽいふるまいには面食らった。「すべて芝居のうちだな」とスコットがつぶやき、私はまた肘で突いた。

託宣は早口で述べられ、ノイがそれに遅れまいと必死に通訳してくれる。ジャオの話には、明らかに間違っているものもあった。たとえば私がタイ語を話せるというのは正しくない（実際には話せない）。誰にでも当てはまるようなことも語っていた。私は自分に自信がないのだという。また、恥ずかしくなるようなことも語った。ここでは紹介したくないような具体的な行為に触れながら、妻を喜ばせなければならないと諭された。そして絶対に彼女が知りえないような情報もあった。私には血のつながらない娘がいると言ったのだ。まさにそのとおりだった。私たち夫婦は、カザフスタンから養女として赤ん坊を引き取っていた。私は驚きのあまり言葉を失った。

こちらが質問する時間になっても、私には二つしか聞きたいことがなかった。私はいつ幸せになれるのか。どこに行けば幸せになれるのか。

「自分の故郷にいるのがいちばんだが、いろいろと心配しなくてもよろしい。他人が持っていて、自分が持っていないものに嫉妬しないことが重要だ」ジャオはもっともなアドバイスをくれた。

今度は彼女（彼）が質問する番だ。「おまえは神を信じているか？」

さて、どう答えるべきか。ジャオに嘘をつくのは悪業の一つのように思われるし、私には自分が何を信じているのかもわからない。その瞬間、モルドバ人のルーバのことが頭に浮かび、「フィヴティ・フィヴティ（五分五分）」だと答えていた。この答えにジャオは満足したようで、部屋にいる全員が安堵の息をついた。

「おまえが信じているのはガネーシャ神だろう」と彼女（彼）が言う。「おまえはガネーシャ像を一体持っている。茶色のガネーシャ像だ」

「はい。でもどうしてそれを……」

「立像ではなく坐像だ。どうだ？」

「そのとおりです。なんでそれを……」

彼女（彼）は、私がガネーシャ神をないがしろにしていると語った。定期的に花を供え、感謝の気持ちをあらわさなければならない。そうすればすべての問題は消え失せる。私は必ず言ったとおりにしますと答えた。するとジャオは、ふたたび身体を震わせて女に戻った。

これで会はお開きだ。

三人で熱気がむんむんする外に出ると、スコットと私は小さな食料品店でそれぞれビールを買った。プラスチック製の小さな椅子にドサッと腰を下ろし、先程の出来事を振り返ることにした。

「彼女はいったい、どうやって私のことがわかったのだろう?」とスコットに聞いてみる。

簡単なことだとスコットは言う。すべては合理的に説明可能だ。いくつかの回答は一般的で、誰にでも当てはまる。この点についてはスコットに手の一振りで片づけられた。他の点はもう少し説明しがたいが、説明不可能というわけではない。タイで養子縁組はめずらしくはない。私に養女がいる事実も経験から推測できるとスコットは言う。

「ガネーシャの茶色い坐像については?」

「それも簡単だね。外国人はたいていガネーシャ像を持っているし、ガネーシャ像といえば茶色の坐像がほとんどだ」しかし、その声からは自信が失われていた。スコットは明らかに強がりを言っている。

これがおおかたのタイ人の人生観なのだ。彼らは運命を操れる立場にはない。ぞっとする考え方だが、そう考えると重圧から解き放たれたように自由な気もする。何事も重視しなければ、人生はぐんと軽くなり、単なる大規模なお遊戯になる。しかも一〇歳の子供なら誰でも言うように、いちばんおもしろい遊戯は誰でも参加できるものだ。そのうえ何度も繰り返し無料で参加できて、いろいろと趣向が凝らしてあればなおさらよい。

タイ滞在の最終日。私が荷造りをするかたわらで、スコットは何通かの電子メールを送信し、ノイはいつものようにテレビに見入っている。画面には国王の映像が流れていた。何も変わったことはない。ただその映像は古く、国王が若いころに撮影されたもので、すべてのチャンネルで放送されていた。自分がテレビを見てきたかぎりでは、こうしたことはかなり異常なことだとノイが言う。もしかしたら国王が崩御したのではないか。私たち三人はたちまち不安になった。そうだとしたら、タイ人にとっては悲しい報せだ。彼らは国王を崇拝している。私にとっても残念な話だ。国じゅうが悲嘆にくれて喪に服せば、空港が閉鎖されるかもしれない。飛行機の出発予定時刻は数時間後に迫っている。こんなふうに考えるのは自己中心的だと自分でもわかっている。徳を積むにはまだまだ先が長いようだ。

「クーデターだ」と、別の部屋からスコットが叫んだ。おかしなことに私はまず神に感謝した。ただのクーデターか。それなら国王はまだ生きている。それから一瞬の間をおいて、「クーデターだって?」と不審に思った。ここはスターバックスやケンタッキーフライドチキンのある国だ。楽しむことと冷静な心が国民の心を支配する国だ。そんな国でクーデターなどありえるのだろうか。だが、実際にそのとおりだった。路上には戦車が配置され、戒厳令が布かれていた。ゴーゴーバー（風俗店）さえも休業している。

ジャーナリスト本能が目覚めて、ワシントンのNPRに電話をかけた。短いニュースを伝えたが、正直なところ上の空だった。私の研究テーマは、世界でもとくに幸せな国を調査することだ。クーデターはそぐわない。それは私が必死に避けようとしてきた不幸のたぐいに属する。

予定どおり飛行機に乗ることに決め、なんとかタクシーを拾った。運転手は現在起きている状況に関心がなく、空港に向かう主要道路がめずらしく空いているのをただ喜んでいるようだった。道すがら、どこかのリゾートの広告看板を目にする。真っ白な砂浜と透きとおるような海の写真に、「楽園は簡単につくれます」と太字で書かれている。これを見て二つのことが頭に浮かんだ。一つは、クーデターのさなかに何という皮肉だろうということ。もう一つは、文面そのものへの疑問だ。簡単につくられた楽園。私たちはそれを本当に欲しているのだろうか。楽園でも働かなければいけないのだろうか。それはかなり重要な点なのではないだろうか。

空港はがらんとしていた。クーデターのせいなのか、それとも午前三時だからかはわからない。気づくと数人の旅行客がいる。実際には、彼らを目にするよりも前に、その強いニューヨーク訛りの大声が耳に入ってきた。

「すみません、飛行機が飛んでいるかどうかご存じですか？」と質問してみた。

私の質問に、皆、当惑しているようだった。

「そう思いますけど」と、女性の一人が答える。「どうして、そんなことをお聞きになるんですか？」

「クーデターについて何も聞いていませんか？」

彼女たちは急に興味を示しはじめた。「いいえ。クーデターって、本当のクーデターですか？」

「ええ、軍が戒厳令を布告しました。通りには戦車が停まっていますよ」

「まさか」と別の女性が言った。「すごい！　ねえ、ハリエット、聞いた？　クーデターが起きたんだって」

「本当？」とハリエットが答え、畏《かしこ》まるような表情でこちらをちらりと見た。まるで私がその命令を下したかのようだ。「どうしてそんなことになったんでしょう？」

ハリエットにどう答えるべきかわからなかった。世界じゅうの軍人たちは何世紀にもわたって自分の意志を人々に押しつけている。「複雑な話なんですよ」という私の返事に、ハリエットは納得しているようだった。

結局、滑走路は閉鎖されていなかった。クーデターはそれほど大規模なものではなかったのだ。本格的なクーデターなら倍の戦車が出動し、もっとひどい状況になっていただろう。このぶんなら、じきに戦車は撤退し、経済活動も正常化するだろう。スージー・ウォンの女たちはふたたび舞台に上がり、らせん状に回ったり、ピンポン玉を使っておかしな芸を披露したりするようになる。

数週間後、マイアミに戻った私は小さな新聞記事を目にした。軍事政権の国民向けの顔である新首相のスラユット・チュラノンが、今後は経済発展ではなく国民の幸福増大をめざすと発表したという。おおかた広報活動の一環だろうが、それにしても軍事政権が幸福を政策に掲げるとは驚いた。

みごとなまでに不合理なこのニュースを読んで、私は唯一無二の気の利いた反応をした。ほほ笑みだ。それもタイ特有のおおらかで偽りのないほほ笑み。もしもその場に居合わせたなら、私の目に宿るほほ笑みに気づいてもらえたことと思う。

8章 イギリス——幸せは未完成

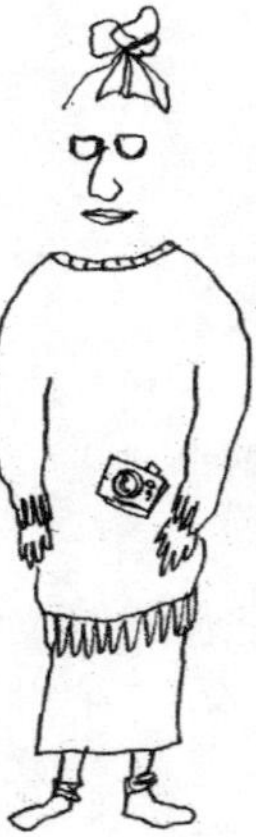

数年前、イングランドのスラウという寂れた町で、類例のない実験がおこなわれた。現代の大がかりな実験の多くがそうであるように、テレビ番組のためにおこなわれた実験だった。ＢＢＣが六人の幸福学研究者を雇い、スラウの町に送り込んだのである。その目的はスラウという町の「心理的傾向を変化させる」ことにあった。

実験の目的をはじめて耳にしたとき、私はすぐに興味をそそられた。幸福の方程式の重要な要素を見落としていたことに気がついたからだ。それは「変化」である。これまで私は、世界一幸福な土地を探し求めて世界じゅうを飛び回り、同時に最も不幸な土地を訪ねたりもした。しかしそのあいだずっと、訪ね歩く先はどこも静的で変化がないと感じていた。幸福な土地であろうと不幸な土地であろうと、その点は変わりなかった。ただし当然のことながら、人や土地は変化する。あまり大きく変わるわけではなく、めまぐるしく変わるわけでもないかもしれないが、人や土地はたしかに変わっていく。ＢＢＣの実験では、不幸な土地を選び、そこを幸せにする（あるいは少なくとも現状より幸せにする）という、計画的かつ野心的な試みがおこなわれた。はたしてこの実験はうまくいったのだろうか。

充血した目でロンドンのヒースロー空港に降り立った。ウィンストン・チャーチルが語ったように、アメリカとイギリスが「特別な関係」にあるという事実によって、私の気分は高揚していた。この「特別な関係」という表現が好きだ。外交関係をあらわす用語には冷たい印象を与えるものが多いが、この表現には親愛の情が感じられる。実際に私は、特別な気分で空港に降り立ち、いつになくリラックスして入国管理官に歩み寄った。彼と私は言ってみれば仲間だ。その服装さえも私をくつろいだ気分にさせる。警察や軍隊のような制服の代わりに、イギリスの入国管理官はブレザーを着用している。入国希望者は高級なカクテルパーティーの招待客で、入国管理官はその招待主であるかのように見える。

ブレザー姿の係員にパスポートを手渡す。手続きはすぐに終わるだろう。

「イギリスに来た目的は？」

「本を書くための調査をするつもりです」

「具体的に言うと、本のテーマはどういったものですか？」

「幸福についてです」

この時点までは、入国管理官は私のパスポートに目を通していた。ところがいまは、私の顔を真正面から見据えている。どう見ても仲間を見るような目つきではなかった。

「幸福ですって？」

「そうです」

「イギリスで？」

「ええ、まあ」

私の話は明らかに説得力がなかった。単なる口実か、あるいは不正な目的のための見え透いた嘘だと思われたのだろう。係員は私に質問を浴びせ始めた。イギリスには何日間滞在するのか。誰の家に泊まるのか。その人物はイギリス人か、それともアメリカ人か。おまえはテロリストか。いや、係員は最後の質問は口に出さなかった。でもそう聞きたそうなようすだった。二〇分ほどの尋問の末、体腔検査の恐怖が頭の中をかすめ始めたころ、彼は渋々パスポートに入国スタンプを押した。

イギリス人の旅行作家E・V・ルーカスが述べているように、「われわれは生まれつき幸福への疑いを持っている」。あるいはあるイギリス人がアメリカ英語（だから理解できた）で語ったように、「われわれは幸せなようにふるまわない」のである。上唇が堅いことはドイツ軍の爆撃が続いているあいだは役に立つかもしれないが、いい笑顔を作るには邪魔になる。

イギリスでは、幸せな人はわずかしかいないために要注意人物だと判断される。もしもあなたがイギリス人で、自分の落ち度がないのにどういうわけか楽しい気分になったとしても、うろたえてはいけない。心の平静を保ち、イギリス人風刺作家のジェローム・K・ジェロームの忠告をかみしめるといい――「『自分が幸せであることを』おもてに出さず、他の人たちといっしょに不平をこぼしなさい」。イギリス人にとって、幸福というのは大西洋の向こう岸からの輸入品だ。「大西洋の向こう岸」とはアメリカを意味する。そして「アメリカ」とは、ばかげて子供じみた、くだらないものを意味している。お菓子のようなものだ。

空港のターミナルを出て、ロンドンの陰気な空気の中に足を踏み入れると、タクシーを拾って、友人のロブとその妻のナンシーの家に向かった。本書の第五章（アイスランド）で紹介したロブは、アメリカ好きのイギリス人だ。現在、彼はロンドンに戻り、自国で「海外」特派員として働いている。まさに適任だと思う。イギリスについてアメリカ人の聴衆に説明するのに、内部者でもあり外部者でもあるロブは、うってつけの人物だと言える。彼はイギリス英語とアメリカ英語の両方を話せる。

ロブの自宅はとても快適で、イギリス人が得意とする、使い古されたような魅力を醸し出している。ナンシーは上品な、イギリス家庭で育った。そのため彼女は、つねに礼儀正しく、自家製のパンを焼き、ディナーの皿をオーブンで温める。でも、夫と同様に自分がイギリス人であることをあまり心地よいことだと感じていない。だからこの夫婦は、機会さえあればアメリカに逃げ出す。

イギリス人とアメリカ人が顔を合わせたときに、必ずと言っていいほど話題にのぼるのは、両者の相違点だ。英語という共通の言語があるせいで、この相違点はすぐにはわからない。三人でワインを飲みながら、この点についてあれこれ話し込んだ。

「アメリカでは……」とナンシーが言う。「どんな会話も、それがこの世で最後の会話になるかもしれないという調子で交わされるでしょ。なんでも隠さずに話すのね。いつもこう言いたくなるの。『悪いけど、あなたとはいま会ったばかりでしょ。私はあなたのことは何も知らない。あなたの子宮摘出手術の話なんか聞く必要ないわ』って」

でもナンシーは実際にそんなふうに言ったことは一度もない。言えば無礼になるかもしれない。それに、イギリス人は他人の感情を損なうのを避けるためならどんな苦労も惜しまない。いかなる場合も、いかなる方法を使ってもそれを貫く。イギリス人特有のこの慎み深さは、アメリカ人特有の話し好きな性格と同じぐらい厄介なことだと、ナンシーは気づいた。

「イギリスでは皆、幸せの小さな源泉から自分たちを切り離している」とナンシーは言う。

「このあいだ、テート・ギャラリーでチケットの列に並んでいたときのことよ。そこにいる人たちに話しかけてみたの。ただの世間話。『ずいぶん長い行列ですね』って。でも誰も返事を返してこない。頭がおかしいんじゃないかという目で私を見るだけなの。イギリスでは誰も他人の邪魔をしたがらない。誰かが死んでも、遺族に電話してお悔やみを伝えようとしない。だって、その人たちの邪魔になるかもしれないから。うるさすぎてアメリカ的すぎるのが、イギリス人は嫌なのよ」

アメリカ的になりすぎる、あるいは少しでもアメリカ的になるということは、イギリス人の身に起こりうる事態としてはほぼ最悪の事態だと言える。「アメリカ的」というのは、押しの強さや機転の利かなさ、そして何事にも子犬のようにのめり込む性格を意味している。

アメリカ人は自分の人生がそれにかかっているとでも言わんばかりに自己啓発本を購入する。イギリス人は概してそんなことはしない。そんな子供だましの考えは弱さのしるしだ。もしもイギリス人がその手の本を手にしているとすれば、その本のタイトルは『私は大丈夫じゃない。他人はもっと大丈夫じゃない』というものにちがいないと、あるイギリス人が皮肉を言っていた。

イギリス人にとって、人生の意義は幸福にあるのではなく、なんとかやっていくこと、すなわち切り抜けることにある。その意味でイギリス人は、古代アステカ人と似ている。アステカ人に子供が生まれると、神官はこう述べたという――「おまえは苦難の世界に生まれてきた。苦しんで、そして心の平安を得なさい」。静かに苦難に耐えるというこの姿勢は、どことなく気高い感じがする。アステカ文明は何世紀も前に滅亡し、わずかに残る遺跡は、いまでは日に焼けたアメリカ人観光客に踏み荒らされている。だがそんなことは問題ではない。少なくとも彼らには、滅亡について泣き言を言わないだけの良識があった。文明が滅びゆく過程でそのような姿勢をとった点には、敬意を払わなければならない。

このときロブが不意に口を挟んだ。母国を擁護したいという思いに駆られたのかもしれない。イギリス人は「潜在的な幸福」を有しているのだとロブは主張する。それはイギリス人の心の奥深くに潜んでいる。はた目には見ることができない。手に触れることも、音を聞くこともできない。いかなる方法を使っても、それを感知することは誰にもできない。でもそれはたしかにあるのだと、ロブは確信を込めて語った。

トーマス・ジェファーソンがアメリカ独立宣言の「幸福の追求」の一文を書いたのと同じ年、ロンドンでは若くて不幸な弁護士（そうでない弁護士なんているのだろうか）のジェレミー・ベンサムが、「最大多数の最大幸福」について論文を書き、「幸福計算」の考察に取りかかっていた。

ベンサムの哲学、すなわち功利主義には、アメリカ人が楽しみつつ味わう積極的な楽天主義が欠けている。イギリス人そのもののように、功利主義は実用的で、感傷的な部分はいっさいない。しかし目的は同じだ。つまり、潜在的であろうとなかろうと、国全体が幸福になることである。

私はジェレミー・ベンサムを訪ねてみることに決めた。彼はユニヴァーシティ・カレッジ・ロンドンの構内にいる。歴史を感じさせる重厚な建物は、学校というより大聖堂のように見える。ベンサムはこれらの建物のいずれかにいるはずだ。

案内所に行くと、窓口に金髪の若い女性が座っている。

「何かご用ですか？」

「ええ、ジェレミー・ベンサムに会いたいんです」

「内線番号はご存じですか？」

「いいえ、とんでもない。もう死んだ人ですから」

窓口の女性は目を大きく見開いた。「申し訳ありませんが、お役に立てそうにありません」と彼女は言う。私が無害な狂人か、危ない狂人か、判断に迷っているようだった。

「違うんです。彼は二〇〇年ほど前に亡くなったのですが、まだこの大学の構内にいるんです」

危ない狂人だ。女性は警備員を呼ぶそぶりを見せたが、危ういところで近くにいた大学院生が私の代わりに口を挟んでくれた。

「自己標本《オート・アイコン》をお探しなんでしょう?」と彼は言った。

「えっ、今なんと言いました?」

「ベンサムの自己標本ですよ」実はこれが、今は亡きジェレミー・ベンサムの現在の呼び名だった。その学生は別の校舎への行きかたを教えてくれた。そこで私は、部屋の隅に静かにベンサムが座っているのを見つけた。年齢のわりにはハンサムに見える。

ベンサムは木の椅子に腰掛けている。幸福についての論文を書いているときに座っていたのと同じ椅子だ。そして一八三二年に死んだときに着ていたのと同じ服装をしている。黒いベストにカジュアルなジャケットを着て、麦わら帽子をかぶっている。服の下にあるのはベンサムの本物のミイラだ。本人が生前にそうするよう指示したのである

ベンサムは気の利いた哲学的冗談を好んだ。そしてなぜ死がそれを妨げなければならないのかと考えた。彼の遺言には以下のような指示が含まれている。「もし私の個人的な友人やその他の弟子たちが、私に会いたいと言うのであれば……最大多数の幸福原理の創案者は……彼らが会合をおこなう部屋にときおり運ばれるものとする」今日にいたるまで、ベンサム

が車椅子で大学の会議にあらわれ、「出席、ただし投票は棄権」と議事録に記されていると
いう噂が絶えない。

ベンサムにとって幸福は数学的命題であり、彼は「幸福計算」の調整に長い年月を費やした。「幸福計算」というのはとても心の和む言葉だ。私個人としては、幸福と計算を関連付けて考えたことはない。

だがこれは単純な計算だ。人生の快楽的要素を合計し、そこから苦痛の要素を引く。その結果が幸福の総計となる。ベンサムはそれと同じ計算法を国全体に適用できると信じていた。政府の取ったどの措置も、可決されたどの法案も、「最大多数の幸福」というプリズムを通して見るべきだと考えたのである。たとえばベンサムは、貧しい者に一〇ドル与えることは、裕福な者に一〇ドル与えるよりも価値があると推論した。なぜなら、貧しい者のほうがより多くの快楽を得られるからだ。

ベンサムの理論は興味深いが、欠点もある。たとえば、個々の快楽を質的に区別していない。ベンサムによれば、通りを横切る小柄な老婦人を手助けして得られる快楽は、サディストがその同じ老婦人を意識を失うまで打ち据えて得られる快楽と同等だという。ベンサムにとって、快楽はどれも等しく快楽なのである。

もう一つ落とし穴がある。功利主義は「大多数」の人を幸福にするという点だけに関心がある。問題にするのは多数派の幸福であって、少数派の惨めさではない。幸いにも自分が幸福な多数派の一員であるときはいいが、惨めな少数派であると自覚したときには、あまり気

分のいいものではない。

今日にいたるまで、イギリスにはベンサム的な傾向、つまり政府による国民生活への介入を、公益のために進んで受け入れようとする風潮が残っている。イギリス人は所有するテレビ一台ごとに、喜んでBBCにライセンス料を払う。最近、ロンドン市長のケン・リヴィングストンが、混雑時のロンドン中心部への車の乗り入れに対する渋滞税を導入した。これは功利主義の典型だ。比較的少数の人（ロンドン中心部に車を乗り入れたい人）がかなり不幸な目にあわされ、そのおかげで大多数のロンドンっ子が少しだけ幸せになる。現在、ニューヨーク市が同じ案を検討中だが、ロンドンとは違って物議をかもしている。それは別に意外なことではない。アメリカ人はイギリス人ほど功利主義的ではないからだ。

最近、イギリス国内で幸福に関する議論が巻き起こっている。「われわれは国民のポケットにお金を入れるために役立つことだけでなく、国民の心に喜びを与えるために役立つことについて考えなければならない」こう述べたのは、アメリカかぶれのどこかの変わり者でも極左の政治家でもなく、当時のイギリス保守党の党首で、次期首相の座を狙っていたデイヴィッド・キャメロンだ（二〇一〇年よりイギリス首相）。

イギリスの首相と言えば、イギリス人が知るかぎり最も楽天的で、幸せな傾向をもつ指導者だった元首相のトニー・ブレアを忘れてはならない。ブレアはアメリカ人に見劣りしない猛烈な楽天主義者だった。ブレアはいつもほほ笑んでいた。これは前任者たちが自信たっぷりに避けてきた行為だ。新興の幸福学研究に魅了され、理論を政策に変えようというアイデアももっていた。二〇〇二年には、ブレア政権の戦略ユニットが、「人生の満足度」についてのセミナーを開催している。そして誰か（ブレア本人ではない）が、このグループを「幸福省」と名付けた。

このグループが発表した報告書では、ある提案（念のため書いておくが、あくまでも提案である）がなされた。政府が国民の幸福を増進する方法について、いくつかの案が出されたのである。ブータンの「国民総幸福量」に似た「幸福度指数」の導入、学校における「幸福技能」の授業の導入、「よりゆとりのある仕事と生活のバランス」、富裕層への増税などがその例だ。

誰もが考えるように、最も注目を集めたのは最後の案だった。幸福への一つの指針として増税の概念を最初に持ち出したのは、イギリス人経済学者リチャード・レイヤードである。レイヤードによれば、富裕層は他者の嫉妬をかき立て、一種の「社会的汚染」をまき散らす。レイヤードは、産業汚染の違反者に罰金を科すように、嫉妬を発生させる者にも罰金を科すべきだという持論を展開した。当然ながらこの考えは人々の反発を買った。新聞には「幸福旅団に用心せよ」という見出しが躍った。一部の人がみずからの嫉妬の問題を解決できないからといって、なぜ富裕層が罰せられねばならないのかという疑問の声も上がった。

リバタリアン（自由至上主義者）たちは激怒した。「道路の穴も補修できない官僚たちが、どうやってわれわれを幸せにしようというのか？　それに、人の幸福を決定する主要な要素、たとえば友情、セックス、信頼などは、どのみち政府の手にはとうてい負えない問題だ」と、リバタリアンは異議を唱えた。

私もこの意見に同感だ。それに、イギリスにかぎらず政府が幸福省を設置するというのも支持できない。でも、政府がすでに幸福という問題にかかわっているという点は忘れないでおこう。新婚の夫婦に税制上の優遇措置を与えたり、シートベルトの着用を義務付けたり、国内総生産を増やそうと必死になるたびに、政府は国民の幸福に首を突っ込んでくる。国民を幸せにする以外に、政府の役割なんてあるのだろうか。

BBCの番組制作者は偶然にスラウを選んだわけではない。ロンドンのすぐ外側にあり、ヒースロー空港への飛行経路の真下に位置するこの町に対して、イギリス人なら誰でも共通の印象を抱いている。町の名前自体が問題なのだ。「スラウ」という単語は「泥でぬかるんだ土地」を意味する。ヘビなどが古い皮を「脱ぎ捨てる（脱皮する）」という意味もある。また、作家のジョン・バニヤンが『天路歴程』の中で使ったように、「失望」という意味もある。そして一九三〇年代には、ジョン・ベチェマンがスラウについて次のような詩を書いた。

友軍の爆弾よ、スラウの町に落ちよ！
この地はいまや人の住まう地ではない

牛の食む草とてない
死神よ、この地に集え!

こうしてベチェマンは後味の悪い印象を残した。いまでもスラウの住民は、誰かがこの詩を引き合いに出すたびに胸を痛める。静かな絶望の見本としてのこの町の評判は、テレビドラマ『ジ・オフィス』のプロデューサーが、作品の舞台をスラウに設定すると決めた時点でさらに固められた。

そして今度は、もしも六人の幸福学の専門家がスラウの町を幸せにできるなら、彼らはど、い、い、んな土地も幸せにできるという前提のもと、番組が制作されることになった。『スラウを幸せにする方法(*Making Slough Happy*)』というタイトルのその番組は、私がイギリスにやって来る前に放送された。さっそくそのDVDを手に入れ、ロブの家の居間で見ることにする。画面いっぱいに町全体の俯瞰図が映し出され、「ここはバークシャー州の悪名高きスラウの町」と、ナレーターが重々しい声で説明する。

次に、幸福学の専門家たちが紹介される。彼らは男女を問わず、しゃくにさわるほど陽気だった。ナレーターが神の声のごときテナーで、実験についての説明を始める。幸福学の専門家たちは、あらかじめスラウの町で五〇人の被験者(ボランティア)を選び出していた。彼らは一二週間の集中的な「幸福の訓練」を受ける予定だ。その後、被験者たちは幸福のウイルスを町じゅうにばらまき、「スラウの心理的傾向」を変化させてゆく。それがこの番組の狙いだった。

おもしろそうな番組だ。グラスにワインをそそぎ、椅子にもたれかかりながら続きを見る。最初の課題として、まずは被験者の「幸福の体温」を計る。その結果、スラウの住民の幸福の体温は、その他のイギリスの町と同じであることが判明した。つまり、可もなく不可もなくという状態だ。人生に対する満足度が非常に高いスイス人やデンマーク人よりはかなり低いが、意気消沈したモルドバ人よりはかなり高い。

幸福度を高めるために、奇抜すぎたり、気恥ずかしくなったりするような訓練がおこなわれたわけではなかった。アメリカ的な要素が強いわけでもない。実際にスラウの住民がおこなったのは次のような活動だ。手を握りあう。ハグをする。木を抱きしめる。「ビオダンサ」というダンスを踊る。太極拳を披露する。ヨガをおこなう。思いっきり大笑いする。浮揚タンクの中に入って水に浮かびながらリラックスする。スーパーマーケットの通路でダンスする。

私はここで一時停止ボタンを押した。これ以上、見ていられない。自己抑制を失ったイギリス人を見るのは、象の交尾を見るようなものだ。たしかに象は交尾する。逆に交尾しないほうがおかしい。でもそれは騒々しくてぎこちない。見ているほうはこう思わずにはいられない。こんなものを本当に見る必要があるのだろうか？

大きく深呼吸をしてからリモコンに手を伸ばす。再生ボタンを押すと、スラウの五〇人が一人ずつ「幸福のマニフェスト」を手渡されている。そこには一〇の助言が記されている。

その大部分は常識的なものだ。たとえば友人に電話しなさい、幸運の数を数えなさい、テレビを見る時間を半分にしなさい。テレビを見る時間を減らすというのはすばらしい。その皮肉（このマニフェスト自体がテレビ番組の一部であること）は、誰も気づかなかったらしい。あるエピソードでは、スラウの被験者五〇人のうちの何人かが、リムジンに飛び乗って宝くじの当選者を訪ねた。驚いたことに、その当選者は自分の人生が必ずしも以前より幸せになったわけではなく、快適になっただけだと告げた。そして、最近弟が亡くなったが、弟を取り戻すためなら、宝くじの当選金の全額を喜んで投げ出すだろうとも語った。

リモコンを操作して別のエピソードを再生する。幸福学の専門家の一人で、やたらと歯を見せて笑うリチャード・スティーヴンズという心理学者が、気分の高揚するような音楽をバックに流し、何かにとりつかれたような目つきで床に掃除機をかけている。そして「注意深く、愛情を込めて掃除機をかけなさい」と、人の良さそうなスラウの五〇人の一人に対して指示する。その後、八三歳のレックス・バローという老人が登場し、自分には人生でやらねばならないことが「まだ山ほどある」と言った。私の思い違いかもしれないが、まさかその中に掃除機をかけることは含まれていないと思う。

番組中でおこなわれる数ある実験の中で、非常に興味深いものの一つが「墓場セラピー」だ（またしても「死」が割り込んできた）。心理学者のスティーブンズが地元の墓地へのツアーを企画した。「われわれは皆、いずれは死ぬが、今のところは生きている」ことを参加者に実感させるためだという。この訓練では、気分が高揚した参加者もいれば、気味が悪いと答えた人もいた。ある女性は激しく泣いて取り乱した。

こうして、一二週間がすぎた。スラウの被験者五〇人の幸福度が上昇し、この悪名高きバークシャー州の町の心理的傾向が変化したかどうかを確かめるときがやってきた。雰囲気を盛り上げる音楽が流れ、他の専門家たちが不安げに見守る中、メガネを鼻の上にかけたスティーヴンズがデータを見直している。そして封筒を開けて宣言する——「大成功です」。スラウの五〇人の幸福度は三三パーセントも上昇していた。スティーヴンズによると、こんな結果はこれまで見たことがないという。被験者たちの実験開始時の幸福度は中国と同程度だった。それがいまやスイスとデンマークをしのぐレベルになった。もしもスラウが国だとしたら、世界一幸せな国ということになる。シャンペンがそそがれ、乾杯の声が上がる。「幸福に乾杯！」そしてエンドロールが流れる。

以上が『スラウを幸せにする方法』というテレビ番組の内容だ。誰でも知っているように、テレビ番組の内容と現実の出来事が完全に一致するのは、かなりまれなことだと言える。私は疑問を抱かずにはいられなかった。この番組に登場した幸福学の専門家は、本当にスラウの心理的傾向を変化させたのだろうか、それとも、この町の住民五〇人をしばらくのあいだ楽しませただけなのだろうか。

リチャード・スティーヴンズに電話をかけてみることにした。電話に出た彼は驚くほど無愛想で、無礼の一歩手前という受け答えだった。陽気で幸せそうに掃除機をかけ、木を抱きしめていたテレビの男とは別人だ。たぶん今日は機嫌が悪かったのだろう。幸福学の専門家だってふさぎ込む日はある。でも会う約束はしてくれた。

　白いシャツにジーンズ姿のスティーヴンズは、よく日焼けしているように見える。イギリスでは自然に日焼けすることはない。そんなことはありえない。日焼けするにはなんらかのテクノロジーが必要になる。日焼けサロンに行ったのか、あるいは飛行機に乗って海外旅行にでも出かけたのか。スティーヴンズに聞くと後者だと説明してくれた。インドのビーチで休暇をすごし、戻ったばかりだという。私はひそかに、なぜ彼は電話であれほど不機嫌だったのかと怪しんでいた。彼のアパートは染み一つなく、明るくて風通しがいい。部屋の隅にはピアノが置かれ、その上には若いころのビル・クリントンの横に立つ女性の写真が飾られていた。

　スティーヴンズは、各種の情報源をもとにしてどのように「幸福キット」を作り上げたかを説明してくれた。「幸福キット」は、仏教、進化心理学、新興のポジティブ心理学運動、南米のダンスなどがもとになっているという。スティーヴンズや他の幸福学専門家は、いくつもの障害を乗り越えなければならなかった。なによりもスラウの町議会が協力的でなかった。正直に言って、私は彼らを責める気にはなれない。スラウの町は過去に何度も尻を蹴飛ばされるような経験をしている。たとえ相手がBBCであっても、膝を屈して屈辱を味わう気はなかったのである。

　スティーヴンズの説明によると、幸福の訓練の中には、スラウの人たちに受け入れられやすいものと、そうでないものがあったという。ビオダンサはうまくいかなかった。ふつうのイギリス人には官能的すぎたのだ。ラフター・ヨガ（笑《わら》うヨガ）はまったく反応がなかった。イギリスという国は、いかなる冗談やユーモアに対しても、あくまで自発的に笑う国だ。ラフター・ヨガの目的は、生理的反応を触発し、伝染するように笑いを広げることにある。ラフター・ヨガはインドで始まった。私もムンバイで一度試してみたことがある。参加者が早朝の公園に集まり、みんなで輪になる。マダン・カタリアという心臓専門医の指導のもと、皆でいっせいに笑い始める。なんの理由もなく、ただただ笑い続ける。これはかなり効き目があった。私は笑うのをやめられなかった。いまでもこの体験を思い浮かべるだけで笑いがこみ上げてくる。ただしイギリス人には効き目がない。彼らにとって、笑いというメイン料理は、ユーモアという食前酒といっしょに供されるほうが好みなのだ。

十分な時間と資金があれば、ある土地の心理的傾向を本当に変えることは可能かと、スティーヴンズに尋ねてみた。すると彼はしばらくのあいだ考え込んだ。おそらく彼は、幸福度は変動しにくいものだという事実に気づいているにちがいない。

「可能性はあると思う」とスティーヴンズは言う。「ぜひやってみたいと思っていることがいくつかある。たとえば、学校と協力しての活動や、地域社会の共同体意識を育てる活動なんかをやってみたい」どちらも価値のありそうな試みだ。ただしテレビ向きとは言えない。

スティーヴンズは私に、実際にスラウに足を運んで、自分の目で結果を確かめてはどうかと勧める。実はそう言われるのではないかと恐れていた。モルドバという不幸な国に行って以来、私は何週間も気分が落ち込んでいた。スラウの町が、それより深い奈落の底に、私を突き落としはしまいかと不安だった。

覚悟を決めるため、「哲学カウンセラー」のティム・ルボンに会いに行った。彼は昔の哲学者の教えをもとに、二一世紀的問題を抱える人の手助けをしている。人間関係のトラブルや、嫌みな上司で困っているときなど、ティムは哲学の井戸に降りていって、アリストテレスやプラトンと会話する。あるいは野心的な気分のときには、ニーチェに話しかける。

ティムは、私が幸福な土地を探して世界じゅうを旅していることについて、あらかじめ知っていた。ヒースロー空港の入国管理官のように、私がいったいイギリスで何をやっているのかと怪しんでいるようだった。ティムとはイギリスで最も幸せな空間で落ち合うことにした。地元のパブである。「ボアディケア女王」という名の店で、タバコの煙でけむたく、適度に混雑していて居心地がいい。なんとか空いているソファを見つけ、ビールを二杯注文した。

ティムの顧客はすべて外国人だ。イギリス人は、哲学であれ他のたぐいのものであれ、セラピーを受けることはまずありえない。自己啓発本を買わないのと同じ理由、つまり、弱さのしるしと見られるからだ。ティムが出所の怪しい話をしてくれた。地元の図書館に『改善のための変化（*Changing for Good*）』という題名のアメリカの自己啓発本を探しに行ったが、最も近い題名の本は『ディナーのための着替え（*Changing for Dinner*）』という、イギリスのマナーに関する本だったという。「イギリス人の態度を要約したような話でしょ」と、ティムは寂しげにビールを見つめながら言った。

イギリス人セラピストは大変だ。ティムの友人は彼が何をして生計を立てているのか理解できない。赤の他人は露骨に警戒する。彼らは皆、まるでティムがみずからを小児性愛者だと告白したかのように、あるいはアメリカ人だと告白したかのように、恐怖でたじろぐのだ。

一方、私にはイギリス人の懐疑的な態度が理解できる。私自身、数多くのセラピストと接してきたが、そのおかげで幸せになったとはまったく言えない。同時に、イギリス人特有の自己抑制は私を不安にさせる。この国では誰かから「良い一日を」と言われたことが一度もない。彼らは私に、良い一日などすごしてほしくないか、あるいは控えめに言っても、私が良い一日をすごすとしてもまったく気にしないのだという印象を強く受けた。この国には思いやりの底流、すなわち人間的な愛情の地下水路があるのかもしれない。しかしそれが存在するとしても、とてつもなく奥深くに埋められている。

自己啓発《セルフ・ヘルプ》業界の恩恵を受けられないイギリス人を気の毒に思う。哀れなイギリス人に手をさしのべることはできないだろうか。もしかしたら、ニューエイジのマーシャル・プランが役立つかもしれない。何機もの飛行機に、ディーパック・チョプラやウェイン・ダイアーの本やCDを満載して、イングランドの田舎町に投下するのだ。もちろん、落下速度を緩やかにするために小さなパラシュートをつける必要がある。ディーパック・チョプラの本が脳天を直撃して、気絶してしまうことほど痛切な皮肉はない。地下鉄ではスピーカーからマリアン・ウィリアムソンのメッセージを流せばいい。これこそ新たな電撃戦だ。ただし今回の爆弾は友好的な爆弾で、輝かしい自己変革能力が搭載されている。

ティムはポジティブ心理学の講座でも教えている。しかし彼は、根っからの信奉者ではない。彼に言わせると、人々はときに幸せでない状態を選ぶこともあるが、それはそれで間違いでないという。かつて、私たちがいまいるパブからそれほど遠くない場所で、フロイトが癌のために死を迎えようとしていた。ところが彼はモルヒネを拒否した。仕事を続けたいと考えていたフロイトは、モルヒネのせいで頭の働きが鈍るのを嫌ったのだ。喜び、もしくは少なくとも苦痛のない状態が、人間の究極の理想だと信じる人にとっては、フロイトの決断はまったく意味をなさない。ところがティムの見解によれば、幸福はただ単に喜びの瞬間が途切れなく続く状態をさすのではない。ポジティブ心理学はその点を見落としているという。

また、ポジティブ心理学が楽観主義に重きを置いている点には問題があると、ティムは考えている。楽観主義はときとしてすばらしく役に立つが、常時というわけではない。ティムは例を挙げて説明した。飛行機に乗っているときに問題が発生したとする。たとえばエンジンが火を噴いてしまった。そんな緊急時に操縦を任せたいのは、楽観主義者のパイロットだろうか。そうかもしれないが、でも本当に必要なのは賢いパイロットだとティムは力説する。知恵は長年の経験から生まれるものだ。

「ポジティブ心理学の役割は、前向きになる方法を研究することにある。でも、笑いや道化師がふさわしくない場面もある。なかには幸せになりたくない人もいて、それはそれで間違っていない。そういう人は有意義な人生を求めていて、それは必ずしも幸せな人生と同じではない」

私はこの意見に賛成できない。ティムは、アメリカ人の楽観主義とイギリス人の慎重さを整然と組み合わせて、一つにまとめたような人物だ。きっと腕のいいセラピストにちがいない。

スラウはヒースロー空港の数キロ西に位置する。ワシントン・ベルトウェイのロンドン版であるM25モーターウェイのすぐ外側にある。そのためスラウの町は、人が少なく閑散としている。ロンドンの一部でもなければ、そこから完全に離れているわけでもない。あまり住みたいと思うような町ではない。離婚手続き中の人が元の住まいについて語るときのような、不幸な印象を与える町だ。

大通りをぶらぶらと散歩してみる。快適な歩道が続いている。歩行者専用ゾーンという標識がすぐに私を魅了した。渋滞は幸福とは結びつかない。それは運転者にも歩行者にも当てはまる。よくあるフィッシュ・アンド・チップスの店や、カレーの屋台、さらにはかなりの数の質屋や公認賭博の店が並んでいる。色彩的にくすんだ印象があり、暗いところから明るいところまで、すべてが灰色がかっている。人も灰色に見える。それに、なんとなく服装がだらしない。「やぼったい」という単語が頭に浮かぶ。スラウの町は実にやぼったい。

この町には、問題を起こしそうな若者（イギリスふうに言うところの「ヨブ」）が大勢いる。この点については気をつけたほうがいいと、前もって注意されていた。でもそれほど危険だとは思わなかった。「ヨブ」という響きは、社会の厄介者というよりも、二歳の我が子に買い与える、ぬいぐるみの名前のように聞こえる。

地元の新聞『スラウ・オブザーバー』を買って見出しを眺めてみると、「スーパーマーケット・クリープ」に対抗する人々の記事が載っていた。冷凍食品の棚に隠れて女性を物色する変態《クリープ》ではなく、家族経営の小さな店を廃業に追い込む大型チェーン店についての話だ。商売がたき同士のタクシー会社のあいだで起きたいざこざについての記事もあった。どうやら鉄道の駅でお客を拾う権利がどちらにあるかで揉めているらしい。新しくやって来た移民向けの語学コースと、その学費を誰が払うのかについての記事もある。

イギリスの大半の町と同じように、スラウは多文化が共存する町だ。これは歓迎すべきことだと言える。移民は淡白なイギリス料理を風味豊かにするばかりでなく、イギリス人の淡白な個性にも刺激を与えてくれる。しかし別の見方をすると、移民の流入はいくつもの問題を引き起こす。その顕著な例がイスラム教徒のテロリストだ。政治的公正と幸福調査は、ここでたもとを分かつことになる。多様性という特性が、幸福な土地を生み出すとはかぎらない。幸福度の非常に高い国々（たとえばアイスランド）は、民族的には均質な傾向がある。

私はスラウの皮膚の下を探ることに目標を定めた。無数の憂鬱の層を引きはがし、その底にあるものを見抜くのだ。これを達成するには、ジャーナリストとして身につけてきた、あらゆる技術を再点検する必要がある。ジャーナリストは人を巧みに口説く能力にたけている。ただし、（通常）われわれが口説くのはセックスのためではない。ニュース記事や、談話や、情報を求めて、目の前の獲物を前に口説き文句を発するのである。

ラジオ局所属のジャーナリストとしての私の仕事は、マイクが不可欠なために面倒なことになる場合が多かった。世界じゅうでどれほど多くの人がマイク恐怖症であるかを知ったら驚くにちがいない。とくに日本人は重症だ。その昔、東京のデパートでマイクをさっと取り出したときのこと。その場にいた人々の恐怖に満ちた目つきといったら、私がまるでセミオートマチックの拳銃を抜いたか、あるいはズボンを下ろしたか、どちらかのようだった。

アラブ諸国では、どんなことであれ、本質的な質問と思われるような事柄を尋ねる前に、何杯ものお茶を丁重にいただくことが重要になる。インドではお世辞が人々を話しやすくする方法だとわかった。アメリカではマイク恐怖症の人は非常に少なく、そのような前戯は必要ない。問題があるとすれば、どうやって人々に話すのをやめさせるかだ。

イギリス人をどう扱ったらいいか、私はわからなかった。直接的な方法はどうだろう。たとえば次のように聞いてみる。「やあ、私の名前はエリック。アメリカ人です。あなたは幸せですか？」でもこの考えはすぐに打ち消した。どう考えても、「変人」だとか「頭がおかしい」という反応が返ってくることは間違いない。

経験豊富なジャーナリストである私は、この方法を試す代わりに、地元の理髪店に立ち寄ることにした。これはジャーナリストのあいだに伝わる由緒正しい方法の一つだ。地元のタクシー運転手への取材と同じくらいの歴史がある。しかし、スラウのタクシー運転手同士の反目のただ中に乗り込むのは、どうにも気が進まなかった。

「サビーノの理髪店」は、この土地で暮らす人全員が知っていると思われる理髪店だ。別の言い方をすると、実に古びた店である。そして少々カビ臭い。ふつうの客を装って店に入り、散髪を頼んでみることにした。名案だと思ったが、実は一つだけ問題があった。私の頭部には毛がない。でもそれはたいした問題ではない。ジャーナリストの武器庫から別の武器を取り出すまでだ。つまり、ユーモアである。

「毛根の不自由な客は、割引してもらえますか？」

「割引はしていません。逆に調査料がかかります」

みごとな返しだ。イギリス式ユーモアが最大限に発揮されている。機知に富んだ返答をしたこの人の名はトニーという。ふさふさの黒髪で、小型の冷蔵庫なみの太鼓腹をしている。トニーは生まれてからスラウの町を離れたことがない。いいところですよと彼は言う。いつでも好きな時に仕事が見つかりますからね。まあ、ないときもありますけど。でも失業手当はいつでももらえますから。私が例の「友軍の爆弾」の詩の話題を持ち出すと、トニーは少し身構えたようだった。あれはもう昔の話ですとトニーは言う。それにあの詩人の娘さんが、父親の代わりにずっと謝罪してくれていますから。もう一件落着ですよ。

「スラウのいいところって、どんなところでしょう？」と聞いてみた。トニーは私の頭部に髪らしきものがないか入念に調べている。

「そうですね、中心部にあるという点でしょうか。どこへ行くにも便利です。ロンドンやレディングにも二〇分で出られます。それにウィンザー城にもとても近いんですよ」

私のはげ頭の中で警報が鳴った。ある土地のいちばんのお勧めが、その近くの別の土地だというのは、けっして良い兆候ではない。ニューヨークの隣のニュージャージー州の住民に聞いてみるといい。トニーと私は、その後もしばらく話を続けた。散髪がひととおり終わると、私は店を出ようと立ち上がった。

ドアに手をかけたとき、トニーがスラウ博物館に行くように勧めてくれた。「見学する時間に余裕をみておいてください。少なくとも二〇分はかかります。きっと何一つ見落としたくないでしょうから」トニーが皮肉でそう言ったのかどうかはわからないが、好意的に解釈することにした。

スラウ博物館は大通りの突き当たりにあった。わびしげな建物だ。わずかな入館料を払って中に入ってみる。たいしたものが展示されているわけではないが、スラウに関する有益な情報が得られる。たとえば早くも一七世紀には、スラウはロンドンとバース間を移動する荷馬車の休憩地点として知られていた。つまりその当時でさえ、スラウは単に別の土地に近いだけの土地だったのである。展示によると、スラウの農民は「馬糞の供給が豊富にあったため、農地を休ませる必要がなかった」という。なるほど。なにはともあれ、スラウは歴史的に馬糞に事欠かない途中停車地だったという事実がわかった。

別の展示の目玉は、見渡すかぎり列をなす軍のトラックをとらえた、古い白黒写真だ。説明文を読んでみる。「第一次世界大戦中、スラウは軍用車両の修理基地として使われ、『集《ザ・》積場《ダンプ》』と呼ばれていた」

他にもまだ展示物がある。ガラスの陳列ケースの中に、スラウで生産されている製品が整然と並べられている。靴下、マッチ箱の包装紙、消臭芳香剤（馬糞の消臭につかうのだろう）、ネイルクリーム、チョコレートバー。レーダーもスラウで発明されたらしい。スラウの町が誰のレーダーにも引っ掛からないことを考えると、皮肉としか思えない。

入館して二〇分がすぎた。そろそろ一杯飲む時間だ。今度もまた調査のために飲む。イギリスの町をよく知りたければ、地元のパブですごす必要がある。これは私独自の考えではなく、人類学者のケイト・フォックスの言葉だ。彼女は、まるでパプアニューギニアで石器時代の部族を調査するかのように、長い年月をかけてイギリス国民を詳細に調べ上げた。『イギリス人ウォッチング――その行動に潜むコードを読み解く』（英宝社）という本の中で、イギリス人がいかに酒を飲む儀式を重視しているかを、彼女は次のように説明している。

「パブで長時間すごさずに、イギリス人らしさを理解しようと考えることすら不可能である」

パブはイギリス人が生来の内気さを捨てられる唯一の場所だ。「パブ（パブリック・ハウス）」という形式そのものからして、客同士が互いに話をしやすいように作られている。イギリスのパブにウエートレスによるサービスが存在しないのはそのためだ。その代わり、常連客はカウンターで飲み物を注文する必要がある。すると必然的に、同じように注文する他の客と否応なしに顔を合わせる。そして会話が始まる。ぎこちなく、遠まわしで、つっかえ気味のイギリス式の会話だが、会話であることに変わりはない。

厳格な規則を好むイギリス人の性格はパブにまで及んでいる。私が守らなければならないのは、「すぐに自己紹介をするのを避ける」というルールだ。フォックスによれば、そんなことをしたら「うんざりするほどアメリカ的」だとみなされる。忘れないようにこのルールを手帳に書き付けた。それと、イギリスでは「アメリカ的」という言葉の前に「うんざりするほど」という言葉がつけられることが多いという事実も手帳に書き込んだ。

イギリスの町でパブを見つけるのは、アメリカのアラバマ州で教会を見つけるのと同じくらい簡単だ。スラウには五、六軒のパブがある。「ハーシェル・アームズ」というパブの外観が気に入った。この店名は、スラウ随一の有名人であり、イギリス国王ジョージ三世のお抱え天文学者だったサー・ウィリアム・ハーシェルにちなんでいる。

店の血筋はイギリスだが、「ハーシェル・アームズ」のオーナーはトムという名の機知に富んだアイルランド人だ。店内には骨董品がいたるところに飾られている。たとえばボールドウィン社製鎮静剤の古い看板。「神経過敏やいらいら、不安や心配」に効き目があると書かれている。他には一九三〇年代製の古いラジオ。「二日酔いになるな。酔っ払ったままでいろ」と書かれた看板もある。

カウンターの席に座り、フォックスの助言にしたがって五ポンド紙幣を手にする。「客が待っていることをバーテンダーに知らせるために、お金を手に持って見せるか、片方の手で空のグラスを持つのが望ましい」というのが、彼女の助言だった。あらためて考えると、そんなことをする必要はなかったかもしれない。なにしろパブにいる客は私一人しかいなかった。

　ビールが出てきた。もちろんぬるいが、飲めない温度ではない。ビールを飲みながら旧世界の雰囲気に浸る。窓から外をちらりと見ると、イスラム系書店の店先にある看板が目にとまる。そこには目立つ色でこう書かれている――「光明と明白な啓典とが神《アツラー》のみもとからおまえ達のもとに授けられた」。神《アツラー》とパブが隣同士に並んでいる。私は生ぬるいビールを一口すすり、無言で新しいイギリスに乾杯した。どうか神様のご加護がありますように。

　そもそもここに来た目的は、スラウの住民と話をするためだった。しかし、同時に私は不安を感じていた。ケイト・フォックスの本に書かれていた話のせいで怖じ気づいていたのである――「どのパブにも、内輪でしか通じない冗談や、あだ名、言い回し、身ぶりがある」。それがどのようなものなのか、私にはまったくわからない。

　不安な気持ちが頂点に達したとき、細身で品の良い顔立ちの男性が入って来た。おそらく六〇代後半だろう。完璧に仕立てられたブレザーのポケットには、きちんとたたまれたハンカチが見えている。

「今日はひどい天気《ブラッディ・オーフル》だね」

「そうですね」と私は答えた。「まったくひどいですね《ブラッディ・オーフル》」

　後半の二語は、私のアメリカ的な発音だと、間が抜けて聞こえた。でもその男性は、気にしないか、あるいはそんなことにけちをつけるほど無礼ではないようだった。

　彼は私のほうに身体を向けながらこう言った。「このパブの名前がウィリアム・ハーシェルに由来するのを知っているかい？　ハーシェルは天文学者だ」
「ええ。聞きました」
「ハーシェルが太陽系の惑星の一つを発見したことは？」
「いいえ、知りません。どの惑星でしょうか？」
「天王星《ユレイナス》さ」（イギリス英語では「天王星」の発音（Uranus＝ユレイナス）が、「おまえの肛門（your anus＝ユア・エイナス）」を連想させる）

ここでぎこちない間があった。私は忍び笑いをこらえ、ビールを一口飲む。そしてもう一度笑いをかみ殺した。ついに彼が口を開き、私を救ってくれた。

「古典的なネタだろう？」

それをきっかけに、二人で腹の底から笑った。

ほどよく打ち解けたところで、スラウについて質問してみることにした。地元の人の繊細な感情を損ねないように細心の注意を払う。

「では、あなたはスラウの、その……評判についてよくご存じなんですね」
「もちろん。この町は本当にひどい町さ。まったくクソみたいな町なんだ」

地元の人の繊細さなんてこんなものか。彼は『スラウを幸せにする方法』の話を聞いたことはあるらしいが、番組の内容についてはひどく懐疑的だった。その懐疑の念をイギリス風の繊細な身ぶりではなく、よりスカトロジー的な表現を用いて語った。

「だいたい、クソみたいな問題があったら、根本的にどうすることもできやしない」この男性は、幸福に関する実験全体と、ポジティブ心理学運動の大半を頭ごなしに否定した。私はどう受け答えしたらいいかわからず、もっと安全な話題に移ることにした。

「ここはなかなかすてきなパブですね」

「ああ、昔はね。今の内装はちょっとやりすぎだと思う。それに食事も出すようになったし。いまでは食べ物のほうが重要なんだ」最後の言葉には道徳的な嫌悪感が込められていた。まるでこのパブが、オニオンリングの代わりにヘロインでも提供しているかのようだ。

私たちは飲みながら話を続けた。私が彼の分もお代わりを注文すると、それが彼の心証をよくしたらしい。ケイト・フォックスの言うとおりだった。会話が始まってたっぷり一時間ほどたったころ、私たちはようやく自己紹介をした。彼の名前はジェフリー。CIAのどんな情報よりも貴重な情報だ。イギリスでは、他人から名前を聞き出すのは形だけのことではない。一つの偉業と言っていい。

二人でさらにビールを飲み、なんの話題だったか覚えていないが、とにかく大いに笑った。彼のような笑い方をする人物はいままで見たことがない。軍人のようにしゃきっとした姿勢で立っていたかと思うと、上体を後ろに傾け、両足に対して四五度の角度で体を曲げながら笑う。非常に抑制の利いた笑い方で、そういう点では、きわめてイギリス的な笑いだった。

パブの酔っ払った雰囲気の中でさえ、イギリス人はめったに感情をあらわさない。まるで貴重なチョコレートやワインのように、個人的情報は小出しにされる。どんな経済学者も、希少さは価値を生むと言うはずだ。だからイギリス人が胸襟を開き、傷口や痛みをあらわにするというのは、アメリカ人が同じことをするよりもずっと貴重で、深い意味がある。イギリスにやって来て、寡黙さの美点を理解したのはこのときがはじめてだった。

ジェフリーについて多くのことを知った。寒い気候より温暖な気候が好きで、個人的に言えば「地球温暖化は歓迎すべき」だという。実は来週、エジプトの海辺のリゾート地へ飛び立つ予定だが、「飛行機が墜落したって構わない」と言う。なぜなら、今までいい人生を送ってきたからだ。ジェフリーの妻は三年前に亡くなった。はっきりとは言わなかったが、彼は妻がいないのを非常に寂しく思っているようだ。

ジェフリーがスラウに住み続けているのは、それが原因ではないかと思った。もちろん彼は、そのような感傷的な気持ちを口に出したわけではない。死と地理的環境の関係は複雑だ。言葉にならない悲劇が起こったとき（たとえば子供を亡くしたとき）、物理的な場所を変えれば耐えがたい悲しみが和らぐのではないかと期待して、すぐさまその場から逃げ出そうとする人もいる。それとは逆に、その場にとどまろうとする人もいる。思い出の詰まった場所を去るのは、裏切りのように思えるからだ。ジェフリーの場合もそうではないかと推測できる。彼はスラウを愛していないが、妻を愛していた。この地で妻を愛していた。この悪名高きバークシャー州の町で。だからこの町に住み続けている。

もちろん、この町を離れることも考えたとジェフリーは言った。しかし彼は、どうしてもそうする気になれなかった。「つまり結局のところ、故郷に帰るのはそこが自分の住む場所だからなんだ」最後の言葉が私の心に深く響いた。ただし、ビールで混乱した頭では、その理由を正確に突き止めることはできなかった。その理由が徐々にわかりかけてきたのは、翌朝、よろめく足でホテルに戻り、深いスラウの眠りに落ちた後のことだった。故郷に帰るのはそこが自分の住む場所だから。これは誰もが真実だと理解していることを、淡々として抑えの利いたイギリス的な言い方で、ジェフリー流にあらわした表現だ。故郷とは心の置き場所だ。

朝起きると、新雪が積もっていた。美しい眺めだ。木々が雪で覆われ、地面は白い絨毯が敷かれているかのようだ。しかしロンドンに雪が降るのは非常にめずらしく、数センチの積雪が国家的な非常事態を引き起こしていた。イングランド南部一帯で、人々は固い上唇をゆるめて「一大降雪イベント」に繰り出して行った（地元のニュースキャスターが息を切らしながらそう名付けていた）。ドイツ軍がまたもロンドンを空爆したと勘違いした人もいるかもしれない。学校は休校になり、空港は閉鎖された。しかし、息を切らしたアナウンサーが告げているように、人々は通常の生活を続けようと懸命になっている。さもなければ雪の勝利だ。そんな事態になっては困る。

私もふわふわの白い雪片を前に、覚悟を決めようと懸命になっていた。ヘザー・ホワイトに会う約束を守らなければならない。彼女はスラウの五〇人の一人だ。テレビの実験が彼女の幸福に持続的な影響を与えているかを確かめてみたかった。ヘザーの家はシャギー・カーフ・レーン（毛むくじゃらの子牛通り）にある。電話でそう伝えられたとき、私はにやりとした。何やら寓話の中から抜け出してきたかのような地名だ。

ところが実際には、シャギー・カーフ・レーンはイギリスのどこにでもある通りと変わらなかった。子牛は見当たらない。毛むくじゃらの子牛も、そうでない子牛もどこにもいない。小型車が何台か、アメリカとは逆の車線を走っているだけだ。ヘザーの自宅の玄関に行って呼び鈴を鳴らす。現地の人々の挨拶のしかたについてあらかじめ下調べをして、彼女との対面に備えていた。サミュエル・ジョンソンの二〇〇年以上前の意見は、いまでも通用する。「二人のイギリス人が出会ったときの最初の話題は、天候に関するものだ」どんな話題でも構わないわけではなく、相手を安心させ、落ち着かせるような話題を選ぶ必要がある。「天候の話をしていれば、誰とも意見が衝突しないはずだ」と助言したのは、ハンガリーのユーモア作家ジョルジ・ミケスだった。そのとおりだ、これでいこう。幸いなことに今日は、「一大降雪イベント」という話題がある。

「ひどい天気になりましたね」玄関で私を出迎えたヘザーにそう話しかけた。

「あら、そうかしら。それほどひどくはないけれど」

この答えには面食らった。彼女は台本どおりの受け答えをしない。ヘザーはウールのベストを着て、分厚いメガネをかけていた。年齢は八〇歳ながら、機敏な頭脳をもち、自分では三五歳のような気分だと語っていた。ヘザーは誇り高いイギリス軍人の家系の出身だ。父親はインドに従軍中、ウィンストン・チャーチルの上官だった。ヘザー本人も一三歳で自転車に乗って連絡員を務め、その功績によって勲章を授与された。第二次世界大戦中に榴散弾で負傷したこともあった。

ブルテリアのリジーをシッと言って追い払いながら、彼女は私を家の中へ招き入れた。居間にはブルテリアの絵がたくさん飾られ、数多くの本が並べられている。インド料理の本、ジェーン・オースティンの伝記、コーランの英訳版。ヘザー・ホワイトは驚きに満ちた女性だ。

ヘザーは人生の大半をスラウですごしてきた。しかしジェフリーと同じように、この土地に対していくつかの疑念を抱いている。彼女はそれを、典型的なイギリス風の控えめな言い方で語った。

「スラウはクソよ。どうしようもないクソみたいな町。私はここが大嫌いなの」

ここ数年のあいだにスラウの町で起きた変化が、ヘザーは気に入らなかった。公営住宅も、渋滞も、ショッピングモールも、アジア人も、すべて気に入らなかった。ただし、近所に住む礼儀正しいパキスタン人は例外だという。

壁にかかっている男性の写真を指さしながら聞いてみると、予想したとおりヘザーの夫だった。数年前に亡くなったという。彼女によると「本物の科学者《ボフィン》」だったという。

「それはお気の毒に」と私は言った。

すると、ヘザーは頭がおかしいのかという目で私を見た。「ボフィン」というのは、イギリス人が頭のいい発明家を呼ぶときの言葉だ。ヘザーの夫はいろいろな意味で頭のいい男だった。ヘザーと交際していたころ、夫は古代ギリシア語でラブレターを書いて送ってきたという。彼女はそれを翻訳してくれる友人を見つけなければならなかった。

ヘザー・ホワイトは幸せそうに暮らしている。しかし彼女は、幸福学の専門家がスラウに来る前から幸せだったのではないだろうか。ヘザー・ホワイトが看護師、つまりシカゴ大学の研究者によると最も幸福度が高いとされる専門職に就いているのは、偶然の一致ではない。厳密に言うとヘザーは退職しているが、いまでも病院に出かけては、あれこれ手伝いをしているという。ヘザーは必要とされている。彼女は月曜の朝が来るのを楽しみにしているのだ。

ヘザーが「幸福の科学的研究」について耳にしたのは、『スラウを幸せにする方法』のプロデューサーが出演の話を持ちかけて来たときだった。話を聞いて、おもしろ半分でやってみることに決めた。そのときヘザーは、実験自体はおもしろそうだが、なぜ犬や庭造りに関する訓練が含まれていないのか疑問に思ったという。この二つはイギリス人の幸福の二本柱だというのに。とくに犬は欠かせない。「犬を病院に連れて行くと患者の回復が早くなるの。この目で確かめたから間違いないわ。犬は幸福の扉を開く鍵なのよ」

ヘザーがとりわけ楽しんだ訓練は写真の撮影だ。彼女に与えられた課題は、スラウの住民の顔を撮影してくるというものだった。写真は最終的に組み合わされて一枚の巨大な作品になり、大通りに飾られる予定になっていた。ヘザーは写真を撮った経験がなかった。でもすぐにこつを覚え、とてもうまく写真を撮れるようになった。ただし一つだけ問題があった。スラウの住民は笑顔を見せないし、写真を撮られるのも嫌いなのだ。そこでヘザーは、カメラを下に向け、代わりにマンホールの蓋の写真を撮ることにした。一枚、そしてまた一枚。マンホールの蓋にどれほどの違いがあるかは驚くほどだ。一枚一枚が異なっている。まるで雪片のようだ。ただし雪ほど美しくない。それに雪よりもずっと重い。

被験者仲間の一人が、ヘザーにポジティブ心理学の本を貸してくれた。彼女に言わせると「典型的なアメリカ風」の本で、あまりに感傷的すぎるという。ヘザー・ホワイトはお茶も人生も甘いのは好まない。

「気分が落ち込むときはありますか?」とヘザーに尋ねてみた。

「ええ、もちろん。そういうときは思う存分にぼやいてから、前に進むことにしているわ」

思う存分にぼやく。これはイギリス人の特徴だ。ふだんはぼやかないし、泣き言を言わないし、不平も漏らさない。いざというときが来るまでは。そうして苦境から抜け出す。

私のような不平家には、イギリスは理想の場所だ。共につるむ不平家仲間が大勢いる。不平家向けの本やテレビ番組まである。たとえば『グランピー・オールド・メン』という、絶大な人気を誇るテレビ番組がある。

『グランピー・オールド・メン』のガイド本を手に入れて、その序文を読んでみる。書いたのはアーサー・スミスという名の不平家だ。序文は次のような一文で始まっている。「人生というのは、ろくでなしが企画するクソである」それに続いて著者は、さまざまな否定的意見を述べている。

大半のイギリス人と同じように、アーサー・スミスは自分の不平家根性から倒錯的な喜びを得ているらしい。さもなければ、次のような記述をどう解釈したらいいだろう――「延々と嘆き続けているうちに、私は自分の惨めさと人嫌いから次第に活気と興奮を得て、一種のマイナス思考のオーガズムに達した」。すごい。これこそずば抜けた不平家根性だ。幸せな異教徒《ヒーズン》のヒルマーが言うところの「惨めさを味わう楽しみ」を、アーサーはまったく新しいレベルに引き上げた。イギリス人は惨めさを楽しむだけでなく、そこからオーガズムまで得ている。

私には理解できる。なにしろ私の姓は「ワイナー」と発音され、「不平家」という単語と同音異義語なのだ。その名に見合う性格になるべく、全力を尽くしている。たとえば私は、深いため息をつくというみっともない癖がある。しょっちゅうため息をつく。執筆中も、運転中も、会議中でさえも。周囲の人は私が退屈しているかイラついているかと思うだろう。でもそれは必ずしも事実ではない。ため息は、胸中に溜まった不満の圧力を放出する、私なりの方法なのである。存分なぼやきと同じく、存分なため息は一種の自己修復メカニズムとして機能する。しかし、不平家の本場であるイギリスでは、私など足元にも及ばない。ひとたび解放されれば、イギリスの不平家は計り知れない自然児となる。少なくともその持久力は並はずれたものだ。

私と同様、ヘザー・ホワイトは素人の不平家だ。数分間ぼやくことはあっても、その後は本来の充足した状態に戻る。彼女はみずからの幸運を数える。たとえば愛犬や、庭や、友人たち。それに、いまでは少しばかりの名声もある。例の番組が放送されたからだ。しかしヘザーには富への欲望はない。大金を得たとしてもどう使えばいいかわからないという。「お金があっても不幸な人を大勢見て来たわ。人を幸せにするのは、お金じゃなくて人なのよ。

それに犬も」

ヘザーが私をホテルまで車で送ると申し出てくれた。シートベルトをきつく締めようとしていると、彼女は私の恐怖心を察したらしい。「私の運転が怖いわけではないでしょ？」

「もちろんです」私は嘘をついた。

実際には、彼女はきわめて腕のいい運転手だった。静かにハミングしながら、雪に覆われた道路の上を巧みに進んで行く。その瞬間、私はヘザー・ホワイトが潜在的に幸せであるのを悟った。

リチャード・ヒルとは、中華レストランの前で落ち合う約束になっていた。一ブロック先からでも、彼の健康がすぐれないことがわかった。ゆっくり、そろそろと歩いている。まだ五〇代の前半のはずなのに、猫背で顔色が青白い。近寄ると、がたがたの黄ばんだ歯が目に入った。

カフェに入ると、リチャードは特大カップのカプチーノを注文した。カップというよりボウル、しかも特大のボウルと呼んだほうがふさわしい。救命具なしで飲むのはお勧めできないたぐいの飲み物だ。

リチャードはカプチーノに砂糖を三袋分入れながら、三〇歳で最初の心臓発作を起こしたときのことを語り始めた。このカフェからさほど遠くない場所にある友人宅でテレビを見ていたとき、胸の痛みが津波のように彼を襲った。それ以降、二度の発作に襲われたという。

リチャードは重度の狭心症を患っている。彼の身体はコレステロールを過剰に作り出す。運動やダイエットは効果がない。病気が重いために働けない。心臓のバイパス手術を二回受け、発作を抑えるために投薬を続けている。しかし、みずからの命が実はもっと危ういことを自覚している。

「我ながら、いつくたばってもおかしくないね」彼は事もなげにそう言って、砂糖をもう一袋カプチーノに入れた。

私は黙って座っていたが、心の中では赤十字の心肺蘇生法の講習に参加しておけばよかったと考えていた。ウェールズ出身のリチャードは、スラウにやって来た経緯を説明しはじめた。最初の心臓発作からの回復中に、スラウをいたく気に入って、この町を故郷と呼ぶことにしたのだという。「すばらしい町だよ」と彼は言う。しかも本心からそう言っているようだ。この町は多文化的で、リチャードはそれも長所だと思っている。スラウの町を出ずに、インドにもパキスタンにもポーランドにも行ける。

『スラウを幸せにする方法』の噂を聞きつけたリチャードは、どうしても参加してみたくなった。自分はまあまあ幸せだと考えていたが、その自分をもっと幸せにする機会が訪れた。しかもタダで、そのうえテレビにも出られるとくれば、気が進まないはずがない。

幸福マニフェストについて、リチャードは最初のうちは少々ばかげていると思ったが、徐々に気に入ってきたという。実験が終了してから一八カ月ほど経つが、いまだにそれを定期的に読み返している。ただし、幸運の数を数えるとか、毎日五つの事柄に感謝するとか、わかりやすい項目だけだ。

　私には病気持ちの無職の男が何に感謝するのか想像できなかったので、それについて尋ねてみた。

「自分がまだ生きていること。それは大きな意味がある。夜中に心臓発作を起こして死なかったことも。理屈で説明できる恐怖じゃない。僕は死の一歩手前まで行っていた。これは実際に経験してみないとわからない。頭で理解できるものじゃない」

「でも、健康上の問題のせいで、不幸な気分になることもあると思うのですが」

「いや、そのおかげでもっと幸せを感じられる」

「幸せ？」

「そう。こう言えばわかるかな。君が最後に心臓の検査を受けたのはいつだい？」

　この質問に私はうろたえた。その日はたまたま私の誕生日で、（もしそんな言い方が正しいとすれば）いまや私は十分に心臓発作を起こしかねない年代に差し掛かっている。

「二歳の娘がおもちゃの聴診器で私の心臓を診てくれますけど、それは数のうちに入れてもいいでしょうか？」

「だめだね。最後に血管造影図を撮ったのは？」

「血管造影図というと？」

「要するに、君は自分の心臓の状態をよく知らない。でも僕は正確に把握している。胸の痛みやその他にもいろいろ問題があるけれど、僕の心臓はまあまあ正常に働いている。いつ死んでもおかしくないけど、それは誰だって同じだ。心臓の病気のせいで大きな望みをすべて失ってしまった時期もあった。何をする気にもなれなかった。だって明日死んでしまうかもしれないんだから。そんなときにいとこが急死した。まだ五一歳で、しかも健康そのものだった。たくましい体つきの農夫だった。そこで僕はこう考えるようになったんだ。そうとも、僕はいつ倒れて死ぬかわからないけれど、誰でも条件は同じだ。少なくとも僕は、自分の重要な臓器の一つの状態は把握している」

「でも死ぬのは怖くないですか？」

「たしかに、苦しい思いをして死ぬのは怖い。でも心臓発作で死ぬのを怖いとは思わない。何度か死の一歩手前まで行ったけど、ああいう感じで死ねるのなら、それはそれで構わない」

話題を『スラウを幸せにする方法』に戻しても、死はなおも私たちの後を追いかけてきた。墓場セラピーが自分にとっての目玉だったとリチャードは言う。彼は指示にしたがって墓地の中を歩き回り、四歳で亡くなった少年の墓石を見つけた。「そのとき僕はこう思ったんだ。あとに遺される人々にとっては悲劇だろうが、その少年には自分が死ぬという意識はなかったはずだ。だから、苦しまずに済んだことを考えれば、少年はすばらしい人生を送ったと思う。それは確かだ」

リチャードは、イギリスの文化が幸福の妨げになっているという私の説に同意した。最もわかりやすい特徴は、ハグをしないことだ。イギリス人は実の母親とすらハグをしない。一〇歳のときにカナダを訪れたリチャードは、そこですばらしいハグの世界を発見した。それ以来、母親に会うたびにハグをするようになった。ハグをすることは「人を元気づけてくれる」と彼は言った。

リチャードに一つ質問してみる。もしも五年の期間と五〇〇〇万ドルを与えられて、スラウの町を幸せにしてほしいと頼まれたらどうするか。テレビ向けの幸せではなく、本当の幸せをもたらしてほしいと頼まれたらどうするか。

「まず、そんなにお金は必要ないと皆に指摘する必要がある。幸福マニフェストを実践するだけでいいんだ。落ち込んでいる人と話をする。この一瞬に感謝する。それだけでいい。このカプチーノと同じだ。これをまずいと思ったら、皆すぐに不満を言うだろう。でも、とてもおいしくて、予想をはるかに超える味だったら、カフェに称賛の手紙を書くと思うかい？そんなことはしないはずだ」

リチャードがカプチーノを飲み終えた。ちなみにこの店のカプチーノはおいしかった。二人でカフェを出る。空は灰色で、私にとってはまたしてもどんよりと曇った日に感じられた。ところが、幸福マニフェストの調印者にして、生死の境をさまよう男リチャード・ヒルは、空を見上げて雲の隙間からのぞく青空を見つけ、今日の予報はときどき晴れだと高らかに宣言した。

歯磨き粉かトイレットペーパーか？　それが、ヴェロニカ・プーリアに突きつけられた厳しい選択だった。彼女は最近離婚したばかりで、生活保護を受けながら暮らしており、どちらか一方しか買うお金がなかった。どちらを選んだらいいのだろう。歯磨き粉か、トイレットペーパーか。その答えはまた後ほど書くことにして、まずはヴェロニカについて少し説明しよう。彼女はポーランド系移民の娘で、結婚前の姓はポーランド語で「いかれた中心地」を意味する。彼女はどうやらその事実を誇りに思っているようだ。ある日、娘の一人が『スラウを幸せにする方法』のチラシを持ってきた。被験者を募っているという。ヴェロニカは興味を引かれた。そんなことが可能なのかと思ったのだ。町全体を幸せにするなどということが可能なのか、自分の目で確かめてみたかった。ついでに自分が少しばかり幸せになるのも悪くないと考えた。

効果はあった。実験の結果、彼女は以前より幸せに感じられるようになった。でもそれは幸福学のおかげではない。画期的な治療法や、雷に打たれるような天啓を受けたわけでもない。外に出て人と付き合うという、昔ながらの社交術のおかげだ。

宝くじの当選者に会いに行った被験者のうちの一人であるヴェロニカは、宝くじと幸福と快楽的適応に関する調査の結果を信じていない。だったらそのお金を私によこしなさいよと彼女は言う。宝くじの当選金を無駄遣いする人もいるだろうが、自分（ヴェロニカ）は巨万の富をどう使えばいいか知っている。自分ならそれで幸せになれるというのだ。宝くじに当選すれば、いろいろ選ぶことができる。選べるというのはいいことだとヴェロニカは言う。歯磨き粉かトイレットペーパーかという選択ではない。宝くじの当選者になれば、そんな選択は二度とする必要がなくなる。もし当選したら、パブを開くのだと彼女は語った。目に浮かぶようだ。ヴェロニカはすばらしいパブの女将になるにちがいない。彼女ならきっと、客がパブをもう一つの我が家と思うようなパブをつくるだろう。

ヴェロニカの人生、より正確に言うと生活状況は、実験が終わって以降、悪化している。ヴェロニカは地元の学校で履歴書の書き方を教える仕事を解雇されてしまった。そこでふたたび生活保護を受け、一ペニーの出費にも目を光らせ、かろうじてやりくりしている。人生は本当に厳しいわねと彼女は言う。

「ところでヴェロニカ、最近はどれくらい幸せだと感じているか、教えてくれませんか。一〇段階で言うといくつになるでしょう?」

「六ね」と彼女は答えた。しかしその答えに自分で納得していないようで、しばらく考え込んでいた。

「やっぱり違う。私の生活状況から判断するとその程度かと思っただけよ。生活保護を受けているとか、離婚しているとか、その他の問題もひっくるめて。でも正直に言うと八だと思う。いいえ、八・五かしら。そう、それがいまの私よ。私の幸福度は八・五」彼女は健康で、二人の美しい娘がいる。そして毎週月曜日の夜に、スラウの五〇人のうちの何人かと「レッド・ライオン・パブ」で落ち合い、クイズ・ナイトのイベントを楽しんでいる。

前の話に戻って、迷っていたのはなんだったかというと、歯磨き粉を選ぶか、トイレットペーパーを選ぶかだ。ヴェロニカはこの世には二種類の人間がいると考えている。歯磨き粉を選ぶタイプと、トイレットペーパーを選ぶタイプ。ヴェロニカ自身は歯磨き粉を選ぶタイプだ。トイレットペーパーの代用品はいつでも見つかる。たとえば紙ナプキンで代用できる。ところが歯磨き粉の場合はそうはいかない。トイレットペーパーと違って、歯磨き粉は必要な機能を果たすだけではない。口の中をすっきりさせ、気分も爽やかにしてくれる。ヴェロニカは歯磨き粉タイプの人間だ。

夕闇がスラウの町を覆いはじめている。私は歩いてホテルまで戻ろうとしていた。その途中、教会の墓地に立ち寄り、ちょっとした墓場セラピーを試みてみることにした。雪でぬかるんだ、手入れのされていない敷地をとぼとぼと歩き、一つひとつの墓石の前で立ち止まって死者の名前を大声で読み上げる。一三歳の少年。八四歳の老人。一九歳の少女。こうした試みは、生きていることのありがたみを私に教えてくれるはずだった。でもそんな気分にはなれない。寒いし、くたびれるし、墓地の中に突っ立って一人で話している自分がばかみたいに思えてくる。

そのとき、エレン・グリーンウェイという人の墓石を見つけた。一九一四年三月二五日に逝去とある。亡くなったときは、ちょうど今の私と同じ年齢だった。エレンと心を通わせられるような気がした。彼女は抽象的な概念ではない。その場で、ぬかるんだ雪と雑草の中に立ち、寒さで震えながら、私はみずからに誓った。今というこの瞬間から続く一日一日が、幸運《グレービー》であることを心にとめておこう。脂肪が多く、クリーミーで、心臓発作を誘発するグレービーソースのように。

テレビの実験はそれなりの成果をあげた。しかし、スラウを（あるいは他のどの場所でも）本当に幸せにするためにはどうすればいいのだろうか。ただ問題を取り除けばすむ話なのだろうか。犯罪を減らし、見苦しい公営団地を取り壊し、大気汚染を浄化する。そうすれば、幸せは生ぬるいビールのように蛇口から流れ出すのだろうか。作家のジョージ・オーウェルは、このような方法には懐疑的だった。「ほぼすべてのユートピア創造者は、歯痛持ちであるために幸福とは歯痛のないことだと考える人間に似ている」

オーウェルは正しい。超悲観論者のショーペンハウアーが確信していたのとは違って、幸福は「苦痛のない状態」ではない。何かが「存在する」状態であるのは確かだ。でも何が存在するのだろうか。それに、人は個々の土地を変化させられるのだろうか。あるいは精神科医と電球についての古臭い冗談のように、その土地はそもそも変わりたいと「望んで」いるのだろうか（「電球ジョーク」と呼ばれる一連のジョークの一つ。問「電球を取り替えるのに精神科医は何人必要か？」。答「一人だけ。ただし電球が本当に変わりたがっている場合に限る」）。

スラウの町で起こった事実を無視することはできない。幸福のウイルス理論はまったく根を下ろさなかった。スラウの五〇人は幸福について一つや二つは学んだかもしれないが、そのメッセージはそれほど遠くまでは広がらなかった。要するにウイルス理論には欠陥があるという意味だろうか。私はそうは思わない。単なる数の問題だと思う。十分な数の幸福の種《たね》（リチャード・ヒルや、ヘザー・ホワイト、ヴェロニカ・プーリアのような人々のことだ）

をまけば、やがて指数関数的成長の法則が威力を発揮する。あるポイントに達したら、幸福はカリフォルニアの山火事のように一気に広がるはずだ。

それまでは何をすればいいのか。私の考えでは、種をまいていればいいのだと思う。肝心なのは種をまくことであって、その収穫（成果）ではない。多くの哲学者が述べてきたように、幸福は副産物だ。ナサニエル・ホーソーンの言葉を借りれば、幸福はおのずから私たちの肩にとまるチョウのようなものだ。

だから、積極的にどこかの土地を、もしくは人々を幸せにしようとするよりも、カナダ人作家ロバートソン・デイヴィスの助言を心にとめておいたほうがいい。「もしも不幸なら、そのことを心配するのをやめて、自分にしかない不幸からどんな宝を引き出せるかを考えてみるといい」

この考えを頭に入れたうえで、やぼったくて古臭いスラウの町をまったく新しい見地から眺めてみる。ここはもはや、悪名高きバークシャー州の町でも、物笑いの種でもない。発掘を待っている不幸という名の宝の山だ。

9章 インド——幸せは矛盾する

家族のように感じられる場所がある。そうした場所は、私たちをどこまでも困らせる。休暇のときなどはとくにそうだ。しかし、何度でもその場所に戻る。互いに運命を共にするような関係にあることを、心の底で感じているからだ。

私にとってその場所とはインドだ。大嫌いな国であり、大好きな国でもある。どちらか一方ではなく、両方の思いを同時に抱いている。魅力あふれる国であると同時に、いらいらさせられる国でもあるインドから何かを学べるとすれば、それは次のような点だ。すなわち、矛盾する二つの思いを同時に抱くことは可能だという点である。そしてさらに重要なのは、頭が混乱することなくそれができるということだ。インド人はいつでもそうしている。

ハンガリー生まれのイギリスの小説家アーサー・ケストラーは、一九五八年にボンベイ（ムンバイ）行きの飛行機に乗るときにこう語った——「西洋世界の窮状を別の視点から見てみたい。異なる精神的観点から見てみたい」。この言葉を読んで、まさにこれだと思わず膝を打った。異なる精神的観点とは、別の言い方をすれば作家のジェフリー・ペインが「現代性《モダニティ》に通じるもう一本の道」と呼んだ視点である。ペインはこれを「幸福に直接つながる道」だと考えていたのではないだろうか。

ところがボンベイに降り立ったとき、熱気と下水の強烈な悪臭に見舞われたケストラーは、「どこかの不愉快なお調子者が、臭気の漂うおむつを私の頭にかぶせている」かのようだと感じた。インドはケストラーを失望させたのだと思われるかもしれない。しかしそれは真実とは異なる。インドは人を失望させはしない。インドは人の魂をとらえ、怒らせ、ときには堕落させる。しかし、けっして人を失望させることはない。

海外特派員になりたいとずっと考えていた私にとって、インドはまさに海外そのものだった。そんなわけで、NPR時代にインド赴任の話があったとき、私は喜んでその話に飛びついた。もちろん、それまで一度もインドに足を踏み入れたことはなかった。ほとんど知識がなく、貧困にあえぐ蛇遣いの国というステレオタイプのイメージしかもっていなかった。

そしてとうとう一九九三年一二月のある日、周囲の驚きを尻目にニューデリーのインディラ・ガンディー国際空港に到着した。二つのトランクにテープレコーダーや取材ノート、季節外れの服などを詰め込み、インドに第一歩を刻んだのである。

特派員としての守備範囲は経済改革や核の拡散といった重いネタが多かったが、腺ペストの流行はインドが近代化の途上にあるという主張を裏切る事件だった。グル（精神的指導者）と奇跡の国という別の顔があることも、もちろん知っていた。目が覚めると「ミルクの奇跡」が国じゅうを駆け巡ったあの朝のように、こちらのインドもときどきメディアで話題になる。バックパッカーのたまり場になっている、デリーのパハールガンジ地区を歩いていると、ラマ僧の追っかけや、いつシャワーを浴びたのかわからないような、だらしない服装の貧乏旅行者が目につく。しかし彼らは、私が失ったものをもっている。それは時間だ。彼らはゴアの海岸でぶらぶらしたり、酔っ払ったりしながら何カ月もすごす。ときにはヒマラヤにトレッキングに行くこともあるが、戻ってくればまた酒浸りの日々を送る。酒を断ったかと思うと、今度はインド国内に無数にあるアシュラム（修行道場）に日参し、精神世界に首を突っ込んだりもする。精神世界の隠れ家で実際に何がおこなわれているのかは謎だ。集団乱交の噂もあれば、悟りを開いたという話も聞く。しかし、まじめなジャーナリストとしてはそんな場所に旅するわけにもいかない。アシュラムには一度も足を踏み入れることなく、私は二年後にインドを離れた。なんだかはぐらかされたような気分だった。

そしてふたたび、前回とは違うテーマを抱えてインドに戻った。幸福という課題である。私にはどうしても答えが必要な疑問があった。なぜこれほど多くの良識ありそうな西洋人が、豊かで秩序ある祖国を後にして、貧しくて無秩序な国に幸せを求めてやって来るのか。長い髭を生やしたうさんくさいペテン師に魅せられて、東洋に幻を見ているのだろうか。あるいは一九世紀のインド学者マックス・ミュラーの述べたことが正しかったのだろうか。インドに行けば、わかる人なら思い出の詰まった「懐かしい故郷」を見つけられるとミュラーは述べている。本当にそうなのだろうか。

年に一度、インドに戻るたびに思うのは、この国は同じように見えてどこかが変わっているということだ。デリー市内の私のお気に入りのマーケットに行けばマクドナルドもある。しかしその角を曲がると、ガネーシャ神の像を売る店がある。携帯電話やＡＴＭ、ネットカフェもあるが、そのどれもがインド文化を足元から揺さぶることはない。これらの最新の外敵は、ムガル人やイギリス人、そのほか過去にインド亜大陸の征服を試みたあらゆる侵略者と、なんら変わるところがない。勝利の女神はいつもインドにほほ笑む。侵略者は敗走するのではなく、取り込まれてしまうのである。

タージ・マハルはいまでこそインド文化の象徴とみなされているが、もともとインド人ではなかったムガル帝国の皇帝が、一七世紀に建設したものだ。同じように、マクドナルドがインド人の口の中に侵入することに成功した。そして世界ではじめて、ビッグマックなどの牛肉を使ったハンバーガーをメニューからはずした。というのも、ヒンドゥー教徒は牛肉を食べないからである。その代わり、マックアルー・ティキやマックベジー、そしてハイブリッド・メニューとも言うべきパニール・サルサ・ラップなど、ベジタリアン向けのアイテムを導入した。当初から一部で懸念されていたように、マクドナルドはインドを変えることはできなかった。インドがマクドナルドを変えたのである。

この地で幸福を探そうとする西洋の旅行者にも同じことが言える。ガンジス川のほとりでビートルズがマハリシ・マヘーシュ・ヨーギーと瞑想にふける前から、インドに引き寄せられた外国人は少なくない。アニー・べサント、E・M・フォースター、クリストファー・イシャーウッド、マーティン・ルーサー・キング・ジュニアなど、数多くの有名人がインドに魅せられてやって来た。本国の政治課題に対する解決策を求めてやって来る人もいれば、一瞬のあいだだけでも自己を超越したいと思ってやって来る人もいる。ただ単にスリルを求めてやって来る人もいる。ルート・フェーンホーヴェン教授の幸福データベースによれば、インドはとくに幸福な国ではない。にもかかわらず、現実には大勢の旅行者が訪れる。窮状にあえぐ国で幸せを探し求めようとする。これは矛盾しているのではないだろうか。その答えは、イエスとも言えるし、ノーとも言える。

シュリ・シュリ・ラヴィ・シャンカールという、大きな影響力をもつグルがいるという話は以前から聞いていた。長くてつややかな髪と、穏やかな笑顔が印象的な人物であり、まさに本流をいくグルだ。

シュリ・シュリは、インドのシリコンバレーと呼ばれるバンガロール郊外にアシュラムを構えている。バンガロールは新しいインドを象徴する都市だ。コールセンターやショッピングモールが建ち並ぶこの町を、ある政党は「輝けるインド」と呼んだ。ここで働くソフトウエア・エンジニアやコールセンターの社員（彼らは「サイバー・クーリー（苦力）」と呼ばれている）は、いつでもアシュラムに駆け込むことができる。魂の救済や、ひとときの安らぎを求めて、新しいインドから古いインドに逃げ込むのである。

タクシーでアシュラムに向かう途中、さまざまなものを目にした。牛や犬、つるされた食肉、仕立屋。オラクル社のきらきら光るオフィスビルには、「英語で気軽に話そう」というネオンサインが光っている。インドの町を殺人ミツバチの大群のような騒音をたてながら走り回る三輪タクシーの脇を追い越していく。その真っ黒な排気ガスは喘息《ぜんそく》の原因にもなる。「アジアで最先端の医療を提供します」という病院の看板もある。インドには病気の原因もあれば最先端の治療施設もある。ここではなんでも手に入る。言ってみればこの国は、すべてを一カ所で済ませられる「ワンストップ・ショッピング」の国なのである。

ようやく目的のアシュラムに到着する。白いアーチをくぐると、小さなエデンの園が目の前に広がる。新鮮なマンゴーやバナナが実を結び、緑が生い茂る庭園には、喜びにあふれた静けさが漂っている。おそらくこれがインドのアシュラムの秘密なのだと思う。特別に幸せな空間というわけではなく、門外の耳障りな騒音との落差が引き起こす錯覚なのかもしれない。

受付は事務的で、思っていたほど親切ではなかった。誰もハグしてくれるわけでもなければ、私がいることを気にかけるようすでもない。「グルジ」という尊称で呼ばれているシュリ・シュリ・ラヴィ・シャンカールを、館内のいたるところで見かける。受付のカウンターの後ろと、通路を挟んでその反対側にも大きな肖像写真が飾られ、大型のテレビにもその姿が映し出されている。

役人然とした女性が受付票を差し出し、記入するようにと言う。その中に、心理カウンセリングを受けたことがあるかという質問がある。嘘をついて「いいえ」にチェックを入れる。職業欄には「コンサルタント」と記入した。二つ目の嘘だ。ジャーナリストがアシュラムを調べ回っているのではないかと思われるのは避けたかった。因果応報という観点からすると、受付票に嘘を書けば悪いことが起きるのではないかと不安がよぎったものの、その思いもすぐに消えてしまった。

このアシュラムは完全に自己完結している。言ってみれば魂のクルーズ船だ。外に出る必要性はまったく感じない。食料品、ランドリー、ATM、薬局、ネットカフェなど、必要なものはすべてそろっている。足りないのは皮肉《アイロニー》だけだ。

スーツケースを引きながら、手入れの行き届いた小道を歩く。「花に触れるのは視線だけにしましょう」という看板がある。アシュラム内にいる人は、皆、驚くほど落ち着いた表情をしている。追い越しざまに挨拶すると、「ジャイ・グル・デーヴ」という返事が返ってきた。不思議な挨拶だ。これは「偉大なる精神に栄光あれ」という意味だと、後になって知った。偉大なる精神の持ち主とは誰をさしているのだろうか。私たちだろうか、それともグルジだろうか。

ゆったりしたアシュラム服に着替え、急な下り坂を下りて食堂に向かう。靴を入り口で脱いで中に入る。係の男性が無造作に盛りつけた「スーパーベジタリアン食」（乳製品もタマネギもニンニクも使わないベジタリアン食）の皿を持って席に着く。といっても椅子はなく、皆、床に直接座っている。それが自然体の人もいて、折り曲げた両足を蓮華座に組んだ姿勢でリラックスしている。私はその仲間には入れない。

隣にはサドゥー（放浪する修行者）のような男性が座っている。サフラン色の服を身にまとい、長い顎ひげをはやしたその男性の額には、縦に一本、木炭で線が描かれている。彼は「ジャイ・グル・デーヴ」とつぶやくと、手のひらをあわせて静かに祈りを捧げ、食事を始めた。流れるような手つきでご飯や豆料理を器用に口元に運ぶ姿は実に優雅だ。一方の私はといえば、優雅さとはほど遠い。手ですくっても半分は膝の上にこぼす。残りの大半は口に入らずあごを汚す。かろうじて数粒の豆が口の中にたどり着く。なんだかばかばかしい気がしてくる。ナイフとフォークが使われるようになりつつある中で、生まれてこのかたずっと手を使って食べてきた人の気持ちが理解できる。でも、手で食べることほど本能的で、人間的な食べかたはない。

誰かが近づいてきて、私の肩を軽くたたいた。一瞬、何か精神的な助言をされるのかと思った（ここはアシュラムなのだから）。実際には、食べるときには右手だけ使うようにという、非常に初歩的な助言だった。食べ物を口に運ぶ以外の動作をするために、左手は空けておくのだという。

それとなく周囲に視線を向けると、「奉仕に参加することこそ、幸福への鍵」という標語がプリントされたTシャツ姿の人がいる。実際、私の調査結果もこの標語どおりになっている。なんらかのボランティア活動にかかわっている人は、統計的に見て、何もしていない人よりも幸福度が高い。それを教えてあげようかと思ったが思いとどまった。インドのアシュラムは、統計の話をする場所ではない。

食堂から出ると、グルジの幸福帝国が世界じゅうに広がりつつあることを強調するポスターを見つけた。「シュリ・シュリ・ジャーナリズム・スクール」や「シュリ・シュリ経営スクール」などのポスターも貼られている。ふと、「経営のグル」というフレーズが頭に浮かび、思わず吹き出してしまった。声を上げて笑ってしまったが、誰も気にするようすはない。これはアシュラムでの生活の美点の一つだ。いきなり大笑いしても誰も眉をひそめることはない。泣き出したり、幼児返りのふるまいをしたり、狂ったように片足で跳ね回ったりしても許される。アシュラムは何をしても大丈夫な空間だ。ただし、グルジに対して礼を失した行動は別だ。それだけは許されていない。

アシュラムの本堂は、てっぺんに青い電球をつけた、巨大な三段のウェディングケーキのように見える。中に入ると、一面に白い大理石とアーチ型の装飾が広がっている。ステージ上にはグルジの写真がある。少なくとも縦一・二メートルはありそうなその写真は、大きな花飾りで縁取られ、玉座のような場所に置かれている。白い大理石の床が、ひんやりとして素足に気持ちいい。

しかし、全体的にはどぎつさの一歩手前という印象を受ける。天井はピンク色の花の装飾で埋め尽くされ、本堂への入り口の両側には一・五メートルはあろうかという白鳥の像が置かれている。ウサギの形のごみ箱とあいまって、どことなくディズニーランドのような雰囲気が漂う。

グルジの写真の近くには少人数の賛歌隊が座り、「シヴァ・オーム、シヴァ・オーム」と歌い始める。すると、私のまわりの人々がゆっくりと動き出した。動きが次第に速くなり、ダンスにも熱が入る。くるりと身体を回転させ、勢いをつけて回っている人もいる。手に手を取り合っている人もいる。私はというと、いつもと変わらぬ気分で周囲を観察している。打ち解けるのが苦手な私は、どこに行ってもなかなか人の輪に入っていけない。いつものように、まだ慣れていないからだと自分に言い聞かせる。焦ることはない。

このアシュラムに来ているのは、ほとんどがインド人だ。バンガロールでストレス疲れしたＩＴ労働者。わざわざ隣の州からやって来た女性は、オラクルのソフトウェア開発講座に参加するつもりが定員いっぱいで参加できず、代わりにこのアシュラムに来たのだという。コンピュータの世界からスピリチュアルな世界へ。インドではこの二つに互換性がある。

外国人も少数ながら見かける。私が出会ったのは、ポルトガルから来たエルサと、ドミニカ共和国から来たエヴァの二人。二人ともアシュラムを渡り歩いている。ここに来る前は、さほど遠くないサイババのアシュラムで二週間をすごした。サイババのアシュラムはシュリ・シュリのアシュラムに比べて生活条件が厳しい、と彼女たちは言う。規則も厳格で、白いスカーフを巻いた体格のいい男たちが、いろいろと指図する。アシュラム内には贅沢品は何もなかったという。彼女たちが贅沢品と言うとき、それが何を意味しているのか私には想像がつかなかった。私の部屋のシャワーのお湯は出ず、夕食を食べ終えると自分の食器を洗うことになっている。それはそれでよいのだが、贅沢からほど遠いことは間違いない。ここにいる人たちは、物質的な満足感を犠牲にして精神的な満足感を得ている。

「びっくりするようなものを見たのよ」と、エルサがいわくありげに言う。

「スワミがあなたを呼んでるって。でも行っちゃだめよ。来るように言ってるみたいだけど」とエヴァが言う。

エヴァはこのアシュラムの秘密ありげな雰囲気に懐疑的だ。

「どこに行けばいいのかしら？」と、彼女はパニック気味の声でアシュラムの職員に尋ねた。

「ここでは誰も何も教えてくれなくて、本当に困るわ」ここに来る前に別のアシュラムで二週間もすごしたわりには、彼女は極度に緊張しているようすだった。そもそも、自分自身で情報を見つけ、人の指図を受けない、というのがここの趣旨ではないのか？

今日はセミナーの最初のセッションが開かれる日だ。「アート・オブ・リビング（生活の技法）」と名付けられたクラスには、約三〇人が参加している。外国からの参加者は、私のほかにエルサとエヴァだけだ。もちろん、皆、床に座っている。指導者はアミという名前のインド人女性で、以前はある会社の重役をしていたという。現在は夫と二人で世界じゅうを巡り、グルジの言葉の普及に努めている。アミが蓮華座に座る壇は一段高くなっていて、私たちを少し見下ろす格好になる。流れるような長いサルワール・カミーズに身を包み、笑顔を絶やさない。これほど穏やかな笑顔を見るのはタイ以来のことだ。

まずは自己紹介から始まる。ごくふつうの展開だ。ただし、参加者は全員「私はあなたとつながっています」と言わなければならない。これはどうも居心地が悪い。ここにいるのは初対面の人ばかりだ。どんなつながりがあるのかわからない。「つながっています」という部分を口ごもるように発音し、なんとかその場を乗り切った。続いてアシュラムの決まり事について説明があった。

その一、服装はゆったりしたものを着用すること。

これはまったく問題ない。

その二、今日から三日間はアルコールを飲まないこと。

これはやや問題だ。夜のグラスワインがなくなってしまうのは寂しいが、三日くらいは我慢できるだろう。あとでその分の埋め合わせをすればいい。

その三、コーヒー、紅茶、その他カフェインを含む飲料は絶対に飲まないこと。

最後のルールはかなり大きな問題だ。これを聞いて不意打ちをくらったような気分になった。床に座っていなければ、この一撃でダウンしてしまったかもしれない。出口のほうをちらりと見やり、逃げ出そうかと考えた。悟りを開くためには相応の犠牲を覚悟していたが、これほど厳しいものとは思っていなかった。私はすっかり冷静さを失ってしまった。これから七二時間ものあいだ、カップ一杯のコーヒーも飲めないとしたら、どうやって生きていけばいいのだろう。

アミは私の不安にまったく気づいていない。少なくとも表には出していない。彼女は次の課題（瞑想）の説明に移っている。前に何度か瞑想を試みた経験はあるが、そのたびに沈黙の世界に不安を感じた。ラジオ番組では、何を差し置いても沈黙だけは避けねばならない。もちろん、ドラマチックな効果をねらって、一秒か二秒の沈黙をはさむこともある。しかしそれ以上の沈黙は事故とみなされ、「デッド・エアー（放送中断）」と呼ばれることになる。

呼吸を数えるのも苦手だ。むしろできない相談だと言いたい。一回呼吸するたびに一歩ずつ死に近づく。なぜ好きこのんで死へのカウントダウンを始めなくてはならないのだろうか。

アミがCDプレーヤーのボタンを押すと、グルジの穏やかなテノールの声が部屋じゅうに響き渡る。「あなたがたは今、この環境を得て、心の平安を満喫されていることでしょう。このすばらしい身体、このすばらしいインストゥルメント（器官）にどうか感謝の気持ちを持ってください」

私のインストゥルメント（性器）について言えば、やや調整不足気味だと言わざるをえない。少なくともすばらしいかどうかは疑問だ。一九八七年の時点ではそうだったかもしれないが、いまは自信をもってすばらしいと言うことはできない。ともかくグルジの言いたいことは理解できた。私たちは命あることに感謝すべきなのだ。目を閉じているように指示されていたが、ずるをしてほんの少しだけ目を開けてみた。アミの笑顔はまばゆいばかりだ。彼女は輝いている。ほかに適当な言葉が見つからない。グルジはただ者ではなく、このアシュラムはまがいものでないことを証明しているような気がする。しかし、すべての疑問が解消されたわけではない。

でもやはり、アミが伝えるグルジの言葉には真実の響きがある。「われわれはいつまで幸せを先送りしつづけるのでしょうか。幸せを経験できるのは今をおいてほかにありません。今という瞬間からは逃れられないのです」最後の一文が心に響く。古くからのダルマの教えが繰り返し説いてきた「いまここに《ビー・ヒア・ナウ》」というフレーズよりも心にしみる。私はずっと、この言葉を説教くさいと感じていた。「いまここにだなんて、何を言ってるんだ」と思っていた。しかし、この瞬間から逃れられないというなら、それを抱きしめたくなる。

アミは続ける。「チョコレートと心の平安のどちらを選ぶか、子供に聞いてみてください。きっとチョコレートを選ぶでしょう。でも、大人ならどうですか？　おそらく心の平安を選ぶはずです」その大人がスイスで暮らしていなければの話だと私は思う。スイスでは、チョコレートが心の平安そのものなのだから。

休憩に入ったので、何人かのインド人に話しかけてみる。その多くはIT業界で働き、長時間労働に従事している人たちだ。アート・オブ・リビングの講習に心を引かれたのは、一生を引き換えにすることなく、精神世界に目覚めさせてくれるからだという（それに加えてAOLという略語も先進的なイメージを喚起させる）。出家の必要もない。つまり、世俗的生活をいっさい放棄し、邪念を排した純粋な精神生活が求められることはない。グルジが弟子に要求するのは、週末の三日間だけだ。

世界でいちばん幸せな場所を探しているのだと、彼らに話してみる。ルート・フェーンホーヴェン教授のデータベースのことも説明した。この話を本当にわかってくれるのは、おそらくコンピュータ業界で働いている人だと思っていた。ところが彼らは、けげんそうな表情をして、疑り深そうに私を見つめた。

「幸せの量なんか測って、どうするんですか？」ソフトウェア開発の仕事をしているビンダが言う。

拍子抜けするほど素直な疑問だった。でもうまい答えが見つからない。幸福の定量化は可能なのかという問題についてはずいぶん考えたが、そもそも定量化すべきかどうかは考えたことがない。

彼らの多くはインドを離れて海外で暮らした経験がある。でもみんなインドに戻ってくるのはなぜなのだろうか。

「予測不能だからです」と、誰もが口を揃えて言う。

これはまったく意外な答えだ。私たち西洋人は、予測不能な事態は脅威だと考える。それはなんとしても避けなければならない。私たちは仕事や家族に関する事柄はもちろん、道路事情や天気についても、完璧な予測を手に入れたいと考えている。確実なこと以外は好きになれないのである。iPodで曲をまぜこぜ《シャッフル》にして、どんな順番になるかわからないまま聴くのが、私たちが許せる予測不能な状況の限界だ。

しかし、ここにいるのは合理主義的考えをもつソフトウェア開発者たちだ。その彼らが予測不可能な状況を好み、それを求めている。予測不可能な状況がなければ生きていけないと言う。はじめてのことではないが、私はある予感にとらわれていた。インドという国は、幸福学の範囲を超えた、精神性が支配する世界なのだ。

夕食の時間になると、エヴァとエルサがだらしない格好でくつろいでいる。彼女たちは椅子に座っていた。プラスチックの椅子だが、それでも床から腰が浮いている。これは贅沢なことのように思える。手書きの貼り紙に、椅子は「高齢者と外国からの参加者」がお使いくださいと書かれている。椅子は床に直接座るのが困難な人のために用意されている。いっしょにどうぞ、と誘ってくれる二人に礼を言う。

エヴァによると、他のアシュラムではこんな格好で話をすることはできないという。床に座るか、別の場所に移動するしかなく、しかも男女は別々の空間に分けられてしまう。「サイババは、意識を心の動きだけに集中するのが大切で……」ここで彼女はいったん口をつぐみ、骨盤の位置を直した。「意識を身体に集中してはいけないと語っていたわ」これはそれほど難しいことではないと思った。意識を身体から別のことに向けるのは、冷たいシャワーを浴びるときに毎日のように実践しているからだ。

今日はアシュラムで大きなイベントがある。「スダルシャン・クリヤ」という呼吸法の講習が開かれる日だ。この講習はコースの目玉と言えるもので、幸福への近道を教えてくれる。床に座り、四苦八苦しながら蓮華座のポーズをとる。身につけている革製品をすべてはずすようにと、アミが参加者に伝える。時計の革バンドもはずさなければならない——「革は死んだ皮膚です。『プラーナ』（生命力）の流れをさえぎります」。「プラーナ」とは「エネルギー」を意味し、「毒素」という言葉とともに、どこのアシュラムでもよく耳にする。どちらも否定するつもりはないが、あまりに無造作に使われすぎていて、実際に何を意味しているのかよくわからない。この言葉を聞かされるたびに、うんざりした気分になる。

参加者は皆、少し緊張気味だ。この呼吸法の意味についての説明はあったが、具体的な方法についての説明はなかった。アミはこう言う。「気分を自由に解き放ってください。抑え込んではいけません。誰かが笑ったり泣いたりしても、じろじろ見るのは禁物です。人のことは気にしないでください。それを体験しているのは他人で、自分ではないことを忘れないでください」少し気になることがある。これからやろうとしていることは、そんなに強い感情を呼び覚ますものなのだろうか。なんだか乗り気がしない。最後のコーヒーでカフェインを供給してから二四時間が経過し、不快感はひどくなる一方だ。

呼吸法の練習が始まった。取り立てて奇妙なものではない。起きたまま いびきをかいているような感じだ。呼吸の後は一〇分ほど仰向けになる。隣に座っている女性が、痛みと闘っているようなうめき声を上げている。心配になり、目を開けてようすをうかがってみようかと思ったが、これは彼女の体験だと考え直して思いとどまった。

ようやく目を開けるようにと言われ、ふたたび蓮華座を組む。次に、それぞれの体験を共有する《シェア》（これもアシュラムでよく耳にする言葉だ）。最初にエヴァが甲高い声で語り始めた。「こんな体験をしたのははじめてです。いろんな人の顔が見えました。もちろんグルジの顔も。ここにおいでだったに違いありません」参加者から拍手が起こる。

「私はうまくできませんでした」と別の誰かが言う。

「頭痛が消えました」と三人目の人が言うと、さらに大きな拍手が起こった。

「どこか別の場所に行っていました。正確にはどこだかわかりませんが、たしかにどこか別の場所に行っていました」別の女性が、いましがた帰ってきたばかりだという表情で語る。

しかし最も劇的な体験を語ったのはエルサだった。「花火を見ました。赤や青や、あらゆる色の光のスペクトルがまぶたの裏に映って、まるで自分の両足から火花が飛んでいるみたいでした。自分の足が電気仕掛けの打ち上げ装置になったような気分です」

私にはそんな花火は見えなかった。たしかに少し頭がくらくらして、さえない気分になっている。でも、それはカフェイン不足と、こんな格好で床に座っているせいで足の血行が悪くなっているからだと思う。やりかたがまずかったのかもしれない。それにしても、どうすれば花火が見えるのだろうか。

そんなことを考えていると、サティーシュの姿が目に入った。ほっそりとした体型のソフトウェア・エンジニアであるサティーシュは、実技のあいだに寝てしまい、共有《シェア》の時間が終わってもまだ眠ったままだ。誰かが身体を揺すってみるが、深い眠りの世界から戻る気配はない。セッションが終わって部屋から出ようとすると、一つしかない出口をサティーシュの身体がふさいでいる。はて、どうしたものか。アミは、彼の体験を邪魔しないように注意しながら、またげばいいと言っている。いびきをかいて、うつぶせに寝るサティーシュを用心深くまたぎながら、幸運な人だなと思わずにはいられなかった。このセッションで最高の体験をしたのは、きっと彼だったにちがいない。

昼食を食べているあいだ、エヴァとエルサはセッションの興奮からさめやらない。「誰もがみんな一日一〇分でも瞑想すれば、世界はもっと平和になるのにね」とエヴァが言う。彼女は世界情勢を心配しているらしい。エヴァは数年前にニュースを見るのをやめた。あまりにも自分に引き寄せすぎて考えてしまうからだという。イラク戦争のときには乳房にしこりができたと、わざわざ打ち明ける必要のないことまでエヴァは語った。

翌朝、アラーム時計が六時を告げる。カフェイン抜きの生活もこれで三日目に入った。頭をハンマーで殴られたような感じで、生命力《プラーナ》のレベルも危険なレベルにまで落ちている。ヨガの部屋に身体を引きずっていくだけで精いっぱいだ。いまではすっかり不機嫌な参加者になってしまった。

ヨガを終えると、少しだけ気分が戻る。血流が末端まで流れ始めたようだ。二回目のクリヤ呼吸法は、最初のときよりも刺激的だった。終わってみると身体が軽くなっている。何カ月か前にモロッコ産のハシシュを吸ったとき（あくまでも研究目的で吸った）の感覚と似ている。手のひらを上に向けて仰向けになる「シャヴァーサナ」というポーズ（屍《しかばね》のポーズ）で床に横になると、いくつかのイメージが脳裏に浮かんだ。一糸まとわぬアミの姿が見える。それはともかく、自分が死につつあるような気がする。いずれにしても私はいま何かを体験している。

次の課題は、男女に分かれて同性同士でペアを組み、相手の目を「子供のように純真な心で」じっと見つめ合うというものだった。私の相手は飲料メーカーに勤める中年の毛深いインド人セールスマン。彼の目をじっと見つめるというのは、実に気持ちが悪い。ようやくこの課題が終わり、また別の相手とペアを組む。今度は、自分の人生を語れという。相手の目を（子供のように純真な心で）五秒間見つめるよりも、五時間だろうと話し続けるほうが私にはよっぽど楽だ。

続いてグルジを紹介する短いビデオを鑑賞する時間が設けられた。感謝の言葉が次々に語られる。元テロリスト、囚人、津波の被害者、HIV感染者。皆、グルジの偉大な力について語り、アート・オブ・リビングに参加していかに人生が変わったかを証言する。シュリ・シュリが海外でも師と仰がれ、アメリカ精神医学会をはじめとする権威ある機関で定期的に講演するなど、世界を股にかけて活躍するようすも映し出された。

アシュラム内でグルジについて語るときは、必ず畏敬の念に満ちた言葉が使われる。その名を口にするとき、アミはいつも、恋する女学生のようにまぶたをピクピクふるわせ顔を赤らめる。他のグルと同じように、シュリ・シュリの幼年期には数多くの奇跡的なエピソードがある。たとえば、四歳のときにはすでにヒンドゥー教の聖典『バガバッドギーター』を読んでいた。グルジがかつてアシュラムを興したとき、この地は不毛の地だった。「それでも……」とアミは続ける。「グルジはご自分で井戸から水を汲み上げ、こうおっしゃったのです。『緑が生い茂って本当に美しい。それが見えないかね？』するとそのとおりになりました。この建物だけでなく、何もかもがおっしゃるとおりになったのです。グルジの恵みがここにあります。それは疑う余地がありません」

正直に言おう。私はこのような個人崇拝にはついていけない。誰かをあがめたい気分になったときは、いつも妻のことを思う。インドまでやって来る必要はない。他人におもねったり、自分におもねったりすると、嫌な思いをするだけだ。ナルシシズム（自己愛）の裏返しは、やはりナルシシズムなのである。

グルジとじかに接する機会があった。このアシュラムに来る数日前、デリーで友人を訪ね歩いていると、シュリ・シュリ・ラヴィ・シャンカールの「ストレスなく成功する」と題した講演会の小さな広告看板を見つけた。これはぜひ行ってみなければと思い、さっそく会場に向かった。

会場には早めに着いたが、もう長い行列ができている。大きな会場に入る前に、かたちだけの所持品検査がある。入り口にはグルジへの質問票を入れる木箱が設置してあった。質問を一つ書いた紙を折って、小さな穴に投げ入れた。

空きっ腹ではグルの話に集中できない。軽食カウンターに行ってポップコーンを買い、最前列に陣取った。ステージ上の白いソファには金色の織物が掛けられ、両脇にはエンドテーブルが置かれている。ソファの後ろの大きな垂れ幕には、「ストレスなく成功する、講演＝シュリ・シュリ・ラヴィ・シャンカール師」とある。その下には協賛企業一五社のロゴマークが入っている。どうやらグルが鎮座する組織をうまく操るには、相当の物入りが必要になるらしい。

グルジはまだあらわれない。聴衆がそわそわしはじめたころ、突然照明が落とされ、床に座った数人の賛歌隊が詠唱を始める。「シヴァ・オーム、シヴァ・オーム……」次第にテンポが速くなり、聴衆はリズムに合わせて手をたたく。「シヴァ・オーム、シヴァ・オーム……」荘重な語りが詠唱に重なる。「あなたがたがおいでになる前、ここは闇の世界でした。いまは光が満ちあふれています」「シヴァ・オーム、シヴァ・オーム……」ここでようやくグルジが入場する。聴衆はいっせいに歓声を上げながら立ち上がる。まるでロックスターを迎えるときのようだ。

頭上の照明が一筋の曙光のようにグルジを照らし出す。ゆったりとした白い法服に身を包み、見たこともないような大きな花飾りを首に掛けている。花飾りは二〇キロはありそうだ。こんな重いものを首にぶら下げながら立っていられるとは驚きだ。スーツ姿のビジネスマンや、偉そうな人たちが敬愛の眼差しで見守るなか、グルジがキャンドルに火を灯す。いよいよ講話の始まりだ。しかし、唇は動くが何も聞こえない。心配げなささやき声が聴衆に広がっていく。どうしたのだろうか。何も聞こえなくてはグルジの教えを受けられない。

グルジは法服の上から何かをいじくり、軽くたたいた。何も変わらない。もう一度たたく。まだだめだ。さらにいじくり回してからたたくと、ドーンと響くような低音が会場にこだまして、甲高い声が聞こえてくる。グルジの声だ。

「小さなボタンが、すべてを決めるのです」と彼は言う。その目はすべてを見通すように輝いている。

笑い声とともに拍手がわき起こった。師の口から出れば深い意味のある言葉と受け取られるが、私がそんなことを言っても、ボタンがどうしたで終わってしまうだろう。単に有名と言われるから有名とされる著名人もいるように、賢明と言われるから賢明とされる師もいる。そこを勘違いすると笑いものになる。

隣に座っている人と挨拶を交わすようにとグルジが言い、皆それに従う。

「心をこめて挨拶しましたか、それともかたちだけの挨拶でしたか？」とグルジが聞く。「客室乗務員が『よい一日を』と声をかけるような挨拶ではありませんでしたか。あなたはそれを本気だと受け取っていないでしょう」あちこちから、くすくすと笑う声が聞こえてくる。

グルジはさらに言う。赤ん坊は一日に四〇〇回笑う。大人はたったの一七回、結婚するとさらに回数は減る。その話に会場は爆笑の渦になる。

「笑顔のない人生、笑い声のない人生に意味があるでしょうか。ストレスを抱えた人には笑顔はありません」

グルジはステージを端から端まで動き回る。すべての聴衆の心をつかむために、すぐれた話者が使う手だ。暮らしの中に不完全な隙間をつくることが大切だとグルジは言う。

「なぜ、いらいらするのか。完璧を求めるからです。不完全な隙間を暮らしの中に少しでも設けておくことです。ここまでの話は理解できましたか？」

「イエス！」という声が、みごとな斉唱となって会場からわき起こった。

ここで照明が落とされ、自分の顎や眉を少しさすってみるようにとグルジが言う。さすってみるとたしかに気持ちがいい。次は「オーム」という神聖な音の発声練習だ。「オーム」というのはもともとサンスクリット語で、古代ヒンドゥー教の聖典にも記されている。音の振動に意味があるとされている。サンスクリット語は音を聞くだけでなく、身体で感じるものなのである。

一〇〇〇人もの聴衆がいっせいに「オーム」と声を上げる。大きな音を肌で感じながら、実際にその光景を目にするのは壮観だ。会場全体が震えている。これはすごい。それを聞きながら、あることに気がついた。インドは音と深く結びついている。行商人の一本調子な呼び売りの声、羊の鳴き声のような三輪タクシーの警笛、ヒンドゥー教の僧侶の詠唱。聖なる音だけではなく、あらゆる音に振動がある。振動だからもちろん動きを伴う。空気と空気が拮抗する。それだけのことだが、この単純な物理現象が、モーツァルトのピアノ協奏曲から高速道路の渋滞音、愛をささやく恋人の声、あるいは半自動小銃の発射音までを生み出している。

グルジの話が終わると、質問の時間が設けられた。女性アシスタントが木箱の中から小さな紙片を引き抜く。最初の一枚はなんと私の質問だ。信じられない。質問用紙は一〇〇枚とまでいかなくても数十枚はあるはずだ。確率はどのくらいだろう。何かの前触れにちがいない。インドではあらゆることが何かの前兆だ。

アシスタントが質問を読み上げる。「幸福というのは最高の理想でしょうか、それとも、もっと大切なものが別にあるのでしょうか」これは私がずっと考え続けてきた疑問だ。世界でいちばん幸福な場所を求めて何千キロも旅を続けてきたのは、アリストテレスが言ったように、幸福こそが至高の善、この世で最高のものと信じていたからだった。しかし本当にそうなのだろうか。もっと大切な目標が別にあるのではないだろうか。

私の質問に対して、グルジはためらうことなく答えた。「もちろん、幸福よりも大切なものがあります。幸福よりも大切なのは愛です」

聴衆から喝采が上がった。

静まるのを待って、グルジはその先を語る。「愛は幸福にまさるだけではありません。真実と愛を比べても、愛のほうが上です。人はゆがみをもたらすことのない愛を求めるべきなのです」

最後の部分がどういう意味なのかよくわからない。だがそれについて質問を重ねる時間はないようだ。すでに次の質問に移っている。「死後の世界はあるのでしょうか？」

大きな問題だ。究極の問題と言ってもいい。私を含めて誰もがこの疑問と背中合わせに生きている。

グルジはすぐには答えない。演出効果をねらっているようだ。「その質問に答えることはできます」と彼は言う。「しかし、みなさんには少し不安を感じていただきたい。向こう側へ渡ったときに『何だ、想像したとおりじゃないか。つまらない』という苦情はごめんですから」

　また笑い声が上がる。しかし、私はごまかされたように感じた。人が巧みに話をずらしていく瞬間を、記者会見で嫌というほど味わっている。

　会場から次々に質問の声が上がり始める。グルジの答えはさすがと思わせるものもあれば、単なる口先だけのものもある。どちらとも取れるような答えもある。

「テロリズムを終結させるにはどうすればよいでしょうか？」

「テロリズムというのは、ヒューマニズムの欠如にほかなりません。世界じゅうの子供たちがもっと信仰について学ぶべきです。そうすれば、他者は悪であるなどという考えを持たなくなります」

「どうすれば、私の運命を知ることができますか？」

「人生というのは、自由と運命の組み合わせから成り立っています。すばらしいのは、どちらがどちらかわからないことです」

「私が一〇億ルピーを手に入れるのは、いつになるでしょうか？」

「どこかの占い師に聞いてください。でも、それには一〇〇ルピーかかることをお忘れなく」

「何かを期待していると、いつも失望に変わってしまいます。どうすればよいでしょうか？」

「私の答えを期待しているのですか？　それは期待しないほうがいい」

「インドから不正がなくなるのはいつでしょうか？」

「あなた自身が立ち上がって、不正と闘い始めるときです」

この答えにはうなずける。他人事にせず、質問者自身に行動を求めている。ヒンドゥー教は教義よりも実践の宗教だ。『バガバッドギーター』では、戦士アルジュナに対してクリシュナ神が、信仰ではなく、戦いこそが解放をもたらすと諭している。グルジはこのことを次のように説明した。「風呂に浸かっているとき、湯の温かさを感じるためには身体を少し動かす必要があります」

会場からさらに声が上がり、質問は終わりそうもない。しかしグルジは片手を上げ、申し訳ないが今夜はもう時間がないのでと言い残して、ステージを後にした。

聴衆も立ち上がり、帰り支度を始める。誰もが今夜の講演に満足げな表情を浮かべている。私はといえば、スピリチュアル風味のポップコーンをつまんだ後のような気分だ。なかなかおいしくて口当たりがいい。多少の栄養もあるが、いくら食べても食べ足りない。


メッセージの中身と、それを発する人を切り離して考えることはできない。私のアンテナはひとかけらの偽善にも反応する。ひとたび嘘をキャッチすると、それがグルの場合であれば、その教えもすべて信じられなくなる。いつでもそうだというわけではないが、その考えは変わらない。

一九八〇年代、バグワン・シュリ・ラジニーシという有名なグルがいた（またの名を「オショウ」という）。インドで多数の信奉者を集め、アメリカにも進出した。オレゴン州に建設したアシュラムは、手造りの建物がアメーバのように広がり、一つの町のようだった。そのアシュラムで、オショウは愛と思いやりの大切さを説いた。ところがあることが発覚する。オショウはロールスロイス好きで、九三台も購入して所有しているという。そして移民法違反で当局に逮捕されるという事態も続いた。オショウの教えは何かで読んだことがあり、含蓄のある理にかなったものだと思っていた。それだけにロールスロイスの話にはあきれ果て、オショウのことをまともに取り合おうとは思わなくなった。

しかし、インド人の友人マンジュの考えは違う。デリーで弁護士として活躍するマンジュは、冷静な心の持ち主だ。彼女によると、ロールスロイスのことがあってもオショウの教えまで切り捨てる理由はどこにもないという。「良いものは受け入れ、悪いものはしりぞければいいのよ」と、昼食をとりながら彼女は言う。つまり、インド人はグルに完全無欠を求めようとはしないし、首尾一貫した態度を期待することもない。グルは賢者であり、グルは食わせ者である。インド人のマンジュの頭の中では、相容れない二つの考えがみごとに同居している。

アシュラムですごす最後の日。講習もすべて終わった。アミに別れを告げると、彼女は輝くような笑顔でこう言った。「いずれ精神革命の時代が訪れます。生きているあいだには経験できないかもしれませんが、必ずやって来ます」私はおずおずと「そうなるといいですね」と答え、アシュラムを後にした。

アミのような人がうらやましい。心にくもりがなく、迷いもない。生命力《プラーナ》が満ちあふれ、表情に光がある。アミのようになりたいと思う。なぜそれができないのだろうか。いつも斜に構え、小賢しさをひけらかそうとしているからだろうか。そのくせ、名を成すことへの執着があるからだろうか。一年のあいだ幸福を求めて旅をした結果、そんなものはしょせん幸福につながることはないというのが、私の出した結論だ。それなのに、こだわりを捨てきれない自分がいる。

エヴァとエルサにも別れを告げる。二人とも新たなグルに心酔しきっている。さらに上のコースを受講するという。エヴァは私を強く抱きしめてこう言った。「あなたは変わったわ。落ち着いてきて、エネルギーが感じられる」エネルギーという単語を聞いて、なんだかうんざりした気分になった。でもそのとおりなのだろう。心は穏やかだ。呼吸は深く、乱れもない。コーヒー抜きの三日間にも耐えることができ、頭痛もほとんど消えた。足の血行も戻っている。

これはいったいどういうわけだろう。どこかで何かが起きたのか、あるいは何かのポーズに効き目があったのか、自分ではよくわからない。もしかしたら悟りの境地に至るときもこんな感じなのかもしれない。雷鳴や稲妻とともにやって来るのではなく、ぽとりぽとりと一滴ずつ落ちて、ある日気づいたらバケツがいっぱいになっている。

インドのアシュラムの問題点は、いったんそこを出るとインドに舞い戻ってしまうという点だ。アシュラムからの帰り道、タクシーが渋滞に巻き込まれた。喉は焼けるようにカラカラで、目には刺すような痛みを感じる。数日前よりもさらに道路が無秩序になっているような気がする。カフェインが抜けて穏やかになった心が、熱と埃と騒音に敏感になっているのかもしれない。以前から私は、とりわけ騒音には敏感だった。騒音は幸福感を妨げる。随筆家のアンブローズ・ビアスは、それを「耳の悪臭」と表現している。

渋滞を抜けてようやく目的地に到着した。町いちばんの喧噪に包まれた一角にある、どこにでもありそうな二階建ての建物だ。「ワン・シャンティ・ロード（シャンティ・ロード一番地）」と名付けられたこの建物は、スレーシュという画家が所有している。空いている部屋が賃貸しされ、一種のサロンのような空間になっている。ここにはさまざまな人が出入りする。アシュラム・モードから復帰し、ついでにバンガロールについて知るにはうってつけの空間のような気がする。

スレーシュは自分でワン・シャンティ・ロードを設計し、巨大なアーモンドの木を取り囲むように建物を建てた。その木をこよなく愛するスレーシュのことを、アーモンドと結婚したようなものだと友人たちはからかった。

旅行かばんを手に、狭いらせん階段をなんとか上る。ワン・シャンティ・ロードのリビングルームには、絵や本や、ヒンドゥー教関係のがらくたのようなものが散らばっている。台所には食器がうずたかく積まれ、マンゴーの皮やコーヒーの出し殻の上には、戦闘ヘリ部隊よろしくハエが飛び交っている。「今日はメイドが来なかったんでね」とスレーシュが言い訳をする。インドでは誰もがメイドを抱えている。美と格闘する芸術家も同じだ。

まだ朝早い時間だというのに、スレーシュのサロンはにぎわっていた。時間の流れに身をまかせ、タバコを吸い、コーヒーを何杯もお代わりしながらすごしている。危険なレベルまで生命力《プラーナ》が低下しようが、誰も気にかけない。部屋にはタバコの煙と毒舌が充満している。私はその空気を深く吸い込んだ。

「アンチ・アシュラムにようこそ」と誰かが言う。そして、ハーシャを紹介された（この名前は幸福を意味している）。ヴィクラムやアルジュナなど、続けざまに何人かに紹介されたが、名前がすぐに覚えられない。

インド版自由討論のまっただ中に入り込んでしまったらしい。急激な発展が、この愛すべきバンガロールの町にどんな害悪をもたらすか、口々に不満をぶちまけている。アシュラムから帰ったばかりの私が加わり、話題は交通渋滞から心の問題へと方向転換した。急旋回と言うべきかもしれない。しかし、この面々にとってはいつもの光景だ。

「この国の根っこには、『神様シンドローム』が巣くっている」とヴィクラムが言う。ここではヴィキと呼ばれている。片方の耳に金のイヤリング、そして目にも鮮やかなサフラン色のシャツを身にまとっている。その方面には大らかでないこの国で、ひと目でゲイとわかるいでたちだ。「何でもいいから、すがりつきたいんだ」とヴィキは言う。「それがとりあえずグルというわけさ」

突然、グルたちの肩を持ちたくなる。とくに自分のグルならなおさらだ。これには自分でも驚いた。学んできた呼吸法のことや、リラックスした気分になったことを皆に話した。「誰かが呼吸法を編み出すと、あらゆる答えをその誰かから求めようとするんだ」と、プロレスラーのような体格のヴィヴェックという彫刻家が言う。「脳への酸素供給が増えて、昂揚感が高まる」とロイが説明する。なるほどと思う。聞けば彼は医者だという。ロイは多くの患者を診断しているが、実は患者とは接していない。アメリカの病院でX線写真の画像診断をしているのだという。

私が経験した、くらくらするような症状も、これで医学的な説明がついた。それによって私の経験は非現実的なものになるのだろうか。

「心のペディキュアみたいなものよ」と、誰かが言う。「一瞬、気分がよくなっても、本当に何かが変わったわけではないわ」

「聖人になるには、世を捨てる必要があるのさ」とヴィッキが言う。「つまるところは否定と放棄なんだ」

この懐疑主義者たちに、グルジの話をしてみた。何も育たないと専門家が言う、岩だらけの不毛の地に、緑が生い茂るアシュラムが出現するとグルジは予言した。

典型的なグル神話だね、と誰かが言う。専門家が不可能だと決めつけたものを、作り出したり育て上げたりする。でも、この種の秘話はいつも過去形で語られる。信じるか、信じないかという問題になる。何の記録もないことだから、嘘かまことか確かめようがない。

「人はなぜ、ただそこに座って瞑想することができないのだろう？」と別の誰かが言う。

「それだけじゃ、つまらないからね」とヴィキが答える。

「誠実であると同時に、いかさま師であることは可能だろうか？」と私は聞いてみた。

「もちろん、それは可能だ」とスレーシュ。「ここはインドだから」

「インドでは、すべてが正しくて、その逆もまた正しい」と誰かが言った。

頭がくらくらしてくる。爆発してしまいそうだ。私のとまどいを察したスレーシュがコーヒーを持ってきてくれたが、それには手をつけなかった。カフェイン抜きの生活を三日間も送ったのだ。この生活をあとどのぐらい続けられるのか確かめてみたい。

取るに足らない話と、深遠な話のあいだを行きつ戻りつしながら会話が弾む。精神的な鞭を受けているような気になってくる。話題は輪廻転生《サンサーラ》の話に移った。東洋的な考え方では、人間は悟りを開くまで何度も生まれ変わりを繰り返す。悟りを開くと輪廻から解放され、その後は現世に戻ってくることはない。

「僕としては、犬や木に生まれ変わってもいいんだけどね」とヴィキが言う。「なにも急いで地球上からいなくならなくてもいい」

「宇宙のどこかで、時間を授けられた人たちがいる。それは僕たち人間だ。僕らには与えられた時間がある」と、スレーシュが謎めいたことを言う。

ヴィキの楽観論はたちまち姿を消し、不満げな表情に逆戻りした。「この国でいちばん儲かる商売はなんだか知っているかい？　それは宗教だよ。僕はひねくれ者なんだ」とヴィキが言う。彼は宗教そのものに疑問をもっているようだ。「何か問題があれば、僕は親友に会いに行く。グルのもとには行かない。グルなんていうのは、金儲けしているだけさ。本当の聖者《サドゥー》なんていやしない。みんな偽物だよ」

立ち上がって帰る人もいれば、新たに入ってくる人もいる。インドでは家はお城のようなものだ。でも、穴だらけの城で堀もない。味方も敵も簡単に侵入できてしまう。デリーで私が暮らしていたアパートには、実に多くの人が出入りしていた。配管工、電気工、配達の青年、僧侶、役人、タクシー運転手……。落ち着かないことこのうえない。たまには下着一枚になって、誰にも邪魔されずにだらだらとすごしてみたかった。しかし、このいつ果てるともない人の流れが意味するのは、インドではけっして寂しい思いをしないということだ。

ワン・シャンティ・ロードでは、会話はガンジス河の流れのように蛇行する。あるテーマから別のテーマへと脈絡なく話題が移る。しかし話はいつも、バンガロールで生じつつある変化の話題に立ち戻る。

「みんなフクロウのようになったんだ」とヴィキが言う。「一晩じゅう寝ないで働いたり、パーティーに興じたり。みんな、なんでそんなに急いでいるんだろう？　交通渋滞だって狂気の沙汰だ」

携帯電話もどうしようもないね、と誰かが言う。

「持っていない人は一人もいない」とヴィキが言う。まるで「一人残らず結核にかかっている」と言うときのような口調だ。

「君は持っていないの？」とヴィキに聞いてみる。

「いや、持ってる」と恥ずかしそうに答えながら、ヴィキはポケットからぴかぴかの最新機種を引っ張り出した。「でも、喜んで使っているわけじゃない。しかたなく使っているんだ」と、ヴィキは顔をしかめる。

「サイバー・クーリー（苦力）たちは、三〇歳か三五歳までにみんな燃え尽きてしまう」と誰かが言う。「ある朝起きたら、人生が自分の前を素通りしていったように感じるんだ」

彼らの意見はもっともな意見なのか、それともただの減らず口なのかと考えていると、エマがやって来た。

エマは巨大なスーツケースを二つ持ち上げながら、階段を上ってきた。ロンドンからのフライトは悪夢だった。二四時間も飛行機に乗っていたという。でも彼女に必要なのは睡眠ではなく、タバコとコーヒーだ。ただちに補給する必要がある。スレーシュがすばやくその両方を彼女の前に差し出した。

エマは根っからの快楽難民だ。五歳のころ、ロンドンのレストランでサリー姿の女性を見つけると、その女性をつかんで離さなかった。はじめて口にした言葉の一つが「インド」だったという。

エマがはじめてインドを訪れたのは二五歳のとき。デリーに降り立ったエマはタクシーに飛び乗り、インドの喧噪の世界に飛び込んだ。インドにやって来ると、たいていの人はうろたえ、怖じ気づいてしまうが、エマは違った。タクシーの後部座席に座り、深い静寂で心が満たされていくのを感じた。そのとき涙をながしたかもしれないが、はっきりとは覚えていない。一つだけ確かなことは、「帰ってきた」という感覚だったとエマは語った。

カフェインとニコチンを補給すると、エマは悠然と椅子に腰を下ろし、話に加わってきた。

「インドのどこがそんなに好きなの?」と尋ねてみる。

「警笛の音、人力車、頭に壺を乗せてバランスをとりながら歩く女性、ピーナッツ売りの売り声、寺院の鐘の音。インド人のアクセントも好きだわ。本当にきりがないの。何もかもが好きなのよ」

エマがあげたものの大半は聴覚に関係している。インドは物音が耳に心地よい国だ。しかし、インドが豊かになるにつれてそれも変わっていくだろう。実際、豊かな暮らしから出る音ほどつまらないものはない。エアコンの無機質な震えや、キーボードをタイプするときのくぐもった音は、路上の物売りの調子よい売り声や、仕立屋のミシンから聞こえるカタカタというリズミカルな音とは比べようもない。交差点でいっせいに鳴るクラクションの音や、チリンチリンと鳴る自転車のベルの音も、高速道路をビュンビュン走るときの単調な騒音よりずっと心地よい。

エマは以前、バンガロールで暮らしていた。だからスレーシュや常連客ともおなじみだ。いまはロンドンで暮らしているが、インドにはよく戻ってくる。ひとしきりインド各地の消息の話が続く。知人の話をしていると、誰かと誰かがつながり、結局、世間は狭いという話になる。一〇億人のインド人、ワン・シャンティ・ロードの住人、その誰もが知り合い同士のように感じる。インドというのは環が無限に連結した鎖のような国だ。

エマがスーツケースを開けると、私は自分の目を疑った。何十個ものバッグが、一つずつきちんとビニールにくるまれて詰め込んである。エマはそれを商売にしているという。ロンドンのスタジオでエマがデザインし、香港とバンガロールで作らせる。バッグには私もこだわりがある。それを伝えると、エマの目が光った。クラックの売人が麻薬常用者に紹介されたときに見せる顔だ。

私の「バッグ中毒」についてエマの意見を聞いてみる。前述したように、私はたいていの人よりずっと多くのバッグを持っている。それは精神科医が正常と判断する範囲を超えている。「そうねえ……」とエマは考え込んだ。興味深い症例を前にしたときの精神科医のような表情だ。「あなたの場合は安心するためだと思う。子供が抱きしめる毛布のようなものじゃないかしら。あなたはいつも、バッグに物を入れて持ち歩いている。要するに、バッグに夢中になるというのは、心の中に抱えている荷物の延長線上にあると思う。そう、きっとそうよ。あなたは心の中の荷物の保管場所を必要としているのよ」

なるほど、悪くない考えだ。きっとそうなのだろう。

しばらくすると、チャンドラという男性に紹介された。ずんぐりした体型の彼は、下の階で暮らしている。頭ははげ上がり、緑色のクルタを着ている。彼を見ていると、人なつっこい火星人を想像してしまう。実はチャンドラは文化地理学者だという。私に言わせれば完璧な職業だ。チャンドラはテキサス州ウェーコや、ノース・ダコタ州ファーゴなど、アメリカで一八年暮らした経験がある。今でも「ファーゴ」という地名を聞いただけで、その寒さを思い出して身体が震えてしまうという。『となりのサインフェルド』が大好きで、再放送の時間になるとうずうずしてくるので、毎朝八時半までにどこかに出かける必要があるとも語っていた。「だから、午後に昼寝をしても後ろめたさを感じないのは、ここ一年間のことなんです」と彼は付け加えた。

ちょっとひと休みしたくなり、テラスに出てみる。誰に聞いたのか忘れてしまったが、インドを知りたいなら、どこでもいいから街角に立って三六〇度ぐるりと見回してみるだけでいいという。それですべてがわかる。善と悪、ばかばかしさと気高さ、世俗さと奥深さ。ここワン・シャンティ・ロードでは、わざわざ街角に立って見回す必要はない。テラスに出ればすべてを見渡せる。一方にはスラム街が広がっている。トタン屋根の掘っ立て小屋が無秩序に密集し、一見するとごみ捨て場と勘違いしてしまう。よくよく目をこらすと、そこで暮らす人の姿が見えてくる。別の方角を見ると、太陽光を反射するガラス張りのビルがある。シスコ・システムズ社のオフィスビルだ。

前にも書いたように、インドではすべてが何かの前触れだ。看板もしかり。たとえば道路の向こう側に「サブライム・ソルーションズ（崇高なる解決法）」という看板がある。何の会社かわからないが、おそらくソフトウェア関係だろう。なかなかよい社名だ。

テラスから戻り、ふたたび話の輪に加わる。

「すべてが正しいとも、すべてが誤りとも言える」と誰かが言い、みんなが同意する。

エマは五杯目のコーヒーを飲みながら、七本目のタバコを吸っている。目を大きく見開き、猛烈な早口でしゃべっている。突然、照明が消え、天井のファンが静かに止まる。すぐに汗が噴き出してきた。しかし誰一人として意に介さない。

「バンガロールは停電の都さ」と誰かが言う。

「ハイテク企業はどうなるんだろう？」と、私は疑問を投げかける。「停電ばかりでは仕事にならない」

「いや、それはね……」と、私がいかにも世間知らずであるかのようにヴィキが言う。たしかに私は世間知らずな人間だ。「会社は巨大な自家発電装置を持っていて、必要量の三倍の供給力がある。それが会社独自の送配電網につながっているんだ」

「そもそもIT業界全体が、独立したネットワークで成立している世界じゃないか」とチャンドラが言う。電気だけの話ではないことがすぐにわかる。ハイテク産業にかかわる人々は、「ゲーテッド・コミュニティー（柵や壁で囲まれ、警備員が出入りをチェックする住宅地）」で暮らしている。たとえばそれらは、「ダラー・コロニー（ドルの植民地）」などと名付けられている。買い物をするショッピングセンターも独自の発電機を備えている。彼らが崇拝する神はラクシュミー。富をつかさどる女神だ。

バンガロールの古いビルはすべて取り壊され、オフィスビルやショッピング・コンプレックス（ショッピングセンター）に生まれ変わった。この「コンプレックス（複合体、複雑な集まり）」という言葉が現地流に翻訳されて、文字どおり「複雑な商業施設」になっている。

「そのとおり」とチャンドラが言う。「まさにそのとおりだよ」

私はエマに、幸福度を一〇段階で判定するとどのぐらいかと尋ねてみた。

「五かな。四ではないし。でもちょっと待って……たぶん三・五ぐらいかな」

考えるほどに幸福度が下がっていく。タイ人ならきっと口を揃えてこう言うだろう。それは彼女の問題なのだ、と。

「もっと幸せなはずだけど、不安な気持ちになって自信がなくなってしまうの。絵を描いていたころはまだ若くて、何も持っていなかったけれど幸せだった」

研究によると、生涯にわたる幸福度をあらわすグラフは、U字曲線を描くことが知られている。若いときと晩年の幸福度が高い。いまのエマは曲線のいちばん下、つまり幸福度の谷底にいる。もっとも、それをエマに言う気にはなれない。言えば数値をもっと下げてしまうかもしれない。

ロンドンにいるときより、ここにいたほうがエネルギーを感じられるとエマは言う。またしても例の言葉だ。しかし、今回はうんざりした気分にはならなかった。チェーンスモーカーで、バッグを作る快楽難民がそう話すのを聞くと、たしかに説得力があるように思える。

ワン・シャンティ・ロードでの日常は快適だった。毎朝、夜明け前に目が覚める。アシュラムで身につけた悪しき習慣だ。それからクリヤ呼吸法を実践する。といっても、酸素を供給をしているだけで、超自然的なことをしているわけではない。どちらにせよ気分がいい。エネルギーがみなぎってくる（とうとう自分もこの単語を口にするようになってしまった）。それに、コーヒーを断っているせいでエネルギーをまるごと発揮できる。

　その後はテラスに出て、目と鼻の先にあるスラム街の空に朝日が昇るのを眺める。貧困にあえぐ人たちも、彼らなりに、むしろ私たちなどより社会性のある生活を営んでいる。子供がしゃがみこんで用を足しているのが見える。女性が男の頭にバケツで水をかけている（シャワーの代わりだ）。別の男性は足にとげか何かが刺さったらしく、数人が周りを取り囲んで何やら話し合っている。おおかたとげの抜きかたの相談だろう。歯磨きに余念がない人もいる。みんな何かの仕事を持ち、三ドルほどの日銭を得ているはずだ。インドの階層社会では、彼らは最底辺にはまだほど遠い。そこがインドのなんともすごいところだ。どんなに底辺にいようとも、必ず下には下がいる。どこまでも無限に続く階層社会なのだ。

　その後、スレーシュのバイクに二人乗りして市内の公園へ繰り出し、庭園散歩としゃれ込む。IT都市になる前は、バンガロールは庭園都市《ガーデン・シティ》として名をとどろかせていた。早い時間だが、すでに多くの人出があり、思い思いに歩いたり、瞑想したり、用を足したり、ヨガのポーズに取り組んだり、大声で笑ったりしている。帰る途中でバイクを止め、南インドの朝食として有名なイドリーや、揚げパンのようなものを買い込む。

　ワン・シャンティ・ロードに戻ると、怠惰な時間をすごす。座って本を読んでいると、コーヒーのことが頭に浮かんだりする。それでもそのまま座り続ける。インド人（とくに男性）は、座ることにかけては天下一品だ。世界一と言えるかもしれない。とても真似はできないが、できるだけまねてみる。

そうこうするうちに、気のいい火星人たるチャンドラが、コシーズというカフェに行ってゆっくりしようと言い出す。コシーズはバンガロールでも有名なカフェだ。インドがイギリスから独立する七年前の一九四〇年から営業している。

店内は開店以来の姿を保っている。壁はマスタード色に変色し、塗り直しが必要なことは見た目に明らかだ。天井のファンは回ってはいるものの、かなりのんびりと回っている。コシーズでは、せわしく動くものは何も見当たらない。ウエーターもシェフも客も、誰も忙しくしているようすはない。それがこの店のよいところだ。客は何時間も粘って、友人と会ったり、ジンジャー・パンチを飲んだり、コシーズ名物の「スマイリー（スマイリー・フェイスと同じような形に成形したポテトフライ）」をつまんだりしている。

この日はチャンドラの友人のミーナに会うことになっていた。ミーナは全国紙でコラムニストとして活躍している。灰色がかったショートヘアーの彼女は、鋭い舌鋒の持ち主だ。

「悪くとらないでくださいね」と、わずかに首をかしげながらミーナが言う。「グルにはグルの使い道があるんです。私には必要ありませんが」

私はそんなふうに考えたことはなかった。

ミーナは半年間『ボルチモア・サン』の記者としてアメリカで暮らしていたことがある。でも、アメリカを離れるのが待ちきれなかった。アメリカは人と人との距離が遠すぎる。それは物理的な距離だけの話ではない。道路を歩いていても、薄気味悪いほど静かなことが嫌だった。みんなどこに行ってしまったのかと、ミーナは不思議に思ったという。

「アメリカ人は忙しすぎる」と彼女は言う。「仕事が忙しくないときは、リラックスすることに忙しい」

フレッシュライムソーダを注文する。ミーナも同じものを注文し、チリソース抜きのピーナッツ・マサラも注文に加えた。

「アメリカ人はインドから何を学べばいいのかな？」とミーナに聞いてみる。

「リラックスすること。複雑な人生を生きるためにはリラックスすることが必要だと思う。インドというのは変わった国で、不完全なものをいくつでも受け入れる。アメリカ人も、もっとそうすればいいのにと思うことがある」

とはいえ、インドにしてもアメリカの真似事ばかりだ。ショッピングモールに、ゲーテッド・コミュニティーに、ファストフード。すべてこの町にもそろっている。ミーナはインド人民党が掲げる「輝けるインド」というスローガンなんてどうでもいいと考えている。彼女が求めているのは「地味なインド」だ。ただし実際は、インドはそれほど地味な国というわけではない。

「インドの中流階層は貧困から距離を置こうとしているけれど、それは危ないことだと思う」と彼女は言う。「神にいたる古典的な道は、受難と放棄、つまり出家することだった。若い人たちにはそれは受け入れられないでしょう。いまは誰でも即席のグルに変身できるから」

チャンドラが相槌を打つ。「最近のグルには、自己犠牲が必要ないんだ」

ワン・シャンティ・ロードまでいっしょにスクーターで戻ろうと、チャンドラが申し出てくれた。取るに足らないような二人の男の重みでも、馬力不足のスクーターはよろよろとした走りになる。車がすぐ脇を走り抜け、排気ガスの熱が向こうずねに吹きかかる。数日前に事故を目撃した。どこもかしこも危険ばかりだ。やかましいサイレンとともに救急車が走り去っていく。インドで救急車を見かけるのはこれがはじめてだった。かと思うと、「脳・脊髄専門病院」という看板の前を通りすぎる。やれやれ、また何かの前触れか。どこかに衝突でもするんじゃないだろうか。しかし数分後、チャンドラのスクーターはワン・シャンティ・ロードに無事に到着した。

その晩、またテラスに出てみた。空気がひんやりとして気持ちいい。スラム街に目をやると（どうしてもそこに視線が向いてしまう）、子供が数人、ごみの山から何かを掘り出している。一ルピーか二ルピー（約一・五円〜三円）で売れるものでも探しているのだろう。何年かインドにいると、こんな光景にも慣れっこになる。しかしどんなに分厚い扉であろうと、心の扉をこじ開ける出来事がいつもどこかで起きている。

二歳か三歳の女の子が、片手でごみの山をほじくり、もう片方の手に何かを抱えている。よく見るとぬいぐるみのようだ。汚れてはいるが、どこも破れていない小さなクマのぬいぐるみ。心の扉が少し開く。これは幸福なインドではない。マーク・トウェインも言っているではないか。この国ではあらゆる生命が神聖視される、ただし人間の命は例外だと。インド人は家族と友だちという輪の中では深い心くばりをするが、輪の外側にいる人間には気づきもしない。だからインド人の家の中は清潔で、ちり一つ落ちていない。ところが一歩玄関を出ればごみが山をなしている。そこはすでに輪の外なのである。

エマがバッグの工房から戻ってきて、床いっぱいにバッグを並べている。どれもすばらしい。服を脱いでバッグのあいだを転げ回りたい気分だが、それは自重した。ワン・シャンティ・ロードは何でも許される場所だが、その住人といえども慎みは必要だ。

キッチンに行くと、シンクがきれいに片づいている。ハエも退却したようだ。スレーシュ家のメイドのモナが来ているにちがいない。

会ったことはなかったが、彼女の噂は聞いていた。腕と足首にバングル（ブレスレットとアンクレット）をつけていて、それがジャランジャランと小気味良い音を立てること。このうえなく幸せそうだが、テラスから見えるスラムに住んでいて、暮らしはひどく貧しいこと。英語で知っている言葉は「スーパー」だけだという。そこでスレーシュに通訳を頼むことにする。

「モナ、あなたは幸せですか？」

「ええ、とっても」

「それなら、幸せの秘訣を教えてくれますか？」

「考えすぎないことが第一だと思います。何もかも忘れてしまうのがいちばんです。考えれば考えるほど、幸せは減っていきますから。幸せに生きて、幸せに食べて、幸せに死ぬのがなによりです」そう言いながら、モナは大げさに両腕を広げた。彼女なら、会った瞬間からタイの人々とうまくやっていけそうだ。

「でも、何か問題はないのかな。たとえばお金のこととか？」

モナはふたたび腕を広げる。その動作には勢いがあって、私のことを考えすぎだとでも言いたげだった。そして同時に、あなたはしゃべりすぎよという意味も込められているようだった。モナとの会話はこのぐらいにしておこう。モナにはいろいろ仕事がある。彼女が歩き出すと、バングルが夕べの部屋に響き渡った。

モナのことをどう理解すればいいのだろうか。高貴な未開人《ノーブル・サヴィッジ》という幸福神話の落とし穴は十分に承知している。何もなくてもみんな幸せだ、と神話は告げる。統計的にはそれは正しくない。世界で最も貧しい国々は、幸福感もきわめて低い。インドもその例外ではない。ルート・フェーンホーヴェン教授の幸福分布図を見れば、インドの位置は最底辺に近い。

だが、モナは統計ではない。とても幸せだとみずから言い切る、血の通った人間だ。否定する根拠が私にあるだろうか。貧しさは幸せを保証するものではないが、妨げるものでもない。

何年か前に、幸福学者のロバート・ビスワス＝ディーナーが、コルカタ（カルカッタ）の路上生活者数百人を対象に、聞き取り調査をおこなった。貧困層の最底辺の人々の幸福度を調べる調査だった（あくまでも自己申告データにもとづいている）。その後、カリフォルニア州フリーモントでも、二〇〇〜三〇〇人のホームレスを対象に同じ調査をおこなった。それによって明らかになったのは、コルカタの貧困層はカリフォルニアの貧困層よりもはるかに幸福度が高いという事実だった。食事やシェルターや保健サービスという点では、カリフォルニアのホームレスのほうが厚く保護されているにもかかわらず、結果は逆だった。ビスワス＝ディーナーは、この意外な結果を次のように考えた。コルカタの路上生活者は、物質的な豊かさを得る手立てはきわめて乏しいものの、社会的な紐帯が強い。友人関係や家族関係の絆が強い。もう一歩踏み込んで言うなら、インドには本当の意味でのホームレス（家族のいない人）は存在しない。住む家のないハウスレス（家のない人）はいても、ホームレスはいないのである。

コルカタの貧困層がアメリカの貧困層よりも幸福度が高い理由は、この他にもあるのではないかと私は考えている。インドでは、貧しいのは運命、神様や、前世で積み重ねられた悪業《あくごう》のせいだと考えられている。一方アメリカでは、貧しさは個人的な失敗や人間的欠陥のせいだと考えられている。

ある日、気づいてみるとワン・シャンティ・ロードに誰もいない。これはめずらしいことだ。長椅子に寝そべって、本を読みながらラジオでヒンディー語のポップスを聴いていると、モナのバングルの音がした。洗濯物のバケツを肩に乗せ、優雅にバランスをとりながら歩いてくる。顔を見合わせて話を始める。とはいえ交わすのは言葉ではない。こういう会話は、モルドバにいるときにルーバと身ぶり手ぶりで話して以来のことだ。

お茶はいかが、とモナが言う。遠慮するが、彼女はなおも勧める。お茶を飲んだほうがいいと思いますよ。天井のファンを回したほうがいいですか？　今日は暑いですから。もしかしたら回転が速すぎるかもしれません。少し回転を落としましょう……。モナは二つのことを同時にやるのはよくないと言って（彼女は実に気が利く）、ラジオを消した。数分後、今度はお茶が冷めるから早く飲んでしまうようにと催促する。こうしたすべてを、彼女はまるで楽器でも演奏するように腕を振って伝えることができる。統計なんか当てにならない。どう見てもモナは幸せだ。そして実に賢い。

ディワーリーの日がやってきた。「光のフェスティバル」として知られるこの祭りは、近ごろでは「うるさくて悪趣味な爆竹祭」と呼ぶのがふさわしい。どこの通りも無法地帯に早変わりする。私だけでなく、犬にもトラウマが残る。まるまる三日間も続く爆竹の音で、耳がすっかりおかしくなってしまう。バン、バン！　ドーン！　それに煙もひどい。爆音と煙が町じゅうに漂い、まるで巨大な戦場だ。

テラスではスレーシュとエマが祭りの準備に余念がない。エマはディワーリー・ボウル（水を張った容器にろうそくと花を浮かべたもの）を準備している。みんなで線香花火に火をつける。私のはすぐに消えてしまった。スレーシュが好きなヒンドゥー教の神は破壊の神シヴァ神だという。「創造の前には破壊が必要なんだ」

インドにいると終末が迫っていると感じることはないとエマは言う。もっとも、それが常識的な感覚だ。

「でも、イギリスに戻ると死に対する恐怖を感じるの」

スレーシュは近所の子供に配るクッキーを袋詰めし、モナがそれをショッピング・バッグに入れて届けて回る。私たちはみんなでアーモンドの古木の下に座っている。大きく広がる木の枝は天井のようだ。

「スレーシュ、こんなにいろいろな人が出たり入ったりで、疲れることはないのかな？　たまには一人になりたいと思わないかい？」

「いや。周りに誰かがいても一人になれるからね。そのこつを知っているんだ」

飛行機の出発時間が近づいてきた。でももう一度だけ、すっかりなじみになったコシーズに行く余裕がある。大学教授のスンダル・サルッカイと会う約束をしていた。彼が書いた幸福についての論文が気になっていたからだ。ある短いパラグラフで、私がしばらく悩んでいた逆説が的確にとらえられていた。「願望は悲嘆を招く根本的な要因になるが、行動へと駆り立てる根本的な要因でもある。われわれを突き動かす願望が見いだせないとき、いかにしてこの無気力状態に立ち向かえばよいのだろうか？」

たしかにそのとおりだ。ヒンドゥー教の教えによれば（東洋の宗教のほとんどに言えることだが）、争いというのは、幸福を求める争いであっても自滅を招くことになる。自己変革を試みようとした瞬間、それは失敗に終わる。ゲームオーバーだ。しかもゾンビのようにそこに行き倒れになり、敗者となる。こんなとき、どうすればよいのだろうか。

スンダルならそれに対する答えを知っているのではないか。彼は哲学と物理学の学位を取得している。それに髪の毛が肩まで伸び、どことなくグルジを思わせる。

二人で隅の席に腰を下ろした。二言三言会話を交わしただけで、気さくな人だとわかる。グルジのように瞳がキラキラ光っているが、神がかった雰囲気はない。どうしても願望について話してみたかった。この言葉こそ、幸せとは何かを追い求める私に立ちはだかる最大の壁だからだ。私にとって、願望は成功と苦悩の源泉だ。この矛盾を理解できるのはインド人しかいないように思える。

「誰にも願望があります。人間ですから。問題は、その願望にどのような対価を払う心づもりがあるのかということです。経済的対価だけではなく、社会的対価も含まれます」平均的なアメリカ人は、平均的なインド人よりも高い対価を払うと彼は言う。

「インド人は成功したくないのでしょうか？」

「もちろん成功したいと考えています。しかし、願望がかなわないときの対処のしかたが異なります。われわれインド人はこう考えます。『なすべきことはすべておこなった。あとは天にまかせるだけだ』」

「どういう意味でしょう？」

「人々が偶然性と呼んでいることを、インドでは天命と呼びます。しかし、いまは予測不可能なことと呼んでおきましょう。同じ実験を一〇回やってみます。すると一度も成功しない。ところが一一回目にはうまくいくことがある。世の中は偶然性と確率で成り立っています。だからこそ、すべてを受け入れるのです」

またしても、人生はすべてマーヤー（幻）だというヒンドゥー教の教えが頭に浮かんだ。人生はゲームだと受け入れてしまえば、チェスの試合と変わらない。世界はずっと軽くなり、ずっと幸福になる。個人の失敗など、「悩みの種としてはサマー・シアターの公演で敗者の役回りを演じるほどのことにすぎない」と、ヒューストン・スミスは『世界の宗教（*The World's Religions*）』の中で述べている。人生が一幕の劇にすぎないとすれば、何の役を演じるかは、それが役回りにすぎないと知っているかぎり、取るに足らないことになる。アラン・ワッツが述べているように、「真の人間とは、演技と知りつつ誠心誠意それを演じる人間である」。

コシーズで一、二時間は話し込んだだろうか。急を要する話でもないし、焦点の定まった話でもない。話の流れは予測不能だったが、よどみなく話が進んだ。時間の奥行きが広がったような気がする。そう、これが私の愛するインドだ。卑劣さと悲惨さと欲深さが交錯する中で、少数の隠れた知性と出会う喜び。どうやら私も幸せな人間のようだ。

「ワン・シャンティ・ロードは、インドでいちばん幸せな場所よ」ここに来てすぐにエマがそう語っていた。そのときはまだその意味がわからなかった。でもいまは違う。「シャンティ」というのはサンスクリット語で「内なる平安」を意味する。いまはその意味がはっきりとわかる。要するに、ワン・シャンティ・ロードは「アンチ・アシュラム」などではない。もう一つのアシュラムなのである。

離陸まであと数時間。バンガロールはいま、平穏とはほど遠い。ディワーリーの祭りが最高潮で、いたるところで爆竹が炸裂し、刺激臭のある煙が町じゅうに充満している。外にタクシーを待たせているからと、スレーシュが私をせかす。陥落するサイゴンから最後のヘリコプターに乗って脱出するような気分だ。しっかりと別れの抱擁を交わしながら、スレーシュの幸運を祈る。タクシーが走り出し、ワン・シャンティ・ロードが煙の中に消えていく。

喧噪から逃れて、ほっと一息つく。同時に、このままここにいたいとも思う。矛盾しているだろうか。たしかに矛盾している。しかしそれは、抱えながら生きることのできる矛盾であり、楽しみながら学ぶことのできる矛盾でもある。

10章 アメリカ——幸せは安住の地に

「ドコミニアム」という単語が、熟れたマンゴーのように宙にぶら下がっていた。何を意味するのかわからないが、大きくて瑞々《みずみず》しくて、すぐにでもかじりつきたい気分だった。

この言葉を口にしたのは、友人のクレイグ・バガットだ。グレーがかった髪をぼさぼさに伸ばし、巨体で動きの鈍いクレイグは、「ドコミニアム」（専用のボート係留場付き分譲マンション）のようなことについて語るときには、いたずらっぽく目を輝かせるのがつねだった。

クレイグはトイレットペーパーをひらひらと優雅にあやつる手品を得意としていた。彼はそれを「トイレットペーパー・ダンス」と呼んでいた。自動車とマウンテンデューをこよなく愛し、気の向くままに車で大陸横断旅行をする際に、この二つの情熱が一つになる。息子を一人つかまえては、数ガロン（一ガロンは約三・八リットル）のマウンテンデューとともに旅に出る。トイレ休憩で車を停めることはない。私はそれを男らしいとは思わない。けれども、昔ながらの信心深さを持ち合わせていないこの男が、開放的な旅にある種の超越的な安らぎを見いだしていたようで、それを邪魔したくはなかった。

裸でこれほど気楽にくつろげる男もめずらしい。たいていの人は、仕事や、結婚や、鼻毛などを気にすることに全力を傾けているが、クレイグはただクレイグであり続けることに心血を注いだ。彼の生活スタイルは、このうえなく効果的かつ気高いエネルギーの使い方だったことは間違いない。

そのクレイグの口から「ドコミニアム」という単語が出てきたとき、注意を引きつけられた。ドコミニアムというのは、「ドック（ボート係留場）」と「コンドミニアム（分譲マンション）」が一つになった単語だ。私はドックにもコンドミニアムにも別段興味はない。しかし両者が合わさると、なぜか抗しがたい魅力を感じる。ドコミニアムの「ドコ（ドック）」の部分は、なんとなく浮ついた感じで、（はっきり言えば）無責任でいい加減な印象がある。なぜなら、ヨットが係留されていないドックや、海に浮かぶ豪華なヨットがないドックなんて想像がつかないからだ。しかし、「ミニアム」の部分が、「ドコミニアム」という単語全体を財政的廉潔さにつなぎ止めている。というのも、投資対象でないドコミニアムや、ヨットと正反対のものへの投資なんて想像がつかないからだ。ドコミニアムのすばらしさはこうした点にある。

気ままで幸せな暮らしを想像してみる。それはたとえば、小さな傘がささったカクテルを飲んでいるような生活だ。ドコミニアムの住人は、いつでも好きなときに太陽の下で身体を焼くことができる。ネクタイを締めたり、シャツの裾をズボンにたくし込む必要もめったにない。私はその一人になりたくてしかたがなかった。

マイアミならドコミニアムが見つかるだろうと、クレイグは請け合った。ならばそうしよう。海外特派員として世界じゅうを飛び回るようになってから一〇年が経過し、そろそろ家に戻る時期だ。アメリカに戻るにあたって、マイアミは理想的な場所に思われた。わが家に帰るための小さな一歩を踏み出そう。マイアミという土地には、熱帯性気候と汚職と政治的混乱がつきものだ。海外で暮らすうちに、そうしたことにはすっかり慣れてしまった。ハワイとカリフォルニアの一部に加えて、マイアミもアメリカ国内に存在するエデンの園の一つに数えられる。ある人（老人）は死ぬ場所を求めてこの地を訪れ、またある人（キューバ人）は生まれ変わるためにこの地にやって来る。私は老人でもキューバ人でもないが、人生の新たなスタートをきりたいと考えていた。だから自分にもマイアミの理想的な住人になる資格があると考えた。

私たち夫婦は下見のためにマイアミの空港に降り立った。ターミナル・ビルから出ると、心地よい暑さと湿気が体を包む。湿った空気の中に英語以外の言葉がいくつも混じっている。そうしたすべてを吸い込みながら、ここでならきっと幸せになれるだろうと思った。

電話がかかってきたのは翌日のことだった。かけてきたのはクレイグと共通の友人だ。クレイグがテトリスで遊んでいる最中に倒れたという。床に横たわる彼を一〇代の娘が発見した。娘の対応はすべて適切だった。九一一に電話して救急車を呼び、救急隊を迎えにエレベーターに走っていくときには、玄関の扉に突っかい棒を挟んでおいた。でも、時はすでに遅かった。クレイグはそのままこの世を去ってしまったのである。友人の話によると、検死の結果、死因は重度の心筋梗塞だと判断されたという。けれども私は違う考えを抱いている。クレイグはその大きく寛大な心《ハート》を酷使して、力尽きてしまったのだ。

死者の言葉には無視できない特別な切迫感がある。クレイグのマイアミに関する予言もそうだ。私は目に涙をためながら、マイアミに引っ越そうと決意した。迷いはなかった。

楽園とは言えないとしても、マイアミは幸福とつながっている。ビーチや、ヤシの木や、太陽の光がある。しかし、楽園には固有の重圧がある。「なんとしても幸せになれ！」と、楽園は声を張り上げる。ある日、車で仕事に向かっているときに広告看板の前を通りすぎた。フォルクスワーゲンの黄色いビートル・カブリオレの写真の下に、「悲観的にならずに、思い切って幸せになりなさい」と書かれている。この広告は何を伝えたいのだろうか。私は次のように考えた。二一世紀初頭に生きるアメリカ人の幸福は、神や幸運に委ねられているわけではない。これは人類の歴史の大半にも当てはまる。幸せとは自由に手に入るものだ。私たちに必要なのは、幸せになろうとする強い意志と、他のどんなことよりも幸せを優先する積極的な姿勢だ。それに加えて、フォルクスワーゲンのビートル・カブリオレに、衛星ラジオとレザーシートをオプションで装備できるだけの経済的余裕があればいい。

現代に生きるアメリカ人が幸福を探すことに固執しているのは、かつてないほど物質的に恵まれていることと関係している。これまで多くの専門家が、この関係に疑義を提出してきた。早くも一八四〇年代には、フランスの政治思想家アレクシ・ド・トクヴィルが、アメリカでは「実に多くの幸運な人が、ありあまるほどの富に囲まれながら落ち着かないようすで暮らしている」と述べている。あるいはケヴィン・ラシュビーが楽園の歴史を記した近著において述べているように、「楽園について語られ始めるのは、何かが失われたときだけ」なのである。私たちが失ったものとはいったい何なのだろう。

幸福のスペクトルにおけるアメリカの位置は、超大国という地位からすると、一般に考えられているほど高くはない。どのような基準に照らしても、アメリカを世界一幸福な国だと宣言することはできない。レスター大学（イギリス）のエイドリアン・ホワイトの研究によると、アメリカは世界で二三番目に幸福な国に位置づけられる。この順位はコスタリカやマルタ、マレーシアといった国々よりも低い。実はアメリカ人の大半（ある研究によれば八四パーセント）は、自身を「とても幸せ」か「まあまあ幸せ」だと述べている。それでもアメリカは、その莫大な富に釣り合うほど幸福であるとは言えない。

実際、私たちが過去にないほど不幸だという証拠が山のようにある。心理学者のディヴィッド・マイヤーズは、『アメリカの矛盾——裕福な時代の精神的貧困（*The American Paradox: Spiritual Hunger in an Age of Plenty*）』という著書の中で次のように記している。一九六〇年以降、離婚率は二倍になり、一〇代の自殺率は三倍、暴力犯罪率は四倍、囚人数は五倍に増加した。そのうえ、抑鬱や不安など、精神衛生上の問題が発生する割合が増えている（病院で診断される人が増加しただけでなく、そうした症状を抱える人を日常生活で見かける機会も実際に増えている）。

金銭的な面についてはどうなのだろうか。アメリカは世界で最も豊かな国であり、これほど豊かな国は歴史的に見ても類例がない。お金というのは有用だ。ほとんどのアメリカ人は最低限の生活を維持できている。アメリカ人はおおむね、裕福になればなるほど、貧しい人よりも（わずかに）幸せになってゆく。しかしその一方で、お金と幸福の関係を認める議論を台無しにするような事実がある。アメリカは一九五〇年に比べて三倍も豊かになったというのに、幸福度は少しも上がっていない。これはなぜなのだろうか。

期待を高めるなんらかの原動力が作用していることは間違いない。アメリカ人が自分自身を比較する相手は、一九五〇年のアメリカ人ではなく、現代のアメリカ人だ。しかもすぐ隣にいる人である。アメリカ人はお金で幸福は買えないという意見に口先では敬意を払いながら、実際には買えるかのようにふるまっている。ミシガン大学の研究によると、生活の質を向上させるのは何かとアメリカ人に質問したとき、返ってくる答えの中でいちばん多いのが、お金だ。

自己啓発業界は役に立っているとは言えない。この業界は幸せが内的なものであると主張し、外面から内面への視点の転換を促す。お金ではなく、他人や地域社会、人間同士の絆といったものに幸福の源泉があるのは、どう考えてもわかりきったことだ。

アメリカ人は世界じゅうの大半の国の人よりも長時間はたらき、通勤に時間をかける。とくに通勤は、健康だけでなく、幸福にも害を及ぼすことが明らかになっている。道路上ですごす時間が増えると、そのぶん家族や友人とすごす時間、すなわち幸福になるための時間が減ってしまうからである。

政治学者のロバート・パットナムは、『孤独なボウリング――米国コミュニティの崩壊と再生』（柏書房）という著書の中で、人々が互いに結びついているという意識が薄れつつあると、説得力ある主張をしている。家族や友人のもとを訪れる機会が減れば減るほど、所属する地域集団の数は少なくなる。私たちは次第に、ばらばらの生活を送るようになる。私の考えでは、インターネットなどのさまざまな技術は、孤独をなぐさめることはできるかもしれないが、人を完璧に癒やすことはできない。

アメリカ人（アメリカ人にかぎらず世界じゅうの人に当てはまることだが）は、何が自分を幸福に導き、何が自分を不幸にさせるかを予測するのがとても苦手だ。アメリカ人はこの点に関してとくにフラストレーションを感じている。というのも、他のどの国の人と比べてみても、アメリカ人は自分の意志で幸せを積極的に追求する手段を数多く持ち合わせているからだ。バングラデシュ人の農場主は、メルセデスのSクラスを手に入れたら幸せになれると信じて疑わないかもしれない。しかし、その考えを試す前に寿命が尽きてしまうだろう。ところがアメリカ人は違う。所有すれば幸せになれると思えるものの多くを、アメリカ人は手中にできる。だからこそ、そう信じたものを実際に手に入れても幸せになれないと知ると、混乱し、失望する。

過去五〇年間にわたって、アメリカ人の幸福度はまったく変化していない。それは大事件が起きても変わらなかった。ある研究では、二〇〇一年九月一一日の同時多発テロ以降も、アメリカの幸福度はとくに下がらなかったと報告されている。一九六二年のキューバ危機の際には、アメリカ国民の幸福度はわずかに上昇した。地球上で暮らす大半の人は、日常のありふれたことに幸せを見いだす。歴史家のウィル・デューラントは次のように述べている。「歴史学は血なまぐさい川の映像ばかりを取り上げてきた。だが、文明の〔本物の〕歴史とは、川の両岸で起こった出来事の記録である」

アメリカというのは、いつでもとことん楽観的な国だ。アメリカ人の三分の二は、将来に希望を抱いていると語る。言い換えれば、幸せになれるという望みを抱いている。

幸福について考え、思案し、心配し、熟考し、その不足を嘆き、そしてもちろんそれを追い求めることに関して言えば、アメリカはまさに超大国だと言える。一〇人中八人のアメリカ人が、一週間に最低一度は、自分の幸福について自説を披露する。巨大な自己啓発業界の存在は、アメリカ人が現状に不満を抱くと同時に、自己変革の可能性を信じていることを如実に示している。

幸福をたたえる文書がこれほど氾濫している国は、アメリカの他には見当たらない。もちろん、幸福追求の権利が正式に記されているのは、アメリカ独立宣言だけだ。ベンジャミン・フランクリンがかつて語ったように、幸福をつかみとるのは自分次第だ。アメリカ人は数かずの方法を駆使してこれを実践している。その方法は合法なものもあれば、違法なものもあり、賢明なものもあれば、そうではないものもある。

アメリカ人が幸福を追求する方法の一つは、物理的に移動することだ。アメリカという国は実に忙しい。快楽難民でないなら、放浪しても意味はない。より幸せな土地を切望していないのであれば、フロンティア精神に意味はない。編集者であり教師でもあるエラリー・セジウィックは、『幸福宣言（*The Happy Profession*）』という自伝の中で、「アメリカで成功を収めるのは、慣れ親しんだ世界から飛び出すことを意味する」と述べている。

セジウィックがこの本を書いたのは一九四六年。それ以降、アメリカ人はさらに忙しく移動するようになった。毎年、約四〇〇〇万人のアメリカ人が引っ越しをする。もちろん、なかには雇用機会を得るためだったり、病気の親戚のそばにいるためだったりといった動機も含まれている。しかし、どこか別の場所に行けば、より幸せになれると信じて引っ越す人も多い。

こうした考えが、旅の途中に出会った快楽難民たち（リンダ、リサ、ロブ、ジャレッドなど）に影響を及ぼしているのは間違いない。彼らを魅了しているのは場所の「エネルギー」なのだろうか。私にはよくわからない。別の場所で別の人間としてふるまうことを、移住した土地が許してくれると考えたほうが、わかりやすいかもしれない。

生活する場所を選べるようになったのは、歴史的に見るとつい最近のことだ。何世紀にもわたって、人は生まれた土地で育つのがあたりまえだった。転地するのはなんらかの災難に巻き込まれたときに限られていた。たとえば、洪水や飢饉、あるいは略奪をおこなうモンゴルの遊牧民がすぐ近くに引っ越してきた（お隣さんになってしまった！）などという場合である。ただし、金持ちは例外だ。彼らは少々落ち着きがないものと相場が決まっている。一般の人は、おもしろ半分で住む場所を変えたりはしない。良い意味での冒険というのは現代的な発想だ。長い歴史を振り返ってみても、ほとんどの時代で、冒険は強いられておこなうものであり、わざわざ追い求めたり、そのために代金を支払ったりするようなものではなかった。「おもしろい時代に生きられますように」という中国の古い言い回しは、実は呪いを意味していた。

アメリカ国内で最も幸せな場所はどこだろうか。この点については、幸福学は頼りにならない。明確な答えが記された研究論文は一つも見つからなかった。ミシガン大学のクリストファー・ピーターソンは、西に行くほど幸せになれると述べている。しかし、彼の説はカリフォルニア大学サンディエゴ校のデイヴィッド・シュケイドが出した結論とは相反する。シュケイドが共同研究者とともにおこなった調査では、カリフォルニア州とミシガン州の住人は、等しく幸せ（見方を変えれば不幸せ）を感じているという。ミシガン州の住民は、カリフォルニア州で暮らせばもっと幸せになれるだろうと考えていた。シュケイドはこうした思い込みを「焦点を絞ることの錯覚（focusing illusion）」と呼んでいる。寒々としたミシガン州で暮らす人々は、カリフォルニアでの幸せな生活を思い描くが、そこで暮らした場合の否定的側面を考慮しない（たとえば交通渋滞、地価の高さ、山火事など）。「人が注目している（焦点を絞っている）ものは、その人が考えているほど違いを生まない」と、シュケイドは結論づけている。

アメリカ中西部のオザーク地方や、あるいは人口一〇万人にも満たない小さな町が最も幸せだという研究報告もある。しかし、これだという決定的な答えには出会えなかった。唯一はっきりしているのは、国家内の違いは国家間の違いほど大きくないという点だ。

私はマイアミを好きになろうと努力してきた。これは嘘ではない。この土地になじむために最善を尽くした。ビーチに出かけ、スペイン語を学び、大量のキューバ・コーヒーを飲んだ。豊胸手術を受けようかとさえ思ったこともある。しかし、マイアミの太陽を浴び続けても、心は冷えたままだった。

私がもしもラティノ（ラテンアメリカ系）だったら、マイアミを好きになっていたかもしれない。ラテンアメリカの国々は比較的貧しいにもかかわらず、思いのほか幸せだ。母国で得た幸せのボーナスを、彼らはアメリカに移住しても持ち続けているのではないか。それを示唆する研究もある。この点についてキューバ系アメリカ人の友人ジョー・ガルシアに尋ねてみたところ、彼はそれも一理あるだろうと答えた。

ラテンアメリカ系の人々が家族を大切にしていることも、理由の一つだと言えるだろう。「家族とは、生活するうえで皆が共有する仕組みの一つだ。人は自分より大きいものの一部なんだ」と、マイアミらしいカフェでマイアミ流にくつろぎながら、ジョーが言う。「それに、ラティノはいまこの瞬間に生きることが大切だと考えている。スペイン語にはこんな意味の言い回しがある。『一度踊った踊りは、取り消すことはできない』

考え方としてはおもしろいが、私は踊りが苦手だ。マイアミが肌に合わないのも不思議ではない。

ある人にとっての楽園は、別の人にとっては地獄にもなりうるし、そのまた逆もありうる。数世紀前、布教のためにグリーンランドにはじめて上陸したヨーロッパの宣教師は、いわゆる飴と鞭の方法を採用し、異教徒である現地の人々に対して次のように説いた。天国に行きたければ改宗しなさい。さもないと永遠に地獄をさまようことになる。

「地獄とはどんなところですか？」と、好奇心旺盛なグリーンランドの人々が口ぐちに尋ねた。

「とても暑い場所です」と宣教師が答える。「しかも、四六時中その暑さにさらされます」

するとグリーンランドの人々は、凍てつく北極のツンドラを見回してこう言った。「ありがたい。では私たちは地獄を選ぶことにします」

「楽園は時代遅れさ」というのが、この悩ましい質問をしたときのアンディーの答えだった。私たちはマイアミの彼の家で話していた。アンディーはこの家を売り払い、町を出る準備をしている。彼はこの町に飽きてしまったのだという。

アンディーがこの地に越してきたのは、いまから二二年前だ。楽園を探してこの地を選んだわけではなく、軍を退役した直後に働き口が見つかったのがこの地だった。若くて独身だった彼の生活は、なかなかのものだった。しかし、マイアミを自分の居場所だと感じたことは一度もなかったという。アンディーはこの土地になじめないでいた。

アンディーの言葉を借りれば、彼は「海水ではなく淡水に住む人間」だ。そのときの口ぶりは、体型やコレステロール値といった、生物学的な事柄について語っているかのようだった。

一九九二年八月に起きたいくつかの出来事によって、アンディーがマイアミになじめない理由が浮き彫りになった。あれから一五年の歳月がすぎた今でも、彼の耳には荷積みの列車が走るときのようなガタガタいう低い音が聞こえてくるという。家全体が震える感覚や、目を覚まして外を見たときの前庭の光景は、忘れようにも忘れられない。そこには数艘のボートがあった。彼は水辺に住んでいたわけではない。「心底ぞっとしたよ」と、ハリケーン・アンドリューに襲われたときのようすをアンディーは語った。このハリケーンは、ハリケーン・カトリーナに次いでアメリカ史上二番目に甚大な被害をもたらした。

家の外には瓦礫が三メートルほどの高さまで積み上がり、二カ月のあいだ電気も通じなかった。それでもなお、アンディーにとっては生き地獄のような南フロリダのこの地に、楽園を求めて移り住む人が後を絶たなかった。

アンディーが心から望んでいるのは、季節の移り変わりを感じることだ。それも、マイアミのように二つの季節（暑いか、あるいは耐えがたいほど暑いか）ではなく、本物の季節の変化を経験してみたいと彼は言う。緩やかな気温の変化や、空気の質感の変化を肌で感じ、自然の移り変わりの中に身を置きながら、時の流れに思いをはせる。マイアミでは季節の変化が感じられず、人生が永遠に続くような気がしてやりきれないのだという。

マイアミでは、文化的な快適さを感じることもなかったとアンディーは語る。スペイン語が話せず、そのせいで不動産仲介人としての前途は閉ざされてしまった。また、民族性《エスニシティ》の違いとは関係なく、ここで暮らす人は粗野な人が多いとアンディーは言う。

「ここで暮らしはじめて二二年になる。これ以上は耐えられない」

「いつごろからそう思いはじめたのですか？」

「かなり前からそう思っていた。もう潮時だよ」

「マイアミに心残りは？」

「まったくないね。気候も、森も、ビーチもなんとも思わない。まったくなんの心残りもないんだ」

アンディーがもう少し前にマイアミを立ち去るべきだったのは明らかだ。一カ所に留まる時間を長引かせるのは、夫婦関係をむやみに続けることに似ている。辛く当たるようになって、家庭内暴力に走る危険性が増える。こうなるともう、和解は不可能だ。

アンディーは自分でいろいろ調べた結果、ノース・カロライナ州を候補地として選んだ。州西部に位置する山に囲まれた地域がよさそうだ。とくに心ひかれたのは、アシュヴィルだった。人口七万人ほどの小都市で、移住先としての条件を何かと満たしている。大好きな山があり、季節の移り変わりもはっきりしている。

実際にアシュヴィルを訪れたとたん、アンディーは気持ちが安らぐのを感じた。霊的な感覚とは違う（「霊的」というのは、アンディーが最も使いそうもない言葉だ）。しかしアシュヴィルには、気分を落ち着かせる麻薬のような効果がある。町の大きさも気に入った。芸術に触れられる場が充実し、レストランにも事欠かない。かといって交通渋滞や犯罪率の高さなど、大都市特有の問題に悩まされることはない。展覧会や舞台公演に行くことはあまりないかもしれないが、念のために知っておくのは悪くないとアンディーは思った。

アンディーが最も心配しているのは、アシュヴィルを見つけるのが遅すぎたのではないかという点だ。「実際に行ってみたら、フロリダじゅうの人間が私よりも先に引っ越していたなんてことになったら嫌だ」とアンディーは言う。

アンディーよりも三年先んじていたのが、シンシア・アンドロスだ。彼女はすでにアシュヴィルに引っ越していた。マイアミ育ちの彼女は、アンディーとほぼ同じような温かい感情をこの町に抱いている。

シンシアと二人でアシュヴィルの日本食レストランに行き、寿司を食べながら話を聞いた。彼女が「寿司ならいくらでも食べられるわ」と言うのを聞いて、追加注文をした。東京の築地市場で食べるような鉄火巻きだ。小さい町にもかかわらず、アシュヴィルにはアジア料理店や、ヨガ・スタジオや、「男の儀式的な集いの場」がひしめくようにある。

シンシアは、一カ所に落ち着くことを知らない人だ。パリやサンディエゴなど、さまざまな土地で暮らしてきたという。三年前に引っ越しを決意すると、彼女は地図を手元に置いて、さまざまなデータを調べながら計算していった（文字どおり「計算」したのだという）。そして、どこに行けば自分は幸せになれるのか慎重に検討を重ねた。

シンシアには彼女なりの基準がある。地理的にも文化的にも、平らな場所に引っ越す気はない。四季は必要だが、気候の穏やかな場所がいい。ここでミネアポリスは除外された（それ以外の点ではかなりいい線をいっていた）。湿度が低い地域もだめだ。そういう場所にいると頭が痛くなる。となると、アリゾナやニューメキシコも候補から外れる。食事も重要だ。必要なのは単なるフェタチーズではなく、「さまざまな種類のフェタチーズ」が常時手に入ることだ。

シンシアは自然写真家として活躍している。だから移住先は自然に近い場所でなければならない（ここでもバイオフィリアが作用している）。芸術作品や生の音楽など、文化的な生活が送れることも条件の一つに入っている。

最終的にアシュヴィルに移り住もうと決めたのは、頭で計算してのことではなく、直感に頼る部分が大きかった。フロリダ州のサラソタで暮らす両親の家を訪れたとき、いたるところでノース・カロライナ州が目につきはじめた。看板広告や、テレビの宣伝。何の気なしに開いた雑誌にもノース・カロライナの記事が載っていた。とくにその山々が印象に残った。ノース・カロライナには一度も行ったことはなかったが、シンシアはこの場所だと直感的に感じた。ノース・カロライナのほうから彼女の生活に入り込んできたのである。

「本当にびっくりしたわ。笑うしかないと思った。だから笑ったの」

彼女の話をどう理解したらよいのか、私にはわからなかった。はじめはその不思議さに言葉が出なかった。私は前兆を信じない。ただし、何もかもが前兆になるインドは別だ。でも、ふと思った。シンシアの前兆は、実際のところクレイグにまつわる私の経験とどれほど違うものだろうか。たとえ当時はそのように感じなかったとしても、あれも何かの前兆だったことにちがいはない。

ノース・カロライナの地図を広げたシンシアは、州の西部にしか山地がないことを知った。山脈の中に位置する唯一の都市がアシュヴィルだ。そして実際にアシュヴィルに足を運び、数カ月後にはここに引っ越して来た。

彼女は現在、快適に暮らしている。自分がこの地で受け入れられていると感じているという。少なくとも完全にアシュヴィルに入り込んでいる。「ほら」とシンシアが小声で言う。「アシュヴィルから一歩踏み出したとたん、バイブル・ベルトのただ中の、保守的で南部的な心の狭い町に囲まれてしまう。そこには旅をしない人がいるのよ。飛行機に乗ったことがない人にも大勢出会ったわ。にわかには信じられないと思いますけど」

アシュヴィルは島なのだという考えが頭をよぎった。どちらかといえば保守的な州の中にあって、自由主義を掲げた革新的な島だ。島というのは楽園や亡命先になる可能性を秘めている。でもアシュヴィルがどちらに分類されるのかはよくわからない。

シンシアにアシュヴィルで暮らしていて幸せかと尋ねてみた。

「ええ、幸せよ」と彼女は答える。車で一五分も走ればどこにでも行ける。山がすぐそばにあって、それに抱かれているように感じる。オペラや舞台公演が気軽に観られる点も気に入っている。アシュヴィルが条件のすべてを満たしているわけではないが（海や湖があるわけではなく、主要な空港からも遠い）、楽園でも妥協は必要だ。

けれども、シンシアにはまだ、アシュヴィルが本当の意味での安住の地だとは言えないという。あくまでも「当分の」拠点だと彼女は言う。シンシアのように快楽を求めて各地を渡り歩く人たちや、多くのアメリカ人とそのやむことのない幸福追求にとっての問題点は、ここにあるのだと気づいた。アメリカ人は今のままでもそこそこ幸せなのかもしれない。ところが明日になると、人はもっと幸福を感じられる場所や、幸福な生活があるのではないかと期待する。そこですべての選択肢を棚上げにしてしまう。問題にコミットし、実際に行動に移すことはない。つまるところ、危険なことだからなのだと思う。片足をいつも扉の外に出しているとしたら、人は一つの場所であれ一人の人であれ、愛することはできない。

ローリー・マスタートンがアシュヴィルにたどり着いたのは、とても変わった理由からだった。一九八〇年代の終わりに、ローリーはニューヨークで舞台照明の責任者として働いていた。休息を必要としていた彼女は、非営利の冒険教育機関であるアウトワード・バウンドのプログラムに参加した。当時、アメリカ国内にはアウトワード・バウンドの活動拠点が五カ所あった。ノース・カロライナを選んだのはヘビがいるからだ。彼女はヘビが恐ろしくてしかたがない。ノース・カロライナは毒性の強いヘビがほかのどこよりも生息している土地として知られている。それで彼女はこの土地を選んだ。自分の恐怖と対面するなら、徹底的にそうしたほうがよいと考えたからだった。

ローリーはブルー・リッジ山脈がすっかり気に入った。自分に統率力があることも発見した。そしてそのままアウトワード・バウンドのインストラクターとして登録すると、荷物をまとめてアシュヴィルに移り住んだ。当初はなかなか思うようにいかなかった。それまで忙しい生活をしていたのに、アシュヴィルはそんな生活とは無縁だった。それでも彼女はあきらめずにがんばった。「自分が正しい場所にいるような気がした」からだ。

ある晩、彼女は大家が主催するパーティーのために料理を作っていた。パーティーにはアシュヴィルの大物たちが集い、そのうちの一人が彼女にこう告げた。「料理がお上手ね。レストランを開くべきだわ」その人は、そんなときどうすればよいかが書かれた一冊の本と、いくつかの知恵を授けてくれた。

ローリーはこの出来事を「黄金の糸」と呼んでいる。はじめはかすかな一筋の道も、意識を集中していれば、しだいにくっきりと見えてくる。ローリーはそれをはっきりと見た。彼女は料理のケータリング会社を立ち上げ、次にレストランを開くことにした。そしてにわか雨のぱらつく夏の日に、私は彼女と会い、彼女が町の中心部に開いたばかりの広々としたレストランでいっしょにコーヒーを飲んだ。

会ってすぐに、私はたちまちローリーが好きになった。こんな気持ちになったのはブータンでカルマ・ウラに出会って以来だったが、ローリーの話を聞いて納得した。彼女は一二歳のときに相次いで両親を亡くし、二度の癌を克服していた。人は何かに打ち勝つと、強くなるだけでなく正直になる。

ローリーはアシュヴィルで幸せを感じながら暮らしている。旅行から帰って飛行機を降りるたびに、肌をそっと愛撫する空気の柔らかさを感じるという。山もある。そしてその山に抱きしめられているように感じる。「自分が場所の感覚に深く反応しているのを感じる」と彼女は言う。家から五分も車を走らせれば、森の奥深くや、タイ料理屋の片隅に心地よく身を置くことができる。彼女は商工会議所の一員だが、仕事場では今もショートパンツとスニーカー姿のままだ。

アシュヴィルには何か特別なものがあるとローリーは信じている。人々がここにたどり着くまでに経験した、息をのむような話をいくつも知っている。新しい話を聞いても、もう驚くことはない。「みんな、地球儀を回してアシュヴィルで指を止めるのよ」

アシュヴィルには緊張感が漂っていることにも気づいている。何も変わってほしくないと考えている古くからの住民と、何もかも変えたい新参者、それに加えて、この地で一〇年間暮らし、後から移住してきた人たちを締め出したいと考えている人のあいだに緊張関係がある。

彼女がアシュヴィルに越してきたころは、タンブルウィード（回転草）が風に乗って道路の上をコロコロと転がっていた。営業しているレストランは、たしか二軒しかなかった。つい先日、食事に出かけた際、見知った顔を見つけられなかったときには愕然としたという。そんな経験ははじめてだったからだ。

「あなたにとって、アシュヴィルは安住の地ですか」と尋ねてみた。

彼女はふたたび、少しためらうようすを見せた。どう見ても深くかかわることを避けている。「ここで暮らして二〇年になるわ。だから、ここが安住の地だと思う。私が気にかけていることは何でもここにあるから」

この答えを聞いて、私はアイスランド人の映画監督の話を思い出した。彼によると、人にとって本当の安住の地がどこかを知るには、簡単な質問を一つすればいい。それは「どこで死にたいか?」という質問だ。

「あなたはどこで死にたいと思いますか?」と、ローリーに聞いてみた。

「ヴァーモントがいいわ。私が育った場所よ」彼女はアシュヴィルではなく、そこに自分の灰をまいてほしいという。

楽園を探すうえで厄介なのは、ひょっとしたら他の人も同じ場所を見つけているかもしれないという点だ。これは現にアシュヴィルでも起きている。住み心地のすばらしさが評判になり、『マネー』や『アウトサイド』などの雑誌がさかんに書き立てている。

アシュヴィルは転換期にある。どちらに転ぶかわからない。シンシアは前にも同じような現象を目にしたことがある。フロリダ州のデスティンでの出来事だった。彼女が数年間暮らしているうちに、町は「静かな漁村から、欲にまみれた窮屈な過密都市」に様変わりした。そして今、彼女はアシュヴィルも同じような道をたどるのではないかと恐れている。楽園は動く標的なのである。

エピローグ――幸せは見つかったのか？

幸福を探し歩く旅が終わった。移動距離は数万キロに及ぶ。アイスランドの真昼の暗さにも、カタールの灼熱の暑さにも、スイスの隙のない機能性にも、インドの予測不可能な状況にも耐えた。ちょっとしたクーデターをやりすごし、小さな新発見を喜び、あきれるほど高級な万年筆の紛失を嘆いた。たぶん、一匹の間抜けな虫の命を救った。モロッコ産のハシシュを吸い、腐ったサメを食べた。そしてコーヒーを飲まなくなった（しばらくのあいだは）。

いまはニューヨークに戻り、マイアミの自宅に帰る飛行機の待ち時間をつぶしている。空港に到着すると迷わずバーに直行し、二杯目のブラディ・マリーで少し酔いが回っている。空港のバーは私のお気に入りの場所だ。皆、どこか他の場所からやってきて、どこか他の場所に行こうとしている。それなのに居心地がいい。ここでは誰もが今という瞬間に心地よく包まれている。

すべてがとても仏教的な気がする。そんなことを考えていると、バーテンダーの名札に目がとまった。名札には「ハッピー」と書かれている。あまりの偶然に自分の目を疑ってしまう。

「それが君の本名かい？」

「ええ。私が生まれたときに父がすごく喜んでくれて、それでこの名前をつけたそうなんです」

「じゃあ、ちょっと教えてほしいんだけど……たぶんしょっちゅう聞かれることだと思うけれど、それって何なのかな？」

「どういう意味でしょう？」

「秘訣だよ。君みたいになる秘訣、つまり幸せになる秘訣って何なのかな？」

「笑顔を絶やさないことですね。悲しいときもどんなときも、いつも笑顔でいるんです」

秘訣と言えるほどの答えではなかった。でもハッピーは賢い。幸福の本質について大雑把な一般化ができるのは、愚か者か哲学者だけだからだ。私は哲学者ではないので、幸福に関しては次のようなことぐらいしか言えない。まず、お金は重要だ。でも、考えられているほど重要ではないし、私たちが考えているようなかたちで重要なのではない。そして家族は大切だ。友人もしかり。嫉妬は毒であり、物事を考えすぎるのもよくない。砂浜はオプションであって、あってもなくてもよい。一方、信頼は欠かせない。感謝の気持ちもしかり。

しかしそれ以上のことはわからない。幸福というのはとらえどころがない。旅の途中、多くの矛盾点に突き当たった。スイス人は心配性でなおかつ幸せだが、タイ人はのんきで幸せだ。アイスランド人は度を越した飲酒に喜びを見いだすが、モルドバ人は惨めさを見いだす。インド人ならこれらの矛盾をうまく理解できるかもしれないが、私にはむずかしい。しかたなく幸福学の権威の一人であるジョン・ヘリウェルに電話をしてみることにした。彼ならきっと、なんらかの答えを出してくれるはずだ。

「単純なことだよ」とヘリウェルは言う。「幸福に通じる道は一つではないということさ」

まさにそのとおり。どうしてその点を見逃していたのだろう。「幸せな家族はどれもみな同じように見えるが、不幸な家族にはそれぞれの不幸のかたちがある」というトルストイの説は覆された。不幸な国はどれもみな同じように見えるが、幸福な国にはそれぞれの幸せのかたちがある。

炭素を例にして考えてみよう。炭素がなければ、そもそも人間はこの世に存在しない。炭素はあらゆる生命体の基礎となっている。炭素はカメレオン的な原子でもある。炭素原子が強固に密集した配列で結合するとダイヤモンドになる。無秩序な寄せ集めの状態で結合すると煤《すす》になる。原子の配列次第でまったく違うものになってしまう。

場所というのも同じだ。重要なのは構成要素ではなく、それがどのような比率でどのように配列されているかだ。配列具合によって、スイスになったりモルドバになったりする。バランスが大切だ。カタールの場合、うなるほどお金があるのに文化が不足している。お金があるのに使い切れない。

アイスランドの場合は幸せたる資格がないのに幸せだ。この国はバランスがとれている。

小国なのに国際的で、闇と光がある。有能であると同時にのんびりしている。アメリカ人の積極性とヨーロッパ人の社会的責任感が一つになっている。すべてが完璧かつ適切に配置されている。それらを結びつける接着剤が文化だ。文化が違いを生んでいる。

私は今回の旅に関してずっと疑念を抱いていた。どこに行ってもそれがついてまわった。しかも、その疑念は旅行計画いかんで解決する問題ではなかった。アリストテレスが信じていたように、はたして幸福とは本当に最高善なのか、私はその点に疑問を抱いていたのである。おそらく、シュリ・シュリ・ラヴィ・シャンカールの言葉は正しい。愛は幸福よりも重要なのだ。たしかに、幸せかどうかが問題の核心ではない場合もある。働くシングル・マザーに幸せかどうかと尋ねてみれば、たぶんこんな答えが返ってくるはずだ――「的外れな質問ね」。私たちは皆、幸せになりたいとは思っているものの、あくまでも正当な理由にもとづいて幸せになりたいと考えている。そして結局のところ、私たちの大半は、空虚で幸せな人生と豊かで有意義な人生のどちらかを選べと言われたら、後者を選ぶはずだ。

心理学者のデイヴィッド・マイヤーズは、「惨めさは役に立つ」と述べている。これは正しい。惨めさは危険に対する注意を促す。同時に、想像力を刺激する。アイスランドが証明しているように、惨めさには独特の魅力がある。

先日、ＢＢＣのウェブサイトを見ていたとき、ある見出しが目にとまった――「土との接触が幸福度を高める」。イギリスのブリストル大学の研究者が、土壌中の「人にやさしい《フレンドリーな》」

バクテリアを用いて、肺癌患者の治療をおこなった。すると患者たちの幸福度は治療前よりも高まり、生活の質も向上したという。この研究は決定的なものとは言えないが、本質を突いている。不潔な環境に置かれると、人はかえって丈夫に育つのだ。地理学者のイーフー・トゥアンが述べているように、「よい人生というのは……快楽にふけるだけでは成り立たない。そこにはいくばくかの障害物と真実が必要だ」。

トゥアンは専門家以外にはあまり知られていないが、不世出の地理学者である。今回の旅行中、私はずっと彼の著書を持ち歩いていた。彼は自伝の章の一つに、「地理学による救い」というタイトルをつけている。冗談のようなタイトルだが、実はそうでもない。なぜなら、地理的環境は実際に私たちの救いになりうるからだ。人は環境によって形づくられる。そしてこのような道教的考え方をさらに一歩進めてみると、私たち自身が私たちの環境だと言えるかもしれない。内側も外側も違いはない。そういう見方をすれば、人生の寂しさはかなり軽減される。

理想郷《ユートピア》という言葉には二つの意味がある。それは「よい場所」と「どこにもない場所」の両方を意味する。これが理想郷《ユートピア》のあるべき姿だ。最も幸せな場所というのは、楽園とは違う場所にあるのではないかと私は考えている。完璧な人といっしょに暮らすのは耐えがたい。同じように、誰も完璧な場所で暮らしたいとは思っていない。ジョージ・バーナード・ショーは、戯曲『人と超人』の中で次のように述べている。「終生の幸福！　それに耐えられる人間はいない。まさにこの世の地獄だ」

世界幸福データベースを運営管理するルート・フェーンホーヴェンは、この点をよく理解して、次のように述べている——「幸せになるには住むのに適した環境が必要だが、楽園は必要ない」。人は環境に適応する。氷河時代を生き延びた人類なら、どんな状況でも生き延びられる。どこにいても幸福を見いだせるし、やぼったいスラウの町の住民が証明したように、場所というのは変えられる。幸福の地図は、いつでも書き換えられるように鉛筆を使って描かれるべきなのだ。

私は現在、パスポートをふたたび机の引き出しにしまって、家庭の楽しさを学び直しているところだ。毎朝、同じベッドで目覚めるという素朴な喜びを感じ、親しさが充足感をもたらすことを実感している。そして、なれなれしさが軽蔑を生むだけではないことを肌で感じている。

しかし時折、旅先で学んだことが頭をよぎる。しかもそれは、予期せぬかたちであらわれる。先日、愛用していたiPodが壊れて、二〇〇〇曲あまりの音楽コレクションが一瞬にして消えてしまった。以前の私なら、怒りに我を忘れていたはずだ。でも、今回は怒りが夏の雷雨のように消え去った。そして驚いたことに、タイ語の「マイペンライ（気にしない）」という言葉が口をついて出た。まあいいさ、気にしないことにしよう。嫉妬には心を蝕む性質があるという点を以前よりも意識し、嫉妬が大きくなる前になるべく抑えるよう心がけるようになった。もう自分の失敗を必要以上に悔やんだりはしない。暗い冬の夜空にも美しさを見つけようと努めている。いまの私は、二〇メートル先からでも本物の笑顔を見分けられる。新鮮な果物や野菜に新たな価値を見いだすようにもなった。

訪問した国、出会ったすべての人の中で、忘れられない人物が一人いる。癌から生還したブータン人の学者カルマ・ウラである。「個人的な幸福というものは存在しない。すべての幸福は相関的なものだ」と彼は語っていた。当時はカルマのこの言葉を額面どおりには受け取らなかった。「われわれと他者との関係は、われわれが思うよりも重要だ」という自説を通すために、誇張して語っていると思っていたからだ。

しかし今は、カルマが本心からそう語っていたのだとわかる。私たちの幸福は、他者（家族、友人、近所の人、職場を掃除してくれる人など）と完全かつ密接にからみ合っている。幸福というのは、名詞でも動詞でもない。それは接続詞なのである。あるいは結合組織と言ってもいい。

今回の旅を通じて、幸福の地を見つけることはできたのだろうか。幸福を見つけることはできたのだろうか。私はいまだにおびただしい数のバッグを持っている。心気症の発作を起こすこともある。しかし、ときには一瞬の幸せを感じることもある。いまはW・H・オーデンの助言にならって、「踊れるうちに踊る」ことを学んでいる。オーデンは「うまく」踊れとは言わなかった。その点には感謝している。

私は一〇〇パーセントの幸せを感じているわけではない。五分五分《フィヴティ・フィヴティ》がいいところだ。よくよく考えてみると、五分五分というのはそれほどひどい状況ではない。むしろ上出来ではないかと思う。

二〇〇七年七月、ヴァージニア州ウォーターフォードにて

謝辞

皮肉なことに、幸福をテーマに本を執筆するのはつらく苦しい作業だった。執筆中に機嫌が悪くなって周囲に迷惑をかけることもあった。常識的判断や自己防衛本能を犠牲にしながら最後まで協力してくれたすべての人に対して、心からお礼を述べたい。

エージェントのスローン・ハリスは企画段階から本書の成功を信じ、私が出版界の荒波を乗り越えるのを思いやりをもって先導してくれた。トゥウェルヴ・ブックス社のケアリー・ゴールドスタインとネイト・グレイからは、大小さまざまなかたちで貴重な支援を受けた。ティモシー・メンネルは原稿を細部まで読み込んで磨き上げてくれた。

編集者のジョナサン・カープは人嫌いの作家さえ幸せな気分にしてくれる。本書の企画段階から最後の句点を書き終えるまで、ジョナサンは適切な助言を与えてくれた。作家を執筆に専念させる時期と、編集者が手を差し伸べるタイミングを、ジョナサンは完璧に心得ている。

NPR外信部からの長年にわたる支援にも感謝したい。報道局長のエレン・ワイスは長期欠勤を許可し、励ましの言葉をかけてくれた。

本書の執筆中、折に触れて貴重な助言と激励の言葉をいただいた人々に感謝の意を伝えたい。デイヴィッド・シェンクとローラ・ブルメンフェルドは出版にまつわる有益な助言を与えてくれた。ボビー・ロウスナーの励ましの言葉は、幸福への旅の途中で困難に遭遇するたびに何度も私を助けてくれた。

多くの人々の手助けがなければ、今回のような調査旅行は不可能だった。見落としているにちがいない方々へのお詫びとともに、お世話になったトニー・ジャッジ、カール・ブロンダル、オダイ・シリ、カレブ・ブラウンロー、カヴィタ・ピレイ、リサ・カークナー、ストークス・ジョーンズ、グレース・プレス、クリスタ・マール、リーフ・ペターセン、マイケル・ホーリー、リンダ・ニューマンに感謝したい。スイスでは、友人のブルーノ・ジュサーニが時間と見識を惜しみなく提供してくれた。ブータンでは、マーク・マンコールが奥深い知識を授けてくれるとともに、しかるべき人々に会う手はずを整えてくれた。

マイアミについてさまざまなことを教えてくれたジョー・ガルシア、学内の一室と図書館を自由に使わせてくれたマイアミ大学に心からお礼を申し上げたい。本書の前半部のほとんどはマイアミのブックス・アンド・ブックス書店で書かれたものであり、同書店経営者のミッチェル・キャプランには大いにお世話になった。リサーチ・アシスタントを務めてくれたグレッチェン・ビーシングは、幸福学研究の奥深い世界を巧みに調べ上げてくれた。オランダでは、「世界幸福データベース」の献身的なスタッフが幸福学に関する資料を惜しみなく提供してくれた。

旅の途中、親切にも自宅を開放してくれた以下の方々に感謝したい。スーザン・ギルマン、スコット・ノイマン、ロブ・ギフォード、ナンシー・フレイザー、スレーシュ・ジャヤラム。彼らは寝る場所だけでなく、豊富な見識やさまざまなアイデアを提供してくれた。サラ・ファーガソンは最後まで精神的な支援を与えてくれるとともに、世界最高の作家の隠れ家を用意してくれた。

以下の人々は草稿に目を通し、貴重な助言を与えてくれた。エイミー・ビッカーズ、チャック・バーマン、バーバラ・ブロットマン、ダン・チャールズ、ダン・グレック。

家族は幸福の源泉であるだけでなく、執筆活動のよりどころでもある。本書の企画段階や、執筆中、執筆後に、私の気難しさに耐えてくれた両親とポールに心から感謝したい。私にとって幸福の最大の源である娘のソニヤに、長期にわたって何度も家を留守にすることを我慢してくれて本当にありがとうと言いたい。私が世界じゅうを歩き回るあいだ、娘の世話を快く手伝ってくれた義理の両親とマリー・ジョー・パリスにもお礼を申し上げたい。

最後に、妻のシャロンに感謝の気持ちを伝えたい。妻がいなければ本書は文字どおり存在しなかった。彼女は、幸福に関する本を執筆する作家の配偶者が負うはめになった不幸に、勇敢かつ冷静に耐えてくれた。シャロンは、本書の企画も私のこともけっして投げ出さなかった。その点については言葉に尽くせないほど感謝している。わが編集者にして親友。彼女こそ私の幸福の源泉である。本書を妻に捧げる。

訳者あとがき

幸せというのはとらえどころがない。つかまえたと思うとするりと逃げたり、不幸のどん底にあって、ふとした瞬間に思いがけず小さな幸せを感じたりすることもある。常日ごろから幸せになりたいと思いながら、いざ「幸せとは何か」と問われると、明確な輪郭はなかなか見えてこない。

本書は、アメリカで刊行された Eric Weiner, *The Geography of Bliss: One Grump's Search for the Happiest Places in the World*（Twelve, 2008）の全訳である。同書は刊行後、アメリカ国内のさまざまなメディアで話題書として紹介され、その後、二〇の言語で翻訳出版されている。

著者のエリック・ワイナーは、一九六三年生まれのアメリカのジャーナリスト。『ニューヨーク・タイムズ』紙からNPR（全米公共ラジオ）に転じ、長年にわたってニューデリー、エルサレム、東京などで海外特派員として活躍した経歴をもつ。「私はもとより幸せな人間ではない」と語り、「不平家」を自認する。著書には本書のほかに、宗教をテーマとした *Man Seeks God*（Twelve, 2011）、天才がテーマの *The Geography of Genius*（Simon & Schuster, 2016）がある。現在は妻と娘、飼い猫とともにワシントンＤＣで暮らしている。個人ホームページ（英語のみ）のＵＲＬは以下のとおり（http://www.ericweinerbooks.com/）。

本書における著者の第一の関心は、「幸せはどこにあるのか」という点にある。その答えを求めて著者は、「重要なのは目的地に到達することではなく、新しいものの見方を獲得することだ」というヘンリー・ミラーのことばを胸に、楽園探しの旅に出る。

著者の旅は、オランダにはじまり、スイス、ブータン、カタール、アイスランド、モルドバ、タイ、イギリス、インド、アメリカの一〇カ国に及ぶ。おもしろいのは、一般的に考えられているような「幸せな場所＝楽園」という図式に当てはまらないような国が、旅の目的地に含まれている点だ。本書で取り上げられている一〇の国は、それぞれに特徴がある。「国民総幸福量」を国家の政策の要とするブータン。何度でも失敗が許される国、アイスランド。物事を深刻に考えることがよくないことだとされている国、タイ……。幸せな場所ばかりではない。モルドバや、イギリスのスラウという町のように、国や町全体が不幸で覆われている場所も含まれている。

本書のいちばんの魅力は、著者とともに一〇カ国を訪ね歩きながら、現地の人の言葉に耳を傾け、自分にとって幸せとは何かをさまざまな視点・論点から考えられる点にあるだろう。

旅の途上で著者が出会い、インタビューを試みた人物も実に魅力的だ。先人の幸福哲学や、幸福研究の最新の成果なども随所に引用されている。カタール、アイスランド、モルドバといった、日本人にとってあまりなじみのない国が含まれているのもうれしい。

ここで、著者が旅の目的地を決めるために参考にした「世界幸福データベース」（World Database of Happiness）について触れておこう。このデータベースはオランダのエラスムス大学に設置され、同大学名誉教授のルート・フェーンホーヴェン（Ruut Veenhoven）氏がディレクターを務めている。同データベースのホームページ（英語のみ）にアクセスすれば、研究成果を誰でも閲覧できる（http://www1.eur.nl/fsw/happiness/）。ちなみに同データベースによる日本の幸福度は、一〇段階評価で六・四。最も幸福度が高い国はコスタリカ（八・五）、最も低い国はトーゴ（二・六）である。本書で取り上げられている国の幸福度は以下のとおり。

オランダ（七・四）
スイス（八・〇）
ブータン（五・六）
カタール（七・三）
アイスランド（八・一）
モルドバ（五・三）

タイ（六・八）
イギリス（七・一）
インド（五・五）
アメリカ（七・三）

人生を通じて何かと失敗の多い訳者としては、失敗について語られているアイスランドの章（第五章）が最も印象深かった。そのほかの章も含めて、本書の中で心に残った文章の一部を以下に列記してみよう。

「私には登りつめるべき頂上はありません。生きることそのものが試練だと考えています。ですから、一日の終わりに充足感があって、何かを成したと感じられ、よく生きたと思うことができれば、軽いため息とともにこうつぶやきます。『これでよいのだ』と」（一〇八〜一〇九ページ）

「アイスランドでは、失敗が恥ずかしいことだとは誰も思っていなくて、むしろ名誉なことだと考えられています」（二六三ページ）

「人間がどのように感じるかを決定するのは、人間が実際に持っている能力ではなく、持っていると思い込んでいる能力である」（二六四ページ）

「血縁や地縁、相対所得の話を抜きにすれば、幸福は一つの選択だ。容易な選択ではないし、誰もが望む選択とはかぎらない。それでもなお、一つの選択であることに変わりない」（二

九六ページ）

「エピローグ」で述べられているように、「幸福に通じる道は一つではない」。本書を通して、幸福に通じるヒントを一つでも見つけていただければ幸いである。

著者エリック・ワイナーの最新作で、天才を追って世界各地を旅する ***The Geography of Genius*** の翻訳刊行もすでに決まっている（二〇一七年に早川書房から刊行予定）。『世界しあわせ紀行』を楽しんでいただけたとしたら、同じ著者の手になる、天才をめぐる紀行もきっと楽しんでいただけると思う。

本書は、二〇一二年に早川書房から刊行された『世界しあわせ紀行』の文庫版である。文庫化にあたって、表記上の訂正と細部の修正をおこなった。

翻訳に際しては、竹内文夫さん、池田千波さん、小俣鐘子さんの協力を得た。最後に、早川書房第一編集部の三村純さんと金田裕美子さんに心からお礼を申し上げたい。

二〇一六年四月

世界しあわせ対談

旅をすることで、人はこんなにも心を解放することができる

草薙《くさなぎ》 龍瞬《りゅうしゅん》　僧侶／興道《こうどう》の里代表。中学中退後、一六歳で家出、上京。大検（高認）をへて東大法学部卒業。インドで得度出家後、ミャンマー、タイに修行留学。ビルマ国立仏教大学専修課程修了。全国で仏教講座、坐禅会を開催し、インドではNGO代表として学校を運営するほか、日本企業の現地アドバイザーも務める。著書に『反応しない練習』、『大丈夫、あのブッダも家族に悩んだ』、『これも修行のうち。』などがある。

たかのてるこ　地球の広報・旅人・エッセイスト。映画会社でTVプロデューサーとして数々の番組を制作するかたわら、世界各地の紀行エッセイや旅番組「銀座OL世界をゆく！」シリーズを発表。独立後も、海外や国内を精力的に旅する一方、日本各地で講演を行ない、大正大学の非常勤講師も務める。著書に『ガンジス河でバタフライ』、『モロッコで断食《ラマダーン》』、『ダライ・ラマに恋して』、『ど・スピリチュアル日本旅』などがある。

たかの　『世界しあわせ紀行』を読んで、まずすごくアメリカっぽいなと思いました。誰が書いた文章も、その人のフィルターを通した世界なんですけど、アメリカ人の目を通して見た世界、というのが興味深いなぁと。

草薙　著者のエリック・ワイナーさんには、確かにアメリカ人的な発想がありますね。勝利や名声、富といった社会的ステータスを競う人生観。「私の神は野心だ」なんて言っています。それだけに、自己否定感・疎外感も強い作家なのかなと。こうした現代人的ストレスが根っこにあるから、わざわざ幸せを探して旅に出たという印象がありました。

たかの　本もそこから始まりますね、「自分は不幸だ、不幸だ」って。

草薙　意外と根は深いのかもしれませんね。欧米の文化は、教会を建てて暗黒の森を切り拓くことに始まったし、人間の原罪と神の裁きを説くキリスト教が背景にあります。エリックが属するユダヤ教も、教義・戒律がやたら厳しい。そういう怯えと不安と自己否定的な価値観が、エリックの旅の背景にあるのかもしれませんね。

東南アジアなら、ココナツやマンゴーなど天然の果物がわりと簡単に手に入るし、共同体意識も強いから、こうした不安や怯えは、あんまり育たないかもしれない。特に仏教国では「来世がある」と信じているから「先延ばし」、タイなら「マイペンライ（気にしない・執着しない）」です。だから、エリックみたいな「幸せ探しの旅」をする人はいないかも（笑）。

たかの　私自身、仏教ファンですし、「宗教のもたらす安らぎ」って確かにあると思うんですけど、それが全てになってしまって、自分で考えることを放棄しちゃう人もいますよね。

草薙　そうですね。ただ、エリックみたいに考えすぎても、しんどいですよね。てるこさんなら、彼ほど思い詰めなくても、幸せを見つけられそうですね（笑）。

たかの　何でも〝好意的に誤解〟できるようになったのは、ひとり旅に出たおかげです（笑）。

草薙　お書きになった本を読むと、てるこさんは陽性ですよね、ポジティブというか。

たかの　以前は受け身でネガティブでしたけど、旅で克服できたので、私の師匠は旅ですね。

草薙　旅って、性格が出ますよね。てるこさんの衝撃の名作『ガンジス河でバタフライ』も、沢木耕太郎さんの『深夜特急』と同じく、「旅に出なければ」という切迫感から始まるのだけど、その後の展開がまったく違う。いわば〝逆走〟深夜特急。わざわざ後ろ向きで走っていくような感じ（笑）。

たかの　それじゃ、たどり着けないじゃないですか（笑）。

草薙　いえ、それで行けるところまで行ってしまう。出会う人たちも、みんな笑顔。他方、エリックが出会う人たちは、なぜかみんな真面目（笑）。旅する人のキャラクターというか、心のフィルター次第で、旅ってすごく変わるんですね。そのあたりにも、旅の本を読む面白さがあるのかも。自分にはできない旅を、その著者が体験させてくれる。「そうか、人はこんなふうに旅をしているんだ」と気づかせてくれるという。

たかの　「衝撃」っておっしゃいましたけど、インドと日本を行き来されてるような龍瞬さんには、そう衝撃はなかったんじゃないかと。

草薙　いやいや、洗濯も歯磨きも死体流しも一緒くたのガンジス河に飛び込むてることさんの旅は、やっぱり衝撃的です（笑）。

たかの　インドで生活していたら、そうなっていきますでしょう？

草薙　いえ、絶対になりません（笑）。僕はガンジス河にも、ついこのあいだ初めて行ったくらいですから。行くのは、ほとんどナグプールという、インドど真ん中にある仏教都市です。インド北部のラダックなど、古い仏教徒がいる地域と違って、戦後にカースト脱却をめざしてヒンズー教から仏教に改宗した、新しい仏教徒たちが暮らす街です。

たかの　そこまで行って出家するなんて、かなりの事情があったのでは？

草薙　僕は三七のときに、もう日本には生きる場所がないというか、文字どおり崖から飛び降りるつもりで、インドに渡りました。日本に帰ってくるつもりもなかったんです。

たかの　そんなにも心が渇いていた人がインドに行って、これだけ変われるということが、違う世界を見ることの素晴らしさだと思うんです。日本にいるだけでは気づけない。

草薙　それまでの日常を生きていくだけでは人生行き詰まる、という人は、案外多い気がしますね。

たかの　バリを旅したとき、現地でとても尊敬されている手相師の日本人女性と出会ったんですが、「太陽はいつでも降り注いでいる。もっと陽に当たりたければ移動すればいい」ということをおっしゃって、なるほどと思ったんですよ。自分から動けばいいんだなぁと。

草薙　なるほどと思ったというのは、見方が変わったということですね。そうした、小さな人生観の切り替えも、旅の魅力ですね。僕の場合も、人生観が一八〇度変わりましたから。

たかの　なにがきっかけだったんですか？　インドだったからですか？

草薙　仏教です。それまでの世俗の世界を生きるだけではけして知りえなかった、新しい生き方にめぐり逢えたんです。てるこさんが旅によって変わったように、私は、仏教との出会いによって、それまでの煮詰まった人生から脱け出すことができました。

たかの　エリックさんは、自国アメリカを除いて九カ国に行かれてますけど、龍瞬さんはこの中で印象に残った国はどこですか。

草薙　いいなと思ったのは、アイスランドです。何回失敗してもいいという社会。理想の生き方を思い出したような気がしました。よちよち歩きの赤ちゃんは、何回こけても全然めげずに歩こうとしますよね。一回こけたぐらいで「どうちぇボクは」と落ち込んだりしない（笑）。これは、禅の思想に似ています。失敗、成功を判断しない。自分を責めない。やるときは無心で、ただやってみる。こういうポジティブな発想が、アイスランドには文化としてあるという点が面白いと思いました。日本にはありませんから。

たかの　龍瞬さんの書かれた〝原始仏教〟の入門書『反応しない練習』にも通じますね。

草薙　そうですね。エリックはアメリカ人だから、やるならビッグにならなきゃ、成功しなきゃ、という条件つきの動機から始まっている。仏教でいえば「邪念」です（笑）。そういう発想がない人生観を、彼はアイスランドへの旅で初めて知るんですね。若い頃「世間知らず」と上司に言われてクビになった過去があった。でもこの地では「世間知らず」は賞賛の言葉だと知った。そのときエリックは、この旅の中で数少ない笑いをこぼしている。いいぞ、エリック、と励ましたくなりました（笑）。

たかの　私もアイスランドはこの中で一番行ってみたいと思った国です。もうひとつ印象に残ったのは、幸福度が低いというモルドバ。あまりの言われようで、あまりに気の毒で。

エリックが神経質なのも、龍瞬さんや私が今こういう人間になっているのも、全部理由や原因がありますよね。赤ちゃんは人を差別する気持ちもなければペシミストでもない。置かれた環境がそれぞれをつくっている。モルドバが今こういう状態なのにも理由があるんです。旧ソ連の国々は、独裁者スターリンの大粛清（自分に反対する人々を処刑し、犠牲者は三〇〇〇万人といわれる）があって、人を信頼する気持ちが断ち切られてしまった歴史がある。東欧の国や辛い歴史のあった国の人たちが他者を信頼する気持ちを取り戻すには、もう少し時間がかかると思うんです。

たとえば、ロシアで写真を撮りたいと思って、年配のおっちゃんに「すみません、お写真を……」と言いかけただけでも、般若みたいな顔で「ニエット（NO）！」って怒られたりするんですよ。初めは、凄まじい拒絶に心をへし折られたんですけど、家族を守るためなんですね。「知らない人とは関わらない」という警戒心は、過去の歴史のトラウマでもあるんだなぁと。そういうところにもうちょっと思いを馳せてあげてよ、エリック、という気はしました。

草薙　エリックは、根っこに〝自己否定の遺伝子〟を抱えていそうですから。なかなか肯定できないですよ。国の名前からしてケチをつけてますよね。「モルドーバ」と発音すると「反射的にアゴが下がり、両肩が前かがみになる」なんて（笑）。

たかの　こういう悲観的な言い方は、この人の持ち味でもあるんですけど。この人が陰《いん》だから、相手の陰の部分を引き出しているところもありますよね。人間って、お互いの感情をコピーし合いながら生きているところがあるじゃないですか。

草薙　たしかに、そうですね。こちらの反応が、相手の反応を促しちゃうところがある。あそれで、旅にはキャラクターが出るのかな。

たかの　私だったらモルドバのいいところを引き出したいし、本に出てきた〝最も無愛想なウエートレス〟みたいな人に出会ったら、大笑いさせたくなるだろうなぁと（笑）。モルドバと人種的に同じルーマニアには行ったことがあるので、雰囲気はすごくわかるんです。でもエリックはいいふうにとらえないし、ボランティアをしているアメリカ人のジョアンナに会いに行ったところもそう。

ジョアンナは郊外のモルドバ人ホストファミリーの家に住んでいるけど、みんな親切すぎて彼女にプライバシーを与えてくれない、いつでもおかまいなしに部屋に入ってきて何か食べろと強引にすすめるって。私は「ええ国やん、行ったら最高に楽しいわ」と思いましたよ。異国の人間が心細いときに親切にされたら、どれだけ嬉しいか。プライバシーを大事にするアメリカ人からすると、本当に嫌なことなのかもしれないですけど。

草薙　同じ国の話には聞こえませんね（笑）。てるこさんは、幸せを作れちゃう（笑）。エリックの旅はいわば、自らに植え込まれたネガティブ思考からの脱出なんでしょう。彼の旅の個性は、考えることで、ネガティブ思考から抜け出そうとしていること。「幸せとは何か」を考えに考える旅ですよね。

でもほんとは、「考える」から「感じる」、つまり思考から感情へと心を切り替えることでも、人は脱出できるんです。仏教には、般若心経がそうですが、「心には五つの領域があるぞ」という教えがあるんです（意識・感覚・感情・思考・意欲をあわせて〝五蘊《ごうん》〟と呼ぶ）。だから、「感覚」と「感情」と「思考」と「意欲」の、それぞれの領域で味わえる幸せはちがう。この本でエリックは、ごくたまに、思考からちょっと抜けて「感情の幸せ」を感じているらしい場面がある（笑）。そのあたりを探してみると、面白いかもしれません。あ、抜けて喜んでる、って（笑）。

たかの　それぞれの幸せは別腹なんですね（笑）。

草薙　そうですね。さしずめ、てるこさんは、感覚、感情、意欲の面で、幸せを謳歌できるパワーを持っていますよね。だから旅先で考えることも、肯定的。エリックとは対照的です。二人が一緒に旅した本があったら、面白いかも（笑）。

たかの　私は会社を辞めて、今までしがみついていたステータスとか給料とか執着を全部手放したら、幸せだけが残った気がします。なんのかんの仕事は楽しくやってましたけど、休みはほとんどないし、一日二〇〇回くらい電話がかかってくるような生活が一八年も続いて。それでも、自分は恵まれているんだから幸せに思わなきゃいけないってずっと思ってたんです。アフリカの貧しい国の人に比べたら幸せ、というエリックと一緒。会社員時代は給料をもらっても「こんだけ働いてるワリには少ねぇし！」とか思って心がやさぐれてたんですが、独立後は「〝旅人〟の私にお仕事をいただけるなんて……」と感謝がこみ上げてきますし、なんにでも感謝できるようになったから、今は本当に幸せです。

草薙　苦しみから脱出したんですね。エリックも、そこをめざしてる。旅のスタイルは違うけど、やっぱり共通する動機がありますね。旅って「心の自由に近づく可能性」でもある。

たかの　私は「こんな面白い国がありました！」と旅した国のよさを伝える力を、活かせないどころか、会社にいると「また旅してきたのか」と嫌みを言われて、自分の一番の長所が、最もダメな欠点だと思えるのが辛くて……。それが、会社を辞めた途端、旅の仕事が舞い込むようになって、価値観が急にひっくり返ったんです。

草薙　自分の苦しみから抜けた途端に、誰かの役に立てるようになった——なんだか寓話的。成功哲学にも通じる力も、旅にはあるのかもしれない。

たかの　「違う」と思ったら、今いる場所から動けば、違う世界が見つかりますよね。

草薙　そう、それまでの自分を「抜ける」きっかけが必要な時って、人生にはありますよね。エリックも一度頭を剃って坊主になってみたり、ガンジス河に飛び込んでみたりしたらいいのかも（笑）。

たかの　ブータンでも言われてましたもんね、手帳にメモばかりしてないで経験しろって。

草薙　自分を抜けて幸せを感じるポイントにも、個性、キャラクターがあると思います。てるこさんは、旅でいちばん幸せを感じるのは、やっぱり人と出会う時ですか？

たかの　そうですね。現地で出会った人と意気投合して、一緒にごはん食べたりお酒を飲んで、「あぁ、みんな、同じ地球で同じ時代を生きる仲間なんだなぁ」って感じるとき、めっちゃ幸せですねぇ。心理学者アドラーの幸福論を書いた『嫌われる勇気』という本が話題になりましたが、私は、アドラーのいう「共同体感覚」（他者を仲間と見なし、そこに「自分の居場所がある」と感じられる感覚）を、世界を旅しながら育んできたんだなぁと思いました。

草薙　その感覚は、旅する前は持てなかったんですか？

たかの　本当にコンプレックスの塊で、自分のことも受け入れられなくて。でも旅に出たら、自分の短所が、全部長所に思えるようになったんです。ブサイクでデブで金もないから襲われない、方向音痴だからこそ、人との出会いがある。結局、長所と短所って同じなんだなぁと思って。エリックが神経質なのも、長所だととらえれば感性が鋭くて繊細ってことですし。そういうことに気づけたのが旅だったんです。人と自分を比べなくなりましたし、自分がこごまで変われたんだから、人にも「世界を見ることで変われるよ」と伝え続けたいですね。

草薙　よく「旅をすれば、人は変わる」って聞きますが、てるこさんほど、旅して自分を抜け出せた人は、はじめて見ました。旅してメンタル的に出家したんですね（笑）。もともとあった陽性の部分が出てきたんでしょうけど。

たかの　昔はネクラでしたから、今世にいながら生まれ変わったような気がしてます（笑）。

草薙　人とつながれる資質がもともとあったからこそ、旅に行ってそれを出せた。そして仕事にも活かせるようになって、人生がうまく回り始めた。エリックはそこまで行きついてはいないかな。彼はブータンでお坊さんに会ったりして、オーソドックスな仏教的価値観に触れてはいる。でも、その後の生き方まで変わるところまでは行っていませんから。

たかの　まぁこの人の気にしいなところが、シュールなユーモアにつながってはいますけど。

草薙　リチャード・ギアがチベット密教のファンであるように、西洋人は、アジアや仏教に、新しい幸福・生き方を期待しているところがありますね。ただ、このあたりは、アジアを旅しても、もう見つからないのかもしれない。たとえばブータンは「国民総幸福量（GNH）」を国是にしているけれど、消費社会化が進んで、西洋人と同じような疎外感や物欲ゆえの苦しみを感じつつあるといいます。私もアジアの国々を旅しましたが、現地の人たちを見ると、ブータンやネパール、かつてのチベットなどの「秘境」にだって、西洋人が期待するような幸福があるとは、思わないですね。

むしろ幸せって、旅先の出会いによって価値観を新しくしていくとか、もっとミクロな関係の中で、個人的に見つけていくものなのかもしれない。となると、これからは「旅する時のマイテーマ」みたいなものが、大事になるのかもしれませんね。心のアンテナを自分なりに明確に張って、旅に出る。その点で、エリックの旅は先駆的といえるのかも。

たかの　私は最近ヨーロッパ二一ヵ国を鉄道で旅して、今その本を書いているんですけど、ヨーロッパのキリスト教離れをすごく感じたし、西洋の行き詰まりを感じましたね。オランダでは、由緒ある教会がホテルや大型書店、ライブ会場に変わっている。これはまさしく今の西洋を表しているのかな、と。オランダ人に「この何百年はずっと西洋できたから、これからは東洋の知恵だと思うよ、ジョンとヨーコが『イマジン』をつくったようにね」と言われたり(笑)。

今はどこの国に行くのも自由で、こんなことができるようになったのは人類七〇〇万年の歴史を思うと、つい最近のこと。幸せについて考えるなんてことも、できるようになったこと自体、素晴らしいと思うんです。飢饉、災害、疫病、争いばかりだった人類の歴史の中で、普通の庶民が幸せについて考えられるようになった初めての時代だと。

草薙 そうか、となるとエリックの旅は、文明史的にみても、きわめて新しいスタイルの旅だといえますね。生き延びるためでも、観光のためでもなく、「幸せとは何か」を思索するための旅。独自のテーマをすえて、九ヵ国を自由自在に回ってしまう。今の時代だからこそ、こういう旅のしかたも可能なんだという。

たかの 海外旅行とか選挙とか、人類はやっとのことでいろんな自由を手にしてきたのに、「世の中はどんどん悪くなっている、昔はよかった」と言う人が多いですよね。たとえば七〇年前、戦争反対のビラを配っただけで特高(特別高等警察)にしょっぴかれて拷問されたおじいちゃんのドキュメンタリーとかを見ると、「人権」という概念自体なかったんだなぁとつくづく思います。今だって問題はたくさんあるけど、「戦争反対」のデモをしても捕まりはしませんから。

　私は大学の授業でも、学生たちに「大丈夫！　過去よりも今の方がよくなっているし、未来はもっとよくなるから」と言うんです。大人がそう言ってあげないと、若い人が未来に希望を持てないじゃないですか。「昔はよかった」病は老害じゃないかと。「女は勉強なんてせず結婚して家事だけしてろ」みたいな感じで、旅にも出られなかった時代を思うと、絶対に今のほうがいいし、私は「世界はよくなってる」と思わないと生きていけないですもん。

草薙　たしかに、エリックのように自己否定感の強い人は、かつてなら、ひたすら耐えるか、快楽に溺れるか、鬱に沈むか、宗教に向かうか——いずれにしても、自分が置かれた日常から逃げられなかったでしょう。でも、彼はこうして異国をめぐって、日常からしばし離れて、彼なりに楽しんでいるようにさえ見える。ひと昔前なら想像できない〝トリップ〟——自己解放——を体験していますね。

たかの　エリックにはその幸せを噛みしめてほしいですよね。好きな仕事をやって、憧れだったジャーナリストになって、嫁も娘もいて、何が不幸なんやと。

草薙　「私はすでに不幸だ」と、旅の最初にネガティブを自認していた人が、旅しているうちに人と出会って、新しい発想を知って、帰国後は「幸福とは人との関係だ」と言えるところまで変わっている。すごいなあ。

たかの　もともとマイナスだったところから、「自分の幸せはフィフティフィフティだ」と言えるまでになったのは、エリック的には相当のふり幅だったのかもしれないですね。

草薙　そうですよ！　語り口が地味で真面目だから気づきにくいのだけど（笑）、この人、旅して相当メンタルが〝アガっている〟んですよ——彼もまた、旅によって劇的に変わっている。解放されているんですよね、心が。

たかの　仏教的に言えば、苦しみから自由になって解脱できたってことですか。解脱って本気を出せば、この世でできることなんですね。本の最後、家族との幸せを語ってるし、エリックにとってこの旅は〝心を解放する修行〟になってたのかもしれないですね。

草薙　おっしゃる通りですよ。エリックの旅は、きわめて現代的で先駆的だけど、読み返すと、旅が本来もつ〝自己・日常からの解放〟も、ちゃんとあることが見えてくる。「幸せとは何か？」を考えたくて旅に出たのは、彼の個性。てるこさんも、僕も、それぞれのやり方で、自分なりの幸せにたどりついた。幸せって、今は、それぞれのスタイルで自由に探しに行けばいいものなんだ、とこの本は教えてくれますね。

（二〇一六年四月六日、早川書房本社にて）

本書は、二〇一二年十月に早川書房より単行本として刊行された作品を文庫化したものです。

訳者略歴　翻訳家　訳書にキャンベル『千の顔をもつ英雄〔新訳版〕』，ストーン＆カズニック『オリバー・ストーンが語る　もうひとつのアメリカ史　2』（いずれも共訳，早川書房刊），ジンサー『イージー・トゥ・リメンバー：アメリカン・ポピュラー・ソングの黄金時代』ほか多数

HM=Hayakawa Mystery
SF=Science Fiction
JA=Japanese Author
NV=Novel
NF=Nonfiction
FT=Fantasy

世界《せかい》しあわせ紀行《きこう》

〈NF466〉

二〇一六年六月十五日　発行
二〇二三年二月十五日　二刷

（定価はカバーに表示してあります）

著者　エリック・ワイナー
訳者　関《せき》根《ね》光《みつ》宏《ひろ》
発行者　早川浩
発行所　株式会社早川書房
郵便番号　一〇一 - 〇〇四六
東京都千代田区神田多町二ノ二
電話　〇三 - 三二五二 - 三一一一
振替　〇〇一六〇 - 三 - 四七七九九
https://www.hayakawa-online.co.jp

乱丁・落丁本は小社制作部宛お送り下さい。
送料小社負担にてお取りかえいたします。

印刷・株式会社亨有堂印刷所　製本・株式会社明光社
Printed and bound in Japan
ISBN978-4-15-050466-3 C0126

本書のコピー、スキャン、デジタル化等の無断複製は著作権法上の例外を除き禁じられています。

本書は活字が大きく読みやすい〈トールサイズ〉です。